BIG LÉON

DU MÊME AUTEUR

Aux Éditions Carrère-Lafon :
Grace Kelly
Comment éviter la crise cardiaque

Aux Éditions Robert Laffont :
Le « Mein Kampf » d'Hitler
Téléjournaliste

Aux Éditions du Terroir :
Mémoires de télévision

Aux Éditions del Duca :
Léon Zitrone vous parle de l'URSS
Sans micro aux États-Unis
Léon Zitrone vous emmène aux courses
L'URSS a bien changé

Aux Presses de la Cité :
Ouvrez le poste
Mon tiercé
Vingt chevaux et un cœur
Les Dames du Temps Présent
L'URSS a le sourire

Aux Éditions du Pont-Royal :
La Vie d'un cheval de course

Aux Éditions Richez-Vilo :
Chevaux de course

Aux Éditions Buchet/Chastel :
Au bout de mes jumelles

Aux Éditions Fernand Nathan :
Chevaux et Grandes Courses

Aux Éditions Planète :
Merckx ou la rage de vaincre

Aux Éditions du Signe :
Farah, une cruelle destinée

LÉON ZITRONE

BIG LÉON

Autobiographie

HACHETTE/CARRÈRE

Première partie

Avant l'écran

A Clémence, qui, comme cinq ou six autres personnes, est tout pour moi.

La physionomie n'est pas une règle qui nous soit donnée pour juger des hommes.

LA BRUYÈRE

On examine avec soin les objets dans les boutiques, mais quand il s'agit des gens, on les juge sur l'apparence.

Aristippe de CYRÈNE

La gare

Les marins dirent à mon père qu'ils allaient le fusiller à la prochaine gare : ils le trouvaient trop bien habillé, donc bourgeois. Eux défendaient la Révolution : ce serait toujours un bourgeois de moins !

Nous roulions dans ce train bondé depuis des heures. La circulation normale n'avait pas encore été rétablie ; ça prendrait des mois. Comment les marins, déjà à moitié ivres, étaient-ils montés dans notre compartiment ? Où allaient-ils ? Cherchaient-ils à gagner un port de la Baltique ? Mon père eut la présence d'esprit de leur répondre :

— A l'arrêt, les enfants, on va commencer par boire le coup. J'ai très envie d'une bière.

— C'est ça, bonhomme, et nous boirons avec toi. Mais on ne trouvera peut-être plus de bière.

— Si ! Je vous en dénicherai.

Ma mère, assise sur la banquette d'en face, avait pâli affreusement, mais mon père lui fit comprendre en clignant de l'œil qu'il n'avait qu'une seule chance de s'en sortir : c'était qu'ils aillent boire ensemble, comme il l'avait dit. Jusque-là, surtout, ne pas bouger, ne pas pleurer, ne pas supplier.

Les marins entonnèrent une chanson. L'un d'eux avait une assez belle voix grave. Mon père, qui était bon musicien, lui en fit compliment. L'autre grogna de plaisir.

Moi, je n'avais pas quatre ans et, tant d'années après, mon souvenir s'est à peu près brouillé. Pourtant, je sais que ma mère prit profondément sur elle-même et parvint à ne pas pousser de plainte. Mais elle embrassa soudain son mari avec passion. Ma sœur, qui n'avait pas six mois, pleurait et réclamait son biberon. Sans doute avait-elle froid : la plupart des vitres du compartiment étaient brisées. Il est difficile de défendre vraiment les acquis d'une Révolution sans casser de carreaux...

Notre wagon n'avait pas de couloir ; il s'agissait encore d'un train vieux modèle, où les compartiments formaient chacun un monde clos, sans aucune communication avec les autres. A l'arrêt, les marins ouvrirent directement la portière sur le quai et firent descendre mon père, sans trop le bousculer mais en l'insultant à grosse voix, surtout le petit qui avait des moustaches rousses. Ma mère devait nous répéter, mille et mille fois par la suite, qu'en cet instant précis, elle avait senti sa vie la quitter « comme si tout mon sang m'avait abandonnée d'un seul coup ».

Inconscient, je m'intéressais au grouillement de la gare, aux cris divers d'une foule mélangée. C'est vrai qu'il faisait froid, avec des courants d'airs glacés par rafales. Je n'avais jamais vu tant de gens à la fois. Il me semblait qu'il y avait plus de désordre qu'à Petrograd, le matin, quand nous étions partis. Est-ce que je me rappelle véritablement tout cela ? Peut-on avoir, si jeune, une conscience aussi aiguë des choses, même avec une excellente mémoire ? Ou bien mon imagination a-t-elle reconstitué cette journée d'après les récits ? Quoi qu'il en soit, je me souviens de très nombreux détails qui n'ont jamais varié dans ma perception des événements.

Il y avait, partout dans la gare, énormément de militaires, plutôt bonasses, les bras ballants ; des civils, la plupart mal vêtus, mais mieux que les soldats. Sur le quai d'en face, un groupe de jeunes filles, avec des nattes et des rubans orange dans les cheveux. Quelques hommes tentaient de se mêler à elles, mais des dames plus âgées, coiffées de longs voiles sombres, les éloignaient à grands cris. Au sein de cette foule, peu d'enfants de mon âge — aucun, en tout cas, avec lequel j'aurais aimé jouer. Le spectacle était brouillé par les halos de vapeur blanche qu'exhalaient les locomotives. L'odeur agréable du charbon mouillé flottait dans l'air. Mon père et les marins avaient disparu, fondus dans la multitude.

Le train repartirait-il ? L'arrêt devait durer une heure, je crois, mais savais-je ce qu'était une heure ? Ma mère, follement angoissée, hésitait. Valait-il mieux rester dans le wagon, ou, au contraire, descendre les enfants, les valises, le carton à chapeaux et attendre le retour éventuel de son mari ?

Nous voyagions vers le nord, essayant de passer par la Finlande à destination de la Suède, où notre père avait mission d'acheter du minerai de fer pour le compte de la Russie qui avait grand besoin d'acier.

J'assistais au ballet incessant des trains qui arrivaient ou partaient sur les autres quais, voisins du nôtre. Je me rappelle — ah ça, oui, j'en suis sûr ! — les sifflements et les chuintements des locos. Tous ces mouvements, ces mille bruits, si différents les uns des autres, formaient pour moi un spectacle incompréhensible, mais envoûtant. C'est ce jour-là, je pense, que je fus saisi par l'amour des chemins de fer : un amour exclusif, total. Toute ma vie, j'allais adorer les trains, et mal supporter les autres modes de transport. Ainsi, j'ai une profonde horreur de l'avion.

Combien de temps se passa-t-il ? Mon père ne revenait pas. Maman affirmera toujours qu'elle avait constamment gardé bon espoir ; cependant, elle était devenue d'une nervosité extrême et ne parvenait plus à se dominer. Elle me flanqua une grosse tape parce que je m'étais sali les mains ; elle houspilla ma sœur, ce bébé ! Jusqu'à présent, pourtant, elle n'avait pas entendu de coup de feu, ni de cris d'horreur. Lui rendrait-on son mari? Je transcris sans doute mal des émotions très violentes. Finalement, nous n'étions pas descendus du train.

Au bout de longues minutes — une éternité —, mon père revint, escorté de deux marins. Ils avaient dû boire sec, et du très fort. Papa avait le veston ouvert, la chemise défaite, plus de cravate. Quand elle l'aperçut enfin, ma mère murmura seulement : « Ah, Seigneur... », et elle pleura.

Mon père sera, toute sa vie, d'une sobriété extrême ; jamais je ne l'ai vu boire du vin pur, bien que nous ayons constamment habité la France : il le prenait toujours coupé d'eau. Lorsque j'en buvais moi-même à la table familiale, il fronçait le sourcil, jugeant sévèrement ce qui lui paraissait, tout à la fois, un luxe et une atteinte à la santé. Mais cet après-midi-là, quand il regagna notre train, il ne marchait pas droit du tout. En réalité, avant de le coller quelque part contre un mur, les marins l'avaient aidé à dénicher de la boisson. Comme il avait de l'argent sur lui, il était parvenu à trouver (mais il ne put jamais préciser où) deux bouteilles de vodka qu'il avait, comme eux, bues au goulot. Ma mère s'est toujours tendrement moquée de lui quand ils reparlaient de l'affaire :

— Pour un ingénieur des Mines en mission, ce n'était pas très élégant...

...et mes parents se souriaient, ces jours-là, comme des complices. Leur histoire d'amour aurait pu prendre fin dans cette gare balayée par le vent. Par chance, tous les marins du monde aiment la gnôle : les nôtres, sans doute à jeun, furent complètement saouls très vite. Cette ivresse leur avait ôté l'envie de tuer.

Une fois mon père revenu, ma mère décide de partir chercher de l'eau potable pour les biberons de la petite. Elle se dirige vers le bout de la voie, sans se séparer d'un carton à chapeaux qu'elle porte à son bras gauche. Soudain, on entend un coup de sifflet, et un employé des chemins de fer fait claquer les portières des wagons une à une : le train va démarrer ! Mon père, par la fenêtre, hurle : « Katia... » Elle se retourne sur ce cri, et réalise que le convoi bouge ; d'instinct, elle fonce à toutes jambes vers nous, essayant, en vain, d'ouvrir de l'extérieur la portière du compartiment. Mais celle-ci s'est bloquée ; elle ne s'ouvre plus. Alors, ma mère joue sa seule chance : elle saute sur le marchepied en bois qui court le long de ce vieux wagon d'avant-guerre et s'agrippe, de toutes les forces de sa main droite, à la poignée. La voici condamnée à demeurer dans cette position effrayante, sans pouvoir tenter le moindre geste, jusqu'à la gare suivante, à plus de vingt kilomètres. Nous assistons à tout cela, impuissants, de la fenêtre de notre compartiment : ma mère se tient roide, juste sous nos yeux, le bras gauche toujours glissé sous la courroie du carton à chapeaux dont le couvercle, peu à peu, est soulevé par le vent, et le contenu du carton commence à s'envoler. D'abord, deux, trois chapeaux, puis, aussitôt, ce qui a été caché dessous : c'est ainsi que s'éparpille sur la voie l'argent de nos économies. Tout ce que mes parents avaient pu mettre de côté, avec patience, pour vivre décemment à l'étranger, virevolte au gré des rafales avant de s'abattre sur le ballast en une pluie de billets de mille roubles.

— Je comptais mentalement (nous raconta ma mère à maintes reprises) chaque billet qui tourbillonnait. Lorsque j'avais sauté sur le marchepied, nous étions encore une famille presque aisée ; quand le train s'arrêta enfin, à la gare suivante, nous étions à moitié ruinés.

Mes parents ne se remirent jamais totalement de cette succession d'événements dramatiques, concentrés en moins d'une heure. A l'époque de ce voyage à travers la Finlande, vers les pays scandinaves, ils étaient encore très jeunes : lui, vingt-six ans ; elle, vingt-quatre. Ils devaient vivre vieux, lui jusqu'à quatre-vingt-douze et elle quatre-vingt-huit ans. Nous passerions, plus tard, par des moments très difficiles ; nous connaîtrions des périodes extrêmement dures, mais le drame des deux gares devait rester, à jamais, l'un de leurs plus abominables souvenirs.

Nous ne sommes pas parvenus directement en Suède : nous dûmes rebrousser chemin et faire halte, pour quelques semaines, dans l'un des pays baltes, indépendants à l'époque — la Lettonie. Nous avions à peu près de quoi manger à notre faim mais nous ne parlions pas le letton, ce qui nous gênait.

Nous avons habité, à Libau (un port où tout sentait le poisson et la brouillasse), un très petit deux-pièces. Dans la première, le lit des parents ; dans l'autre, le mien et le berceau d'Irène. Au vrai, nous attendions un transfert d'argent qui ne vint jamais. Parfois, le soir, ma mère me demandait de descendre prendre le pain à la boulangerie, située dans l'immeuble même. La rue était sombre, éclairée seulement de réverbères rendus pâlots par le rationnement du gaz. Les ombres des passants s'allongeaient sur le trottoir et sur la chaussée. La boulangère, qui m'avait pris en sympathie (j'étais son client le plus jeune), m'offrait, de temps à autre, une part de mille-feuille.

Les goûts d'un être humain se forment très tôt : c'est là que j'ai attrapé le virus des sucreries qui, par la suite, me fera tant de mal. Je raffole, depuis toujours, de tout ce qui est « douceurs » : bonbons, crèmes, chocolats. Jusqu'aux abords de la trentaine, mon organisme d'homme jeune parvenait à digérer tout ce sucre sans trop de mal ; puis j'ai commencé à prendre inexorablement du poids ; maintenant encore, j'essaie de lutter contre la tentation et, bien souvent, j'y succombe : ne pas pouvoir maigrir reste une de mes hantises. Mais, chez la boulangère de Libau, où je contracte ce goût déplorable, je me délecte des gâteaux. J'en savoure chaque morceau ; j'ai, pourtant, le sentiment confus que ce que je fais n'est pas bien : le plaisir est trop vif ! Alors, je me cache dans une encoignure, et puis apprécier en paix chaque bouchée du divin millefeuille.

Bien que je sois encore un enfant, mes parents me traitent déjà en garçonnet. A tort. Un soir, ils vont passer un bref moment chez nos voisins de palier, en me recommandant d'avoir l'œil sur ma sœur qui n'a pas un an. Pendant dix minutes, je suis très fier de ma responsabilité, mais sans la comprendre ; ainsi, ayant trouvé par hasard une grosse ficelle, j'en fais une sorte de nœud coulant autour du cou d'Irène, qui dort dans son berceau. Elle se réveille alors et se met à gazouiller. D'abord, comme je l'adore, je lui caresse le visage en lui disant de petits mots. Puis j'agite la ficelle par saccades, « pour voir ». La petite me fixe de ses yeux très bleus ; elle croit à un jeu, mais, bien vite, la douleur la fait pleurer. Surpris, je tente de la tirer hors du berceau à l'aide de la ficelle qui lui enserre le cou. Les cris d'Irène deviennent des hurlements. Par chance, des gens qui montent l'escalier l'entendent et se précipitent dans le logement par la porte restée entrebâillée. On m'arrache la cordelette des mains, on me gronde, quelqu'un me gifle. Tout le monde parle fort, dans une langue que je comprends à peine. Je sanglote. Le vacarme parvenant jusqu'à mes parents, de l'autre côté du palier, ils reviennent, horrifiés. Pourtant, le premier mouvement d'inquiétude passé, mon père contre-attaque :

— Ce qu'a fait mon garçon est affreux ; du moins, ça aurait pu le devenir. Mais un enfant de cet âge ne peut pas comprendre vos accusations, vos menaces. Il ne fallait pas le battre : ça n'arrangeait rien ; il aurait mieux valu lui expliquer.

Dans ce grand tapage, je ne parviens pas à réaliser quel mal j'ai pu réellement commettre, mais l'attitude de papa, couvrant, en quelque sorte, mon délit, m'enchante. Je sens qu'il est mon protecteur. Pendant toute mon existence, j'aurai une confiance absolue, éperdue en mon père, et je l'aimerai avec une sorte de dévotion. Un jour, vers neuf ou dix ans, alors qu'il m'explique l'histoire sainte et me raconte la vie des apôtres, je conclus :

— C'est bien compris, papa ; les apôtres étaient comme toi, mais toi, tu es encore un peu mieux.

Ça ne m'empêcha pas, le soir de cet incident et une fois les gens sortis, d'être sévèrement tancé par mes parents qui m'expliquèrent que j'étais un sacripant, que j'avais commis quelque chose d'abominable, mais qu'il fallait toujours laver son linge sale en famille. Je me sentais, tout à la fois, honteux et soulagé.

Mis au pain sec et au coin, seul dans ma pièce, j'entendais, derrière la cloison, discuter avec animation : ma mère aurait souhaité que mon père fût plus sévère, estimant qu'avec les enfants les raisonnements ne servaient pas à grand-chose et qu'il fallait appliquer la manière forte. Lui n'était pas de son avis. J'ai aimé ma mère très tendrement ; mais, pour être jsute, je dirai que je lui ai toujours légèrement préféré mon père, sans doute à cause de son attitude ce soir-là.

Nous arrivâmes en Suède durant l'hiver 1920. Étant restée neutre, la Suède n'avait pas connu la guerre, tout juste terminée, ni, bien entendu, les tourments d'une Révolution.

Quand il avait organisé ce voyage, plusieurs mois auparavant, mon père avait pris soin de faire virer de l'argent de Petrograd dans une banque de Stockholm. C'était encore possible à l'époque. Il y possédait donc, sur un petit compte, de quoi nous permettre de vivre à peu près décemment. Bien entendu, si le carton à chapeaux ne s'était pas ouvert, c'eût été sensiblement mieux.

Nous résidions dans un hôtel assez moyen de ce qui deviendra la station de sports d'hiver de Saltjöbaden. J'avais pour amie Tina, une fillette d'un an plus âgée que moi. Nous jouions parfois aux mariés. Un jour, on nous trouva des vêtements de cérémonie : pour moi, une sorte d'habit à plastron ; pour Tina, une jolie robe blanche. Ayant poussé la coquetterie jusqu'à se faire faire une mise en plis par sa mère, ma « fiancée » était ravissante, et je me sentais très fier de l'accompagner dans la salle à manger pour la présenter. On nous donna force chocolats ; j'étais ravi : le mariage, ça me plaisait.

Tina et ses parents avaient leur chambre au sixième étage. Nous y emportâmes tous les trésors reçus pour notre noce : des poupées, des cravates, un grand chapeau de paille avec un ruban de soie mauve, une bouteille de jus de cassis, des chaussures, encore un peu larges pour nous. Pour contempler en paix ces merveilles nous fermâmes la porte à clef, de l'intérieur. La chambre était pleine de soleil. Dehors, la neige ployait les branches des arbres et recouvrait le toit des maisons. Une journée radieuse. L'après-midi passa très vite. Les grandes personnes nous laissaient jouer tranquillement, Nous comptions et recomptions les cadeaux. Parmi eux, un châle rose, dans lequel Tina s'enveloppa plusieurs fois, en prenant des mines.

Lorsque le jour baissa, ses parents remontèrent de la salle à manger. Ils voulurent entrer, mais nous avions fermé à clef et ne parvenions plus à faire fonctionner le verrou. Dans le couloir, séparés de nous par la porte fermée, les parents de ma petite camarade s'impatientaient, haussant la voix. En vain. Finalement, ils décidèrent de redescendre : nous leur jetterions la clef par la fenêtre.

Ayant ouvert la croisée, nous regardions en bas pour voir quand ils sortiraient dans le jardin ; nous nous amusions à l'idée d'être « délivrés de prison ». Un bon génie allait venir à notre secours, comme dans les contes pour enfants. Les parents de Tina apparurent dehors, et se placèrent sous notre fenêtre. Je lançai la clef.

D'un geste instinctif, d'un mouvement irraisonné, ma petite compagne se pencha pour voir si la clef tombait bien aux pieds de ses parents. Elle bascula par la fenêtre, et je la vis qui s'écrasait au sol.

Je ne suis pas à même de décrire le désespoir des parents. D'abord, et simplement, parce que six étages plus haut, je ne les entendais pas vraiment. Ensuite, parce que j'étais affolé, seul, tout seul dans une pièce où, l'instant d'avant, la petite fille était encore avec moi. C'est cette solitude qui me fit, immédiatement, très mal ; car, je ne mesurai pas, d'emblée, toute l'étendue du drame et si je commençai à pleurnicher, c'est que personne ne venait me délivrer. Enfin, le père de Tina monta et ouvrit avec la fameuse clef : il portait dans ses bras les restes de sa fille. La mère hurlait comme une bête.

L'accident a laissé, en moi, des traces profondes. J'ai toujours eu, depuis lors, une peur panique du vide. Lorsque quelqu'un, devant moi, s'approche d'une fenêtre ouverte, je suis terrorisé. Je me détourne en criant :

— Non, non...

...et je fais un large geste des bras comme pour repousser le danger.

Si ma femme ouvre une fenêtre pour secouer un tapis, ou simplement pour regarder si le taxi qu'on a appelé au téléphone est arrivé, c'est l'angoisse. Dans un avion, je suis malheureux ; en moi, c'est la débandade : je tire soigneusement le petit rideau sur le hublot pour ne pas apercevoir ce qu'il y a en dessous. C'est là une grande faiblesse dans un métier comme le mien, où l'on doit se déplacer si souvent.

Que de choses n'ai-je pu réaliser par peur de subir, une fois de plus, l'abominable sensation du vide ! C'est pourquoi je n'ai jamais fait que les voyages indispensables ; je n'ai jamais été volontaire pour « ailleurs », si cela m'obligeait à prendre l'avion. Mon contrat actuel (en 1989) avec TF1 comporte une clause spéciale : on ne peut me contraindre à voyager par la voie des airs. Même en chemin de fer, si le train passe sur un viaduc, je suis pris par la tremblote. Tout cela est né à la seconde même où Tina tombait du sixième.

Au début de l'année 1920, nous décidâmes de ne pas revenir dans notre pays de départ et quittâmes la Suède pour la Norvège. Mon père cherchait à faire fructifier les quelques économies qui lui restaient. Je ne sais qui lui conseilla d'affréter un bateau, d'acheter, en Norvège, de l'huile de foie de morue et d'en constituer une cargaison pour la vendre à Cuba. Mais, le bateau ne possédait pas de soute réfrigérée et, quand il arriva en vue des tropiques, l'huile tourna. La cargaison était perdue et notre argent évaporé.

Ce n'est pas la seule affaire de ce genre, curieusement, dans la famille. Une histoire semblable est arrivée du côté de ma femme. Son grand-père, un pur Breton, qui, quelques années après la conquête de l'Indochine, s'était établi comme photographe à Hanoï, voulut un peu plus tard arrondir sa pelote — fort modeste, d'ailleurs. Il affréta un bateau en France, y chargea une cargaison de bouteilles de cidre et fit mettre le cap sur l'Indochine, fier de faire connaître là-bas la boisson légère et pimpante dont se délectent les Bretons et les Normands. Mais là encore, il n'y avait pas d'installations frigorifiques : lorsque le bateau franchit le canal de Suez, nouvellement percé, et s'engagea en mer Rouge, le cidre fermenta et toutes les bouteilles du grand-père explosèrent.

La similitude de ces aventures maritimes avortées nous a toujours paru, à ma femme et à moi, une sorte de présage à notre rencontre.

Mon père, n'ayant pas réussi à faire fructifier ses sous en Norvège, déclara qu'avec ce qui nous restait, nous tenterions d'aller nous installer en France, pays qui lui avait toujours inspiré une sorte de respect affectueux et admiratif.

Mais entre-temps, nous passerions quelques mois à Stettin, en Prusse orientale. Devenue, aujourd'hui, territoire polonais, la ville porte, depuis 1945, un nom imprononçable : Szczecín. A l'époque, elle était encore allemande. Je fus mis demi-pensionnaire dans une école pour petits garçons. Comme le ravitaillement était mauvais dans l'Allemagne vaincue, on mangeait tous les jours, à la cantine, de la compote de rhubarbe. J'en ai tellement ingurgité à Stettin que jamais plus, par la suite, je n'ai pu me forcer à en prendre une seule cuillerée.

Le directeur de l'école imposait une discipline très sévère : les Prussiens ne badinent pas avec le règlement. Pour préparer l'Allemagne à une revanche militaire possible, ils estimaient devoir former les jeunes générations à la dure. Bien que je ne fusse pas de chez eux, j'ai reçu, en vertu de ce principe, un grand nombre de coups de règle ;

on devait fermer les doigts et le directeur vous tapait sur les ongles avec une longue tige de métal. C'était un brave homme de salaud. Il existe, en allemand, un mot qui dit bien ce qu'il veut dire : *Schadenfreude*, c'est-à-dire le « plaisir de la douleur » — celle qu'on inflige à autrui ! Ma mère alla le voir pour le prier de cesser de m'éduquer à coups de trique. Si elle me laissa néanmoins dans cette école, c'est que j'accomplissais des progrès permanents en lecture. Ainsi, c'est en allemand que j'ai appris à lire, dans des textes composés en vieux caractères gothiques, si aigus, et qu'on n'utilise plus guère maintenant.

En fait, je détestais tous mes maîtres. Un jour, où la punition à coup de règle sur les ongles avait été trop violente, je voulus leur asséner quelque chose de suprêmement désagréable. Comme j'entendais quotidiennement, à la maison, mon père parler d'une « France-paradis », et que je comprenais déjà à peu près ce que venait d'être la guerre 1914-1918, je crachai au directeur et à ses collègues :

— Vous êtes des affreux. Je n'aime pas les Allemands ; je leur préfère mille fois les Français.

Hors d'eux-mêmes, ils éructaient de rage, criant cette expression qui m'est toujours restée en mémoire :

— Nos pires ennemis, nos pires ennemis... *Unsere ergsten Feinde.*

On me mit à la porte sur-le-champ, non sans que les éducateurs prussiens se soient offert le plaisir, pour marquer leur joie de se débarrasser de moi, de me flanquer une dernière dérouillée.

Nous dûmes rester encore pour quelque temps en Allemagne, à Berlin. Le mark tombait vertigineusement. Dire que l'inflation était galopante est un euphémisme : le mark s'effondrait au triple galop. Les commerçants fermaient leurs magasins à l'heure de la Bourse, vers midi, sachant bien qu'après la séance, le mark aurait encore baissé et qu'il leur faudrait changer les étiquettes pour tenir compte de la nouvelle dépréciation de leur monnaie par rapport au dollar ou au franc.

Un jour, mon père et ses amis déjeunaient au restaurant. A la fin du repas, ils demandèrent la note et tendirent, pour payer, un billet de vingt dollars. On leur apporta la monnaie. Mais ils avaient décidé, entre-temps, de ne pas quitter le restaurant et de continuer à y parler d'affaires jusqu'après dîner. Ils ne ramassèrent donc pas la monnaie qu'on leur avait apportée et reprirent le billet de vingt dollars, qui servirait le soir à régler l'addition pour les deux repas. Or, la somme qu'on leur rendra sera à peu près la même qu'à midi, ce qui veut dire que pour le même prix, ils avaient pu, au total, faire deux repas au lieu d'un seul, le mark ayant chuté si fort ce jour-là qu'il valait, le soir, seulement la moitié de ce qu'il avait valu avant midi...

1921. Bientôt, pour régler ses achats dans un magasin, il fallut presque emporter avec soi un sac plein de billets de banque. L'État allemand dut se résoudre à imprimer des coupures d'un milliard de marks — le prix d'un kilo de pain ou de pommes de terre... Très vite, on fit circuler des billets de deux milliards de marks, puis de dix milliards. Toute l'économie du pays s'écroulait. C'est à cette époque que nous partîmes, définitivement, pour la France ; à l'arrivée du train de nuit en gare du Nord, je vis mes parents s'embrasser de joie.

Mon père avait choisi de venir vivre ici parce qu'il aimait profondément ce pays. Il avait, d'ailleurs, fait une partie de ses études de droit, pendant quelques mois, dans une ville du Midi. Il parlait bien le français, en étant sensible à la musique des mots. Mais, plus encore que la langue littéraire, il aimait le parler de tous les jours, le français du quotidien. Il louait aussi le bon sens français, la finesse d'analyse et la psychologie du petit peuple. Il adorait « s'immerger », comme il disait, dans les milieux de petits employés, d'ouvriers, de garçons de café, dont la bonne et simple logique l'émerveillait. Jamais le désir de quitter la France ne lui vint ; le jour où ils reçurent, maman et lui, la nationalité française fut un jour de bonheur fou : ils dansaient de joie. Dans notre famille, on ne sait pas trop garder ses émotions pour soi.

Mon père avait suivi, d'autre part, une année de sciences économiques dans une université allemande, à Leipzig, et il parlait remarquablement l'allemand. En revanche, il ne devait apprendre l'anglais que plus tard, à Paris, avec un professeur inattendu : l'écrivain Vladimir Nabokov, l'auteur, entre autres, de *Lolita,* et qui écrivait ses livres directement en anglais. Je ne me souviens plus très bien de Nabokov. Il faisait partie de l'émigration russe en France, mais il avait vécu longtemps en Angleterre : ses livres ne connaissaient pas encore de succès, et il devait travailler pour vivre. Je me rappelle un homme mince, grand, non sans charme, mais qui houspillait un peu son élève, mécontent de ce que son enseignement ne lui entrât pas aussitôt dans le crâne. Mais mon père dut borner sa pratique de la langue à ces leçons particulières, car il ne fit jamais de séjour prolongé à Londres. C'est parce que son anglais était médiocre qu'il a toujours voulu que, contrairement à lui, j'y fusse — si j'en étais capable — excellent : pour cela, il m'envoya en Angleterre aussitôt qu'il le put, entre mes deux bachots.

Papa était un homme d'une énergie sans pareille. Il fut actif jusqu'à l'âge de quatre-vingt-huit ans, me communiquant le goût du travail et le mépris de l'oisiveté. Il ne voulait pas que j'aille aux courses, non pas tellement parce qu'il avait peur que j'y perde ma chemise (il y avait de cela aussi, naturellement) mais surtout parce que l'on y côtoyait un fort pourcentage de désœuvrés.

Comme lui, je ne supporte pas ceux qui préfèrent l'amusement au boulot, ni ceux auxquels un héritage permet de se tourner les pouces et qui se bornent à manger leurs rentes ; ce qui ne signifie pas que je ne pense qu'au travail : je sais débrayer. En fait, m'aider à travailler, m'en donner à tout instant les moyens, a constamment été la grande idée de mes parents. Pendant vingt ans, nous avons vécu dans la gêne. Pourtant, jamais on ne m'a refusé un livre, quel qu'il fût, parce que ce livre signifiait que je « travaillerais davantage, que j'apprendrais ».

Aux époques difficiles, mes parents préféraient sauter un repas ou économiser le prix du métro en allant à pied, plutôt que de me priver d'un volume qui pouvait m'être utile pour mes études. La « culture », à leurs yeux, était l'essentiel. Ma mère avait fait de bonnes études secondaires, et elle adorait les « gens cultivés ». Seule comptait vraiment à ses yeux l'intelligentsia ; elle fut rarement gâtée sur ce plan-là. Quant à mon père, il avait terminé son lycée avec une « médaille d'or », ce qui impliquait une moyenne générale de 5 sur 5, d'après la cotation russe. Cette perfection paternelle n'était pas sans m'agacer. Bref, mes parents furent toujours très attentifs à mes études, et une note médiocre provoquait des drames : « Tu es le fils d'un homme qui a obtenu une médaille d'or », me rappelait constamment ma mère.

Au physique, c'était une femme d'une taille légèrement au-dessus de la moyenne, plutôt un peu grasse, brune, la coiffure bien séparée en son milieu par une raie très droite. Elle avait le cheveu dru et souple, somptueux. Jeune fille, elle avait porté des sortes de macarons sur les oreilles, puis cela s'était transformé en un petit chignon, qui devait disparaître à son tour. Elle avait des yeux bleus très clairs, sous des sourcils effilés et marqués. Des yeux qui lançaient des regards foudroyants dans les instants de colère. Ses dents étaient belles, saines, plutôt grandes. Elle avait le teint clair, le visage d'un ovale exceptionnel, le nez légèrement busqué, une jolie bouche aux lèvres pleines, bien ourlées.

Chose affreuse : je ne parviens pas à me remémorer tout à fait son visage. Il ne renaît pas complètement. Ma femme doit m'aider pour reconstituer ses traits, mais, quand Laura a rencontré sa future belle-mère, celle-ci avait déjà cinquante-cinq ans. Je me rappelle, en tout cas, son sourire, qui n'était jamais un demi-sourire mais passait, très vite, au rire ; elle riait en renversant sa tête en arrière. Maman n'avait pas trop de cou ; son buste était d'une certaine ampleur. Je ne saurais en dire davantage : malgré l'exiguïté de nos logements successifs, je ne l'ai jamais aperçue sans voile. Étant pudique, elle prenait garde à ces choses.

En arrivant en France, nous avons d'abord habité à Menton, sur la Côte d'Azur, la dernière ville avant la frontière italienne. J'allais évidemment à la communale et j'y faisais figure de bête curieuse : d'où venais-je, au juste ? Les Français n'ont jamais été très doués pour la géographie. De plus, et pourquoi ne pas le dire, malgré les traditions d'hospitalité, malgré tant de déclarations officielles sur le droit d'asile et sur le respect dû aux réfugiés, les Français n'aiment pas les étrangers. Je n'entrerai pas dans la querelle actuelle : c'est un sujet très grave. On ne renvoie pas comme des bestiaux des gens qu'on a fait venir ici pour travailler. En revanche, s'ils sont arrivés illégalement, on peut les reconduire : mais où ?

Ceci étant, et en règle générale, on se méfie en France des gens d' « ailleurs » ; on est, à leur égard, très distant par principe, notamment dans la petite bourgeoisie. Quand un citoyen de l'hexagone voit, dans un journal, un nom de famille qui prend un *y*, un *k*, un *w*, quand ce nom se termine par *stein* ou par *sky*, le Français moyen fronce le sourcil. Dupont est hérissé.

D'instinct, il se « méfie ». « Ce n'est pas de chez nous », pense-t-il aussitôt en ricanant.

Croyez-vous, cher monsieur Dupont, que si vous arriviez en Australie ou en Tanzanie, votre nom tellement « de chez vous » ne paraîtrait pas étrange dans ces contrées ? Or, vous n'en seriez pas moins un monsieur très bien, cher et estimé monsieur Dupont !

Bref, à la communale de Menton, le petit Zitrone ne fut pas accepté en un jour. Là aussi, je tombai sur un maître assez brutal et, là aussi, ma mère dut venir protester. Mais le directeur se confondit en excuses, il appela l'instituteur qui m'avait flanqué un coup, et je sentis qu'on était loin de me détester par principe comme en Prusse. Différence d'état d'esprit ! A Menton, j'étais juste tombé sur un homme nerveux ; dans l'école de Stettin, j'avais eu affaire à une psychologie d'ensemble.

J'étais un bon élève, qui n'écrivait pas trop mal pour son âge, mais j'oubliais vite — trop vite — l'allemand. Mes parents, eux, ne me lâchaient pas tant que je n'avais pas terminé mes devoirs. C'est à maman que je récitais mes leçons. En classe, je me montrais turbulent ; je ramassais souvent des punitions : textes à copier, heures de « colle ». Il en sera toujours ainsi, même — et surtout — au lycée.

J'ai une tendance certaine à l'impertinence, principalement dans les conversations personnelles, même si elles se déroulent en public. Beaucoup d'hommes et de femmes — notamment dans le monde artistique ou politique — ne supportent pas une telle attitude et m'en veulent à tout jamais. L'insolence à peu près gratuite a été l'un des fonds de mon caractère. Je cherche, sans doute, à me prouver que je suis indépendant, et je tape, lourdement, à côté de la plaque. Vis-à-vis du receveur des postes, du directeur de la banque, vis-à-vis de fonctionnaires responsables, j'ai trop souvent adopté un ton presque agressif, parfois déplaisant.

Tel je fus enfant, tel je suis resté. Dans la vie militaire, j'ai ainsi gâché mes chances d'une belle carrière ; je n'ai jamais su « opiner du bonnet ». J'ai toujours voulu faire prévaloir mon point de vue, avec un esprit de contradiction assez poussé. Souvent, très souvent, il m'en a cuit.

Or, cette attitude « dans le privé » est contraire à mon comportement sur l'antenne où je suis immanquablement courtois, à une époque où certains journalistes se sentent comme une obligation d'être agressifs et de poser des questions vachardes, comme s'ils étaient des juges d'instruction.

Ainsi, je me suis fait plusieurs fois incendier par mon ami Jean-Pierre Elkabbach, à l'époque où je présentais son journal télévisé sur A2, vers 1980-1981, parce que je ne donnais pas de coups de patte suffisamment griffeurs.

Un jour, j'avais invité un témoin de la Révolution iranienne. Cet homme, qui avait été l'un des familiers du shah, venait de parvenir à se réfugier en France après de multiples aventures, en traversant la frontière par la haute montagne, déguisé en berger. A Paris, il avait accepté de venir nous raconter son aventure, par amitié personnelle pour moi. J'écoutais attentivement ses explications sur la débandade qui s'était produite à Téhéran autour du shah. Je retrouvais, dans son récit, des noms de gens que j'avais rencontrés, en Iran même, un an ou deux auparavant. J'étais, comme l'on dit, pendu à ses lèvres.

Mais, aussitôt après la fin du journal, Elkabbach me reprocha vertement de ne pas avoir soutiré à mon visiteur des détails « plus musclés » sur les différences d'attitude (à l'égard de la révolution, déjà très menaçante) entre le shah et son épouse Farah. Fort en colère, il me traita d'incompétent et me déclara que mon style « à la *Jours de France* » n'était pas de mise chez lui. Il fut si âpre que je faillis lui rendre mon tablier. Je rentrai à la maison anéanti ; mon sang bouillait. Ma femme exigea de faire prendre ma tension artérielle. Le cardiologue la trouva forte, beaucoup trop forte : 20-13.

L'engueulade à la télé avait été si violente que ma tension avait monté de cinq points. Encore le savon que j'avais reçu remontait-il, déjà, à plus d'une heure ! Mais Jean-Pierre, grand monsieur de l'information, est soupe-au-lait.

De Menton, nous allons sur la côte basque. Avec le prêt d'un de ses frères, Mitchell, qui vit depuis longtemps à Londres, mon père veut exploiter un casino à Biarritz : La Chaumière.

Mon père est bel homme. Son teint est mat. Il a de beaux yeux marron, un peu plissés, intelligents et malicieux, une bouche parfaitement dessinée, aux lèvres plutôt épaisses, des dents éclatantes, le sourire avenant. Surtout, il a de belles mains, aux doigts déliés : quand il se met au piano, il « prend » sans effort sur le clavier du *do* jusqu'au *fa* de l'octave suivante. Avec cela, une oreille prodigieuse : dites-lui de tourner le dos au piano, plaquez-lui un accord de six notes, il va vous les nommer sans erreur, et cette perfection de l'oreille fait toujours forte impression.

Mon père plaît aux personnes du sexe ; il est spirituel et brillant. A La Chaumière, tout en tenant son rôle de directeur-gérant, auquel le destinent ses études d'économie, il va aussi se promener entre les tables, ayant l'œil à tout, disant un mot aimable ici et là, et parfois user de son charme pour inviter des dames esseulées à danser.

Mon père m'appelle souvent « mon chéri », mais parfois, surtout en public, « mon cher », ce qui me semble sonner mal. Mon diminutif c'est « Loula » ; ma femme l'emploie encore quotidiennement ; et Loula est fort jaloux de son père.

Je déteste quand, à La Chaumière, il danse avec une cliente. Certes, il fait son métier, il donne de l'animation au casino, mais voir mon père enlacer une étrangère me fait mal. J'ai toujours été profondément jaloux de mes proches, alors que je ne le suis pas le moins du monde des autres, par exemple ceux de mon métier. Qu'à propos de télévision, aujourd'hui, mes petits potes bénéficient de plus d'espace que moi dans les magazines illustrés, ça ne m'ennuie nullement. D'ailleurs, je n'ai jamais eu à me plaindre de l'intérêt que la presse de télévision m'a porté, bien au contraire.

Un jour que je voyais mon père danser pour la troisième fois avec la même personne, j'allai les séparer sur la piste, en trépignant : « Mon père est à moi, madame ; il n'est pas à vous ; il nous appartient. »

Cet instinct de possession jalouse est très profond. Je dis *mes* parents, *ma* femme, *mes* enfants. L'adjectif possessif est bien celui que j'entends employer. J'appuie dessus. Je voudrais qu'il en existe de plus possessif encore. Je trouve que « les miens » sont les mieux. Sans doute est-ce un travers sérieux, mais cela me permet de ne pas trop regarder dans le jardin d'autrui. J'aime aussi, chez les miens, leur odeur ; mon bonheur, c'est de les humer, quand je les embrasse, et mes filles prétendent que je les embrasse comme un amoureux.

Si papa travaille à Biarritz, nous, nous habitons à quelques kilomètres de là, Saint-Jean-de-Luz, dans une villa sur la corniche qui domine la baie, Bakia-Baïta. Tout près, voici une autre villa, Capricciosa, où réside ma tante Renée, créature éblouissante, rieuse, charnue, d'un caractère très gai et excellente cuisinière ; cette femme appétissante est courtisée par tous les messieurs des environs. Elle vit avec un de mes nombreux oncles — mon père est né dans une famille de huit garçons.

L'aîné, c'est Marc, un médecin chez lequel mon père avait vécu en Allemagne. Bientôt, il nous aidera dans une passe très difficile. Puis vient Alexandre, sans doute le plus brillant de tous, mais qui aime trop le vin. C'est lui le mari de tante Renée, le mari de la main gauche, s'entend : ils s'adorent, mais n'ont jamais régularisé leur union qui durera, pourtant, jusqu'en 1940. Renée confie à ma mère, lorsque papa s'attarde à La Chaumière : « Katia (maman s'appelle Catherine), avec les messieurs Zitrone, il faut s'attendre à tout. Ils sont désordonnés, coléreux, un peu coureurs, un peu tête folle, toujours bouillonnants de projets, trop de projets. Il leur arrive de nous oublier un instant, nous leurs épouses, mais ils sont tous attachants et attachés. N'ayez aucune crainte pour votre ménage : vous êtes la seule qui compte, tout le reste est balivernes, récréation d'un instant, bref, du vent... »

Plus tard, à cause des téléspectatrices exubérantes, j'aurai plus d'offres de récréation que mon père ; mais comme je tiens, par hérédité maternelle, des goûts très conservateurs, je crois avoir été beaucoup moins sensible que lui au charme des dames ; d'ailleurs, je suis, tout à la fois, plus impulsif et plus brouillon, mais aussi plus timide... et j'ai de moins beaux yeux que lui.

Mes parents aimaient infiniment tante Renée. Moi aussi. D'une blondeur de rêve, habillée avec élégance, elle traînait, derrière elle, une cour d'admirateurs passionnés. Un jour, par plein soleil, un de ses chevaliers servants l'emmena dans une Hispano-Suiza découverte : il voulait « pousser le moteur à fond ». Renée invita mon père à venir avec eux, et je fus du voyage.

Il n'y avait pas d'autoroutes à l'époque, mais pas beaucoup de circulation non plus. La voiture prit de la vitesse. Nous dépassions, en trombe, ces attelages typiquement basques où deux bœufs, réunis sous le même joug, traînent péniblement un charroi chargé d'épis de maïs. Au bout d'un moment, je sentis que nous roulions trop vite. Mais mon père, que le vent de la route avait grisé, s'exclamait : « Plus vite, monsieur, plus vite : poussez jusqu'à 120 à l'heure. Je vous dis : 120, 120... » Je me tassais sur mon siège, dans le fond de l'Hispano. Nous étions aux limites de ce que je pouvais supporter. Les arbres défilaient comme un mur ininterrompu, et mon père aiguillonnait le conducteur : « 120, montez à 120. » La terreur me saisit. J'étais malheureux. C'est de cette viréelà que date un autre de mes traits essentiels : je déteste me trouver en voiture quand ce n'est pas moi qui conduis ; j'ai la hantise du pépin. J'abomine la vitesse ; je suis un très mauvais passager, et je me surprends encore à implorer : « Moins vite, moins vite. »

Quand je suis au volant moi-même, j'ai moins peur. Naguère, il m'arrivait de forcer l'allure, non pas par goût, mais parce que mes horaires étaient trop serrés. Aujourd'hui, j'ai mis beaucoup d'eau dans mon essence.

C'est au pays basque que j'apprends réellement à écrire et à parler comme il faut, passant du langage approximatif de l'enfance à une langue construite. Mon professeur est une jolie Basquaise brune, Mlle Léontine, institutrice à Ciboure, près de Saint-Jean-de-Luz. Je la revois avec ses jupes amples, ses espadrilles haut lacées, sa bonne humeur, sa vivacité, ses exigences d'enseignante. Elle est d'une sévérité extrême quand il s'agit d'orthographe, comme je l'ai été, plus tard, avec mes enfants. Léontine vient à la villa nous donner, à ma sœur Irène et à moi, un peu de style, une certaine rigueur dans l'expression.

Jusque-là, mes études ont été ballottées au gré des voyages ! Léontine met de l'ordre dans tout cela. Indubitablement, Irène et moi sommes en retard. Ma mère a pourtant bon espoir que nous rattraperons les autres enfants de mon âge, et que nous entrerons normalement à l'école, peut-être même à Ciboure.

Léontine nous aime bien. Elle vient avec plaisir et fait semblant de ne pas être trop surprise par nos manières de déracinés. Parfois, le soir, elle nous emmène sur la place où l'on danse le *fandango*. Une fois par mois, c'est l'enchantement du *Toro de fuego,* ce mannequin en forme de taureau, d'où éclatent les fusées et les étincelles d'un feu d'artifice ardent. Je commence à savoir crier des expressions basques. C'est une langue dure, mais belle. Léontine est ravie. Elle nous présente à ses amoureux. Nous sommes, pour elle, de bons élèves. Nous pigeons tout très vite. Léontine a cependant du mal avec mon accent : je roule les *r*. Sous ce rapport, ma sœur est meilleure que moi. Mais ma pensée s'affermit ; je commence à savoir raconter un événement, une histoire. J'adore Léontine.

A l'heure où je commence ce livre, elle habite toujours Saint-Jean-de-Luz. Je l'ai retrouvée en lançant un appel au micro, un jour où je participais, vers les années 1965, à une émission de Radio-Côte Basque : « Un auditeur de la région pourrait-il me renseigner ? Je recherche Léontine, une dame qui était une bien jolie jeune fille en 1923-1924, une institutrice de Ciboure ; je ne me rappelle pas son nom, seulement son prénom. Qui m'aidera ? »

Léontine, elle-même, me répond. Elle s'appelle Mme Aguirre ; elle est arrière-grand-mère. Depuis lors, elle nous a invités plusieurs fois, ma femme et moi, chez elle, rue Saint-Jacques à Saint-Jean. Je reçois d'elle, de temps à autre, une lettre d'une belle écriture un peu penchée, qui me rappelle celle de ma belle-mère, que je n'ai plus.

Mlle Léontine m'appelle toujours « Loulik ». Malheureusement, elle ne veut plus me tutoyer, sous prétexte que je suis devenu monsieur Zitrone. Dommage ! Et puis, à la fin de 1987, Léontine s'en va sur la pointe des pieds. Renée, Léontine : vous rappelez-vous les soleils de jadis ?

Les affaires de La Chaumière ne marchent pas. La restauration est un métier qui ne supporte pas l'improvisation. La gestion des jambons de pays et des tartes de la veille, c'est tout un art. Bref, nous devons quitter la côte basque, et monter vivre à Paris. Enfin, nous avons trouvé le point d'ancrage. J'y réside depuis plus de soixante ans.

Paris pour pauvres

Nous voici à Paris au début de 1924, installés en plein cœur du XVIe arrondissement, dans un immeuble sans style de la rue des Belles-Feuilles, qui comprend deux parties distinctes : l'une qui descend vers le bois de Boulogne, après l'avenue Victor-Hugo, cossue, calme, le beau XVIe ; l'autre qui va vers le rond-point de Longchamp (aujourd'hui place de Mexico). Là, c'est une rue de petits commerces, de Cours des Halles, avec ses deux cafés-bois-charbons, tenus par ceux qu'on appelle les « bougnats », c'est-à-dire des Auvergnats qui servent du vin rouge au verre et qui portent le charbon à domicile. Un petit côté province, dans un arrondissement huppé.

Mon père a laissé des plumes dans la déconfiture de La Chaumière ; ça n'a pas marché car il y avait trop de coulage. Nous vivons donc modestement. La viande est plutôt rare : le plat le plus fréquent, c'est le hareng aux pommes de terre en robe des champs. Pourtant, trois ou quatre mois durant, nous avons une bonne, Céline : mon père ne veut pas que maman s'abîme les mains : elle les a blanches, voire grassouillettes, plutôt courtes, potelées. J'en ai hérité.

Céline, elle, a un museau de fouine, des mains rouges. Quand je suis couché, et lorsque mes parents sont allés chez des amis pour se raconter mutuellement leurs misères, Céline vient dans ma chambre et me caresse sous les draps. Ses yeux, derrière de minces lunettes cerclées de métal, brillent fort. Je ne saisis pas bien le sens de cette caresse, mais Céline est une gentille fille qui, si j'avais trois ou quatre ans de plus, s'offrirait le plaisir de mon initiation.

Pendant la journée, mon père cherche du travail. Hélas ! il n'est ni technicien, ni ouvrier qualifié. En 1925, les chômeurs étrangers ne touchent rien. Bientôt, Céline nous quitte. La veille de son départ, elle vient m'embrasser sur la bouche. C'est plutôt désagréable. Deux ou trois jours plus tard, il m'arrive une chose étrange : revenant de classe et montant l'escalier (il n'y a pas d'ascenseur), j'entends entrer, derrière moi, un monsieur. Je grimpe un étage, deux étages : il me rattrape, il m'entoure les épaules du bras. Quel âge puis-je avoir à l'époque ? Sept ou huit ans, mais je suis « en avance ». L'homme de l'escalier a le souffle court. Il me parle à voix basse et très vite. Soudain, il porte la main à ma braguette, il va la déboutonner. Je l'entends qui hoquète : « Mon petit chéri, mon petit chéri... » J'ai pris peur. Je me sauve. J'avale les marches quatre à quatre. L'homme, maintenant, a élevé la voix : « Je ne te veux pas de mal, mon petit chéri. Reviens, redescends. »

Par chance, voilà mon palier. Je sonne, je frappe la porte du pied : maman m'ouvre. Elle a les yeux rouges ; elle a pleuré. Vite, très vite, en avalant mes mots, je raconte l'incident de l'escalier. Elle m'attire sur ses genoux, j'enfonce le nez dans son cou : elle sent bon. Elle me console.

— Mon petit garçon, mon petit Loula, c'est un vilain monsieur, mais il est parti, n'aie pas peur, il ne reviendra jamais.

— Mais toi, pourquoi as-tu pleuré ?

— Ça ne va pas très bien pour papa. Il ne trouve rien.

— On ne va plus pouvoir manger ?

— Si, si, j'ai encore des broches à vendre.

Tout cela, le satyre, les larmes de ma mère, les broches, ça m'a épuisé. Or, mon copain de classe, Ziv, a reçu de son père un vélo tout neuf, au cadre violet, une « Automoto bain d'huile » ; voilà plusieurs jours que je voulais en parler à mes parents, et leur demander de m'acheter la même. Mais, je sens que les circonstances ne s'y prêtent pas. Quelle matinée ! Si mon père ne trouve pas de travail, est-ce que la vente des bijoux permettra, quand même, que j'aie un vélo ?

Mes parents sont ainsi faits que j'aurai ma bicyclette. Plusieurs soirs, j'entends ma mère qui, nous croyant endormis, ma sœur et moi, raconte les péripéties de la vente de ses broches, la voracité des marchands et, en même temps, leur accueil réservé, presque méfiant : dame, avec ces étrangères, on ne sait jamais ! Sans aucun doute si ma mère avait moins d'accent slave, aurait-elle obtenu davantage ! Elle n'a pas osé entrer dans le beau magasin de la rue de Longchamp parce que c'est notre quartier. L'autre mois, déjà, quand elle y était entrée pour vendre une bague, le bijoutier avait fait des réflexions. Alors, cette fois-ci, elle a pris le métro, les grands boulevards et a fait plusieurs boutiques. Partout, elle a montré son trésor, elle a recommencé à proposer, à marchander. Elle confie à mon père :

— Partout, mon adoré, c'est humiliant. Je sens bien que si je m'offrais en même temps que les broches, ces porcs se décideraient plus vite.

— Tais-toi, mais tais-toi donc, ne me raconte pas cela, supplie-t-il.

Ils s'étaient connus à Pétersbourg ; mon père suivait les mêmes cours de sciences-éco que Lambert, l'un des frères aînés de ma mère. Un soir, Lambert vint présenter son camarade à la maison, où il fut bien accueilli. Mes grands-parents maternels recevaient volontiers les copains de leurs six enfants.

— Je suis tombée amoureuse de ton père au premier regard, m'a raconté maman quand je fus en âge de comprendre. Ses yeux marron foncé étaient extraordinairement brillants. Il parlait bien mais peu, n'intervenant que pour dire des choses intéressantes. Lambert l'admirait beaucoup. Quand ce jeune homme est parti, j'ai questionné mon frère : “ Quel genre d'étudiant est-il ? Qu'est-ce qui le passionne ? A-t-il du succès auprès des jeunes filles ? ” Oui, répondait Lambert, c'était un esprit clair et un homme charmant, ce Romain. Oui, il plaisait aux autres filles, et même beaucoup. Moi, aucun garçon, jamais, ne m'avait causé une telle impression. Je brûlais. Lambert, pour m'être agréable invita alors fréquemment Romain à la maison. Très vite, nos conversations tournèrent autour du thème essentiel : nous plaisions-nous assez pour nous marier ? Nous pensions que oui.

« Un jour où je l'attendais, Romain ne vint pas. Lambert, qui était joueur, l'avait entraîné dans un cercle. La partie fut rude. Le lendemain, Romain m'avoua qu'il avait perdu tout ce qu'il possédait, et qu'il devait encore dix fois ce qu'il gagnait chaque mois en donnant des leçons particulières de maths et de français. Affreusement triste, il ne savait pas comment s'en sortir, mais sans dire un mot contre mon frère, pourtant le premier responsable.

« Les créanciers n'étaient pas des gens à passer l'éponge. La situation était banale mais grave. Alors, j'ai pris, dans l'armoire aux vaisselles précieuses, tous les couteaux et fourchettes à poisson du service d'argent massif qui venait de ma grand-mère. Nous eûmes une scène violente où mon fiancé me défendit âprement de mettre mon projet à exécution ; mais, derrière son dos, je partis au mont-de-piété engager les couverts. Je me souviens que je venais à peine d'être majeure et que j'eus des difficultés à le prouver. Je te passe les détails. La dette fut payée. Quand mes parents s'aperçurent du larcin, la famille frôla le drame, puis les choses s'apaisèrent. Ton grand-père, qui avait de l'humour, conclut que, puisque Romain avait pris l'argent de la vaisselle, il pouvait aussi bien me garder pour femme : ce serait ma dot...

« Ton père remercia, avec dignité, sans mots inutiles. Je ne l'en respectai que davantage. Nous nous sommes mariés très vite. Chaque fois que je dois me résoudre, ici, à engager ou à vendre mes bijoux, il se rappelle cette histoire de notre jeunesse, et réagit comme un écorché vif. Je ne devrais pas lui parler en détails des avanies que je subis chez les bijoutiers. Tu sais, les broches de l'autre jour, j'ai fini par les laisser à un marchand qui n'était pas le plus offrant mais qui, dans la discussion, me disait : " Madame ". Les autres m'appelaient " ma pauvre fille ", ou encore " chère petite dame ". Il y a des moments pénibles. Va faire tes devoirs comme il faut.

— Maman, est-ce que tu vas pouvoir racheter, un jour, ton gros saphir bleu foncé ?

— Je l'espère bien. Toi aussi, c'est celui que tu préfères ?

J'eus mon vélo. Je l'apprivoisai dans la rue Decamps, calme, tranquille, et qui menait à mon lycée. Mais déjà vers ma neuvième année, j'allais « rouler » à la Muette, à la frange même du bois de Boulogne, où je retrouvais des copains ; nous nous y entraînions ferme. Hélas ! mon père ne trouvait toujours pas de travail, et il ne nous restait plus guère de bijoux.

Parmi mes amis du lycée, il y avait un garçon, Gaillard, dont le père était premier maître d'hôtel chez Maxim's. Maman me demanda d'arranger un rendez-vous entre M. Gaillard et papa. Celui-ci monta chez eux, plein d'espoir. Quand il revint à la maison, l'espoir s'était enfui : le restaurant ne voulait pas d'étranger. C'est que mon père n'avait pas proposé ses services à la plonge, mais pour un travail où il put utiliser ses connaissances de langues étrangères, au contact d'une clientèle internationale. Soudain, il comprenait que ce savoir-là ne lui servirait jamais à rien.

M. Gaillard avait néanmoins donné un conseil : il y aurait, pour un courageux, de quoi s'employer au chargement et déchargement des marchandises aux Halles, la nuit. J'entends, aujourd'hui encore, mes parents discuter à voix basse. Maman ne veut pas que son mari accepte, mais il plaide : « Nécessité fait loi, mon adorée ! Il ne nous reste plus rien en dehors de nos alliances, et, le 15 octobre, il y a le terme à payer. »

Malgré tout, ne montrant jamais ni énervement ni irritation, il était, avec ma sœur et moi, d'une extrême gentillesse, s'occupant de nos devoirs quand il rentrait ; et bien qu'il fût en permanence bredouille, notre seule vue le rassérénait. Il était fou de ses enfants.

Il finit par se résoudre à travailler aux Halles. Pour un garçon qui avait obtenu une médaille d'or au lycée, qui était ingénieur des Mines et diplômé de sciences-éco, on aurait pu rêver mieux. Il se couchait très tôt, pour être sur pied à trois heures du matin, et se rendre aux Halles par l'autobus de nuit.

Beaucoup plus tard, vers 1978, lorsque je présenterai les journaux parlés du petit matin sur RTL, son souvenir m'envahira à chaque aube. Quelle énergie ! Quel courage !

Comment parvenait-il à tenir le coup ? Le chargement et déchargement des camions de fruits et légumes le fatiguait, mais jamais il ne se crut déshonoré d'avoir accepté ce boulot. Il ne se plaignait pas, heureux, en tout cas, de subvenir désormais aux besoins essentiels de sa famille. Les harengs devinrent un peu moins fréquents à nos repas ; parfois, il rapportait de sa nuit un morceau décent de viande acheté à bon prix.

Nous n'étions pas au fond de la misère : j'entendais des amis et connaissances décrire des situations encore plus douloureuses. Nous côtoyions de véritables cauchemars, surtout chez les dames demeurées seules, et qui, ayant tout vendu, n'avaient littéralement plus un centime pour subsister. L'une d'elle demanda même si elle ne pourrait pas accompagner mon père aux Halles le lendemain matin, pour qu'il lui montre où ramasser les détritus les moins pourris. Veuve d'un médecin très connu, elle avait eu, jadis, un appartement avec trois salons et deux salles de bains.

Un soir, il y eut un drame chez notre concierge. L'époux était revenu à la loge alors que l'amant s'y trouvait encore. La dispute fut violente. Le mari mordit l'autre à la main, lui arrachant la moitié d'un doigt. Mon père, qui passait par là, voulut s'interposer : il échappa, mais pas complètement, à un coup de couteau. Dans la nuit même, comme il manipulait des cageots aux Halles, la petite plaie s'infecta. Un furoncle surgit. Pendant plusieurs jours, il ne put travailler, restant à la maison, malheureux, douloureux, mais continuant à surveiller mes devoirs, insistant surtout sur les maths. Je réalisais maintenant tout son mérite et j'essayais d'être un bon élève pour lui faire plaisir. Ma sœur, qui avait cinq ans, le déridait par son babil. Elle était forte, avait les cheveux châtain clair et les yeux bleus ; elle était timide avec les autres et m'aimait beaucoup. Moi, je l'adorais.

Papa guérit ; il reprit le collier et nous pûmes fêter cette bonne nouvelle, deux jours plus tard, avec un morceau de pot-au-feu dont on lui avait fait cadeau pour célébrer son retour. Je sentais que ses camarades de travail l'aimaient bien et j'en éprouvais de la fierté. Ses patrons avaient l'air de l'apprécier et maman écoutait, avec ravissement, comment ils lui demandaient, maintenant, de jeter un coup d'œil sur la comptabilité, ou de leur rédiger une lettre commerciale, ce qui lui valait, parfois, une pièce en plus.

Quelqu'un lui avait dit un jour : « Vous venez de Russie, mon brave homme ? Vous êtes donc Bulgare. » Mes parents riaient de cette énormité. Moi, dans cette anecdote, je détestais ce « mon brave homme » condescendant. Dans mon rêve, je griffais le visage de celui qui l'avait appelé ainsi. Je me promis de décrocher cette année-là le prix d'excellence pour montrer que le soi-disant « brave homme » avait des enfants brillants.

Soudain, les furoncles réapparurent. Il lui en arriva deux, trois, quatre dans le cou. On lui confectionna du sérum. Il fallait, paraît-il, « anéantir le virus dans sa profondeur même ». Le médecin qui portait lorgnons disait d'une voix de châtré que ce serait un très mauvais moment à passer, mais qu'ensuite « le sang serait nettoyé ». A cause de sa voix d'eunuque, je l'avais surnommé « Docteur moins deux ».

Ce fut, en effet, un mauvais moment. Je n'ai jamais vu, sauf à la guerre, des hommes souffrir autant. Mon père ne parvenait pas à échapper à la douleur. Maman le soignait amoureusement, lui appliquant avec une infinie délicatesse et une patience de toutes les secondes des pommades, de la gaze, des pansements. Elle voulait si bien faire qu'en se penchant sur les abcès, elle risquait de se contaminer. Mon père eut ainsi très mal pendant près de trois semaines, mais bien avant la guérison totale, il avait à nouveau repris le chemin des Halles et maman concluait, dans une admiration sans limite : « Les enfants, comme il a du courage ! »

Chez le grand-père

Hélas ! le salaire gagné la nuit ne suffisait pas à nous faire vivre. Bientôt l'argent manqua presque complètement. Tous les trimestres revenait un cauchemar : le terme. Je me souviens avoir porté de petits mots du genre : « Mon cher, il me manque encore 275 francs pour le terme ; pouvez-vous me prêter la moitié ? »

Ça me rendait triste. Je mesurais les sacrifices que s'imposaient mes parents en continuant à nous envoyer, Irène au Cours Roche, rue de la Pompe et moi, au lycée Janson : à l'époque, c'était payant. De plus, mon esprit rationnel s'étonnait : 275 francs n'étaient pas une somme divisible par deux. Allait-on me remettre une pièce de 50 centimes ? En réalité, on ne me remettait rien. Les amis se dérobaient, ou ils n'avaient vraiment pas les moyens de nous aider.

Nous dûmes quitter la rue des Belles-Feuilles dont le loyer, pourtant modeste, était encore trop élevé pour nous, et aller vivre chez mon grand-père maternel ; il était arrivé en France vers 1922, en passant par Constantinople. C'était au 56, rue de la Pompe, en face de l'église espagnole. Par chance, un de mes nombreux oncles, le frère aîné de mon père, qui n'avait pas d'enfant et qui vivait — à peu près — de traductions d'ouvrages médicaux, accepta de nous offrir le pain. Je prends l'expression dans son sens littéral : quand nous achetions du pain, nous faisions marquer la somme dans un petit carnet, et, à la fin de chaque mois, mon oncle passait à la boulangerie pour régler. Je redoutais l'instant de présenter mon carnet à la caisse : on m'y traitait de miséreux, de petit étranger incapable de payer comptant une baguette de 30 ou 40 centimes, ou une livre de gros pain ! Pour me consoler, je ne résistais pas au plaisir de mordre le pain à même la miche, afin de m'emplir la bouche de cette mie encore tiède. Je savais qu'elle refroidirait vite, qu'elle ne serait plus aussi onctueuse l'instant d'après, et que, de toute façon, nous n'aurions pas de beurre pour en tartiner le dessus. Je lorgnais, en salivant, les mottes chez le crémier.

La cohabitation avec mon grand-père, dans un appartement trop petit, se révéla, assez vite, difficile. Grand-père ne vivait que de la vente de conserves. Chaque jour, il partait avec deux grosses valises remplies de boîtes de sardines ou de pâté, que, toute la journée, il traînerait avec lui. Le matin, quand il commençait sa journée, elles pesaient du plomb.

Le cher homme était parvenu à retrouver à Paris les adresses d'un certain nombre de connaissances de « là-bas » ; elles lui faisaient la charité de lui acheter quelques denrées qu'il venait leur proposer. C'était illégal, car il ne payait aucune patente ; c'était surtout très dur pour un homme de soixante-dix ans. Ses « clients » étaient dispersées dans tous les coins de Paris. Après le métro, grand-père devait encore parcourir de longs chemins à pied, avec ses charges éprouvantes. Quand il revenait le soir à la maison, exténué, je me précipitais sur ses valises encore fermées, je les soupesais : moins elles étaient lourdes, plus j'étais content.

De plus, ses clients avaient la délicatesse de lui montrer qu'ils ne le prenaient pas pour un simple colporteur, mais se souvenaient, au contraire, de ce qu'il avait représenté « dans le bon temps » : aussi lui offrait-on, six ou huit fois dans la journée, du thé, qu'il était contraint de boire, sous peine de les vexer. On imagine les « complications » qui s'ensuivaient.

En réalité, pour démarcher ses connaissances, grand-père évitait le métro : il avait peur de s'y égarer. Comme il ne parlait pas le français, qu'il ne le lisait pratiquement pas, il s'exprimait en une sorte de sabir, fort mal à l'aise pour demander son chemin dans les couloirs de correspondance. En revanche, marcher à pied, une fois clairement pris les repères de certaines rues, lui paraissait plus simple, quoique beaucoup plus dur. Il nous revenait à bout de forces et ma mère — sa fille — lui massait le dos. Pour la remercier, il l'embrassait sous le menton, lui mordillant le cou. Irène et moi ronronnions de plaisir quand il nous embrassait, nous aussi, de cette façon-là, « sur la gorge ». Irène marchait sur ses six ans ; c'était une petite fille vigoureuse mais, je l'ai dit, timide.

Le dimanche, grand-père ne travaillait pas ; il mettait sa chemise à col cassé, avec une belle cravate noire, et il se lissait longuement la barbe, qu'il avait blanche et en pointe, en s'offrant le luxe de ne siroter, à petites gorgées, qu'une seule tasse de thé, que sa femme lui tenait en permanence au chaud : il aimait boire brûlant. Il prenait son breuvage « à l'bisette » comme on dit dans le nord de la France : il ne sucrait pas la tasse de thé, mais cassait son sucre en tout petits morceaux, qu'il se posait sur la langue avant d'avaler un peu de thé.

Comme nous vivions littéralement les uns sur les autres, les sujets de désaccord étaient nombreux. Par exemple, les repas : il mangeait très salé ; nous, moins. Il aimait la viande archicuite ; nous, simplement « à point ». En vérité, le mal était ailleurs. Grand-père s'était remarié en France (après son veuvage survenu là-bas), mais ce, beaucoup trop tôt, estimait la famille. Maman, à la moindre discussion, le lui rappelait vivement. « Alors, mon vieux papa, tu n'as pas pu attendre ? A ton âge, tu avais donc tellement besoin de quelqu'un pour te " consoler " ? » Elle mettait, dans le mot « consoler », une touche de mépris, n'ayant jamais admis que son père « eût oublié sa mère ». Je ne pouvais pas juger, bien entendu, mais tous ces cris m'écorchaient les tympans.

Mon père, pendant longtemps, s'abstint de prendre part aux querelles. Il allait au lit sans tarder pour pouvoir le lendemain partir très tôt, mais grand-père, infatigable travailleur, lui reprochait, par principe et avec une certaine dose de mauvaise foi, de ne pas avoir trouvé un travail suffisant pour nourrir son monde : « D'ailleurs, affirmait-il, comment peut-on gagner sa vie quand on ne bosse que de trois heures à huit heures du matin ? » Il ne comprenait pas ce qu'étaient les difficultés des heures de nuit. En fait, et de plus en plus fréquemment, il arrivait au vieil homme de nous prendre, ma sœur et moi, à témoin. C'était déplaisant, antipédagogique, mais il ne le sentait pas.

Un jour, mon père commit une faute. Ma mère ayant fini par vendre son alliance, il préleva une petite somme et boursicota. Pendant un temps j'allai, le soir, lui chercher au kiosque *L'Information,* journal des cours de la Bourse qui sentait bon l'encre d'imprimerie. « As-tu gagné, aujourd'hui ? », demandais-je avec anxiété.

Très vite, il perdit tout. Mon grand-père l'apprit et le traîna désormais dans la boue à tout propos. Je me souviens de scènes éclatant tôt le dimanche matin (alors que papa aurait eu tellement besoin de se reposer les nerfs) ; n'étant pas encore habillés, les deux hommes se disputaient en caleçon. Chaque jour, mes parents se repentaient d'avoir accepté cette promiscuité, et se désolaient de devoir la subir.

Mon père se dominait de moins en moins pendant ces bagarres, mais il savait pertinemment que le petit logis était, pour l'heure, notre seul havre de grâce. Ulcéré, il se sentait diminué à cause de cette charité constamment rappelée par le vieux monsieur coléreux.

— Tu n'es qu'un fainéant !

— Pour l'amour du ciel, attention aux enfants.

En dehors de leurs accrochages, souvent violents, mon père et mon grand-père se parlaient en y mettant les formes. Peut-être espéraient-ils effacer le souvenir des insultes de la veille ! Ils se disaient « vous », ne passant au tutoiement que durant les disputes ; mais là, ça frappait dur. Maman en souffrait, estimant que son père aurait pu se contrôler. Ma sœur et moi, nous filions dans la chambre, attendant que la « température » diminue. Papa venait vers nous, et regardait nos devoirs, trop ému, d'abord, pour parvenir à comprendre nos textes : puis, peu à peu, le sang lui revenait aux joues et je sentais que son cœur s'apaisait : il redevenait de bon conseil.

Il y avait, avec nous, la seconde femme de mon grand-père, une très brave personne, d'une famille russe qui avait émigré en France bien longtemps avant la Révolution, vers 1895. Elle avait une manie innocente et agaçante : elle disait les mêmes choses en français puis en russe, se traduisant en permanence elle-même. Les phrases venaient à la queue leu leu, sans interruption, sans respiration : « Je suis allée (en français), je suis allée (en russe), au marché (en russe), au marché (en français) : les carottes étaient trop chères (en russe), les carottes étaient trop chères (en français), etc. » Un peu sourde, mais charmante, elle était la première à se désoler de servir de détonateur aux querelles familiales.

On l'appelait, faute de mieux, « tante Vera ». Lorsque je l'écoutais passer ainsi d'une langue à l'autre, en fait je prenais une véritable leçon de russe, ce russe que je commençais à oublier, que, bêtement, je souhaitais oublier : je me sentais en passe de devenir français, et l'« autre langue » me pesait. J'étais un imbécile. Ma mère s'en aperçut et décida que ma sœur et moi, désormais, chaque jour jusqu'à dix-huit heures, devrions parler en russe avec elle. Ainsi, au déjeuner, quand nous lui demandions, en français : « Donne-moi une rondelle de saucisson », elle ne répondait pas. Nous répétions : elle feignait toujours de ne pas entendre. Nous étions bien forcés de revenir à l' « autre langue ». Sage mesure, qui nous permit de ne jamais la perdre.

Lorsque j'ai à me rendre en Union soviétique pour la télévision, je vois, certes, que je ne possède pas le russe parfaitement ; mais je me fais comprendre sans difficulté et saisis tout ce qu'on me dit, sauf les termes nouveaux de la technologie et des sciences. Je ferai, d'ailleurs, à chacun de mes voyages en URSS, des progrès.

Si ma sœur et moi, nous n'aimions pas nous servir du russe, c'est probablement qu'il était, à l'époque, le véhicule des scènes et des insultes rue de la Pompe. Nous ne l'utilisions jamais entre nous. Je me demande jusqu'à quel point il en est ainsi dans l'immigration d'aujourd'hui. Les petits Portugais, les petits Arabes parlent-ils entre eux de préférence la langue de leurs origines ou le français ? J'espère qu'ils pratiquent, indifféremment, l'une ou l'autre, mais en donnant la primauté au français.

L'appartement de la rue de la Pompe était réellement insuffisant. Sur la rue, la chambre à coucher du vieux couple et la salle à manger. Puis, une très petite pièce sans fenêtre, encombrée par les étagères où l'on mettait les boîtes de conserves. Ensuite, venait la chambre de mes parents qui donnait sur la cour. Partout, le mobilier était sommaire. Dans la salle à manger, il n'y avait qu'une desserte, une table et six chaises, rien d'autre. Encore dois-je dire que l'une des chaises s'envola un beau matin : on l'avait confiée à un rempailleur ambulant qui s'était installé sur le bord du trottoir et qui partit sans crier gare. Comme nous étions six nous ne pouvions donc plus nous asseoir tous à la fois autour de la table, et tantôt ma sœur, tantôt moi, mangions debout.

La nuit, on plaçait nos lits dans cette salle à manger. Le jour, nous allions apprendre nos leçons — chacun son tour — et faire nos devoirs dans la pièce des parents.

La maison était sans doute la plus miteuse du quartier. Elle est restée ainsi. La cour, ouverte à tous les vents, était pavée de grosses pierres disjointes, avec de la terre dans les interstices : presque la banlieue à Paris. Vis-à-vis de mes camarades du lycée Janson, trop souvent des fils à papa, j'étais horriblement gêné d'habiter là et j'avais mis au point tout un manège pour le cacher.

Après la classe, bon nombre de ces aimables jeunes gens empruntaient la rue de la Pompe pour rentrer chez eux, du côté de la Muette. Or, je n'osais pas, sous leurs regards impitoyables, entrer dans ma cour mal pavée. C'est pourquoi je les accompagnais plus loin, beaucoup plus loin. Alors seulement (et enfin sûr qu'ils ne pourraient plus m'apercevoir s'ils se retournaient), je revenais sur mes pas et rentrais. Lorsque certains de mes condisciples s'en rendirent compte, je leur expliquai que c'était un lieu où je garais mon vélo. Point dupes, ils se moquaient de moi : « Comment va le " lieu " ? » J'étais dans mes petits souliers.

Il y avait plus insupportable encore. Un jour, ils firent une quête pour m'envoyer chez le coiffeur ; je n'avais pas les moyens en effet d'y aller souvent et mes cheveux me chatouillaient la nuque. Ils eurent le mauvais goût de me remettre les 3 francs que coûtait une coupe en soixante pièces de cinq centimes (percées d'un trou au milieu, et qu'on appelait « un sou »). Ce jour-là, je me sentis fondre de honte, mais j'avais tant besoin d'une coupe que je gardai, sous les moqueries, les soixante sous. J'ai mis en cet instant-là une croix sur les gosses de riches. Jamais plus je n'ai pu les supporter.

Je devais être encore en sixième lorsqu'ils firent, pour une fois, une chose sensée : je roulais assez fort les *r*. C'était ma seule incorrection en français que je maniais, maintenant, aussi bien que quiconque. Mes charmants camarades annoncèrent que, à chaque fois que je roulerais un *r*, je serais mis à l'amende de 50 centimes. Bien entendu, je ne possédais pas une telle somme ; aussi dus-je faire de grands efforts et, bientôt, cette légère trace d'accent disparut.

En 1985, j'ai pris part à un dîner d'anciens de Janson. Un homme de mon âge crut bon de me rappeler que je n'avais pas payé toutes mes amendes d'alors. Ce rappel, je le ressentis comme une brûlure. Or, ce monsieur était devenu haut fonctionnaire. J'aiguisai une riposte cinglante, mais je réussis au dernier moment à me dominer. Je n'y parviens pas si fréquemment !

J'avais d'autres complexes. Souvent, après les classes du matin, je jouais à la pelote avec deux ou trois copains. Où êtes-vous, Duvelle, Bleton, Bergmann ? Nous tapions une balle contre le haut mur sur l'arrière du lycée, rue Herran. Or, c'était exactement sur la route qui menait du marché (proche de la place Victor-Hugo), vers chez moi, rue de la Pompe.

C'est ma mère qui faisait le marché. Elle revenait à pied, avec deux sacs lourdement chargés — on aurait presque dit grand-père ; ils étaient remplis de pommes de terre, de choux, de choux-fleurs, de produits « pas chers ». Je la voyais arriver. Le Seigneur me pardonne, mais j'avais honte, honte d'avoir une mère réduite à porter ses sacs elle-même. Quand elle arrivait, toute joyeuse de pouvoir m'embrasser, je me sentais gêné, une fois encore, et je lui donnais juste un petit baiser rapide comme pour me débarrasser de ces signes extérieurs de pauvreté. Elle s'étonnait de cette avarice d'affection. C'est beaucoup plus tard que je lui avouai les choses et le pourquoi de mon manque de tendresse. Elle ne dit rien, mais je pense qu'elle en fut très peinée.

Finalement, je m'arrangeai pour ne jouer à la pelote que les jours sans marché, et je respirai mieux. Étais-je un mauvais fils ? Probablement, car je savais que ma mère souffrait d'une sciatique, et que transporter ces charges était mauvais pour elle. Un jour, elle fit une crise sévère de lumbago et dut s'aliter pour trois mois. On respecta, au début, sa maladie : les scènes, à la maison, pendant un temps, devinrent moins fréquentes et moins âpres. Tante Vera, toujours extrêmement bavarde, et toujours dans les deux langues, lançait à son époux : « Arrête-toi de trimballer des boîtes de sardines : tu y laisseras ta santé ! tu es trop vieux. Regarde ce qui arrive à Katia. »

Mais vite, la vie redevint intenable. Mon père étouffait. Vraiment, jusque-là, il n'avait pas eu de chance à Paris. En plus de ses diplômes des grandes écoles, c'était un maître linguiste, parlant bon nombre de langues slaves : serbo-croate, slovène, bulgare, avec de bonnes notions de polonais. Il avait gardé, de nos séjours dans les pays scandinaves, de l'aisance en suédois et en norvégien. Or, aussi bardé de connaissances diverses qu'il fût, il ne parvenait pas à trouver le job qu'il méritait car ses titres universitaires n'étaient pas reconnus en France. Théoriquement, il aurait pu essayer de passer des examens pour obtenir des équivalences, mais les difficultés de l'existence quotidienne et les criailleries permanentes ne lui en avaient jamais laissé le temps.

Les Gourmets de Passy

Soudain, l'horizon s'éclaircit un peu. L'un des marchands des Halles pour qui travaillait mon père possédait une épicerie rue de la Tour, à l'angle de la rue Cortambert, toujours dans le XVIe. Aujourd'hui, il y a là une banque, le Crédit du Nord. C'est ainsi que le paternel se retrouva gérant des Gourmets de Passy. La vie allait devenir, pour un temps, plus facile.

Il se révéla un maître commerçant. Il appliqua, avec conviction, le « sou du franc » ; autrement dit, il ristournait aux cuisinières et aux bonnes à tout faire, instantanément et en espèces, cinq centimes sur chaque franc qu'elles avaient dépensé chez lui. Voilà qui plut énormément, et, ces dames se donnant le mot, la clientèle fit tache d'huile. Bientôt, il vint des clientes d'Auteuil et du XVe.

Monsieur Romain, comme on commençait à l'appeler, se rendait encore souvent aux Halles, où il avait conservé des habitudes, et là ses achats en gros de légumes, de fruits, de fromages, étaient toujours réussis. Il avait aussi l'instinct des couleurs ; aux Gourmets de Passy, les mottes de beurre formaient de hautes splendeurs jaunes ou, parfois, plus claires. Les clients s'arrêtaient dans la rue pour admirer cette palette, ces dégradés savamment assemblés. Il y avait, appétissants et bien présentés, toutes sortes d'œufs et de camemberts rangés dans leurs boîtes aux étiquettes multicolores. J'ai appris très tôt à choisir de bons camemberts, et papa m'a enseigné à tâter les melons sans les abîmer.

Il réussissait, dans ses vitrines, des symphonies de pommes. Des pyramides vertes, rouges, jaunes ou encore gris ambré, comme le sont les reinettes du Mans. Les pommes de terre, essuyées une à une, attiraient les porte-monnaie. J'ai fait ainsi amitié avec la Rosa, et sa pelure rose, si bonne pour les pommes sautées, la Bintje, qu'il faut prendre pour les pommes à l'anglaise, la Belle de Fontenay, celle que je préfère pour les frites.

Plus tard, à la télévision, quand je parlerai du prix des fruits et légumes chez les commerçants, lors des grandes campagnes destinées à l'éducation des consommateurs, je ne réciterai pas une leçon hâtivement apprise.

Des firmes de chocolats, Gala Peter, Nestlé, Cailler, lancèrent des collections de vignettes. Dans chaque petite tablette de chocolat il y avait ainsi, avant le papier d'argent, une image de telle ou telle série : animaux ou voyages, sports ou peintures. Mon père décida que, pour un achat de neuf tablettes, le client en recevrait une dixième gratuite.

Chez les jeunes des écoles et lycées ce fut l'engouement. A la fin des cours, tous les élèves des environs fonçaient à folle allure vers les Gourmets de Passy et s'arrachaient les tablettes de chocolats nouvellement arrivées ; ils déchiraient l'emballage à toute vitesse pour découvrir la vignette que, peut-être, ils ne possédaient pas encore dans leur collection. Bientôt, ce devint une véritable folie. Nous étions si gavés de chocolats que, sitôt prélevée la vignette pour nos échanges qui se faisaient là, immédiatement, sur le trottoir, nous jetions les tablettes dans le ruisseau. C'était du gâchis, mais le commerce marchait.

Mon père se révélait être un excellent épicier. A la rentrée, au lycée Molière que fréquentait ma sœur, quand les petites filles durent remplir la feuille classique de renseignements d'identité, à la question : *Profession du père,* Irène répondit : *Ingénieur d'épicerie.*

Le propriétaire des Gourmets de Passy, M. Magre, un Nivernais trapu et costaud, possédait une gentille maison à Myennes, dans la Nièvre, sur la Nationale 7. Nous y allions, avec ma sœur, pour les petites vacances. Avec mon argent de poche, je prenais le train de Myennes jusqu'à Cosne, située à quelques kilomètres de là, mais — condition *sine qua non* — en première ! Or, à cette époque, il y avait encore les trois classes ! Alors, me trouver seul, en première, ne fût-ce que quatre ou cinq minutes, me mettait aux anges. Comme Myennes n'est qu'une bourgade, seuls les omnibus poussifs s'y arrêtaient. Je montais fièrement dans « mon » wagon. A l'arrivée à Cosne, et en attendant le retour une demi-heure plus tard, je restais en gare, attentif et curieux, à admirer passer les express Paris-Nevers ou Paris-Clermont-Ferrand, rêvant de m'offrir un jour, en première bien sûr, la totalité du voyage.

L'une de mes grandes joies, aujourd'hui encore, c'est d'acheter, chaque semestre, le jeu complet des indicateurs de la SNCF, et d'étudier, la plume à la main, les nouveaux horaires des grandes lignes. Comme je suis un homme de mon siècle, j'aime assez que les choses aillent plus vite, que la durée des voyages se raccourcisse, et que l'on ait gagné, en seulement huit ou dix ans, plusieurs heures sur le trajet Paris-Copenhague ou Paris-Naples : et je me propose, en rêvant de bonheur, de prendre l'Orient-Express Londres-Venise dès que j'aurai achevé ce livre.

Vers 1970-1980, lorsque j'allais assez souvent à Moscou pour mes reportages, je préférais m'y rendre par le train, qui mettait cinquante-deux heures, plutôt qu'en avion. Aujourd'hui, je suis fier de constater que, grâce à la communauté des cheminots européens, le voyage n'en fait plus que quarante-six, ce qui me permet, enfin, de croire au progrès de la vie moderne. Jacques Martin ne cesse de se ficher de moi, sur ce thème, aux *Grosses Têtes*.

Quand je ne prends pas le train à Myennes, j'enfourche mon vélo. Je suis un cycliste enragé. Je me répète, avec ferveur, les noms des grands coureurs du jour, vainqueurs du Tour de France, Bottechia, Nicolas Frantz, les frères Pélissier. Plus tard, Coppi et Merckx feront partie de ma galerie des grands hommes. Un soir, un titi me lance : « Baisse la tête, lève le cul, t'auras l'air d'un coureur... » Cela me fait plaisir.

Je suis un bon rouleur, un médiocre grimpeur, un mauvais sprinter, mais je ne manque pas de fond. A dix ans, les cinquante-six kilomètres qui séparent Myennes de Nevers, par Cosne et La Charité-sur-Loire, ne me paraissent pas trop longs, même si, avec le retour, cela en fait cent douze. Je suis heureux quand mon père qui, parfois, vient rouler avec moi, me complimente : « Tu as de beaux mollets. »

Il m'avait emmené, en 1925, au Vélodrome d'Hiver, le bon vieux Vel' d'Hiv', proche du boulevard de Grenelle, et j'y avais eu la révélation des Six-Jours, cette épopée du cyclisme, cette course de 144 heures, sans le moindre arrêt, par équipes de deux hommes se relayant à volonté.

Aujourd'hui, les Six-Jours ne méritent plus du tout leur nom. Les coureurs ont la nuit entière pour se reposer et ils ne sont guère astreints qu'à quelques heures de compétition par jour. A l'époque où je me passionnais pour ce sport, la course ne s'interrompait jamais. Le public en était fou : j'ai vu, certaines années, le vendredi soir, des assauts si frénétiques du vélodrome par les candidats-spectateurs, que la garde à cheval devait montrer le sabre pour assurer la sécurité.

La nuit, aux Six-Jours, c'était le kaléidoscope multicolore et ininterrompu des maillots des coureurs sur la piste, le crissement fabuleux des boyaux de soie sur ces 250 mètres d'érable; c'était l'accordéon qui répandait ses « flots d'harmonie sanglotante » dans l'arène; c'était les interruptions gutturales du haut-parleur. Berretrot, le speaker chauve en smoking, annonçait les tours pris ou perdus par les équipes, durant les chasses à fond de train ou, avec plus d'enthousiasme encore, les « primes » en espèces qu'on priait les coureurs de disputer sur trois ou cinq tours de piste (sans que la course elle-même s'interrompît) — primes offertes par des marques commerciales ou des personnes privées. Berretrot lançait, de sa voix radiogénique et entraînante, la formule rituelle :

« Une prime de cinq cents francs, trois tours, prime offerte par les papiers OCB..., si vous les aimez bien roulées, papier-à-cigarettes OCB... »

Le vélodrome sentait la sueur, le saucisson qu'on mangeait aux places bon marché, le tabac et la dissolution, cette gomme à base de pétrole avec laquelle on fixe les boyaux sur les jantes. Le public populaire, là-haut sur les gradins, reprenait en chœur la fin de la phrase de Berretrot. Quinze mille gorges scandaient l'annonce, « OCB... OCB » et les coureurs, mettant les mains aux poignées du guidon, baissant la tête, arrondissant le dos, pédalaient plus vite; et voici qu'éclatait le coup de pistolet qui marquait le départ réel de la prime.

Les Six-Jours, c'était une épreuve sportive qui exigeait des participants un don total d'eux-mêmes : lorsque Piet Van Kempen, d'Amsterdam, s'amusait à rafler toutes les grosses primes entre une heure et trois heures du mat', le spectacle de ce bouledogue à vélo démarrant de la quatrième position, un tour avant la fin, pour remonter, d'un coup de reins prodigieux, ceux qui menaient la danse et les coiffer sur le poteau, faisait délirer de joie le public. Des applaudissements fous emplissaient la vaste verrière et montaient vers les cintres d'où ils retombaient en déferlant sur la piste, prenant les coureurs lancés à toute vitesse dans le tourbillon sauvage et multicolore du bonheur populaire.

A l'intérieur de l'ellipse de l'anneau d'érable, se trouvait l'enceinte dite « de la pelouse » où des tablées de dîneurs élégants se dévissaient la tête pour regarder les coureurs qui roulaient tout autour d'eux. En fait, si on voulait réellement bien suivre la course, il fallait être assis à l'extérieur de l'anneau, pour pouvoir, d'un coup d'œil, embrasser toute l'action. Je me mettais au premier balcon d'où je voyais merveilleusement les faits et gestes des athlètes qui là, parfois pour une petite minute, se suivaient sagement en file indienne, avant de repartir dans une chasse éperdue.

Là-dessus, l'accordéon se déchaînait à nouveau ; un coureur belge, australien, français, montait jusqu'aux balustrades et, profitant de la déclivité du virage, se lançait à 60 à l'heure pour prendre du terrain aux autres, passer le relais à son co-équipier — lequel tentait d'augmenter l'avance de l'équipe. La chasse ainsi allumée durait vingt minutes, une demi-heure, trois quarts d'heure avant que le tour fût pris ou les attaquants rattrapés par la meute des poursuivants.

Je trépignais de joie, j'encourageais mes favoris — en général les Néerlandais — et rêvais de pouvoir, je ne savais encore comment, pénétrer dans cette partie enchanteresse du vélodrome où l'on avait planté les cagnas, petites niches où vivaient les cyclistes, où ils dormaient, écrasés de fatigue, cinq minutes, dix minutes, malgré le fracas étourdissant des haut-parleurs, pour se réveiller en sursaut, hébétés, sur l'ordre de leur soigneur, et se remettre à nouveau en selle afin de remplacer sur la piste le co-équipier.

L'aire des cagnas était parfumée de l'embrocation dont on oint les muscles avant le massage, et des pommades dont on recouvre les blessures. C'était un univers dont j'étais amoureux. Plus tard, lorsque je demanderai à Laura de m'épouser, je lui dirai : « Je serai prévenant et fidèle, et je resterai avec vous tous les soirs, mais je disparaîtrai pendant les soirées des Six-Jours, sauf si vous voulez bien plonger avec moi dans cette folie... » Et je lui soufflerai de lire Joseph Kessel et Paul Morand qui ont écrit sur les Six-Jours des pages inoubliables (Morand, surtout, dans *Ouvert la nuit*).

Mon père connaissait ma passion. Il savait que j'attendrais, pendant toute une année, le bonheur de revenir au Vel' d'Hiv'. A l'époque de notre dèche la plus noire, je l'ai même entendu demander à la concierge (qui avait fini par renvoyer son amant) :

« Prêtez-moi 30 francs : je vous les rendrai avec intérêts. C'est pour que le petit puisse aller au vélodrome. » J'étais éperdu de reconnaissance envers lui car je savais parfaitement que rembourser ne serait pas une mince affaire. Je partais, le matin, le cœur gonflé d'affection et passais une vingtaine d'heures au bord de la piste. J'y serais bien resté deux jours mais, à la fin de chaque nuit, le haut-parleur priait le public de s'en aller car les balayeurs devaient nettoyer le Vel' d'Hiv'. C'était toujours en hiver (en février ou mars) ; l'aube se levait paresseusement, les premiers soleils filtraient avec peine à travers les verrières, éclairant d'abord toutes les poussières, toutes les scories accumulées sur les carreaux des deux côtés, dehors et dedans ; les coureurs avaient mis leurs maillots de laine à cause du froid du petit jour et continuaient à rouler sur la piste à faible allure, le guidon tourné vers le haut pour délasser les muscles trop sollicités durant la nuit et que le froid, maintenant, durcissait. J'arrivais au Vélodrome juste après le balayage, vers dix heures du matin, et dans la vaste arène encore vide je voyais une petite enfant qui se promenait au bord de la piste : la fille du directeur,

Bob Desmarets. Eh oui ! je connais la délicieuse Sophie Desmarets depuis sa plus tendre enfance. Nous en parlons quand nous enregistrons les *Grosses Têtes* avec Bouvard.

Convaincu par la bonne marche des Gourmets de Passy, mon père avait pensé l'acheter à crédit à M. Magre. Mais, le diable s'en mêlant, la mode des vignettes des chocolats passa, le système du sou du franc fut copié par d'autres épiceries et nous replongeâmes, après une flambée de quelques mois, dans les affres d'une période de vaches maigres.

Nous passerons ainsi par des hauts et des bas, des hauts assez brefs, des bas très bas et longs, mais nous ne serons jamais franchement malheureux. Nous ne sommes pas, non plus, des enfants de serre. Jamais ma mère ne transigera sur l'hygiène et l'exercice à prendre. Même s'il fait moins 10° C, elle nous emmène, Irène et moi, pour une longue promenade au bois de Boulogne le dimanche matin. Bonne marcheuse malgré sa sciatique qui souvent la harcèle, elle adore les arbres nus et les feuilles glacées qui crissent sous nos pas.

En marchant, elle nous raconte les hivers qu'elle a vécus, les splendeurs de la neige, les longues journées de patins à glace sur les canaux gelés de Pétersbourg. Elle sait recréer, avec un véritable talent de conteur, cette grande ville emmitouflée de blanc, la glisse des traîneaux à chevaux, les fantastiques batailles de boules de neige auxquelles prennent part des centaines, peut-être des milliers d'écoliers combattants. Nous l'écoutons bouche bée ; de toute évidence, elle voudrait se retrouver là-bas,... peut-être parce qu'elle y était la fille de parents riches qui n'avaient pas besoin de vendre leurs bagues.

Mais, quelle que soit la splendeur de ses récits, je ne ressens aucune attirance. Déjà, j'aime Paris physiquement. Ce serait un arrachement de le quitter.

Le froid, lui, nous indiffère. D'ailleurs, il m'indifférera toujours : ces promenades durant lesquelles ma mère nous captivait totalement m'ont appris à le supporter sans mal. J'aime le froid. En reportage à Moscou, l'hiver, j'étonnerai plusieurs fois les promeneurs soviétiques en marchant nu-tête par moins 15 ° C, alors que tous, dès les premiers signes de l'hiver, se sont coiffés de leur toque de fourrure.

A la Comédie-Française

J'étais entré au lycée Janson en huitième. J'allais y être un garçon éveillé, désireux de bien faire, mais sans jamais devenir, ni là ni ailleurs, un crack des études. Cependant, je réalise déjà l'importance d'une bonne orthographe et je m'applique. J'aime les dictées parce que je sais que ma copie sera parmi les bonnes. L'histoire, d'abord, m'attire. Je trouve passionnant d'apprendre la liste des rois de France en remontant le cours des siècles.

Si je ne mesure pas tout à fait la durée du temps qui s'est écoulé depuis nos ancêtres les Gaulois, je me sens flatté d'avoir — ou presque — ces Gaulois pour ancêtres. Je fais très bon ménage avec eux. Dans la rue, je cherche sur le visage des hommes que je croise des moustaches blondes tombantes ; ils ne comprennent pas ma curiosité et je les sens, quelquefois, gênés par l'insistance de mon regard, voire offusqués.

Aux récréations, je crie, je cours, je joue au ballon, je me dépense comme les copains. Jamais je ne ferai partie des quelques garçons ultra-sérieux qui se promènent sous le préau en lisant un livre, en repassant une leçon pendant la récré. A la sortie des classes je joue aux billes, jusqu'à me mettre en sang le dessus du pouce parce que j'ai lancé trop fort et trop souvent la grosse bille en verre multicolore appelée calot.

Le jeudi, jour du congé hebdomadaire, je vais jouer au foot avec l'équipe de ma classe : maillot bleu foncé, cercle et brassards bleu clair des couleurs de Janson. Mon poste, c'est demi-centre. De nos jours on dirait milieu de terrain. Bientôt je vais devoir cesser car, malheureusement, ma vue baisse et les jeux de ballon deviennent dangereux

C'est, me dit l'ophtalmo, l'hérédité : mon oncle Alexandre, le mari de ma belle tante Renée, était très myope et portait lunettes. Bien que mes parents aient tous deux une bonne vue, voilà que ma myopie m'a été transmise collatéralement. Bref, j'abandonne le football, qui m'agacera de plus en plus, d'ailleurs. Ces individus aux longs cheveux mal peignés qui se donnent des accolades, qui s'embrassent comme des fous à chaque but marqué, me paraissent aujourd'hui d'un ridicule achevé.

Je suis très fort en récitation. J'éprouve une réelle volupté à dire les poèmes célèbres. Cette musique du vers français, je la ressens bientôt charnellement. C'est que mon père, dès qu'il a trouvé un emploi correct, nous engage, Irène et moi, à fréquenter la Comédie-Française. Je deviens, presque instantanément, amoureux fou de l'illustre maison. Plusieurs fois par mois, pour assister aux spectacles, nous faisons la queue pendant trois ou quatre heures, entre les barrières dressées sur l'arrière du théâtre, côté Palais-Royal. A l'ouverture des caisses, les gens très patients peuvent ainsi acheter à prix modique des places de parterre : ce sont les cinq derniers rangs des fauteuils d'orchestre. Quand je rencontre un camarade de classe assis à l'orchestre même, ou au premier balcon de face (donc aux places chères), je suis, encore et toujours, gêné par ma pauvreté qui devient pourtant moins criante.

Pendant quelques mois, l'histoire me prend à rebrousse-poil. C'est que les programmes sont mal faits. On impose à des garçonnets d'étudier, dans le détail, l'Antiquité. Que peuvent-ils comprendre aux Assyriens, aux Troyens, à Périclès ? En revanche, à cette période-là, ils seraient sensibles aux chatoiements du siècle de Louis XIV, au côté fou des dépenses somptuaires du monarque, ou bien encore aux drames des derniers Valois. Il serait plus facile de leur inculquer l'horreur des guerres de religion et le respect de la croyance d'autrui en leur parlant des abominations de la Saint-Barthélemy, plutôt que d'essayer de leur expliquer la rivalité, dans la Grèce antique, entre Athènes et Sparte !

J'ai l'avantage sur les autres de m'être promené, à travers le théâtre de Racine, parmi certaines grandes figures du monde grec et romain : Phèdre, Thésée, Iphigénie, Oreste et leurs ennuis innombrables me sont déjà familiers grâce à la Comédie-Française.

Nous y allons, ma sœur et moi, le plus souvent possible. Par le métro s'il pleut, à pied s'il fait beau, emportant des sandwichs préparés à la maison et que nous mangeons, avant le lever du rideau, en déambulant dans les galeries du Palais-Royal.

Nous revoyons les mêmes pièces plusieurs fois, mais avec des artistes différents dans les rôles principaux. Je note les diverses distributions ; j'en tiens le compte. J'adore Madeleine Roch dans Hermione ; sa voix est musique, velours, enchantement. Elle a soixante ans alors que chez Racine, Hermione en a vingt. Qu'importe ! Sa diction est comme un ouragan, à la fin surtout, dans les imprécations. Cela me paraît fabuleusement beau. Grande vedette de la troupe, Albert-Lambert, malgré ses soixante-dix ans et son ventre, éclate dans tous les personnages de héros : Rodrigue, Hippolyte, Néron, Hernani...

Hernani me bouleverse. La série complète des comédies de Musset, jouées pour le centenaire de sa naissance, plonge le tout jeune garçon que je suis dans un émerveillement total. Je déclame des passages entiers de *Lorenzaccio* ou du *Caprice* à ma sœur avant le spectacle. Elle a dix ou onze ans, elle m'admire, et m'offre souvent la moitié de son sandwich pour me remercier, en me conseillant de ne pas m'étrangler avec un morceau de pain en déclamant.

L'influence de la Comédie-Française et des soirées enchanteresses que j'y passe se fait sentir : je me surprends à griffonner des vers. J'ai conservé jusqu'à présent des sonnets de ma quatorzième année ; je ne parviens pas à en rougir. Mais « griffonner » est le mot juste : j'aurai toujours une écriture abominable. Plus tard, une petite blessure de guerre au bras droit n'arrangera rien.

Hélas ! encore adolescent, j'ai compris que je serai irrémédiablement en dessous de la moyenne en sciences. Non, je n'ai pas la bosse des maths mais ça marche bien dans d'autres matières, notamment en français, anglais, allemand. Pour l'allemand, l'ayant complètement oublié, j'ai dû repartir à zéro. Je mettrai, en tout cas, ma coquetterie à ne pas prendre le russe au bachot.

1928-1929. Je lis beaucoup. Pour commencer, les auteurs anglais : Dickens et Walter Scott. Soyons justes, ce n'est pas encore dans le texte : je me borne aux éditions françaises. Bientôt, je serai l'un des piliers de la bibliothèque municipale du XVIe. J'en aime l'atmosphère feutrée, le silence que fait régner la vieille dame préposée aux registres. Je renifle sans déplaisir, dans des rayonnages retranchés, l'odeur de la poussière des temps qui accompagne et préserve les in-quarto du « fonds » de la bibliothèque.

Mais je vais trop vite. Il m'arrive quelquefois d'emprunter un volume le matin et de venir le changer avant le soir. Je dévore. En troisième, j'avalerai ainsi tout Alexandre Dumas, tout Victor Hugo, tout Maupassant. Une boulimie sauvage et inutile. Mais je suis plutôt goinfre dans tous les domaines : je ne sais pas déguster.

Puis je découvrirai les romanciers russes. Je ferai l'effort de lire Tolstoï dans le texte, pour ne pas que ma mère pâlisse de honte. Pour moi, c'est le plus grand, mais au grandiose *Guerre et Paix* je préfère Anna Karénine et ses amours tumultueuses.

Une année — en seconde, je crois — j'obtiendrai le prix d'excellence. L'ai-je mérité ? Sans doute pas tout à fait. Je ne suis jamais, dans l'ensemble, le meilleur d'une classe : je suis dans la cohorte de ceux qui viennent derrière le peloton de tête. Je ne ferai pas de « brillantes copies ». Je n'ai ni la volonté, ni la persévérance d'un major de promotion. Les écoles célèbres ne sont pas pour moi. De plus, je suis toujours considéré comme un jeune apatride.

Vers ma quatorzième année, j'hésiterai sur ce que je veux faire plus tard : coureur cycliste ? acteur à la Comédie-Française ? Hélas ! un jour, je m'aperçois que je n'ai de dons vrais ni pour l'un ni pour l'autre : tout ce que je puis espérer, c'est de devenir cycliste à la Comédie-Française. J'en suis malheureux, mais j'ai toujours eu le défaut de me croire des talents qu'en vérité je ne possède pas. Peut-être est-ce à cause de cette faiblesse qu'il m'est souvent arrivé de participer, à la télé, à des émissions qui n'étaient pas faites pour moi.

A quinze ans, je ne regarde pas encore les filles de manière aiguë. Certes, des émois me saisissent : je les fais passer de la manière la plus naturelle qui soit pour un garçon. Mes parents, qui le devinent, y voient un péché considérable, comme il est de règle dans leur génération ; du moins est-ce ainsi qu'ils me présentent mon acte et, lorsque ça m'arrive, je suis rongé par le remords.

Les premières filles que je reluquerai ?... Je cherche dans ma mémoire. Non, elles ne représentaient rien. En revanche je tombe amoureux, successivement, de deux ou trois actrices dont la voix mélodieuse m'émeut. Ainsi Marie Bell, qui interprète admirablement les princesses des tragédies, avec ses intonations caressantes, un peu comme un violoncelle. Gaby Morlay, surtout. Quand j'apprends qu'elle habite une villa du côté de la porte Molitor, j'y vais, un soir où il fait très noir. J'ai rédigé un message d'amour ; je l'attache à une pierre, que je lance par-dessus le mur du jardin, et je m'enfuis le cœur battant. C'est le jardinier qui a dû être bien étonné ! S'il avait eu la patience d'attendre une trentaine d'années, peut-être aurait-il pris la signature pour un autographe !

Mon père a changé, une fois encore, de métier. A force de chercher, il a trouvé, par le biais d'un agent de change, client des Gourmets de Passy, une place au Comptoir financier français pour les États-Unis. Il y restera un an et demi. Cela n'a pas été une mince affaire que de convaincre l'agent de change de recommander à un établissement bancaire le gérant d'une épicerie, mais « monsieur Romain » a tant de charme et tant de connaissances qu'il y est parvenu. Malheureusement, ce sera bientôt la terrible crise économique des années 1930 et il se retrouvera, à nouveau, sur le carreau.

Pendant l'époque où il travaille au Comptoir financier, nous quittons le grand-père et tante Véra, pour nous installer rue de la Tour, au 104. Nous sommes un peu mieux à notre aise, trouvant même à acheter quelques meubles. La maison paraît, de l'extérieur, tout à fait convenable, mais c'est au quatrième sans ascenseur et maman, que son dos et ses jambes font toujours souffrir, n'est pas à la fête.

Il y a quatre pièces, dont deux sur une courette-jardin, et une salle de bains. Quelle joie de pouvoir prendre un bain chez soi ! Mais le loyer est élevé. Des quatre pièces, il va falloir en louer une, la meilleure, la chambre du fond qui donne sur la rue et qui est claire. Les premiers locataires sont un couple charmant, un vrai duo de comédie de boulevard : un homme, jeune encore, très « Français moyen », et une chanteuse russe, qui fut brune et belle, mais qui ne l'est plus. Seulement, elle ne le sait pas ; personne n'a osé le lui dire. Elle s'assied chaque matin au piano pour faire des gammes et des vocalises. On l'entend dans toute la rue. C'est le printemps ; les fenêtres sont entrouvertes ; la dame donne toute sa voix pour en faire profiter les passants, ce qui ne veut pas dire que ses sanglots lui attirent l'admiration générale.

Bientôt, ils partent. Nous faisons paraître une deuxième annonce dans les journaux. Un autre couple vient louer la chambre ; des gens de l'Europe centrale, timides, bien élevés et discrets. A peine peut-on leur reprocher de sortir souvent tard le soir. L'homme part quelquefois en voyage pour une dizaine de jours. La femme reste tranquillement dans sa chambre ; elle va se faire la tambouille à la cuisine, mais elle n'est pas très causante. Un jour, ils s'en vont en voyage tous les deux. Au bout d'une huitaine, elle revient seule, toute pâle :

— Que vous arrive-t-il ? s'inquiète ma mère.

— Mon mari a été arrêté.

— Où ça ? Quand ça ? Pourquoi ?

— Il ne reviendra pas avant longtemps. Voyez-vous, madame... nous sommes des voleurs professionnels internationaux. J'ai eu la chance de ne pas être pincée avec lui. Voici votre dû. Je m'en irai demain matin.

Où va-t-elle ? Qui étaient-ils vraiment ? Nous n'en saurons rien. Une fois, après la guerre, un jeune homme se présentera rue de la Tour.

— Je suis leur fils. Vous ne les reverrez jamais. Quand ma mère est partie de chez vous, elle a laissé une valise dans votre cave. Pourriez-vous me la rendre ? Elle contenait des objets personnels qui seront, pour moi, autant de souvenirs de mes parents. Je les ai mal connus : ils m'élevaient dans une pension « chic », mais ils ne venaient me voir que rarement.

Quelle valise ? Aucun de nous ne se souvient de l'avoir vue. Il est vrai que nous n'avions jamais eu de vin à déposer à la cave et que nous n'y descendions donc pas. Mais, contenait-elle vraiment des objets personnels, cette valise, ou bien plutôt des produits de leurs expéditions ? L'Occupation est passée par là... Tout a été razzié dans la cave comme dans l'appartement.

La parole est à Laura

J'ai dit que j'étais désordonné. C'est vrai. Comme les défauts se transmettent, ma fille Béatrice est également « désordre » ; quant à ma petite-fille, Déborah, qui est dans sa neuvième année, elle l'est aussi ; surtout pour ses vêtements et ses jouets.

Je souffre de mon désordre, comme je souffre de mes colères. Je prends chaque fois de bonnes résolutions : j'écrirai tout dans un cahier, je rangerai, le matin, mon courrier dans une corbeille. Je me ferai un petit catalogue pour connaître exactement les dossiers, les très nombreux dossiers sur lesquels je travaille. Hélas ! ces bonnes résolutions tiennent à peine une demi-journée ! J'envie ceux qui ont de l'ordre. Pour moi, le simple rangement est un problème.

Il est difficile de parler de ses qualités comme de ses défauts. C'est donc à un autre, à une autre, que je laisserai le soin de me décrire sur ce plan-là. Il y a une quinzaine d'années, ma femme a publié un petit livre sur moi. Voici, à quelques retouches près, ce qu'elle disait. A partir d'ici, « je », c'est elle.

A plat ventre *

Le moment le plus insupportable dans ma vie avec Léon, c'est son démarrage du matin. En général, il a mal dormi car il a tapé ses articles jusqu'à deux heures de la

* Ce texte est extrait d'un livre de Mme Laura Zitrone, *Mon mari Léon Zitrone,* publié par les Éditions du Rocher, en 1972.

nuit et, ensuite, visité le garde-manger. Il reste donc au lit jusqu'à la dernière seconde. Il marque sur une ardoise qu'on le réveille à « 9 heures 05 » ou « 9 h 50 ». Si on lui vole cinq minutes de sommeil, il est d'humeur exécrable.

Dès le lever, les journaux. Il veut savoir ce qui se passe : c'est son métier et cela, je l'admets. Puis, il lit son courrier. Sauvagement, il lacère les enveloppes, en sort les lettres en toute hâte et les annote « pour réponse », mais d'une écriture totalement illisible. Après quoi, le bain. Mon mari ne peut pas commencer sa journée sans un long bain tiède.

Dans l'eau, il rêvasse et me raconte à quoi il a pensé hier soir en s'endormant (parfois, de bonnes idées)... Puis, brusquement, l'heure ayant marché, il veut « regagner du temps » et pour l'y aider je dois m'empresser de donner plusieurs coups de fil. Pendant que, dans ma chambre, je parle au téléphone, lui, de sa baignoire, me crie des choses qui m'empêchent d'entendre mon correspondant : c'est qu'une idée nouvelle lui est tout juste venue, figurez-vous, et il ne veut surtout pas m'en priver !

Pendant qu'il se rase, je lui demande plusieurs fois quel complet il mettra. Il hésite, sollicite mon conseil, n'en tient guère compte, et c'est alors qu'on s'aperçoit qu'il a perdu sa chaussures gauche et son bouton de manchette droit. L'ambiance se gâte. Il mobilise tout son monde. Une de nos filles, qui est venue prendre le café au lait avec nous, cherche à quatre pattes sous le lit : réflexe automatique qui procède d'une longue habitude. La bonne retarde son marché.

— Mon bouton, ma chaussure...

— Mets-en d'autres ! Ça ne manque pas...

...non ! Ayant fait un choix, il s'y tient, et la recherche continue. Ma fille, qui n'a plus une minute à perdre, décide, contre vents et marées, de refaire surface, sort d'en dessous du lit, et file. Son père élève la voix, grogne, devient nerveux, parle d'ingratitude filiale. La bonne, elle, ne peut pas partir comme elle le voudrait. Loula est, pour le personnel, un patron prévenant et généreux en temps normal, mais le « temps normal », c'est quand on aura retrouvé la chaussure. Or, elle s'est enfuie. Mais oui. Seule. On ne sait où. Évanouie.

Léon, de plus en plus agacé, déambule — sans chaussures — à grandes enjambées. Bientôt, un hurlement :

— Aïe, aïe, aïe...

Il s'est pris les doigts dans la porte. Le plus souvent, il a buté contre un pied de table, qui lui « a pénétré » entre deux orteils. Je ne peux m'empêcher de pouffer : hier, avant-hier et tous les jours précédents, il s'est déjà pris la même table entre les deux mêmes orteils.

Soudain, sa voix gronde :

— Lauri-Laura, je t'en supplie : je suis en retard. Téléphone au garage qu'on fasse im-mé-dia-te-ment tourner le moteur de la voiture. Et appelle 42-22-93-92 ou 92-93, je ne sais plus, tu verras bien, et demande à Mme Mathilde, avec qui j'ai rendez-vous pour une émission, de patienter. Dis-lui que j'aurai quinze minutes de retard. Non, dis seulement dix. Ça fait moins grave.

— Mais tu en auras vingt...

— Je t'en supplie... Et vous, Pauline, avez-vous trouvé mon bouton de manchette? Dans la chemise d'hier? Sur la console du salon, non? Peut-être dans le jeu d'échecs? Et ma chaussure, où est-elle?... Ah, Dieu de Dieu, on me laisse seul, on me trahit, on... Tiens, qu'est-ce que c'est... Oh, comme c'est drôle : le bouton de manchette était dans ma poche! Eh ben, les enfants, merci! C'est gentil d'avoir cherché. Je pars; téléphone vite à la dame. Il faut être correct. Je file.

— Monsieur, et votre pied déchaussé...

C'est Pauline. Elle est sous un lit, pas toujours le même.

Elle a, par principe, relayé ma fille par terre, et cherche.

— Monsieur, ne partez pas : vous ne pouvez pas sortir avec une seule chaussure!

— Mais, Pauline, j'ai les deux.

— Comment, les deux? Ça fait une heure qu'on est après, qu'on regarde partout, même dans la salle de bains, et dans l'entrée.

— Par exemple! Je ne vous l'ai pas annoncé? Je l'ai retrouvée, il y a déjà dix minutes, mais je donnais des instructions à madame, pour téléphoner... Et j'ignorais où vous étiez!

— J'étais sous un lit, monsieur. Je cherchais...

— Eh bien, mille mercis ! Ne cherchez plus. Allez aux commissions. Et votre gendre, est-ce qu'il va mieux ? N'est-ce pas celui qui avait une crise de goutte ?

— Non, monsieur. La crise de goutte, c'est chez le mari de la bouchère.

— Eh bien, tant mieux ! Je veux dire, tant pis. Bref, pour la chaussure, ne vous tourmentez plus. Je l'ai.

— Où était-elle ?

— Sous le lit.

— Mais quel lit, monsieur, par pitié, lequel ? Je les ai faits tous, à plat ventre.

— Eh bien, vous n'avez pas dû passer sous le bon ! Ça ne fait rien : ce n'est pas votre métier.

... Il a tout fourré pêle-mêle dans sa serviette de cuir noir, cadeau de la famille Kennedy, le courrier à poster (du moins, celui qu'il a réussi à extraire de son tas de papiers sur le bureau : les autres lettres ne partiront probablement que dans dix jours). Il a contrôlé, d'un coup d'œil rapide, l'ordonnance de sa chemise, de sa cravate, et il s'en va. Je reprends mon souffle. Coup de sonnette : c'est lui !

— Pourquoi me laisses-tu sans argent ?

— Tu ne m'as rien demandé !

— Je t'avais dit, avant-hier, qu'il ne m'en restait plus guère. Donne-moi des billets de cent francs, plus deux billets de dix, plus de la ferraille.

— Je n'ai pas de monnaie.

— C'est fou ! Je travaille quatorze heures par jour, et il n'y a jamais de monnaie ! Que veux-tu que je fasse d'un gros billet pour payer vingt francs de taxi ?

— Quel taxi ? Tu m'as fait téléphoner au garage pour qu'ils mettent à tourner ta voiture im-mé-dia-te-ment.

— Dis-leur qu'ils t'excusent, que je n'ai pas le temps ! Un taxi m'ira mieux.

Il sort. J'entends son pas... qui descend ? Non : qui remonte ! Ciel, mon mari ! Qu'y a-t-il ?

— Je t'aime. Je partais sans t'embrasser. Viens : pourquoi ton cœur bat-il si fort ?

— C'est le bouton de manchette.

— Tu te fais de la bile pour rien, mon adorée. Es-tu sûre d'être bien, en ce moment ?

Il lève sur moi un œil inquiet, plein d'amour, un amour exclusif, exigeant, désordonné comme tout le reste, mais si fort ! Demain, il égarera à nouveau ses chaussettes, ou son passeport, mais il m'aime. C'est vrai. C'est le principal... On sonne : c'est lui encore.

— N'oublie pas de téléphoner à Mme Mathilde. Dis que j'arrive... Pense à moi.

Aussi explosif qu'il soit, je souscris à ce portrait.

Cabourg

1930. J'avais été un joli petit garçon ; je deviens un adolescent plutôt laid. Les oreilles, un peu grandes, peuvent paraître décollées. Les lunettes cerclées me donnent un faux air d'intellectuel. Derrière les verres, les paupières sont souvent rouges. Pendant toute une année, je souffre d'orgelets, que ma mère fait mûrir avec des graines de lin chaudes, qu'on m'applique en compresses. J'ai une allure dégingandée, pas trop de muscles, mais des mollets trop gros, à cause de l'entraînement intensif à vélo.

Au lycée, il m'arrive, bien entendu, d'être insolent avec les profs. Je suis souvent collé le jeudi, parfois le dimanche. Mes parents ne protestent pas outre mesure et ne me donnent aucun conseil pour être moins abrupt dans mes rapports avec autrui.

L'été, nous parvenons à aller en vacances à Cabourg. C'est une plage encore bon enfant, à une quinzaine de kilomètres de Deauville. Le souvenir de Marcel Proust n'a pas encore transformé Cabourg en lieu snob. Nous y louons, pour le mois d'août, une petite maison quelque part dans l'arrière-pays, ou un deux-pièces. Maman fait la popote le soir. A midi, nous mangeons des tomates et des fruits.

L'après-midi, je me calfeutre dans le logement, avec mes livres, toujours loin de la plage où je reviens seulement quand le soleil décline. Je suis comme ma mère : tout ce qui est chaud m'importune. Il en sera toujours ainsi. Que des gens puissent rester à se rôtir sur le sable me surprend. Si, par hasard, je vais dans l'eau et que je sors sans me recouvrir aussitôt d'un peignoir ou d'une chemise, je deviens tout rouge. En revanche, mon père et ma sœur peuvent s'adonner sans risque à des séances de bronzage et ils ne s'en privent pas. Jamais je ne les entendrai se plaindre de la chaleur. A vrai dire, papa ne vient que pour une huitaine de jours. Sa place à Paris, au Comptoir financier, lui donne du travail. C'est un employé très « considéré » par ses patrons.

Je tombe amoureux — vraiment amoureux — pour la première fois vers seize ans. Elle est la fille, jolie et blonde, d'un fabricant de chapeaux qui a plusieurs magasins à Paris. Jamais je n'aurai la moindre chance ! Peut-être même croit-elle que je suis puceau.

Je l'étais il y a peu encore ; mais, un jour que je rentrais de mon entraînement cycliste au bois de Boulogne, une dame m'a fait signe d'aller dans les fourrés. Je lui ai demandé :

— Ce serait combien ?

— Dix francs.

— Je n'en ai que cinq, madame.

— Va chercher les cinq autres chez toi.

Je fonce à la maison à toutes pédales ; je soutire cinq francs à ma mère ; je redescends au Bois. La belle est partie ; sans doute travailler. Est-ce le printemps ? Est-ce la déception que ce rendez-vous se soit transformé en lapin ? Je file, toujours à vélo, du côté de Montparnasse. Une professionnelle me hèle dans la rue Vercingétorix. Je pense, une fraction de seconde, à nos ancêtres les Gaulois ; j'en souris. Lorsque j'ai réglé l'hôtel, il me reste à peine de quoi donner son petit cadeau à la fille. Tout se passe vite, trop vite. Je ne ressens pas grand-chose. Elle me quitte en me disant : « Au plaisir. » Cela me choque. Cette brève séance stupide n'a pas comporté la moindre parcelle de poésie. Est-il possible que les écrivains aient écrit des chefs-d'œuvres autour de ça ?

Le lendemain, je prends peur : et si cette dame m'avait passé une maladie ? Je fonce dans une pharmacie et demande une crème. Le pharmacien comprend et m'explique : « Vous vous mettrez la crème dans le canal. » Je crois bien faire en y mettant la moitié du tube. Le matin suivant, j'ai toute la région affreusement gonflée. Elle n'a plus, si j'ose dire, figure humaine. Quel choc ! Stoïquement, j'attends la suite des événements. Chaque miction est douloureuse. Vers le soir, ça va pourtant mieux. Au bout de la deuxième nuit, tout a dégonflé, mais, quelques jours plus tard, la peau s'en va comme si j'avais attrapé un terrible coup de soleil. Pendant un temps, j'ai une petite zézette bicolore. Tout rentrera bientôt dans l'ordre, mais je suis dégoûté de l'amour physique.

Je retrouverai la belle blonde à Cabourg. Je ne parviens pas à comprendre qu'il puisse y avoir la moindre ressemblance entre elle et la dame de la rue Vercingétorix. La nuit, pourtant, des rêves me viennent : je suis allongé, tout nu, contre elle ; sommes-nous l'un contre l'autre ou l'un dans l'autre ? C'est selon. Le rêve n'est pas toujours exactement le même. Mais la fin ne change jamais : on nous a liés avec une corde ensemble ; on nous lance du haut d'une montagne, la Rhune, qui domine Saint-Jean-de-Luz, et nous voilà qui roulons et rebondissons sur les pierres, avec, pour finir, un plongeon dans l'océan. Je ferai ce rêve des dizaines de fois. Mais le jour, ma belle reste totalement insensible et me dit bonjour machinalement. Quelle sensation curieuse que de revoir, jour après jour, la jeune femme dont on rêve chaque nuit !

Très vite, ne pouvant être aimé, je deviens jaloux d'un beau garçon qui se destine au Conservatoire, Robert Manuel. Il deviendra sociétaire de la Comédie-Française et professeur d'art dramatique. Vers sa dix-huitième année, à Cabourg, il tombe toutes les filles qu'il veut, et Dieu sait pourtant qu'à l'époque elles sont moins faciles que maintenant : la pilule n'existe pas encore. Nous resterons pourtant très amis, Robert et moi, depuis tout ce temps-là.

Il débutera au Théâtre-Français en 1936, au mois d'août, dans une chaleur suffocante car la ventilation s'est détraquée. Il fera ensuite une très belle carrière. Il est, d'ailleurs, encore plus drôle dans la vie privée que sur scène. Chose curieuse : plus il avancera en âge, plus il aimera la plaisanterie grasse, parfois très épicée. Il vous attrape les fesses, les pince réellement, et vous parle avec de petits cris comme si vous lui plaisiez. Pourtant, c'est tout le contraire d'un homo.

Robert adore chacun de ses métiers. Il est acteur, metteur en scène, professeur au Conservatoire. Une vie bien remplie. De plus, jamais le goût des belles personnes ne lui passera. Sa femme, sa seconde femme, Claudine Coster, aura les plus beaux seins de Paris. Au moment où Robert Manuel lui fait la cour et où ils sortent beaucoup ensemble, je les rencontre, un soir, dansant chez Maxim's. Je reste ébahi devant la splendeur de la poitrine de Claudine ! D'ailleurs, Robert a une passion pour les beaux bustes : il en a près de quatre cents de Molière, dont il a toujours été le serviteur zélé et l'adorateur éperdu. Quant à Claudine, c'est une femme charmante, qui a une indulgence infinie pour son mari.

A la fin des vacances, le père de ma belle blonde la ramène à Paris en voiture et il m'invite à venir avec eux. L'autoroute de l'Ouest n'existe pas encore. On prend la nationale 13. On traverse Lisieux, Évreux, Pacy-sur-Eure, et là, il m'offre à dîner dans un restaurant célèbre, La Mère Corbeau. Le grand menu à prix fixe est à 28 francs. Jamais je n'ai mangé dans un lieu aussi huppé. J'essaie de me laisser bercer par les plats, mais, hélas !, je n'éprouve pas de plaisir profond.

Au vrai, c'est là quelque chose qui me manquera toujours. Je ne suis pas amateur de cuisine savante, je ne la comprends pas. Je ne suis pas sensible au mélange des saveurs, au velouté des sauces, au goût profond d'une viande. Donnez-moi une entrecôte grillée, ça me suffit. Je prendrai avec, de préférence, des pommes à l'eau ou au four. Surtout, rien de compliqué.

Les nourritures dites fines m'assomment : le caviar est presque toujours trop salé, le foie gras m'est contre-indiqué. Les truffes ? Je ne sais pas ce que l'on y trouve. Les grands restaurants m'ennuient, sauf un ou deux, où le chef sait parler de la gastronomie comme d'un art de notre civilisation. Je ne suis pas en mesure de goûter pleinement le plaisir que donne cet art-là mais je veux bien admettre que les autres y soient sensibles.

Je ne mange jamais relevé, ne supporte pas les herbes fortes, ail, oignon, échalote, ciboulette. Il y a, pourtant, des plats que ma femme réussit à merveille : le pot-au-feu, le roastbeef, la blanquette et, surtout, le couscous de mouton comme à Tanger, avec beaucoup de légumes, et une sauce pas trop forte. Je suis incommodé par les gourmets ; il m'est arrivé de refuser de travailler avec le grand patron d'une chaîne de télévision parce que je l'avais vu, à table, prendre un plaisir trop violent à la nourriture, et bâfrer des fraises à la crème, en paraissant en jouir follement.

Londres, mon cher Londres !

Je passerai mon bachot sans trop de peine. Sur quoi, mon père va mettre à exécution un vieux rêve : il m'envoie à Londres pour un semestre scolaire.

J'habite, d'abord, dans les environs de Hyde Park, chez mon oncle Mitchell, notre ancien associé de La Chaumière à Biarritz. Il est agent théâtral : il place des artistes dans les music-halls et les cabarets. Grâce à lui j'irai assidûment au théâtre, mais ce n'est pas la fortune et je fréquenterai surtout les poulaillers, parmi les véritables amateurs, les *aficionados*. Grâce à eux, j'apprendrai très vite l'argot londonien ; je sais dire « va te faire voir » de dix façons différentes.

Le ménage de Mitchell avec Paulette n'est pas de tout repos. A chaque discussion un peu vive, ils parlent de divorce. Pourtant, il y a du foin au ratelier ! Paulette est une Française, assez belle femme, grande, l'œil vif, le cheveu brun, le caractère enflammé. Elle vit depuis si longtemps en Angleterre qu'elle n'utilise qu'à peine le français. Pour elle, je ne suis qu'un neveu par alliance qui vient la gêner dans son quotidien ; elle a déjà assez à faire avec sa fille, ma cousine Didi. Elle n'en a que plus de mérite à me faire bonne figure, même quand je casse le lavabo de la salle de bains, ou une assiette, car je suis d'une maladresse incroyable : emprunté, ne trouvant pas mes marques, toujours gêné aux entournures. Plus tard, à la télévision, Stéphane Collaro me dira que je suis un éléphant dans un magasin de porcelaine.

Londres, à l'époque, est la première place financière du monde. Ayant toujours entendu parler d'argent, chez moi (pour déplorer qu'il fût si rare), je suis attiré, dans mes premières promenades, par le quartier de la Banque d'Angleterre, symbole et bastion de la colossale richesse britannique. Je voudrais, dans mes lettres, en faire la description circonstanciée à mon père : ça lui fera plaisir. L'édifice est monumental, il couvre deux hectares ; seulement je suis plutôt déçu par le style : la lourdeur de leur architecture contraste avec les lignes françaises, tellement plus légères, mais je découvre avec ravissement les ruelles du quartier, souvent sinueuses, les petites cours au caractère intime et, presque à chaque carrefour, un marché.

C'est fou les quantités de nourriture que l'on consomme dans cette ville. Je reviendrai flâner, souvent, sur le marché de la pêche de Billingsgate, proche de la Tamise. Les étalages croulent sous des amoncellements de soles géantes de Douvres, au ventre plus blanc que les nôtres, de turbots à la tête triangulaire, de raies dodues, de maquereaux scintillants et bleutés. On vend, à Billingsgate, toutes les espèces de poissons créées par Dieu. Les ménagères les tâtent d'une main experte, fouillant, sans complexe, dans une pyramide ruisselante de fraîcheurs marines ; elles discutent haut et racontent, de leur voix perchée, leurs affaires de famille aux marchandes. Les porteurs de poissonnailles, coiffés d'un chapeau à larges rabats comme les terre-neuvas, sont de vrais colosses. Ils transportent gaiement, des camions vers les marchands, d'éventaire en éventaire, des charges pesant, à vue de nez, plus de cent livres.

Mais les promenades, c'est bientôt terminé. Je suis inscrit comme étudiant à l'École polytechnique des langues vivantes. Elle est située dans les beaux quartiers, sur Regent Street, ce qui correspondrait, à Paris, au faubourg Saint-Honoré. Après un premier examen, on me place dans la section « *advanced* » c'est-à-dire la section supérieure. A ma très grande joie, mes progrès seront rapides. Surtout, c'est de l'anglais concret, de l'anglais vrai, la langue de tous les jours avec, à la base des leçons, une lecture intensive des journaux.

On ne me demande plus, comme à mon lycée à Paris, d'apprendre par cœur des passages entiers de Shakespeare ou de Byron. Nous travaillons *The Forsyte Saga* de John Galsworthy, prix Nobel, et dont, trente ans plus tard, la télévision tirera l'un de ses plus beaux feuilletons ; la version française aura un succès considérable. Un magazine de télé me demandera mon avis sur la série. C'est, probablement, le seul feuilleton que j'aie jamais regardé à l'écran. Je suis enthousiaste. Autour de moi, rue Cognacq-Jay, les petits copains me traiteront de snob et ne se priveront pas de dire : « Naturellement, Léon fait semblant d'avoir tout vu, et de tout connaître : quel maniaque de l'esbrouffe. » Dans leur désir de m'égratigner, il ne leur viendra pas à l'idée que j'aie pu lire, adolescent, la *Saga des Forsyte* en entier ; je l'ai même étudiée réellement, la plume à la main.

A l'école, mes condisciples sont allemands, autrichiens, espagnols, portugais. Ceux qui viennent du centre de l'Europe ont bien plus de dons pour l'anglais — et de volonté de l'apprendre — que les Latins. Dans ces cours, on ne compte que peu de jeunes Français, la nouvelle ne s'étant pas encore répandue, en France, que l'anglais était une langue importante et, bientôt, la plus importante de toutes.

Une fille va beaucoup me plaire ; elle porte un prénom curieux : Allo ! C'est une Allemande blonde du Wurtemberg qui se coiffe, parfois, avec des tresses. Mince, avec la poitrine accrochée haut, elle n'a rien d'une Walkyrie. Elle aime Mozart, le connaît bien, et elle compare intelligemment son œuvre avec celle de Beethoven. Allo sait à peu près le français, et c'est en français que, souvent, nous nous promenons après les classes. On est en hiver. Il neige et ça lui va épatamment. Je me mets à rêver. Nous marchons très près l'un de l'autre. Soudain elle me demande : « Aimez-vous chier ? » J'ai un haut-le-corps. D'abord, j'ai horreur d'utiliser des mots gras ; ensuite, celui-ci est loin d'être courant à l'époque ; enfin, je suis soufflé que de jolies lèvres comme les siennes puissent se laisser aller à dire de telles choses. Abandonner Mozart pour proférer ces insanités, comment peut-elle ? Mais elle ne s'est rendu compte de rien, et continue à prononcer le mot.

Je comprends enfin : en allemand, « ski » se prononce « shi ». La jolie personne sous la neige voulait tout simplement savoir si j'aimais skier. Hélas ! le mal est fait. Impressionnable, je ne pourrai plus jamais me promener avec elle : toujours, j'entendrai sa bouche dire le mot si déplaisant ! Notre amitié affectueuse se distend très vite, par ma faute, et la jeune fille n'en comprendra pas la raison. En fait, pour moi, la femme est un être délicat et charmant ; je l'idéalise encore, et je ne parviens pas à supporter qu'il puisse y avoir, en elle, quelque chose de grossier. Il m'arrivera, parfois, de le regretter.

Parmi mes camarades il y a un grand jeune homme de trois ou quatre ans plus âgé que moi, blond lui aussi — un Autrichien né en Tchécoslovaquie. Sans être très liés, nous sympathisons. Il est dur à l'égard d'un phénomène qui se produit en Allemagne : la venue d'un agitateur nommé Hitler. Nous ne le pressentons pas encore, ni lui ni moi, mais le garçon blond va jouer, dans ma vie, un rôle considérable.

Bientôt, je quitte mon oncle ; il m'a trouvé une pension de famille dans le quartier de Highgate, dans le nord de la capitale. Je partage une chambre avec deux autres jeunes gens. Nous sommes, au total, une vingtaine. Le samedi et le dimanche, presque aucun de nous ne « descend » en ville, et l'on sert aux pensionnaires, ces jours-là, les trois repas, plus le thé de cinq heures. En semaine, on ne donne que le breakfast et le dîner. Je déjeune donc où je le peux.

Entre mes cours du matin et ceux de l'après-midi, je déambule dans le centre de Londres et j'éprouve une profonde sensation de liberté. Pour la première fois de ma vie, je n'ai de compte à rendre à personne. Je vais où me porte le vent. Souvent, je remonte Regent Street. Chez un orfèvre proche, j'admire, dans la vitrine, un tigre en argent massif dont l'artiste a su rendre, tout à la fois, la puissance et l'agilité. Je sens que le tigre va bondir et je suis surpris de le retrouver, le lendemain, dans la vitrine, les muscles toujours tendus.

Pourrai-je un jour me l'offrir ? Pour le moment, il va falloir que j'aille m'acheter mon sandwich habituel, un de ces sandwichs bien de chez eux, au pain de mie, avec des feuilles de salade, des tomates, des œufs durs et des concombres. D'habitude, et si le temps le permet, je vais le manger sur l'un des bancs de pierre de Trafalgar Square, derrière la colonne de l'amiral Nelson au pied de laquelle volètent des pigeons innombrables.

D'emblée, j'ai aimé cette place-vedette de Londres. Je m'y sens bien : si seulement le sandwich pouvait durer un peu plus longtemps ! Mais quoi, il est fini, et je vais entrer, pour une visite d'une heure, dans la National Gallery, l'un des plus beaux musées de peinture du monde.

En entrant à gauche, presque immédiatement, voici le portrait du cardinal de Richelieu, dans sa robe pourpre, l'œuvre maîtresse d'un peintre français, Philippe de Champaigne. A côté, sur le mur, voilà plusieurs études que Champaigne avait consacrées au visage du Cardinal : un profil gauche, un profil droit, un trois quarts gauche. J'étudie, chaque jour, minutieusement, les étapes de la composition du tableau final. Au cours de ce séjour à Londres, Richelieu va devenir mon héros favori de l'histoire de France, l'homme à la poigne de fer qui a su centraliser le pays, et pour lequel l'État passait avant tout. C'est seulement plus tard que je découvrirai ses faiblesses. Pour le moment, il me subjugue.

Je m'arrache avec peine au Cardinal, puis me gave encore de peinture dans les salles de Reynolds et de Van Dyck, avant de retourner à « Polytechnique ». Les pigeons, au pied de Nelson, ne sont pas rassasiés non plus. Ils jouent du bec goulûment. Tels je les vois en ce temps-là, tels je les verrai en 1949 lorsque nous ferons, ma femme et moi, notre premier voyage de couple. Laura portera, cette fois-là, son long manteau noir qui me plaît tant ; un sac rose et des gants roses. Elle jettera, d'un geste large, des graines aux pigeons. Merveilleuse image de ma femme, qui n'a jamais cessé de me revenir en mémoire. En fait, c'est un lieu, Trafalgar Square, où mes souvenirs se mélangent, se superposent et glissent le long des années qui ont passé.

J'ai fait un nombre incalculable de voyages à Londres, notamment pour les reportages de la télévision : les funérailles de Churchill, celles de Lord Mountbatten ; le jubilé d'argent de la reine, les mariages de la princesse Anne, du prince Charles avec Lady Di, en 1981, du prince Andrew avec Sarah, en 1987, sans compter le hockey, le patinage, les courses.

Chaque fois, je suis allé passer un moment à Trafalgar

Square comme pour un rendez-vous avec la silhouette de ma femme, en noir et rose.

Laura qui croyait n'avoir aucun goût pour Londres à cause de la pluie, pendant longtemps ne voulut jamais m'y accompagner. Enfin, elle me fit le cadeau de sa présence en 1988, alors que, justement, j'allais y tourner une sorte de reportage-mémoire sur le Londres de mon adolescence.

Ma femme se rendit donc avec moi à Trafalgar Square : cela faisait trente-sept ans qu'elle n'y était pas retournée et, brusquement, elle fut là parmi les pigeons. Ce n'était plus la jeune femme brune de notre première visite ensemble, celle de 1949 : il n'y avait plus de gants roses. Laura, en 1988, était en imperméable vert ; les cheveux, d'argent. Il m'a semblé que les pigeons étaient plus nombreux que jadis : ils se posèrent sur elle, qui sur les épaules, qui sur les cheveux. C'était une Laura couverte de pigeons. Désormais, lorsque je repasserai par là, je me sentirai fondre de bonheur et, une fois encore, les visions successives de « mon » Trafalgar Square se fondront l'une dans l'autre. J'y suis allé en avril 1989 avec Déborah. Ma petite-fille retrouvait mon adolescence.

Mais, remontant plus loin encore en arrière, à un demi-siècle, je me revois à nouveau en étudiant : vers deux heures de l'après-midi, je sors du musée, ivre de peinture ; le soir, je me promène longuement dans les quartiers du nord de la ville, sur la colline boisée de Highgate Hill. Je découvre, encore et toujours, des rues : j'adore les rues, quelle que soit la ville, quelle que soit la saison. Ou alors, certains soirs, et si le cœur m'en dit — je suis libre — je reste à la pension. On y est au chaud, pour 25 shillings par semaine. C'est bon marché. L'équivalent, sans doute, de 400 francs d'aujourd'hui. Les jeunes Britanniques qui y résident comme moi ne sont pas spécialement communicatifs : ils ont un sentiment étrange et étroit de leur supériorité, mais c'est grâce à lui qu'ils trouveront bientôt — en 1940 — le courage inouï de résister, seuls, contre l'Allemagne déchaînée.

Le lendemain, le surlendemain, les jours suivants, je vais à nouveau avec mon sandwich de l'école à la Gallery, et de la Gallery à l'école. Les vendeurs de gazettes crient leurs titres à pleine gorge. Ce jour-là, tous les journaux portent, à la une, la photo d'une fillette de cinq-six ans.

C'est la petite-fille du roi régnant George V, la fille aînée de son deuxième fils, le duc d'York. Elle s'appelle Elizabeth. On « titre » sur elle parce que hier, avec son grand-père, le roi, qui l'adore, elle est allée inaugurer une exposition.

Mais la fillette n'a pas d'importance réelle. Comment penser que son père, le duc d'York, deviendra roi à son tour sous le nom de George VI après l'abdication de son frère aîné, Édouard VIII, qui n'est encore en ce temps-là que le prince de Galles ? Qui peut prévoir que la petite fille sera un jour la reine d'Angleterre ? Chaque fois que je couvre Elizabeth II à l'écran, ce qui m'arrive souvent, je repense à la photo en première page de 1934.

Si vous aimez Londres, ou si vous voulez l'aimer, prenez les livres de Kleber Haedens ou de Michel Déon. Vous sentez la ville et son cœur qui bat. Moi, j'ai surtout aimé un contraste : la métropole géante compte au milieu de la journée douze millions d'habitants ; dix millions en repartiront le soir par les trains de banlieue, pour gagner leur campagne, y dormir et soigner leurs roses et leur gazon. Cette migration biquotidienne est un des phénomènes de société les plus étonnants que j'aie ressentis. J'aime aussi le Londres des grands parcs où l'on peut, en pleine ville, marcher six ou sept kilomètres sans jamais quitter la pelouse, successivement dans Kensington Gardens, dans Hyde Park et St. James's Park, sur les lieux où, jadis, Charles Ier alla vers l'échafaud.

J'ai aussitôt adoré — je l'avoue — le Londres des formidables magasins de confiserie, comme Fortnam and Mason dans Piccadilly, où l'on peut choisir entre vingt sortes de marmelade d'orange et autant de confitures à la framboise de bonne-maman ; la taille, le dessin, le scintillement, les étiquettes des pots varient à l'infini.

C'est beau, mais je suis un étudiant sans argent de poche et c'est bien cher pour moi. Je visite avec avidité le quartier des maîtres-tailleurs, Burlington Arcade, Saville Row, où je contemple, fasciné, les montagnes de pièces de tissu de laine peignée, bleues, grises, marron, quadrillées, rayées ou fil à fil, discrètes et toujours chic, en me demandant si je vais pouvoir, quelque jour, me faire tailler un complet dans ces tissus-là.

Le côté « citadelle de la finance » continue à m'exciter, de même que ces messieurs de la City, en veston sombre ou blazer bleu foncé, parapluie au bras, le *Times* sous l'aisselle, melon noir pour saluer les amis et connaissances. A l'heure que nous appelons en France celle du déjeuner, et pour peu que le soleil se montre, les voici — oui, les mêmes — mais sans melon, sans veston, en manches de chemise, qui vont se promener par groupes dans les ravissants jardins de Lincoln's Inn, non loin des bâtiments stricts du palais de justice ; et tous, employés d'administration ou agents de change, discutaillent ferme en appuyant leur argumentation de grands gestes des bras : sous leur chemise blanche, si blanche, on dirait une file de longs insectes qui ne parviennent pas à s'envoler. Je connaîtrai, un beau jour, beaucoup plus tard, le Londres du protocole et des larges cérémonies.

J'aime les Britanniques et la Grande-Bretagne. J'ai oublié la guerre de Cent Ans ; je remarque simplement qu'en 1914-1918 et comme ce sera le cas en 1939-1945, lorsque les Britanniques et les Français sont du même côté de la barricade, ils finissent par gagner.

J'aime l'humour anglais, la serviabilité anglaise (une fois brisée la mince couche de quant-à-soi), leur sens du maintien, leur discipline sans ostentation devant les coups du sort ou les enquiquinements quotidiens. De plus, il y a ce sentiment personnel que je retrouve chaque fois que je vais en Angleterre, le souvenir de cette rencontre d'un adolescent de seize ans avec la ville colossale, même si ma mémoire l'enjolive, même si la liberté dont je disposais n'était pas aussi profonde que je le croyais.

Plus tard, j'ai envoyé successivement mes trois enfants à Londres ; tous parlent l'anglais ; eux aussi aiment cette ville et, si ce livre a du succès, nous irons ensemble passer tout un week-end à Londres pour nous gaver de cashmere, de chocolats à la menthe et de ce que l'on sert dans les restaurants indiens des petites ruelles qui donnent dans Oxford Street, là où l'on prépare le riz comme nulle part ailleurs en Europe : tout le monde ne peut pas aller le déguster en Inde.

Je m'achèterai des cravates chez Fawcett and Hawkes

et j'irai, pour la millième fois, devant la statue en bronze de Churchill, pour remercier monsieur le bouledogue d'avoir tenu le coup et permis à la France de rester un grand pays libre. Ainsi, voyage après voyage, et depuis cinquante ans, se mêlent immanquablement mes images du Londres de jadis, celles de naguère et de maintenant.

1934. Après un long semestre d'anglais intensif, je reviens à Paris. J'avais emporté les manuels du programme français du deuxième bachot philosophie. A mon retour, il ne reste qu'à donner un sérieux coup de collier et je serai reçu, quoique d'extrême justesse, à la session de juin.

Pendant l'été, hormis deux semaines à Cabourg, je resterai à Paris car je veux également obtenir le bachot de mathématiques élémentaires, le dada de papa. J'apprendrai donc par cœur mes deux tomes de physique et chimie, parfois sans rien y comprendre ; mais je possède une mémoire visuelle aiguë et parviens à « revoir » mentalement, le jour de l'examen, des paragraphes entiers du texte et des formules scientifiques compliquées. La chance jouera pour moi ! Comme tous les étudiants, j'ai fait l' « impasse » sur un certain nombre de sujets ; je ne tomberai sur aucun d'eux ! Bref, saint Léon étant avec moi, je m'en tirerai, par indulgence du jury, avec 99 points sur 200. Je serai, comme l'on dit, « repêché à un point », sans le mériter absolument.

Un amour de jeunesse

Le dernier jour de cet été-là, à Cabourg, je rencontrai une jeune fille brune, avec de grands yeux noisette, et le sourcil légèrement ironique. Nous fîmes une longue promenade, d'abord à la frange des vagues — les eaux de la Manche donnent beaucoup d'écume — puis, de plus en plus près des dunes. Il me venait un sentiment inconnu. Quelque chose se levait en moi d'un peu douloureux et de très doux. La jeune fille n'était pourtant pas mon type de femme ; mais sa forme d'esprit me convenait épatamment ; elle avait de l'humour, elle était cultivée. Sa voix interrogeait la vie, et elle ponctuait ses fins de phrases tantôt dans l'aigu, tantôt dans le grave ; c'était imprévisible. Qui était-elle ?

« Je suis en deuxième année de médecine. » Pour moi, un médecin est toujours un peu un sorcier. Que des gens puissent soigner la souffrance, parfois même la guérir, me paraît fabuleux. Que, par la palpation, les déductions, l'expérience, on sache établir un diagnostic précis et ordonner le traitement nécessaire : j'y vois du surnaturel. Certes, il y a des charlatans parmi les médecins, simples bouffe-pognon, mais il existe aussi de mauvais mécaniciens et de mauvais journalistes. Bref, je mets la profession médicale très haut. Sans doute, mes parents auraient-ils été fiers si je l'avais choisie. Hélas ! la simple vue du sang me révulse.

La jeune personne voulait devenir médecin ? Cela me plut. Je l'entraînai dans les dunes ; nous prîmes quelques instants pour nous reposer d'une marche de plusieurs kilomètres. Le vent s'était levé. En Normandie, il sent les embruns et les pommes. Les lèvres de la jeune fille étaient comme ses yeux : elles pétillaient, avec un petit rappel salé. Je le sus immédiatement : j'avais rencontré celle qu'il me fallait.

Je l'appelais Missy. Elle avait un an de plus que moi. A Paris, où nous nous sommes retrouvés très vite, je lui faisais une cour à la fois déférente et passionnée. Je pliais mon emploi du temps au sien. J'allais l'attendre devant les hôpitaux où elle effectuait des stages, où elle suivait des travaux pratiques. Depuis lors, je connais fort bien les environs d'un grand nombre d'entre eux : ainsi, Lariboisière, tristement niché derrière la gare du Nord, Laënnec, au style plus bourgeois, rue de Sèvres, celui des Enfants-Malades, dont le simple nom fait peur. J'ai déambulé des dizaines de fois autour de l'ensemble imposant de l'hôpital Cochin où, plus tard, on m'opérera ; c'est le centre d'un univers gris, avec ses petites boutiques d'alimentation où les proches des malades viennent acheter, avant de leur rendre visite, des plats cuisinés ou des pâtisseries tarabiscotées. Autour de Bichat, porte de Saint-Ouen, j'ai subi des courants d'air foudroyants, qui prenaient leur élan dans les longues lignes droites des boulevards des Maréchaux, trop larges, et où le vent s'engouffre en rigolant de joie. L'hôpital de la Salpêtrière est carrément une ville édifiée sur les environs immédiats d'Austerlitz et son monde de poutrelles.

En fait, Missy était, la plupart du temps, en retard à nos rendez-vous. Les séances de dissection ou les cours pratiques de chimie duraient toujours plus que prévu. Avec une patience infinie, je marchais longuement, chaque jour, devant les hôpitaux. J'entrais peu dans les cafés (je n'aime pas les cafés) et j'arpentais donc beaucoup les trottoirs pour calmer mes nerfs. Je regardais souvent les dattes fourrées de pâte d'amande dans la vitrine de la petite confiserie du métro Duroc, mais Missy m'avait mis en garde : le sucré, c'était très mauvais pour moi. Comme sa boisson favorite était le thé sans sucre, je pris l'habitude d'en boire, moi aussi. C'était abominablement amer, mais aussi une preuve d'amour.

Le dimanche, nous allions quelquefois sur les bords de l'Oise, à Boran. Il y avait là une petite plage et une foule de baigneurs. Nous nous étendions sur le sable, à l'écart des autres. De temps à autre, je détachais une bretelle de son maillot — à l'époque, ils étaient d'une pièce — et je rêvais de lui prendre son sein, goulûment, en entier dans la bouche. Je ne savais pas encore que l'indécent, ce n'est pas le nu, mais le troussé. Missy avait la chair lisse et parfumée.

Sur ma demande, elle me fit quelquefois pénétrer dans le milieu médical. Je suis allé dans les salles de garde où la verdeur des mots qu'on emploie dépasse ce que je pouvais imaginer. Le médecin n'est plus en face du malade : il n'a plus à se maîtriser, il laisse ses nerfs se détendre, et l'un de ses exutoires les plus simples, c'est de dire des obscénités. Un peu comme les hommes et les femmes qui, dans l'amour, ajoutent à leur plaisir des mots orduriers.

J'ai dîné plusieurs fois à la table d'hôte où, dans les hôpitaux, les médecins et leurs aides prennent leur repas. La cuisine des établissements hospitaliers n'était pas bien bonne, il y a un demi-siècle. J'espère, pour le corps médical, qu'elle s'est améliorée.

J'ai accompagné Missy à ces espèces de bachotages intensifs qu'on appelle les « sous-colles », où quatre ou cinq étudiants en médecine travaillent ensemble, bossant à perdre haleine, pour préparer le même examen, et se lançant mutuellement au visage, sur un rythme de plus en plus rapide, des questions de plus en plus difficiles. La complexité des termes médicaux m'avait d'abord paru un snobisme de langage. Mais, sans doute, ces mots compliqués étaient-ils indispensables.

J'admirais l'esprit clair et prompt de Missy. Je l'aimais. Je l'ai aimée pendant dix ans. Nous nous sentions très proches l'un de l'autre. Un après-midi ensemble, c'était un enchantement.

Si j'avais pu, si j'avais été majeur, si j'avais gagné ma vie, j'aurais demandé à Missy de m'épouser. Il y eut un temps où elle aurait probablement accepté, mais je mettais toujours, par honnêteté et obligation, les choses au futur, car je n'avais pas encore dix-neuf ans ; je n'étais qu'un étudiant en droit, et je ne gagnais pratiquement rien dans la teinturerie de mes parents (leur nouveau métier). Comme j'étais trop fier pour accepter les pourboires des clients, je ne roulais pas vraiment sur l'or. Missy m'attendrait-elle ? Je l'espérais. Elle me disait, dans le silence d'une chambre, des mots qui sonnaient comme des promesses. Il lui arrivait même de dire « nous ». Elle n'admettait pas que je regarde une autre femme.

Certains après-midi, restée seule chez elle, elle m'appelait. Je fonçais, tourneboulé à l'idée que nous allions demeurer en tête à tête. Elle sentait *Vol de nuit* de Guerlain. Je pouvais, parfois, disposer de quoi l'emmener dans une maison de silence et de tiédeur. Ses yeux se noyaient très vite. Son corps, encore très jeune, avait quelque chose de gracile et de touchant. Nous échafaudions des projets. Sans doute ne savions-nous rien de l'avenir mais, si j'en crois l'histoire : « On ne va jamais aussi loin que lorsqu'on ne sait pas où l'on va. » Puis, je lui murmurais d'autres choses, moins sages, dans le creux de l'oreille. Je lui touchais les hanches de mes paumes précises, aux doigts gourmands, et il lui venait un tremblement léger, presque impalpable, qui deviendrait bientôt un cri.

Mais ses parents étaient médecins, et ils n'accorderaient en aucun cas leur fille à un garçon, gentil sans doute, mais dont l'avenir ne se dessinait pas du tout. Un garçon qui, de plus, appréciait les hippodromes ; or, on tenait ceux-ci, à l'époque, pour des lieux de perdition absolue. Y mettre le pied, c'était s'engager sur le chemin de la débauche, voire de l'échafaud.

J'étais déjà allé plusieurs fois aux courses, à Auteuil, quand je séchais le lycée. C'était amusant et ça semblait facile. Mais je m'y rendais avec la foule des turfistes moyens. Je fus réellement initié aux splendeurs du monde hippique par un acteur de cinéma qui eut son heure de grande gloire, Jules Berry, flambeur invétéré, et partenaire, sur l'écran, d'Elvire Popesco et de Louis Jouvet.

Un jour, il entra à la teinturerie que, maintenant, mes parents géraient à Montmartre, et où il avait confié des complets à nettoyer. Il leur devait une quarantaine de francs :

— Je n'ai pas de monnaie sur votre billet de cent, regretta mon père.

— Alors, que votre garçon vienne avec moi : je vais à Longchamp, et je lui donnerai, là-bas, ce que je vous dois. D'ailleurs, j'ai trois gagnants sûrs dans l'après-midi et, ce soir, nous ferons la fête.

J'accompagnai Jules Berry à Longchamp dans l'un de ces autocars qui raflent les turfistes place Clichy pour les déverser sur les lieux du culte. Berry était volubile et sympa ; il m'expliquait le sport des courses et les fortunes que, selon lui, on pouvait y amasser. Il me présenta à une princesse orientale, à un marquis droit sorti d'une farce de Molière, et à deux ou trois barons, tous propriétaires de pur-sang, qui discutaient de leurs chances avec une gravité qui m'en imposait.

Pour jouer, l'acteur changea bien son billet de cent francs, mais oublia de me donner mon dû. Les chevaux qui devaient gagner s'égarèrent quelque part en route car je ne les vis pas franchir le poteau d'arrivée. Nous quittâmes Longchamp à pied. « Ce n'est pas grave, mon petit, me rassurait mon compagnon, nous allons sûrement croiser un de mes amis ou admirateurs qui nous ramènera en ville. »

Hélas ! bien que Jules Berry eût beaucoup d'admirateurs et, certainement, de nombreux amis, aucun d'eux cet après-midi-là n'avait dû se rendre sur l'hippodrome, car aucun ne nous fit signe. Nous revînmes donc à pied. Jusqu'à la place Pigalle, près de laquelle se trouvait la teinturerie, il y a bien douze kilomètres par la Muette, le lycée Janson, l'Étoile, la place Clichy.

Bref, ce jour-là, je rentrai au magasin sur le coup de sept heures du soir, oubliant, pour la première fois, mon rendez-vous avec Missy. Étonnée, elle me le reprocha de sa voix un peu haute, où l'expression « pas sérieux » revenait souvent. Je l'avais déçue ; Jules Berry n'avait pas été le seul perdant de la journée ! J'avais perdu plus que lui mais je ne m'en rendais pas bien compte. J'aimais les yeux de Missy qui pétillaient, son nez légèrement busqué, sa fossette, et je lui récitais, par cœur, des phrases extraites d'une lettre qu'elle m'avait écrite récemment, pendant les vacances de Noël : « ... J'ai regardé les étoiles, mais il n'y en avait pas : sans doute, les avait-on décrochées. »

Je suis sûr que Missy m'aimait aussi ; mais ses parents lui démontraient, jour après jour, que j'étais un bon à rien. Elle et moi, nous étions divinement bien l'un avec l'autre mais, lorsque je lui rappelais que ma majorité approchait, et que nous pourrions mettre, en nous mariant, sa famille et la mienne devant le fait accompli, elle ne continuait pas la conversation. Alors je lui enlaçais les épaules, et elle cédait sans se défendre.

Je finis par comprendre que je n'avais rien à espérer. Elle arrivait à la fin de ses études, qui étaient plus courtes que de nos jours. Elle pensait déjà, en fille raisonnable, à choisir une localité pour s'y installer. Certes, elle avait encore le temps, mais je m'aperçus que je n'étais plus dans ses rêves ou, plutôt, que ses rêves ne m'englobaient plus.

Elle fut enceinte. Bien qu'étudiante en médecine, elle ne trouva pas, auprès de ses camarades, l'aide qu'elle aurait souhaitée et que nous espérions. Nous cherchâmes un moyen de nous procurer de l'argent. Je fus incapable d'en trouver. Parler à mes parents ? Je n'osais pas. Ce fut ma grande faute, la preuve que je n'étais qu'un gamin. En revanche, Missy avait rencontré, chez des amis, un monsieur qui paraissait très à son aise. Elle prit donc son courage à deux mains, et elle alla lui en demander. Il lui en donna. Je crus élégant de rendre à cet homme une visite de remerciements. En attendant dans son salon, je compris soudainement qu'il n'avait pas dû rendre un service gratuit, et la sueur me perla à la nuque. Quand il entra dans la pièce, brun, bien mis, gominé, trop propre, aussitôt je le haïs. Surtout, je me sentais tout bête, trompé, grugé, un môme, un connard de môme de vingt ans, inutile, et qui n'avait pas pu trouver seul la solution du problème. Je n'avais donc qu'à retourner jouer aux billes ou au chemin de fer électrique, ou à livrer les complets nettoyés aux clients de la teinturerie. Ce fut en cette seconde-là que, pour la première fois, je souffris d'amour.

Missy commença à se détacher de moi. Mon insouciance, mon côté bébé, l'avaient choquée, meurtrie. Probablement m'en voulait-elle surtout d'être resté, au cours de cette période difficile, un tout jeune homme. J'avais cru qu'aimer suffisait. Missy, elle, était sortie de l'aventure mûrie, ayant souffert dans son corps, et aussi dans son amour-propre ; du moins, je le croyais. En réalité, nous n'étions plus tout à fait deux amoureux passionnés.

Notre liaison datait de l'été 1935. Nous étions fin 1937. Ce devait être l'année de notre séparation, qui me fut infiniment pénible. Chaque nuit, le visage de Missy me revenait, me hantait. Je partais, quelquefois, rôder près de sa maison. Je revoyais les après-midi où ses parents n'étaient pas là, où elle me disait de venir très vite, qu'elle voulait mes mains sur elle, et mes ongles pour se promener le long de son dos. Mais ce bonheur, je ne l'avais plus.

Après trois ou quatre lettres sans réponse, je compris qu'il fallait me résigner. J'essayai, néanmoins, de voir ses parents ; pour me convaincre de ne plus chercher à revoir leur fille, ils eurent des mots cruels. Alors, et alors seulement, je sentis que j'allais mûrir moi aussi, mais c'était trop tard.

Le souvenir de Missy mit très longtemps à s'estomper. Elle renaissait du silence, peuplant de sa voix aux inflexions imprévisibles le vide de ma chambre ; nous nous mettions à dialoguer, et la passion revenait, très forte. Le jour, je subissais encore son influence. Elle m'avait enseigné beaucoup de choses : comment m'habiller, comment choisir une cravate qui aille avec mon complet, comment me tenir à table, pourquoi ne pas laisser aller mes coudes et mes mains ; comment mâcher, comment redemander d'un plat. Personne ne me l'avait appris. Je ne mange pas très joliment mais, si Missy n'était pas venue dans ma vie, ce serait pire. Je parle très fort, souvent trop fort. Elle m'a fait baisser la voix de quelques décibels. Je me rappelle aussi que, quoique encore très jeune, elle savait jauger les individus par une sorte d'instinct : elle tenta de me le faire partager. « Tu vois, celui-ci est un monsieur ; cet autre, pas du tout. » Mais je ne saisissais pas toujours. Je manquais d'instinct, et ça l'énervait un peu.

Au moment de la guerre, elle s'était installée dans une petite ville de la Gironde où elle se maria avec un avocat. Son père disparut dans un camp. Après la Libération, et alors que j'étais rédacteur principal au ministère des Prisonniers et Déportés, elle vint me voir (je ne l'avais pas revue depuis six ans) : elle désirait savoir si l'on pouvait retrouver la trace de son père. Compulsant les registres officiels, je dus lui répondre qu'elle ne le reverrait jamais.

Un an ou deux plus tard, nous eûmes un bref revenez-y. Le cœur n'y était plus mais les sens compensèrent en partie. Puis, divorcée, elle tomba amoureuse. Je lui avouai alors que chaque jour, depuis notre séparation d'avant-guerre, je l'avais revue dans mes fantasmes de la nuit ; que j'avais vécu avec son image ; que, pendant les combats, cette image avait été à chaque instant présente, avant celle de ma mère. Quand j'étais prisonnier, je disais son nom en m'endormant ; et j'avais tremblé de joie en la revoyant. Maintenant, mon drame allait recommencer puisque nous nous séparions de nouveau. Mais, pas plus que naguère, je ne sus la retenir. L' « autre » était un bel homme brun qui n'avait pas besoin de leçon pour s'habiller. Ensuite, par bonheur, je rencontrai ma femme et le monde bascula.

Je n'ai jamais eu les moyens de séduire ni un tempérament à « collectionner ». Les femmes qui m'ont plu n'ont pas été nombreuses : je suis horriblement difficile. Pour dire les choses d'un mot, je n'ai pas « eu » beaucoup de femmes dans ma vie.

De 1946 à 1980, je n'ai jamais revu Missy. D'abord parce que je n'en ressentais pas le besoin : j'étais infiniment heureux avec Laura. Au hasard d'une visite à une caisse de retraites, je tombai sur une des belles-sœurs de Missy qui m'indiqua comment la joindre. Médecin généraliste près de la gare du Nord, remariée à un expert en hématologie près des tribunaux, elle paraissait enfin heureuse. Au téléphone, nous nous promîmes qu'avec son mari ils viendraient dîner chez nous. Lorsque je rappelai la semaine suivante pour fixer la date, elle me dit d'une voix à peine audible qu'elle était veuve.

J'avais évidemment, et dès les débuts de mon mariage raconté, à ma femme les détours et les déroutes de mon cœur avant elle. Elle ne marqua aucune restriction quand Missy, brisée et palpitante, accepta avec difficulté de venir passer une soirée à la maison. Je suis épris de Laura depuis plus de quarante ans ; ma tendresse à son égard augmenta encore lorsque je la vis recevoir, avec un sourire bienveillant et amical, cette charmante créature qui, jadis, m'avait appris à choisir mes cravates et à conjuguer au présent et au passé simple le verbe « aimer ».

Cherchez la pute

Étudiant, je voudrais parvenir à être docteur en droit, docteur ès-lettres, docteur ès-sciences, mais j'ai les yeux plus gros que le ventre. Quelques mois à l'Institut de Chimie suffisent à me prouver qu'il n'y a guère d'espoir de ce côté-là. Je modère mes prétentions : ce sera seulement le droit et les lettres, et je devrai me contenter de licences ; le temps me manquera d'ailleurs pour aller plus loin. C'est que je ne suis pas uniquement étudiant : je travaille, toute la journée, dans la teinturerie dont mon père est, depuis un an, le gérant, rue Victor-Massé, dans le bas-Montmartre.

Je sais, à peu près, repasser les vêtements à la machine à vapeur, mais ça ne m'exalte pas vraiment. Recevoir les clients, c'est plus amusant. Chacun a sa façon de me faire remplir sa fiche de commande. Les timides, les rabroués par la vie, présentent presque leurs excuses de m'apporter des vêtements tachés : ils expliquent, en bégayant, que ce n'est pas de leur faute. D'autres hésitent quant au nom à inscrire sur le reçu de leur commande. Je crois d'abord que c'est par pudeur et que le Français moyen n'aime pas dire comment il s'appelle : pour vivre heureux, restons cachés.

En réalité, cette clientèle de quartier appartient à deux groupes distincts. Il y a ceux qui ont leur domicile dans les rues avoisinantes, en général fonctionnaires, petits employés ou chefs de rayon ; c'est avec ce peuple-là que mon père se sent le mieux ; et puis, la véritable faune de Montmartre, les messieurs, les dames, et ceux qui gravitent autour d'eux : protecteurs, gorilles, hommes de main, garde rapprochée.

Notre clientèle compte un fort pourcentage de maquereaux et de putes. C'est un monde à part. Chaque maquereau a sous sa coupe plusieurs belles qui travaillent pour lui. Le cinéma et les romans policiers n'ont rien inventé. L'après-midi, les messieurs tapent effectivement le carton dans les cafés ; les filles viennent réellement leur remettre la recette.

Parfois, elles se disputent entre elles un bout de trottoir et la querelle emplit le bistro, mais les hommes les font taire d'une main menaçante : les corrections que les macs flanquent à leurs souris ne sont pas imaginaires, même si je les crois moins fréquentes que ne l'affirme une certaine littérature.

Un hôtel de passe, cela se sent illico. Il n'y a aucune confusion possible avec un autre genre d'établissement. De la manière dont vous regarde le préposé à l'accueil et dont il jauge l'argent que la fille va pouvoir vous prendre, on comprend où l'on est. Dans les hôtels de passe, personne n'appelle jamais personne par son nom. On n'utilise que les prénoms. « Madame Paulette, il y a monsieur Marcel qui a téléphoné pour mademoiselle Nina. La voilà qui arrive. Qu'est-ce que je lui dis ? »

Dans ses rapports avec notre magasin, cette clientèle-là n'est pas désagréable, au contraire. Ces messieurs aiment être bien habillés et ils portent donc souvent leurs complets à nettoyer. En général, en poussant la porte, ils sont souriants et découvrent ainsi des couronnes d'or dont le nombre me frappe. Est-ce un signe distinctif de leur profession ? Je ne connais pas d'autre catégorie socioprofessionnelle où l'or tienne autant de place dans la bouche.

Messieurs les souteneurs aiment le nettoyage réussi, le travail élégamment fait, le coup de fer heureux. Ils ne sont pas chiches de pourboires envers les repasseuses. Ils sont surtout exigeants sur les cravates, mais la cravate, c'est difficile à repasser correctement : il ne faut pas manier le fer trop lourdement, sinon la soie prend vite un vilain reflet brillant, presque impossible à enlever. Il faut juste lui donner une caresse chaude. Mon père a mis au point un système de délustrage des cravates repassées de trop près chez soi qui lui vaut l'amitié de ces messieurs. Quand ils entrent au magasin, il les interpelle d'un joyeux :

— Bonjour, monsieur Auguste...

— Bonjour, monsieur Romain...

Ma mère en impose. Personne ne l'appellera jamais madame Catherine. Elle en serait outrée. Elle est toujours aussi belle, même s'il lui est venu des fils d'argent dans les cheveux. Elle est très vive, assez coquette, et va souvent chez le coiffeur. Au déjeuner, elle m'emmène rue des Martyrs, dans une arrière-cour où un petit restaurant propose la grosse portion de pot-au-feu pour deux francs cinquante. Elle paraît fière de son fils quand je l'accompagne dans la rue. Par-ci, par-là, nous croisons un sourire narquois : je crois qu'elle n'en est pas mécontente.

Ma mère aime l'ordre, les fiches de commande clairement rédigées, le prix du travail nettement indiqué et, surtout, que ces fiches-factures, quand elles ont été encaissées, soient épinglées ensemble. Le soir, elle les emporte et contrôle sa recette à la maison. Il a pu m'arriver, dans l'après-midi, de barboter une fiche et d'avoir plongé la main dans la caisse. Je suis à l'âge où l'on a besoin de sous. Or, pas de fiche, pas de contrôle possible le soir ! Pas vu, pas pris.

En sortant de la teinturerie, les maquereaux vont se faire cirer les chaussures. Le cireur qui a installé son commerce à l'angle de la rue Pigalle et de la rue de Douai n'a même pas le temps d'en terminer avec un client qu'un autre est déjà là. Il faut que les chaussures brillent comme des miroirs. L'été, on cire dehors, dans la rue, et j'entends les remarques : sur la brillance, les mauvais garçons ne sont pas faciles à satisfaire.

Quant à nos clientes de base, elles sont un peu moins regardantes. Elles veulent surtout que la teinturerie leur rende robes et tailleurs le plus vite possible. J'ai toujours l'impression qu'elles ne possèdent pas vraiment la garde-robe qu'elles méritent et que, sur ce chapitre, leurs protecteurs devraient être plus généreux. Il est vrai que, pour elles, un vêtement de travail est plutôt fait pour être enlevé. Si elles sont toujours plutôt pressées, ces jeunes femmes ne sont pas déplaisantes, loin de là. Courtoises, souvent aimables, elles s'abstiennent pourtant de confidences. Je n'en ai jamais rencontré une seule qui, par un soir de doute ou de spleen, m'ait invité au bistrot pour me raconter son histoire.

Nous avons aussi des clientes mieux loties dont une

chanteuse des rues qui monte, qui monte : la môme Piaf, petite bonne femme brune, à la belle voix de contralto, et qui a pour copains une frange du Milieu, mais sans lui appartenir. Elle change, quelquefois, de compagnons.

Les clientes les plus difficiles sont les demoiselles du Bal Tabarin ; c'est un établissement situé juste en face de la teinturerie : un grand cabaret music-hall, extrêmement en vogue. Il y a deux catégories de travailleuses : le personnel dit « de salle », c'est-à-dire des jeunes femmes qui viennent s'asseoir sans manière et sans perdre de temps aux tables ; et les danseuses qui se produisent chaque soir sur la scène.

Elles y donnent le french cancan, dans leurs toilettes à falbalas et à volants de dentelle innombrables, que l'on a repassées chez nous. Ces jeunes femmes mettent, pendant leur numéro, de longs bas noirs montant à mi-cuisse, avec des porte-jarretelles très visibles, couleur chair, qui éblouissent le public masculin lorsqu'elles se lancent dans leurs cabrioles, leurs jetés-battus, leur grand écart. Ce sont des orgies de jupons à volants, de jupes en taffetas foncé qui contrastent avec les corsages de satin roses, jaunes, verts, dont le bouillonné souligne le décolleté généreux. J'adore leur petit chapeau, au ruban noué sous le menton.

Je suis venu leur porter, d'en face, leurs robes de scène, avec précaution, presque religieusement, pour éviter le moindre faux pli. A la teinturerie, on a enveloppé chaque robe dans une profusion de papier blanc et posé le paquet sur mes deux avant-bras tendus. Il n'est pas facile de traverser la rue Victor-Massé avec ces immenses toilettes qui me bouchent la vue. Je marche lentement. Les filles qui font le tapin regardent avec envie ces robes somptueuses et les océans de dentelle qui débordent de l'emballage de papier.

A l'intérieur de Tabarin, et vues de près, les jeunes personnes paraissent un peu plus fatiguées que lorsqu'elles dansent : elles ne sont pas encore maquillées, mais jamais je ne remarquerai ce que les bons auteurs appellent les « marques ineffaçables du vice ». Je ne suis pas sûr du tout, d'ailleurs, que ces artistes mènent une vie de patachon ; la distinction entre les travailleuses qui vont s'asseoir aux tables et celles qui se produisent sur scène est une réalité. Je les connais toutes. Nous nous appelons par nos prénoms mais, franchement, je n'en ai jamais rencontré avec qui j'aurais voulu m'attarder.

Qu'il s'agisse d'elles ou de macs, on m'offre gentiment un pourboire quand j'apporte un vêtement. Pendant les premiers mois, je ne l'accepte pas : on a sa fierté. Puis, l'un des maquereaux m'explique par le menu qu'en refusant je le vexe, et qu'il y a des gens qu'il vaut mieux ne pas vexer, surtout dans le quartier de Pigalle. C'est dit sur le mode gentil, mais réservé. Désormais, j'accepterai les pièces mais on est moins généreux à mon égard qu'envers les repasseuses. Il est vrai que je ne suis pas un artiste du fer chaud, mais un simple porteur de paquets.

Parfois, je trouverai dans les poches des complets un sachet de poudre blanche. Le client m'expliquera, sans aucun trouble : « Tu vois, petit, c'est du bicarbonate de soude que je prends contre les brûlures d'estomac. » Bien entendu, c'est de la came. Une autre fois, un bon client de la teinturerie disparaît pendant plusieurs mois. Il revient, toujours avec son chapeau clair au bord rabattu sur les yeux, sa parole lente, sa barbe très noire qui lui pousse vite. En lui apportant son complet, je m'aperçois qu'il a sur la joue une longue balafre que je ne lui connaissais pas. Il remarque mon regard et m'explique, d'un ton détaché : « On a du m'extraire une dent de sagesse et le tire-dent m'a glissé sur la figure. »

Dans l'ensemble, je ne trouve pas ces gens antipathiques : en tout cas, le jour. Si je m'attarde le soir et que je les rencontre dans les cafés, ou discutant par groupes de deux ou trois aux coins des rues, les yeux qu'ils me lancent disent assez que je ne devrais pas être là, que mon travail est fini puisque le leur commence. J'en conçois une sorte de méfiance envers le monde de la nuit. Plus tard, je n'accepterai jamais de sortir dans les boîtes, faire sauter les bouchons de champagne, ou m'offrir un souper dansant.

Je crois en effet qu'il existe, à Paris, deux mondes qui vivent totalement séparés : celui du jour, celui de la nuit. Je n'aime pas me trouver à trois ou quatre heures du matin dans la rue. Surtout rive droite. J'y ressens un malaise. Passé la Seine, sur la rive gauche, la nuit, je respire mieux.

En 1934, les affaires de la France vont mal. Les ministères s'effondrent comme des châteaux de cartes au bout de quelques semaines d'existence. Le sentiment antiparlementaire grandit, attisé par les journaux extrémistes et les « Ligues », formations où se mêlent d'anciens combattants de 1914-1918, infiniment respectables, et des éléments plus jeunes, qui le sont beaucoup moins. Les nervis ne sont pas rares.

Voici qu'éclate au grand jour l'affaire Stavisky. C'est un escroc, d'origine ukrainienne, qui se fait appeler monsieur Sacha, qui mène grand train et qui, entre autres réussites, s'est fait prêter des dizaines de millions par le mont-de-piété de Bayonne, soit directement, soit par associés interposés, dont plusieurs sont des parlementaires influents. En haut lieu, on réagit avec maladresse. Le public apprend que le procès en correctionnelle de Stavisky a été reporté dix-huit fois, grâce à ses protections politiques. Au bout du compte, et comme il est vraiment devenu très gênant, « on le suicide de deux balles dans le dos », comme écrira le mordant, l'impitoyable, l'irremplaçable *Canard enchaîné*.

C'est Camille Chautemps qui est président du Conseil des ministres. Son beau-frère, le conseiller Prince, important magistrat de la section financière du Parquet, et qui a eu à connaître les dossiers Stavisky, est trouvé mort sur la voie ferrée à Dijon. Crime ? Suicide ? Les deux thèses s'affrontent violemment. La température dans le pays monte encore. La France va exploser.

Le 6 février 1934, il y a séance à la Chambre des députés. Édouard Daladier, qui a été choisi pour succéder à Chautemps, y sollicite, selon la procédure de la Troisième République, un « vote de confiance » des députés. Le débat va être difficile, houleux, ponctué de cris d'oiseaux et de basses insultes. Le tout — et comme l'on dit — sous la pression de la rue.

Les Ligues ont appelé leurs adhérents, et tous les Parisiens, à se grouper dans les environs immédiats du Palais-Bourbon, pour l'encercler. La presse de droite a violemment attisé le feu. Dans le soir qui tombe sur Paris, une foule considérable s'est assemblée sur les voies d'accès. La place de la Concorde est noire de monde : il y a les convaincus, les fachos, les retraités dont les pensions sont rongées par l'inflation, d'anciens poilus qui avaient cru combattre, en 14-18, pour une France heureuse et fière ; il y a ceux aussi qui n'ont rien à demander, rien à faire, et qui sont là par simple curiosité.

J'en fais partie. Je n'ai pas dix-sept ans ; je n'ai pas de pension à défendre, je n'appartiens — je n'appartiendrai jamais — à aucun mouvement politique, mais je veux voir, comprendre et crier. Une voix à côté de moi dit qu'il faut aller « prendre le Palais-Bourbon » ; je crois malin de clamer : « Vous voulez dire la " poubelle-Bourbon " ? » De gros rires m'approuvent. Trop gros pour être vrais. Je me reprocherai longtemps mon jeu de mots...

Nous nous trouvons cours Albert-Ier, à quelques mètres du pont de la Concorde que barre la gendarmerie mobile pour défendre le Parlement. On apprend que des formations de ligueurs, avançant au pas cadencé, progressent sur les deux rives de la Seine vers la Chambre où le débat se poursuit dans la fièvre. Nombre de députés ont perdu leur sang-froid.

Rive gauche, les tentatives des manifestants seront timides, mais rive droite, à la Concorde, cela va dégénérer en bataille. Plusieurs colonnes se ruent vers le pont.

Premier round : la Garde à cheval les repousse. Les assaillants, convaincus et disciplinés, ne reculent pas. Ils lancent des billes sous les pieds des chevaux pour que ceux-ci glissent et s'affalent. La clameur monte. On affirme qu'une formation de combat est allée « enlever » l'Élysée, acte purement symbolique car, sous la Troisième, le président compte pour du beurre.

Second round : nouvelle attaque pour s'emparer du pont. Cette fois, la Garde à cheval ne parvient pas à contenir l'émeute avec seulement ses moulinets du sabre ; elle est débordée. Des coups de feu éclatent : les hurlements des blessés sont instantanés. Des corps jonchent la place, au milieu des pierres, des grilles d'arbres arrachées et les restes d'un autobus incendié. Il y a de nombreux tués et blessés.

Est-ce que je vis une grande page d'histoire ? En tout

cas, ça vient d'être une affreuse mêlée entre Français. Je songe à la Commune, aux péripéties de l'Affaire Dreyfus. Ce pays — ce merveilleux pays — n'a jamais pu se débarrasser de tous ses démons ; régulièrement, les vieilles luttes, presque tribales, ressurgissent dans le sang.

Le soir, les assauts se calment : au terme d'une séance à la Chambre où l'invective et l'insulte ont empli l'hémicycle, Daladier renonce à obtenir sa majorité. La presse de gauche titrera le lendemain : « La droite a sa révolte, sanglante et prématurée. » La Troisième République est entrée en agonie ; une agonie qui durera six ans.

Au magasin, ma mère est présente du matin au soir. Elle aime être au contact de la clientèle et elle conseille, avec sérieux, ceux qui entrent : peut-on teindre cette robe sans l'abîmer ? Ce vêtement-là mérite-t-il d'être réparé ? Elle est d'une honnêteté scrupuleuse : jamais elle n'acceptera d'effectuer un travail qui serait inutile pour le client. Sa formule, pour le dissuader, est amusante : « Il n'y a rien à faire. Je préfère de ne pas vous le faire faire... »

...dit-elle en roulant un peu les *r*. Maman est charmante. Elle ne trône pas à la caisse. Elle n'a pas besoin d'y être assise pour qu'on s'aperçoive de son allure majestueuse. Son nez un peu busqué n'a pas changé. Elle n'a pas encore de rides : elle a entre quarante et cinquante ans. Elle porte toujours sa belle chevelure partagée en son milieu par une raie bien stricte : elle prend plaisir à être agréable aux gens. Elle a si longtemps dû vivre dans la crainte du lendemain que, maintenant, avec cette boutique qui marche, elle se sent détendue.

Ma mère n'est pas une femme indulgente. Je dirais : au contraire. Elle a une notion bien à elle de « ce qui se fait » et de « ce qui ne se fait pas ». Son attitude au magasin est dictée par son sens moral, son sens de l'ordre et la certitude qu'on n'est pas là pour voler ceux qui viennent. En fait, elle vit chaque jour un paradoxe : elle est, sur elle, d'une propreté méticuleuse et gagne sa vie en s'affairant sur des vêtements sales. Le soir, quand elle rentre à la maison, elle prend aussitôt une douche, goulûment. Puis elle passe une jolie robe de chambre, elle change de peau.

Ce n'est plus la teinturière de la rue Victor-Massé, elle est redevenue ma mère. La résurrection se répète tous les jours.

Devant la clientèle, nous nous disons toujours vous. A la maison, nous retrouvons le tutoiement. Plus tard, lorsque je serai à la radio et à la télévision et qu'on nous interdira de nous tutoyer sur l'antenne, je n'aurai aucune peine à dire vous à mes meilleurs camarades. Aujourd'hui, le tutoiement au micro me choque.

Mon père s'occupe de beaucoup de choses : de trouver des procédés nouveaux pour délustrer les vêtements comme des rapports avec les fournisseurs, grandes usines de nettoyage à sec ou de teinture dont les camionnettes passent, chaque jour, emporter les vêtements. C'est lui qui engage le personnel ; c'est lui qui tient la comptabilité. Il s'en occupera jusqu'à un âge très avancé. La comptabilité, c'est son plaisir, il l'a apprise jadis à fond, il y est très fort, beaucoup plus fort que le contrôleur des impôts du quartier, qui ne le prendra jamais en défaut.

Il s'en délasse en préparant tous les après-midi, vers cinq heures, le thé pour nos ouvriers. Le personnel, en règle générale, préfère avoir affaire « au patron » plutôt qu'à la patronne.

Je n'ai pas que la teinturerie pour horizon. Grâce au ciel, il y a mes études : je les poursuis. A la faculté de droit, ça va assez bien. La logique du Code m'enchante. Mon raisonnement épouse sans difficulté les leçons de la loi. J'en aime les analyses subtiles, parfois les rigueurs. Cela étant, je ne suis pas un homme juste : je ne l'ai jamais été. Dans ma vie privée j'ai toujours avantagé les miens et ceux que j'aime ; à la télévision, en revanche, je me suis toujours efforcé d'être impartial.

A la faculté des lettres, ça coule moins de source ; la Sorbonne me paraît froide, comparée au formidable bruissement de la fac de droit. De toute façon, il faut quitter le Quartier latin à quinze heures et repartir pour Montmartre livrer les complets. Je ne méprise pas mes occupations de Victor-Massé, mais les grands principes juridiques que l'on m'enseigne n'y trouvent guère leur application quand un Julot affirme qu'il a passé six mois sur la Côte d'Azur, alors qu'en réalité il était en tôle.

Je continue à lire beaucoup, fréquentant la bibliothèque Sainte-Geneviève, place du Panthéon, sans savoir que, cinquante ans plus tard, j'y assurerai le reportage en direct sur la venue de François Mitterrand allant, dès son élection, au Panthéon pour y déposer des roses, une par une, sur les tombes de trois ou quatre grands hommes.

A Sainte-Geneviève, je m'intéresse énormément aux ouvrages sur la vie sexuelle, sur ses déviations. J'étudierai Freud et Havelock Ellis, un auteur anglais très en avance sur son temps : ses observations cliniques et ses analyses me font dresser les cheveux sur la tête.

Que la perversion sexuelle puisse déjà gâter un enfant de deux ou trois ans, cela me navre, cela me révolte. Ma propre enfance n'est pas si loin : que se serait-il passé si, rue des Belles-Feuilles, Céline, la bonne au museau de furet, n'avait pas dû nous quitter ?

Je mènerai, dans ce domaine-là, une vie d'homme normal, bien portant, fier de l'être, mais les élucubrations maladives ou les exercices de groupes ne me tenteront jamais.

A l'extérieur, hors frontières, les nuages s'amoncellent. Hitler braille, et construit une armée prodigieusement efficace. Les premiers réfugiés qui ont pu fuir le nazisme arrivent en France. Deux ou trois artisans s'installent dans notre quartier. L'un d'eux, un haut magistrat israélite, devenu cordonnier près de Pigalle, nous raconte ce qu'il a vécu, l'ouragan qui s'est levé outre-Rhin sur la grande nation voisine prise de folie, les matraquages dans la rue, le déchaînement des haines, le triomphe de la brutalité, de la médiocrité et de la bestialité.

Fin 1935, mes parents vendront la rue Victor-Massé, avec l'idée de prendre un nouveau local, mais dans les beaux quartiers. En attendant, il faut vivre. Nous voilà marchands de dixièmes de la Loterie nationale. Nous n'avons pas d'échope et nous nous installons donc à la terrasse d'un café. « Nous », c'est-à-dire ma sœur et moi. On prend deux tables : l'une pour consommer, l'autre pour vendre. C'est au Bonnet Blanc, 132, boulevard de Clichy, en plein sur la place Clichy. Les affaires iront clopin-clopant, et permettront juste de ne pas écorner le petit capital venu de la vente de la teinturerie. Mais l'extraordinaire, c'est que, trente ans plus tard, j'habiterai avec ma femme et mes enfants exactement le même immeuble, 132, boulevard de Clichy.

En 1964, un des nombreux journaux qui racontent des histoires sur les têtes connues de la télévision publie un reportage où l'on me fait dire : « Dans notre appartement actuel, à Levallois, nous sommes un peu à l'étroit avec nos trois enfants. Je cherche plus grand. » Le journal, *Télé 7 Jours*, je crois, ajoute pour faire « détail vrai » : « Il faudra qu'il y ait des placards très vastes : Léon a une collection de cent cinquante cravates et il a horreur qu'elles soient froissées. » Je reçois la lettre d'un tout jeune téléspectateur : « *Monsieur, je vois que vous cherchez un appartement pour y mettre vos cravates. Mes parents et moi, nous allons quitter la place Clichy. Papa possède autant de cravates que vous, et elles tiennent dans les placards. De plus, je m'appelle Philippe, comme votre fils.* »

Nous saisirons l'occasion, et demeurerons là pendant seize ans, de 1964 à 1980. Chaque jour, en sortant de chez moi et en y rentrant, je vois les mêmes tables où, avant guerre avec Irène, nous proposions en plein vent et par temps de neige des dixièmes aux passants ! D'un regard, je puis mesurer le chemin parcouru.

Au début de 1936, mon père trouve une boutique dans le XVIe, avenue Victor-Hugo. Le loyer est cher ; il va discuter pied à pied avec le gérant de l'immeuble. Les membres de cette corporation sont âpres et difficiles à manier ; ils se croient investis d'une mission quasi divine de protection des biens. Ils la remplissent durement, avec une suffisance perverse et grandiloquente. Chaque fois que j'en ai rencontré un, quelles que fussent les circonstances, j'ai été surpris par tant de rigueur envers les candidats locataires. Si jamais le capitalisme n'a pas de visage humain, c'est bien parmi eux.

Bref, mon père discute, discute et, miracle, il obtient le droit de créer un fonds de commerce au 122, avenue Victor-Hugo. C'est à deux cents mètres de la rue des Belles-Feuilles où nous habitions jadis, à cent mètres du lycée Janson, et à peu de distance de la rue de la Tour où mes parents continuent d'habiter. Il n'y aura donc plus à se traîner chaque jour par le tramway ou l'autobus jusqu'à Montmartre.

La clientèle, avenue Victor-Hugo, est différente de Pigalle. Ni souteneurs, ni dames de très petite vertu, du moins en apparence. C'est de la bonne bourgeoisie bien cossue, bien habillée et bien pensante. Assez hautaine, près de ses sous, exigeante sur le travail et donnant des conseils à tout propos.

Pour qu'on connaisse notre nouvelle maison, je « fais les loges » ; j'entre dans chaque immeuble pour laisser à la concierge une carte : « Si des clients viennent de votre part, madame, vous aurez droit à un nettoyage gratuit pour vos vêtements. » Je connais ainsi l'entrée et le vestibule de plusieurs centaines d'immeubles dans le XVIe. Comme, d'ailleurs, j'en avais connu, au moins autant, à Montmartre. C'est une manière d'apprendre Paris que peu de gens ont pratiquée.

Bellifontaines...

J'ai demandé à être naturalisé Français. Ma demande est officiellement datée du jour même où le service militaire passe de deux à trois ans. Le dossier ira donc vite : l'enquête de police sur ma moralité, les échos des Renseignements généraux sont bons, et bientôt le *Journal officiel* mentionne la naturalisation de Zitrone Léon, ouvrier teinturier. J'en suis fou de joie. Je voudrais embrasser tous les passants : enfin, c'est arrivé. Enfin, je suis d'ici. Certes, je ne serai qu'un enfant adoptif, mais cet enfant sera légitime : les manuels de droit me l'ont appris. La France, c'est chez moi.

« Monsieur, vous qui passez, qui êtes auvergnat, lorrain, provençal, j'arrive d'une autre contrée, mais je suis reconnu pour être votre frère. Vos ancêtres, les Gaulois, m'ont accepté. Il m'est désormais permis de partager vos défauts. J'ai le droit, maintenant, d'être gueulard et impatient, rouspéteur et enquiquineur, sans qu'on puisse me le reprocher. Voici le papier qui l'atteste, qui le prouve, qui le chante. Dans la tempête qui, probablement, va se lever, dans la lutte où la France aura besoin de tous ses enfants, j'irai là où vous irez ; votre chemin sera le mien. Je me sens soudain changé, mûri, accepté, protégé ; les barrières de votre royaume sont devenues mes barrières, mais je suis républicain, sachez-le, un excellent républicain, comme vous l'êtes vous-même. »

J'écris ce livre en 1989. La construction de l'Europe me semble de première importance mais le fait d'être français, pour moi, l'est plus encore. J'en viens à me demander si la qualité principale de ma femme n'est pas d'être française. Est-ce vieux jeu, tout cela ?

La naturalisation implique que je me prépare à mon

service militaire. Je ne vois pourquoi je ferais partie de la foule anonyme des appelés du contingent. Je m'inscris donc à la PMS, la préparation militaire supérieure. Mes yeux sont faiblards : je ne ferais pas un bon fantassin. Je suis trop lourd pour songer à être cavalier : les chevaux que je vois à Longchamp ou à Auteuil — et bien que j'aime les courses — ne m'attirent pas spécialement. Comme dira Winston Churchill : « Les chevaux, c'est malcommode au centre, et dangereux aux deux bouts. »

Je fais ma PMS dans l'artillerie. Je vais étudier les rudiments du tir et du recul des canons à la caserne de Lourcines, boulevard de Port-Royal, près de l'hôpital Cochin où je faisais les cent pas en attendant Missy. Les officiers instructeurs me semblent plutôt sympathiques. Pour « avoir du commandement », il faut de la voix : or, j'ai de la voix. Pourtant, je ne songe nullement à une carrière d'officier d'active. Certes, la France est accueillante mais, à cette époque-là, les officiers d'active d'origine étrangère ne peuvent pas monter bien haut dans la hiérarchie : capitaine tout au plus. Il faudra attendre l'époque des Français Libres, ou s'engager dans la Légion ; la vie militaire ne m'attire pas à ce point-là !

J'aime et j'aimerai toujours l'armée, mais je n'ai rien d'un militariste et, en 1938, comme l'immense majorité des Français moyens, je me sentirai soulagé par les accords de Munich.

Depuis plusieurs années, Hitler, sans vraiment donner du canon, obtient victoire sur victoire. Les nazis imposent, peu à peu, une formidable hantise à toute l'Europe. Le continent vit son stress au jour le jour : constamment suspendu aux lèvres du dictateur, à ses imprécations rauques. Depuis 1933, il est devenu le maître de l'Allemagne mais, en vertu du droit des peuples à disposer d'eux-mêmes, les démocraties occidentales n'ont rien su — ou rien voulu — empêcher.

Aussi, en 1936, le dictateur a-t-il carrément violé le traité de Versailles et envoyé ses avant-gardes remilitariser la rive droite du Rhin. Si, ce jour-là, les Français ou les Anglais avaient déployé un seul bataillon contre ces troupes, les officiers allemands avaient l'ordre formel de s'en retourner. Mais ni Londres ni Paris ne bougèrent le petit doigt. Albert Sarraut, président du Conseil des ministres français, s'était contenté d'avancer son menton : « Nous ne négocierons pas tant que Strasbourg restera sous le feu des canons allemands », proclama-t-il. La phrase ne veut rien dire. Pour tirer sur Strasbourg, il n'y a pas besoin de réoccuper la Rhénanie. En fait, c'était une lâcheté des Alliés ; ce n'était pas la première, et ce ne sera pas la dernière.

Peu après 1936, l'Allemagne engloutit l'Autriche ; la peste brune s'étend sur l'Europe centrale. Les Occidentaux ne bougent pas davantage. Automne 1938 : Hitler, de nouveau, se sent une petite faim : cette fois-ci, il veut dévorer la Tchécoslovaquie. Ce pays possède une très bonne armée — mais à sa taille — et des usines d'armement ultra-modernes, dont Skoda ; de plus, il est lié à la France et à la Grande-Bretagne par des traités d'alliance. Pour Hitler, avaler toute la Tchécoslovaquie d'une seule bouchée c'est, par conséquent, un trop gros morceau, et ça peut conduire à la guerre immédiate. Or, les généraux allemands n'en veulent pas pour le moment car ils estiment qu'ils ne sont pas encore prêts. Leur dictateur fera semblant de se contenter d'un gros hors-d'œuvre.

L'agitation pronazie va alors se développer chez les populations du nord-est du pays tchécoslovaque, qui parlent effectivement l'allemand ; on les appelle les Sudètes. Ils sont installés sur leur territoire depuis des siècles et, jusque-là, ils n'ont pas senti le besoin de redevenir allemands. Mais voilà qu'on va réveiller chez eux une sorte de conscience et de fierté d'appartenir à la grande Allemagne. Des incidents de plus en plus violents se multiplient en Tchécoslovaquie pendant quelques semaines. Hitler déclare que les populations sudètes malmenées (par qui ?) doivent maintenant « revenir dans le sein du Grand Reich ». Ses discours deviennent insupportables, c'est un fou furieux. Il traîne Prague dans la boue, et laisse croire qu'il ne reculera pas, en cas de besoin, devant l'épreuve de force.

Le Premier ministre britannique, Neville Chamberlain, honnête homme un peu niais, est persuadé qu'en accordant directement à Hitler quelques satisfactions territoriales mineures dans les zones sudètes, on l'apaisera. Il en convainc le chef du gouvernement français, Édouard Daladier dont, d'ailleurs, le ministre des Affaires étrangères, Georges Bonnet, est un pacifiste à tous crins : bref, on va calmer Hitler.

Je n'entre pas dans les détails. Après deux premiers voyages préparatoires du Britannique en Allemagne, Hitler fait convoquer à Munich les Occidentaux tremblotants, convocations adressées par son allié Mussolini qui n'a invité à la conférence ni les Tchécoslovaques — principaux intéressés — ni les Soviétiques, pourtant liés à ceux-ci par un pacte d'assistance mutuelle.

A Munich, Hitler tempête ; il frappe du poing sur la table ; alors, le monde retient sa respiration. Enfin, quand Hitler dit, effectivement, du bout des lèvres : « Je promets... », le monde feint de le croire. Chamberlain et Daladier acceptent donc le 30 septembre 1938 que les territoires tchécoslovaques peuplés, pour majorité, de citoyens de langue allemande, reviennent au Reich nazi. Hitler a obtenu ce qu'il voulait : près de la moitié de la Tchécoslovaquie. L'occupation, par ses troupes, commencera dans les huit jours.

Repartant pour Londres, le chef du gouvernement anglais a peur de la réaction de ses compatriotes devant les abandons successifs qu'il a consentis. Le président du Conseil français, Daladier, craint lui aussi qu'à son retour à Paris la foule ne le vomisse. En réalité, ils ont l'un et l'autre surestimé la vaillance de leurs peuples : ceux-ci vont leur faire fête. Quand l'avion de Daladier se pose au Bourget, l'homme est acclamé par une population délirante : la guerre a été évitée et la masse ne voit que ça. Les couards sont ivres de leur bonheur ; il y a sursis.

Les banlieusards se sont massés, de part et d'autre de la Nationale 2, qui conduit du Bourget à la Villette. Daladier est reçu comme un héros. Il aurait préféré revenir par le trou d'une souris ? Il avait tort : il y a là un million de gens, peut-être deux millions, qui brament à pleine gorge la gloire du chef du gouvernement français ; celui-ci ne comprend pas bien, mais il se laisse bientôt griser par cette reconnaissance éperdue, animale, tout en murmurant : « Les malheureux ! S'ils savaient... »

Je suis là, quelque part, rue La Fayette. Moi aussi, je crie ; moi aussi, je me sens soulagé et c'est en contradiction formelle avec ce que je penserai plus tard. Mais, sur le coup, je fais partie de ceux qui, après tant de journées de tension, n'ont brusquement plus peur. Peur d'y aller. Peur d'être tué. Peur de laisser mes parents seuls. Dommage : il me semblait que ma jeunesse valait davantage !

La guerre est inévitable. Aussi, le dernier été de la paix s'en va-t-il clopin-clopant. Depuis plusieurs mois, mon père prévoyant, qui sent tout à fait venir le drame, ne rentre jamais à la maison sans apporter un paquet de riz, de pâtes, de lentilles, d'aliments qui se conservent. Ma mère grogne un peu de n'avoir pas assez de place, mais les grognements ne sont plus de saison. Tous ces petits paquets nous sauveront la vie au moment de l'Occupation. L'irréparable arrive : quelques mois après Munich, en mars 1939, Hitler, parjure, avale le reste de la Tchécoslovaquie. Nul ne réagit, mais les dés sont jetés.

En août 1939, et alors que Français et Britanniques essayent de parvenir à un accord militaire avec Moscou qui traîne les pieds, une bombe éclate : l'Union soviétique et l'Allemagne hitlérienne ont signé un pacte. J'ai juste le temps de décrocher ma licence en droit.

L'Allemagne, qui est maintenant certaine de n'avoir pas à combattre sur deux fronts, va pouvoir, tout tranquillement, engloutir la Pologne, puis se retourner contre les démocraties occidentales. La paix n'a plus la moindre chance d'être sauvée. En France, voici les premières mesures de mobilisation. En Allemagne, l'armée est largement sur le pied de guerre. Munich lui a donné le délai dont avaient besoin ses généraux.

J'attends d'être appelé. Dans notre bande d'amis, garçons et filles, nous vivons dans une atmosphère irréelle. Nous nous accrochons encore aux plaisirs de la jeunesse, allant de surprise-partie en surprise-partie. Elles se terminent très tard, à l'heure où paraissent les premières éditions des journaux, dans lesquelles rien ne nous rassure. Les filles regardent avec inquiétude ces jeunes gens qui, bientôt, vont leur manquer. Nous avons bamboché toute la nuit, mais combien nous reste-t-il de nuits à bamboches avant que le monde explose ?

Mes parents, quand je rentre à l'aube, m'enveloppent des yeux. Ce n'est pas un regard de reproche, c'est autre chose : ils voudraient tant me garder à la maison pour ces dernières soirées. Parfois mon père passe sa main, sa belle main blanche, longuement, sur ma joue ; ma mère m'embrasse plus souvent que d'habitude. Ma sœur est allée faire savoir à la mairie qu'elle était volontaire pour le cas où on aurait besoin d'elle. Elle deviendra aide-infirmière.

L'armée allemande entre en Pologne au début de septembre. Londres et Paris somment l'Allemagne de retirer ses troupes. A Rome, Mussolini et son gendre, le comte Ciano, téléphonent à nouveau beaucoup dans toutes les capitales ; ils ne sont toujours pas prêts au combat mais Hitler, cette fois, veut sa guerre. Il n'y aura donc pas de second Munich. Le dimanche 3 septembre, les ambassadeurs de France et de Grande-Bretagne remettent chacun un ultimatum au gouvernement allemand : si la Wehrmacht ne se retire pas de Pologne, ce sera l'état de guerre.

L'ultimatum britannique expire en fin de matinée. Le nôtre plus tard dans l'après-midi. Je vais déguster sur les Champs-Élysées, à la terrasse du Colisée, un chocolat chaud ; le maître d'hôtel qui me l'apporte a revêtu son uniforme de maréchal des logis. Je me dis que l'Angleterre est déjà en guerre, et la France, pas encore. Est-ce que le destin... ? A 17 heures enfin, par cet après-midi léger d'un été exquis, nous y sommes. Les gens, dans la rue, s'arrêtent. La paix a duré vingt ans, de 1919 à 1939.

Est-ce qu'il y aura un bombardement dès ce soir ? Mais non, voyons : nous sommes à l'abri des dangers. D'ailleurs, le conflit va durer peu de temps et il n'y a pas à le prendre trop au sérieux. La preuve, c'est que ce soir nous avons tous rendez-vous chez Françoise et Martine. Je sais déjà la bouteille de vin que je leur apporterai. Demain, Henri à son tour nous attend. Je rencontrerai sûrement chez lui cette jeune dame brune ravissante que j'ai vue, avant-hier, chez Mireille et Jérôme. Les tumultes de la mobilisation ne m'ont pas atteint immédiatement.

Mais voici venir l'ordre, à tous les Français de ma classe, de se présenter à la gendarmerie. Je vais y aller à pied, en longeant le bois de Boulogne. Je passe devant les allées où je m'entraînais à vélo ; puis, voici le large croisement où ma mère (quand nous étions en promenade avec elle, ma sœur et moi, l'hiver) n'admettait pas que nous nous plaignions du froid. Voici le long boulevard Suchet qui va se perdre dans le fin fond du quartier d'Auteuil. Pendant un kilomètre, je longe l'hippodrome que j'aime tant. J'aperçois les haies que, depuis tant d'années, j'ai vu sauter. Les courses vont-elles continuer pendant la guerre ? Elles ont été interrompues depuis quelques jours. Ne serait-ce pas trop futile de faire courir des chevaux ?

J'ai rendez-vous avec quatre ou cinq jeunes conscrits de « ma bande » qui, eux aussi, vont au bureau de gendarmerie. Nous marchons en jouant aux farauds. A un moment, je me retourne : vingt mètres derrière moi, mon père ! Je suis surpris :

— Papa, que fais-tu là ?

— Je te suis.

— Mais pourquoi donc ?

— Parce que tu es mon fils et que je t'aime et que tu vas partir.

— Tu ne vas quand même pas dire cela aux gendarmes...

...mais je n'ai pas vraiment envie de me moquer de lui. Il sait ce qu'est la guerre ; moi, je n'ai fait que lire des livres qui en parlaient. De toute manière, je trouve extraordinaire que mon père ait marché, en se cachant d'arbre en arbre, à quelques pas de moi, depuis la maison. J'ai vingt et un ans : à quel âge les parents commencent-ils donc à un peu moins aimer leurs enfants ? Mais enfin, il est là, il est venu ; c'est le seul père. Si un jour j'ai un fils, et qu'il me faille lui donner une preuve d'amour, comment cela se passera-t-il ? Papa a pris un air penaud, mais je n'ai pas le courage de lui dire de s'en aller ; il me suivra — à quelques pas — jusqu'à la gendarmerie du boulevard Exelmans.

Étant passé par la PMS, je suis affecté à l'École d'Application d'Artillerie à Fontainebleau. J'y fais d'abord, naturellement, mes classes. En plus du maniement d'armes élémentaire, nous avons de nombreux cours théoriques et pratiques pour notre formation d'officiers. Je m'en sors à peu près convenablement, même si je n'arrive pas à jongler avec les tables de tir qui permettent de calculer au millimètre le pointage des canons. Il y a là des notions de mathématiques appliquées qui me gênent un peu. Lorsque, dans un exercice pratique, je dois commander une batterie de quatre canons de 75, je ne vais pas aussi vite que certains de mes camarades. Mais je suis, à ma grande surprise, très fort en télégraphe morse. Je manipule à toute vitesse le petit appareil à former des lettres avec des points et des traits, à diffuser les messages. Une mémoire auditive qui se révèle excellente me permet de « lire » sans erreur les réponses qu'on m'envoie.

Je me découvre un autre point fort dont je ne me serais jamais douté : le « tout-terrain » à moto ! Nous nous exerçons tantôt sur de petites 350 CC tantôt sur de grosses motos, des Monet et Goyon 750. Je ne saurais qu'à peine expliquer comment ça marche, ces machines-là, mais il est de fait que je les conduis comme il faut. On nous enseigne à réaliser des liaisons en terrains difficiles ; chose surprenante, je me révèle adroit et je passe partout dans les sous-bois, entre les obstacles, sans accrocher le moindre tronc d'arbre, sans déraper sur le tapis de feuilles mortes.

La nuit, nous sommes dans des dortoirs d'une quarantaine d'élèves. On serait tenté de dire des « chambrées » mais ce ne serait pas absolument juste : tous les jeunes qui sont là possèdent, au moins, leurs deux bachots ; la plupart ont été étudiants en faculté. Mais, bien entendu, nous sommes des militaires, nous parlons donc l'argot de la vie des casernes.

Je me ferai quelques amitiés. J'en ai conservé peu parce que la vie n'a pas évolué dans ce sens. Mais je deviens très copain avec Étienne Dailly qui sera, plus tard, un homme politique important et vice-président du Sénat. Nous avons, aujourd'hui encore, du plaisir à nous revoir, même si nos existences ne se croisent que rarement. Plus tard, les gens de télé lui donneront du « monsieur le président » long comme le bras ; je m'amuserai à le héler par son prénom, Étienne. Il me le rendra gentiment.

A Fontainebleau, l'hiver 1939-1940 est rude. Nous passons plusieurs semaines sous la neige. Ce n'est pas le plus pénible, du moins pour moi. En revanche, je me rappelle avec une sainte horreur les trois premiers dimanches où l'on nous administra dans l'omoplate des piqûres diverses : contre le tétanos, la diphtérie et, peut-être, la vérole. Sur quoi, la température montait ; il n'y avait donc pas de permission de sortie. D'ailleurs, tout le dortoir geignait et restait couché.

Fontainebleau est une jolie localité dominée par le souvenir des adieux de Napoléon. Le château, les pièces d'eau, nombre de maisons bourgeoises et de villas qui prennent leurs aises, forment un décor large et apaisant. Le règlement militaire me permet de louer une chambre en ville pour les soirs de permission de minuit. Je la partage avec plusieurs autres, rue de France.

Très vite, notre vie a pris son rythme. Nous travaillons sérieusement. Une fois tous les quinze jours, mon père vient de Paris m'emmener dîner au restaurant ; il n'y a encore aucune restriction alimentaire. Il arrive par le même train que le ministre des Finances, Vincent Auriol, qui vient voir son propre fils, élève de l'école, Paul Auriol. Il est rond, il salue gracieusement les personnes présentes, parle en roulant les *r* et sans baisser la voix. Il paraît aimer le bon vin. Plus tard, il deviendra président de la République et se montrera d'un patriotisme strict et chatouilleux. Le dimanche d'après, j'ai le droit d'aller passer vingt-quatre heures à Paris. Par-ci, par-là, une permission m'est supprimée : j'ai oublié de saluer un supérieur hiérarchique. En fait, je ne suis que simple deuxième classe : or le nombre de gradés que je croise est affolant. Allez dire à un adjudant-chef qui vous réprimande que vous avez déjà salué trois capitaines et deux lieutenants avant lui !... Je suis, en tout cas, surpris par le comportement de certains officiers. Cela me gêne un peu de voir un commandant de quarante-cinq ans courir à grandes enjambées vers le lieutenant-colonel qui l'a appelé d'un signe de main et se mettre au garde-à-vous pour écouter ses ordres. Une telle subordination mécanique me laisse rêveur.

Notre professeur d'éducation physique est un brigadier-chef célèbre, Henri Cochet, qui a été longtemps le meilleur joueur mondial de tennis, l'un de ces fameux « mousquetaires » qui ont remporté tant de fois la Coupe Davis, le partenaire de Lacoste et de Borotra. Toucher d'aussi près une telle célébrité nous ravit. Nous suivons ses cours avec passion. Nul ne les manquerait. Malgré le froid, il nous fait mettre, chaque matin, torse nu. Il prétend que si les militaires sont torse nu, on ne voit pas leurs galons ni leur manque de galons, et que c'est tant mieux. Il nous met gentiment en boîte, en nous appelant par notre nom : c'est flatteur. « Je suis brigadier-chef et vous, vous êtes deuxièmes classes mais, bientôt, vous passerez tous aspirants, et je vous devrai le salut. En attendant, recommencez-moi donc cette flexion des genoux. Baissez le buste, baissez-le au maximum, allez jusqu'au bout de l'effort; n'ayez pas peur de vous faire mal. »

Et la guerre ? Elle s'est endormie. Quelque part en Alsace, dans la forêt de la Warndt, il y a — disent les communiqués — des activités de patrouilles. Les Français ont conquis deux kilomètres carrés, qu'ils reperdront la semaine prochaine : c'est la « drôle de guerre ». Le dimanche, quand je vais à Paris, à part le camouflage sur les fenêtres (pour qu'on ne voie pas les lumières), à part les chefs d'îlots de la défense passive, tout fiers de se servir de leur sifflet, et aussi quelques rares alertes aériennes qui nous font tous descendre dans la cave, on ne vit encore rien de très anormal.

Une permission à Paris s'écoule très vite. Le samedi soir, je reste chez moi. Ma sœur travaille dans un hôpital comme aide soignante : dans son service on soigne les hémorroïdes. Sans souci du secret professionnel médical, elle nous raconte comment tel ou tel acteur très connu est venu se faire piquer les fesses. A écouter Irène, on a l'impression que la moitié des comédiens célèbres doivent se faire soigner la muqueuse anale; en tout cas, ils échappent ainsi à la vie militaire. Elle les appelle les « embusqués du cucul ». Quand elle les voit au cinéma, elle les supporte mal : « Tu sais, me dit-elle, j'ai toujours l'impression de voir leur derrière à la place de leur visage. »

Irène est blonde, des yeux très bleus, un grain de beauté à la joue gauche, le visage plutôt large, les pommettes plutôt hautes. Elle est assez grande, 1,73 m, et je dirais « bien en formes ». De sa voix douce, elle cherche le plus souvent à convaincre et non à affirmer. Ses colères sont rarissimes. Elle a hérité des mains de notre père, longues et belles.

Irène, jusque-là, a obéi en tout, elle a trop obéi à mon père qui ne lui laisse aucune initiative. D'être devenue soignante, de voir d'autres horizons, même laids, que ceux de l'univers familial, lui fera beaucoup de bien. Mais, quand elle se retrouve à la maison, elle reprend son attitude presque passive, calée dans le fauteuil à haut dossier, à écouter le paternel qui prévoit, inlassablement, des catastrophes. Parfois, elle est en tenue blanche, avec un voile. C'est ma petite sœur.

La teinturerie n'a jamais fermé ses portes. Naturellement, on y reçoit maintenant beaucoup de vareuses et de pantalons kaki mais l'artisan chapelier, qui travaille pour nous depuis des années, affirme : « Je continue à nettoyer, pour votre ancien magasin de Montmartre, autant de chapeaux clairs des messieurs de ces dames qu'en temps de paix. La guerre n'a pas atteint les mauvais garçons. »

Après trois mois de Fontainebleau, j'ai droit à des vacances de huit jours. Je pars dans les Alpes, pour Val-d'Isère. Les hôtels sont vides mais la neige est merveilleuse et c'est dommage d'y glisser presque seul. Dans l'hôtel, voici quelques officiers d'un régiment qui veille dans la montagne, pour le cas où l'Italie se résoudrait à entrer dans le conflit. Mais non, elle attend encore. Ces capitaines, ces lieutenants, sont pour la plupart des réservistes, qui me parlent donc de leurs soucis de la vie civile : l'usine, le magasin, le bureau. Il paraît qu'en 1914-1918, la guerre était une chose effrayante. En 1940, elle ne l'est pas. Du moins, pas encore.

Retour à Fontainebleau. Les exercices, dès janvier, deviennent plus difficiles, la discipline plus stricte. J'ai été nommé maréchal des logis, comme tous mes camarades. Voilà qui nous amuse : devenus des sous-offs, nous avons cru bon d'adopter des expressions encore plus crues. Quelque chose flotte dans l'air : cette vie de quasi-vacances dans la forêt qui change de couleurs et annonce le printemps ne va pas durer l'éternité.

Avril 1940. Le front, brusquement, s'enflamme. Des combats se déroulent en Norvège. Il s'agit, pour les Allemands comme pour les Alliés, de prendre possession des mines de fer. Mais, comme le proclament les chefs français et les affiches : « Nous vaincrons parce que nous sommes les plus forts. » D'ailleurs « la route du fer est coupée aux forces ennemies ». Des noms inconnus du public sont au centre des communiqués : Bergen, Narvik. C'est très loin, du côté du cercle polaire, mais cette fois la véritable bataille a commencé.

Au même moment, nous terminons nos études. Un dernier examen et nous voici aspirants. Je suis donc officier de l'armée française ! Je demanderai, fièrement, à mes parents : « Est-ce qu'il y a déjà eu un officier dans notre famille ? »

On coud mon galon sur la manche. Ce n'est pas encore la petite barrette de sous-lieutenant, mais un grand trèfle. J'ai quelque mal à réaliser mon bonheur. Puis, la joie m'envahit et j'embrasse goulûment ce trèfle d'or. Enfantillage, encore que les années d'apprentissage viennent de prendre fin. La fierté me monte à la tête et je fonce pour des achats inutiles dans les magasins de Fontainebleau où l'on m'a vu, au début, en canonnier de deuxième classe. Mais, comme il en a été promu ce matin même une fournée de quatre cents, les commerçants ont épuisé leur réserve de compliments. Personne, de toute la journée, ne va m'appeler « mon lieutenant ». La joie est un peu ternie.

Ces quatre cents jeunots vont maintenant partir dans des régiments. La vie d'élève est derrière moi. Nous embrassons Henri Cochet, qui a été notre professeur préféré, puis c'est l' « amphi-garnison ». On nous a rassemblés dans le plus vaste amphithéâtre de l'École d'Artillerie : sur un gigantesque tableau noir, voici les numéros des régiments qui ont besoin de jeunes cadres. Les nouveaux promus, à l'appel de leur nom et par ordre de classement, choisissent leur destination. Les premiers prennent, naturellement, les unités les plus prestigieuses. Les derniers ne trouveront d'affectation que dans des camps de réfugiés républicains espagnols, dans le Midi. Moi, je suis classé deux cent cinquantième. Ah non, ce n'est pas glorieux, mais il est trop tard pour les regrets. Quand on appelle mon nom, je lance un numéro, n'importe lequel, des régiments pas encore effacés du tableau : « 201e. » Pourquoi ? Tout est hasard.

Le 201e est cantonné dans l'Aisne, non loin de Saint-Quentin. Je repasse, naturellement, par Paris ; après d'interminables embrassades avec mes parents, le train me dépose à Chauny, sur la ligne Paris-Bruxelles. C'est dans le sud du Nord.

Grosse surprise : nous n'avons pas d'exercice de tir. Ni de cours théoriques. Se pourrait-il donc qu'en huit mois d'école j'aie tout appris ? C'est impossible. Pourquoi ne pas organiser d'instruction ? La nuit, je ne suis plus en dortoir : je loge chez des agriculteurs du coin, dont le fils, me disent-ils fièrement, a une « planque » comme chauffeur de général, quelque part dans l'Est.

Nos canons sont des 155 ; il n'y en avait que peu en service à Fontainebleau, mais ça n'a pas d'importance réelle : en effet, je ne m'occuperai pas du tir des pièces. Je suis adjoint à l'officier des transmissions, quelqu'un ayant vu dans mon dossier que j'étais « bon en morse ». J'aurai à m'occuper des lignes téléphoniques et des postes de radio. Ils ne sont pas très modernes : ils servaient déjà en 1925, lors de la guerre du Rif en Afrique du Nord. Ah ! que tout cela sent l'impréparation ! Sommes-nous vraiment « les plus forts » ? Je commence à en douter.

Au mess du commandant, on me bombarde popotier ; il m'incombe de contrôler que les repas obéissent aux saintes règles militaires : une entrée, une viande, un légume, un fromage, un dessert (l'artilleur mange solidement), assez de vin et de ces boules de pain rondes prévues par le règlement. Popotier, j'annonce le menu avant qu'on le serve, en terminant par la phrase rituelle : « Mettez-vous en plein la gueule jusqu'à en crever par ordre hiérarchique ; cela nous fera de l'avancement. » Chaque fois, ces messieurs font semblant de rire.

Je passe mes journées avec les hommes qui s'occupent de l'appareillage des transmissions ; ils sont d'une correction extrême et m'appellent, par courtoisie, « mon lieutenant ». Enfin j'éprouve une satisfaction de gamin à être pris pour ce que je suis devenu !

Huit jours se traînent, quinze, vingt ; brusquement, l'armée allemande se rue à l'attaque. Les troupes françaises vont avancer à sa rencontre. Le 10 mai 1940, notre division « fait mouvement ». Elle monte vers la Belgique et les Pays-Bas. Le général qui la commande s'appelle Alphonse Juin, futur maréchal de France. Il fume la pipe, et parle sèchement à ses officiers.

La première nuit de notre progression vers les frontières du Nord, nous la passons à Saint-Quentin même. A l'aube, après un court repos, nous aurons à continuer la route. J'ai vite pigé que sur le front ils ont grandement besoin de nous : c'est que le ciel est désespérément vide d'avions alliés ; chaque appareil qui surgit est allemand. Par chance, notre armée de terre est là qui contre-attaque face à la vague déferlante de l'ennemi.

Mais voilà que nous ne pouvons pas repartir : dans mon équipe des transmissions, une dizaine d'hommes sont manquants. Je le signale et on me donne l'ordre de les chercher dans les bordels. Je n'aurais jamais cru qu'il y eût trois bordels à Saint-Quentin ! Effectivement, je les y retrouve peu à peu*. Vais-je marquer un temps d'arrêt supplémentaire pour des raisons personnelles ? Peut-être ferais-je bien de prendre une petite avance, car il s'agit sûrement des derniers établissements d'accueil avant la ligne du front. Je ne m'y résouds pas. Jamais, de mon existence, je n'étais entré dans un lieu semblable, et tout m'y déçoit, le décor, les filles, le zinzin. Mais je n'ai pas le temps d'analyser mes sensations : notre marche en avant va reprendre ; elle a repris. Marchons, marchons : dans quatre jours, nous nous mettrons déjà à reculer.

* C'est à cet épisode de mon existence que Philippe Bouvard fait constamment allusion dans *Les Grosses Têtes*.

Les fraises de l'été 40

Mon régiment se battra d'abord du côté de Gembloux, en Belgique, au sud de Bruxelles, près de Namur. Impossible d'avancer au-delà, les Allemands y sont déjà. C'est qu'ils ont attaqué partout. La Belgique est envahie en totalité. Je vois d'innombrables groupes de réfugiés qui s'en vont, avec leurs animaux de ferme et leurs paquetages maladroits, vers la France, quittant tout, tout ce qui fut leur vie, leur toit, leur bonheur. Pauvres gens ! Cet enchevêtrement de militaires montant au front et de civils descendant vers un refuge improbable, c'est pitoyable et grotesque.

Non loin de Gembloux, à Bothey, notre division engage le combat. L'ennemi tire sur nous. Je sais qu'il faut y aller, mais je n'éprouve aucune ivresse. Le sentiment qui domine en moi, c'est la stupeur devant le formidable désordre. Ah non ! il est exclu que nous soyons les plus forts ! J'acquiers, en ces instants de désillusion, une sorte de mépris pour ceux qui nous ont bourré le crâne ; plus tard, quand je serai à la télé et dans les moments les plus délicats, guerre d'Algérie, guerres israélo-arabes, conflit Iran-Irak, je m'interdirai de raconter des histoires.

Donc, on se bat. La pose des lignes téléphoniques s'effectue sans difficultés majeures : mes sous-officiers connaissent leur boulot. Je circule de l'un des postes à l'autre en moto, mais le règlement militaire m'interdit de la piloter moi-même. Dommage. A un moment, je m'aventure trop loin et je manque « tomber aux mains de l'ennemi ». Certains de mes hommes, qui ne se sont pas repliés assez vite, sont pris. Eh oui, c'est vraiment la guerre. Où êtes-vous, permissions de Fontainebleau ?

Le plan d'ensemble de l'état-major du corps d'armée

ne m'apparaît pas vraiment; d'ailleurs, je suis fatigué; nous n'avons pas dormi depuis trois nuits. Mon hiérarchique direct, un capitaine, greffier de tribunal à Auxerre dans la vie civile, m'affirme pourtant : « J'y vois clair dans la tactique de nos chefs. » Il en a de la chance ! Moi, je suis perdu...

Voilà qu'un obus éclate. Mon bras droit est touché ; je vais me faire soigner au poste médical installé dans un beau château en forêt. La nuit tombe ; on nous a murmuré qu'il y avait des espions allemands partout, dans le bocage et dans les bois, parachutés sur les arrières des lignes françaises, et qui trouvent, paraît-il, en toute circonstance, des complicités dans la population belge. En somme, je marche dans une forêt hantée.

On me panse, je m'étends sur un lit. Le bras me fait mal. Ne pouvant dormir, je fouille des tiroirs. Qui donc habitait ici ? Réponse : une grande famille riche. Voilà que je tombe sur une somptueuse collection de timbres. Jadis, j'avais été un peu philatéliste, et je sais que ces albums valent une fortune. Vais-je les laisser à l'ennemi qui, du train où vont les choses, sera ici demain ? Je mets dans ma poche les timbres les plus rares. Suis-je un voleur ? Non, puisque j'ai l'intention de les rendre quand la guerre sera finie. D'ailleurs, mon drame de conscience ne durera pas longtemps : à peine avons-nous quitté la jolie demeure que des obus pleuvent sur elle, détruisant le petit salon où je m'étais abrité.

Mais il paraît qu'en posant hier les lignes téléphoniques, j'avais fait un excellent travail. Le commandant estime que je suis un jeune officier de qualité. Un peu téméraire peut-être. Je n'en avais nullement l'impression ; je croyais être un trouillard ; je pensais ne pas m'être bien tenu au feu. Mais, puisque le commandant dit le contraire, je me laisse convaincre.

Le lendemain, nous voici à La Louvière, toujours en territoire belge, mais plus près de la France. Avec mon motard, nous nous trouvons en pointe dans notre unité qui recule ; je veux dire seuls à l'extrême arrière-garde. Est-ce que nous roulons dans la bonne direction ? Tout est si confus ! Au milieu d'une rue, brusquement, nous sommes cueillis par des tirs d'armes automatiques. Il y a donc, par ici, des mitrailleuses allemandes. Nous plongeons dans la première porte ouverte sur le trottoir : c'est une confiserie où, par chance, il reste encore quelques bonbons. J'en mange : il n'y a pas de petits bonheurs.

Le tir reprend. Nous descendons à la cave d'où, par le soupirail, je vois sur le trottoir de grosses chaussures ; au-dessus des chaussures, une robe de sœur franciscaine, noire avec le rabat blanc et la longue croix rouge. Tout est de grande taille. Il va falloir filer sinon on se fera prendre. Quand je bondirai hors du magasin, je lui tirerai un coup de pistolet. C'est un cri d'homme qui me répond : la sœur franciscaine était un espion mâle ! La moto démarre ; la fausse sœur tire, elle aussi, mais nous rate. Mon motard fonce dans la première rue venue. Par miracle, nous parvenons à rattraper des hommes du régiment qui roulent, comme ils peuvent, plein sud.

Un pensionnat de très jeunes filles belges se replie par la même route que nous. Courte halte dans un village. Au premier étage d'une maison, j'entends des cris affolés. C'est un sous-officier de chez nous, aidé par des copains, qui veut violer une des adolescentes. Je lui mets mon arme sur le ventre : « Va-t-en : le code de justice militaire punit de mort ce que tu allais faire. » Il n'en croit pas ses yeux, puis il fout le camp, tous les autres aussi. Ils étaient cinq avec l'adolescente. Jamais je n'aurai de nouvelles du pensionnat. La fille a disparu dans la nature.

Tout ce méli-mélo dépasse l'entendement. Comment se battre au milieu des civils ? Nous recevons l'ordre de nous replier, par Mons, sur Valenciennes ; les choses, là, un moment, iront mieux : quel soulagement de repasser la frontière, d'être chez nous, en France. La division prend fermement position à Hérin et nous allons nous battre avec courage. Nos canons tirent pendant un jour ou deux droit devant, puis également un peu plus à gauche et un peu plus à droite. Ensuite, notre champ de tir s'élargit nettement : c'est que l'ennemi progresse sur nos ailes et commence à nous envelopper ; on va tenir pourtant plusieurs jours. Abruti de fatigue, je dors près d'une pièce de canon qui possède encore quelques minutions et qui tire.

Bientôt, nous nous sentons submergés, et le cœur, franchement, n'y est plus. J'entends dire que nous allons tenter de rejoindre Dunkerque pour nous y embarquer, mais, passé Armentières, tout est bouché ; il nous faudra bifurquer : voilà qu'arrive un autre ordre d'essayer, un peu plus au sud, de gagner Lille.

L'aube du 28 mai nous surprend effectivement à Lille dans les jardins du boulevard Vauban. Je mange un poulet froid sorti d'un sac que j'ai bourré à Valenciennes. Il contient aussi mon rasoir et des chaussettes. Le reste a été perdu en route. Le soir, nous nous enterrons dans une usine de sidérurgie, dans le faubourg des Postes. J'essaierai de me protéger des obus qui tombent par-ci, par-là en me construisant une sorte de hutte métallique avec des poutrelles de fonte. La nuit, l'adversaire parvient très près de nous. On parlemente. Voici l'aube du 29 mai : nous sommes faits prisonniers, mais avec les honneurs de la guerre.

Plus tard, c'est un 28 mai que je me marierai. Un 29 mai, je perdrai ma sœur.

Les premières étapes de la vie de prisonnier ne sont qu'un hallucinant jogging. Pour nous faire arriver le plus vite possible dans les camps de triage, à l'arrière du front, les Allemands, qui ont cueilli des centaines de milliers de prisonniers, nous forcent à courir coudes au corps. Nous voulions monter en Belgique et en Allemagne ? Eh bien, c'est ce que nous faisons ! De mon paquetage, je n'ai sauvé qu'un seul livre, le théâtre de Racine, dans l'édition cartonnée, vert clair, de chez Hachette. Je l'apprendrai par cœur.

Le jogging nous mène à Ath, puis Leuze et Enghien qu'on appelle, en flamand, Edingen. Là, nous prenons quelque repos dans ce qui fut une communauté de religieuses. Nous passons toute la journée accoudés aux fenêtres grillagées. En bas, la foule des civils qui n'ont pas fui ! Nous lui lançons de longues ficelles, avec de l'argent attaché au bout : les Allemands nous l'ont laissé. Les civils prennent le billet de banque et le remplacent par une boîte de conserves que nous remontons à l'aide de la ficelle. Les prix pratiqués sont exorbitants. Je perds encore quelques illusions.

Au lever du soleil, la course vers le nord-est reprend. Il fait très chaud. Sur le pas des portes, les paysans ont posé des seaux remplis d'eau fraîche. Les prisonniers français peuvent en boire, mais il faut la payer, tandis que les Allemands qui nous conduisent hurlent : « Los, los, avancez, avancez », tout en remarquant qu'il est scandaleux, de la part de la population, de vendre de l'eau à des prisonniers qui sont ses alliés !

Notre horde contourne Buxelles. On nous parque dans une gigantesque usine désaffectée, à Lot, à 20 kilomètres de la capitale. On nous informe que nous y resterons « un bon moment ». Nous y voilà bientôt deux mille, trois mille ; il en arrive chaque jour, hommes de troupe, sous-officiers, aspirants. Je deviendrai très vite, sur parole (selon la Convention de Genève et le droit militaire), interprète.

Parmi les prisonniers, il y a toutes les nationalités, des Français et des Belges, des Anglais, des Néo-Zélandais, des Sud-Africains, des Polonais. Nous vivons en bonne intelligence. Ceux qui, par chance, ont conservé des objets de toilette, les prêtent à leurs camarades d'infortune. Les seuls entre lesquels la concorde ne règne pas, ce sont les Belges. La vieille rivalité entre Wallons et Flamands continue jusque dans le camp. On s'accuse mutuellement de n'avoir pas compris de quel côté était l'intérêt de la Belgique. Les Flamands penchent, en général, pour l'Allemagne. La capitulation totale des troupes belges en rase campagne n'a rien arrangé. Pour nous, cette discorde, souvent haineuse, est totalement inattendue.

Je bénéficie comme interprète d'un avantage considérable : j'ai le droit de sortir pour la nuit ; je couche sur un matelas de paille dans une petite maison située juste en face de l'usine. Nous restons à Lot plusieurs semaines. On nous traite, il faut le dire, sans rigueur excessive. Le dimanche, on permet à la population civile belge de venir jusqu'au camp pour offrir de petits cadeaux. Les visiteurs sont nombreux. Certains des prisonniers, originaires du Nord ou du Pas-de-Calais, ont réussi à faire savoir chez eux qu'ils étaient détenus à Lot : pour eux, c'est tout près. Plusieurs épouses obtiennent la permission d'embrasser leur mari. Parfois, je parviens à ménager aux couples quelques minutes d'intimité vraie. Moi, mon périmètre de promenade s'agrandit, mais les autorités du camp ferment les yeux.

Une famille d'Uccle, banlieue chic de Bruxelles, me prend en amitié. Elle m'apporte du chocolat et surtout des fraises, car il en pousse partout dans la région. Les fraises de l'été 1940 étaient énormes et juteuses. Jeanne, la fille de ces gens, revient un jour seule : nous jouons à nous plaire un peu. Je vais me promener avec elle. Un après-midi, je croise un groupe de cinq officiers allemands, que je suis obligé de saluer : cinq officiers ennemis, d'un seul coup, me rendent ébahis mon salut. Mais dès ce soir-là, ma permission de promenade est supprimée. Pourtant, je dors toujours chez l'habitant.

L'un des sous-officiers allemands qui gardent notre camp, un aimable gandin qui porte de belles bottes, et avec lequel je joue parfois aux échecs, me précise que le régiment est composé de réservistes de la région de Hambourg ; ça les ennuie plutôt d'être partis à la guerre. Ils pensent à leurs affaires, laissées en plan !

Le 14 juin, jour où Hitler est venu danser la gigue dans Paris occupé, ces Hambourgeois, plutôt cultivés et presque débonnaires, me demandent de « parler à leurs hommes des quartiers que le Fuhrer a visités ».

Quelque temps plus tard, mon sous-officier m'apprend que, le surlendemain, le camp va se vider ; l'usine, qui traite le jute, devra recommencer à travailler mais, cette fois, pour l'armée allemande. Nous devrons, nous, reprendre notre course folle vers l'est. Entre-temps, la France a demandé l'armistice ; il a été signé. Cette fois, nous sommes vraiment des vaincus. L'attitude des Allemands à notre égard change.

La veille du départ du camp, j'apprends que les prisonniers malades vont être transportés dans des camionnettes qui prendront la route de l'Allemagne vers Aix-la-Chapelle. Pour les autres, le marathon à pied, c'est confirmé, recommence. Mais il y a un « rendez-vous général » à Wavre, en territoire encore largement belge. Les prisonniers de Lot ne seront séparés qu'ultérieurement. En tant qu'interprète, je devrai me trouver au point de rassemblement aussitôt que possible, et je voyagerai donc à bord d'une des camionnettes. Le fils de l' « habitant » chez qui j'ai un matelas sait que la première localité traversée sera Braine L'Alleud.

— Et alors ?...

— Et alors, Léon, ma tante tient là un commerce de vêtements. Si tu t'évades de ta voiture, elle pourra t'accueillir. Tu ne risques pas grand-chose : les Allemands ont sur les bras des millions de prisonniers. Ils se foutent bien de toi. Je t'attendrai sur la grand-place. A mon avis, hors de l'agglomération de Lot, tu n'es plus lié par ta parole. Je te passerai un manteau civil et un vélo. Tu m'as dit que tu étais très fort pour rouler. Je roulerai devant, pour te guider.

— Pourquoi fais-tu ça ?

— J'aime les Français.

Les choses se passent exactement comme il l'a prévu. Je saute de la camionnette. Il n'y a pas un Allemand sur la grand-place parmi la foule belge stupéfaite en me voyant fuir. Le vélo est là ; le vêtement aussi. D'ailleurs, tout va très vite ; me voici pédalant : je suis une prisonnier évadé. Je fonce derrière mon guide. Brusquement, je ne peux plus pédaler, les mollets coupés. Une sueur sauvage m'a envahi : la peur rétrospective. J'ai caché mon uniforme sous un vêtement civil ? Donc, la Convention de la Croix-Rouge ne me protège plus ! Si je suis pris, on me fusille. Alors, j'abandonne le vélo. Je jette le manteau : je fuis au grand jour. Je couvre le reste du chemin à pied. Voici le magasin de la tante. Plus tard, longtemps après la guerre, je le chercherai sans relâche, mais en vain. J'ai récemment lancé un appel à la télé belge : je garde un espoir, mais il s'amenuise.

Bref, chez la tante, on me donne un bleu d'ouvrier, une casquette, des espadrilles. Où vais-je aller ? En admettant que toutes les forces ennemies ne sont pas lancées à ma poursuite, je vais me rendre à Uccle, où habitent ceux qui me portaient des fraises. Jeanne m'hébergera. Je commence donc ma longue marche. Me voici, dans mon bleu et mes savates, à Waterloo. Le désir fou me prend de visiter le champ de bataille : je suis incorrigiblement bébé. Je me force à m'éloigner des lieux historiques. J'abats six kilomètres, huit, dix : voilà Uccle, voilà l'avenue du Bourdon, le numéro que je cherche, et ces gens qui m'aimaient bien : « Fichez le camp, monsieur. Nous ne voulons pas qu'on nous fusille pour hébergement de prisonnier évadé. » Ah !...

Le père de Jeanne me donne cependant un billet de 20 marks. Je reprends ma marche, mais à présent sans but ; j'erre. Par chance, nous sommes en été ; les journées sont encore longues. Uccle est une jolie banlieue, un peu comme Garches, près de Paris, avec villas et jardins de roses. Tout est calme ; la guerre s'est éloignée. Mais je ne sais à quelle porte sonner. Que vais-je devenir ?

Soudain, j'entends la voix d'une petite fille qui crie, en russe : « Maman, qu'est-ce que tu as fait de mon cahier ? » D'instinct, je pousse la grille. Un couple encore jeune me fixe avec stupeur. J'explique, en russe, que je suis français, évadé, je demande qu'on me cache. L'homme m'invite :

— Entrez, monsieur. Vous devez avoir soif. Comment prenez-vous votre thé, lait ou citron ?

— Citron, naturellement.

M. Rosselevitch a compris que je connaissais les usages russes. Si j'avais dit « au lait », il aurait froncé le sourcil. Là, notre entretien sera presque mondain. Mais la petite fille qui cherchait son cahier n'a que neuf ans. On ne pourra pas m'héberger longtemps car elle bavardera sûrement dans son école : toute la Belgique est occupée, mais les études continuent. Donc, on me recommandera à un voisin, un Belge, M. André, chef de bureau à la Banque nationale de Belgique. Il en deviendra un jour le directeur général adjoint, mais je ne l'ai pas revu depuis l'été 1940.

J'écris tout cela et, rétrospectivement, j'enrage ; jamais je n'ai pu, en rien, « reconstituer mon évasion », à part un échange de lettres, vers 1960, quand mon visage a commencé à être connu par les écrans.

M. et Mme André me gardent chez eux quatre jours, en attendant que ma barbe pousse, au cas où, vraiment, l'on me rechercherait. Uccle n'est pas loin de Bruxelles et, dans la journée, totalement inconscient, je vais en ville. Une fois, j'entre dans un cinéma : j'allume une cigarette sans savoir que c'est interdit en Belgique. Quand je comprends mon erreur, je m'enfuis : les ouvreuses ont bien vu que je n'étais pas belge et elles pourraient me dénoncer. Le lendemain, dans un autre quartier, j'achète une place pour un concert. Nous sommes en été 1940 mais les spectacles remarchent ! Quand on me rend la monnaie, je dis : « Au revoir, messieurs-dames. »

Exclamations ! Ce monsieur est parisien : l'expression, si familière, n'a pas cours en Belgique sous cette forme-là. On me considère d'un drôle d'œil. Une fois encore, je fonce à toutes jambes. Quel mélange de mômeries et de risques inutiles, même si le quartier général ennemi m'a oublié.

Mais je ne peux pas rester toute l'éternité chez M. et Mme André. Il faut déguerpir. Il ne me reste pas un centime : ils me donnent un peu d'argent. Je connais une adresse à Bruxelles, un bistrot, dont le patron m'avait dit, quand j'étais à Lot dans l'usine : « Si, un jour, vous étiez libre, et que vous ne craigniez pas qu'on vous suive, venez chez moi. »

On ne me suit pas. Je vais donc chez lui. C'est un Français, Vigouroux. J'y retrouve trois autres prisonniers qui étaient à Lot avec moi. Deux ans plus tard, Vigouroux sera déporté pour activités anti-allemandes. Après la Libération, il deviendra l'un des dirigeants de l'Association des anciens déportés français de Belgique. Nous n'en sommes pas là. Pour le moment il déniche quatre vélos et nous partons, mes copains et moi, vers la frontière française, par la grand-route de Lille.

Il fait chaud. Le chemin est vraiment long. Alors, nous sommes d'une inconscience qui frise la folie. Nous apercevons un camion allemand, de l'armée de l'air, la *Luftwaffe,* nous faisons « stop » et ça réussit !! Il y a là trois rampants. Ils ont des fûts d'essence d'avion, donc de très bonne qualité, et ils vont la proposer à des garages. A mon avis, si on les pique, ils en prennent pour vingt ans. Mais quoi : les affaires marchent bien. Ils sont de bonne humeur. Ils nous prennent à l'arrière du véhicule. Au milieu de jerricanes d'essence, voilà une collection de journaux cochons français illustrés. Quatre prisonniers évadés, dans un camion des forces aériennes allemandes, et qui rigolent sous le soleil en voyant des dessins pornos... C'est à ne pas croire.

De garage en garage, nous voilà à la frontière entre la Belgique et la France. Les deux pays étant occupés par les mêmes troupes, il n'y a aucune douane, aucun contrôle d'identité. Le désert. C'est seulement en voyant les plaques des villages que nous nous savons revenus une nouvelle fois chez nous. Nous abandonnons nos aviateurs.

Ils nous demandent simplement si nous connaissons de gros garages dans le coin. Demain, ces messieurs mettront une fois de plus au pillage les réserves d'essence de la *Luftwaffe,* et ils repartiront les vendre. Est-ce vraiment pour cela que nous nous sommes battus, et qu'eux aussi se sont battus ?

L'un de mes compagnons de retour est un médecin de Roubaix. Il connaît les petits chemins. C'est par là que nous nous approcherons de la ville. Enfin prudents ! En effet, si nos aviateurs allemands, préoccupés par leur marché noir, nous ont fichu la paix, peut-être la police française sera-t-elle plus curieuse : quatre gaillards dans la pleine force de l'âge « traînant » à vélo en habits civils, c'est suspect. Quels sont les accords entre l'occupant et l'administration française au sujet des prisonniers évadés ? Notre petit groupe les ignore et par conséquent il les craint.

Nous nous séparerons donc, en décidant de nous retrouver aux confins de Roubaix à la nuit tombante : là, on attendra sagement que notre camarade aille prévenir sa famille et revienne nous prendre un par un, après avoir trouvé à chacun, nous l'espérons, un refuge pour la nuit. Il y parvient assez vite. Je dormirai comme un bienheureux. Le lendemain, je vais à Lille — les deux villes se touchent presque. En plein centre, voilà une camionnette qui assure le transport Lille-Paris. Comme le trafic ferroviaire n'a pas repris, il y a énormément de candidats pour regagner la capitale. Je resterai debout sur la plate-forme. C'est la dernière étape de mon voyage de retour. Tant mieux : le viatique reçu à Bruxelles s'épuise.

Après cinq heures de route sans encombre et sans contrôle, c'est Paris. Je le reçois en plein cœur ; on nous dépose à la gare du Nord, rue de Saint-Quentin. Pensez donc... Je tourne un moment sur moi, comme une toupie.

Pas d'autobus. Dommage : le soleil inonde Paname ; comme il aurait été chouette de reprendre contact avec elle en respirant l'air des rues, et en reluquant les zoupinettes ! Va pour le métro, mais je choisis, pour rentrer chez moi, la ligne la plus longue, celle qui passe par Nation et Italie. Il n'y a pas trop de monde dans la rame. Je retrouve les stations aux noms familiers. Je descends à Passy. En haut de ses escaliers, je regarde la Seine, la tour Eiffel : Paris et ma liberté. J'ai envie de crier de joie : rien n'a été détruit, rien n'a changé, sinon ces uniformes à dominante verte sur les trottoirs. Certains flânent, mais d'autres, peut-être... Vais-je être cueilli si près du but, à 800 mètres de chez moi ? Mais non : nul ne m'approche. Je prends la rue de la Tour qui monte puis redescend. Je passe devant les Gourmets de Passy et voici plus bas le numéro 104. Est-il possible que, de l'usine de Lot jusqu'à ma maison, les choses se soient passées si vite et si bien ? A peine huit jours d'errance !

La concierge m'accueille chaleureusement mais, hélas, mes parents ne sont pas là. Ils sont partis, comme tant de Parisiens, en exode au début de juin ; mais ils ont réussi à écrire à nos voisins du dessous ! J'apprends ainsi, presque immédiatement, qu'ils sont à Argelès-sur-Mer, dans les Pyrénées-Orientales, qu'ils ont cherché à savoir par des annonces dans les journaux ce que j'étais devenu. L'ont-ils appris ? Les détails qu'on me donne datent de trois semaines. Sont-ils, au contraire, dans l'angoisse ? Sans eux, l'appartement est d'un silence de tombeau.

Brusquement, le courrier remarche. Il s'agit de cartes interzones, des espèces de formulaires tout imprimés qu'on peut envoyer à ceux dont on est séparé, en utilisant les blancs. J'en expédie une à mes parents et je recevrai leur réponse ! Or, comme l'administration militaire d'occupation cherche à faire bonne impression sur la France, pour l'amener à collaborer, elle accorde pendant un temps des laissez-passer temporaires pour voyager de zone occupée en zone libre. Je prendrai donc le train pour aller embrasser les miens au sud de Perpignan. En quittant Paris pour s'enfuir en exode, ils avaient laissé un peu d'argent à la concierge pour que j'en trouve « au cas où », et nous y sommes.

De Perpignan, je termine mon voyage par car. Quand j'arrive à Argelès et que mon père me voit venir vers lui, il se trouve mal de bonheur. J'allais l'embrasser : je dois le soutenir ! Ma mère me dira :

— Pendant quelques semaines, nous t'avons cru mort. Papa se cachait toute la journée dans les vignes pour sangloter. Puis, nous avons publié un avis de recherche et nous avons reçu en réponse des détails par l'un des officiers de ton régiment, le lieutenant Valade, qui nous a assuré que tu avais été fait prisonnier. Alors, nous nous sommes un peu calmés.

— Irène ?

— Dans un hôpital, comme infirmière, près de Toulouse. Elle a demandé à être affectée par ici.

La « permission » de me rendre en zone libre n'était que de huit jours. Remonterais-je à Paris ou non ? Essaierions-nous, au contraire, de nous construire une vie autrement ?

Nous pesons mûrement le pour et le contre, mais où aller avec peu d'argent ? Par où fuir l'Europe ? Comment se rendre en Amérique, à tout le moins en Angleterre ? Les fonds s'épuisent vite. Quelque temps avant la guerre, mon père avait eu un accident de voiture. Lorsqu'il toucha l'assurance, il acheta des louis d'or que ma mère devait coudre dans les doublures des vêtements. C'est en vendant ces louis, un par un, que mes parents avaient pu subsister durant l'exode d'abord, puis à Argelès.

Bref, nous prendrons le parti de regagner Paris, les uns après les autres ; mon père, lui, s'attardera plusieurs mois à Lyon, où il vivra de peu.

A Paris, la vie avait à peu près repris. La teinturerie de l'avenue Victor-Hugo avait redémarré, grâce à des employées qui n'étaient pas parties en exode. Si les nettoyages ne pouvaient pas marcher très fort, à cause du strict rationnement des produits dérivés du pétrole, la réparation de vêtements va sensiblement se développer puisqu'il est devenu impossible, pour une bourse normale, de se commander un complet ou un tailleur neuf. C'est ainsi que nous subsisterons pendant les années noires.

Le dentiste du pape

Je ne raconterai pas notre vie pendant l'Occupation : elle a été difficile comme pour l'immense majorité des Français. Mais une histoire extraordinaire est arrivée à mon père. La voici.

En novembre 1942, un matin vers 5 heures, la police militaire allemande frappe à coups de poing contre notre porte : elle vient arrêter le sieur Zitrone. Duquel s'agit-il ? Mon père, moi-même, ou l'un de mes oncles qui habite l'appartement à côté ? N'ayant pas de prénom précis, les soldats nous embarquent tous les trois. Direction : l'un des immeubles de l'avenue Foch, où diverses administrations civiles et moins civiles ont leurs bureaux.

On vérifie les identités : c'est à mon père qu'ils en ont. A la déclaration de la guerre, il avait donné de l'argent aux « Amis de la République française », un organisme qui avait pour objet d'aider les familles des étrangers qui s'étaient engagés volontairement dans nos armées. En effet, à l'époque, c'est-à-dire en 1939, par une aberration de la loi (et alors que les familles des Français mobilisés touchaient des subsides pour pouvoir vivre), on ne versait absolument rien aux femmes et aux enfants des étrangers qui avaient choisi d'endosser notre uniforme. Les « Amis de la République française » collectaient des fonds pour eux.

L'Occupation survenue, le raisonnement des « autorités » sera d'une logique méchante : « Que les citoyens français eussent été mobilisés, c'était normal : ils ne pouvaient pas l'éviter. Au contraire, les étrangers qui avaient voulu se faire inscrire dans l'armée française sans y être obligés prouvaient, de ce fait même, leur hostilité personnelle envers Hitler et les intérêts allemands. Donc, ceux qui les ont aidés — et dont nous avons retrouvé les listes — méritent d'être punis. Romain Zitrone en fait partie. » Je ne connaîtrai la cause de l'arrestation que plus tard.

On garde mon père avenue Foch. Je suis relâché et on m'autorise à aller lui acheter du pain. Mais où y a-t-il du pain avenue Foch ? C'est la voie la plus chic de Paris ; elle ne compte pas une seule boutique. Les Allemands me disent que j'en trouverai « au noir », rue Pergolèse. On m'y vend, effectivement, très cher, deux baguettes. Mon père les fera durer quatre jours.

Dès que je lui ai remis le pain, on me chasse. Il a le temps de m'embrasser avec des mots de tendresse et d'espoir. Mais on m'arrache à lui. Je voudrais rester là, près de l'immeuble, pour tenter de savoir où il va être transféré. Mais une espèce de concierge, le revers du veston tout cousu de décorations, m'intime l'ordre de circuler. « Allez-vous-en, allez-vous-en, vous n'avez rien à faire ici. Si on a arrêté votre père, c'est que c'est un ennemi du Reich. Vous aussi, sans doute : ils auraient mieux fait, là-haut, de vous garder. Allez, ouste, fichez le camp et vite », hurle le « collabo ».

Je retrouve ma mère. Elle se raidit mais tient bon. C'est qu'elle a toujours été courageuse. Dès le lendemain, je pars à la recherche de mon père. Où l'ont-ils mis ? Dans quelle prison ? Ce sont des militaires qui l'ont emmené et non la Gestapo ; c'est mieux ; mais pourquoi l'avoir arrêté ? Qu'a-t-il fait ? Avait-il une activité que nous ne soupçonnions pas ? Je saurai, assez vite, qu'il a été dénoncé comme « ennemi de l'Allemagne » par l'épicier du coin, celui-là même chez qui, dans les derniers mois de la paix, il achetait chaque soir un paquet de riz ou de macaronis. Toujours trop liant avec les petites gens, il avait dû s'ouvrir au commerçant de ses sentiments à l'égard d'Hitler...

Je commence le tour des prisons de Paris. Je vais à la Santé : il ne s'y trouve pas. A Fresnes, pas davantage, mais on m'y rappelle que la capitale est entourée d'une ceinture de forts qui ont été transformés en maisons d'arrêt. Au bout de quelques jours, je retrouve sa trace au fort de Romainville, à la sortie nord-est de Paris. Il y est passé : il n'y est plus ; on l'a envoyé ailleurs. Je reprends le tour des geôles. C'est sinistre. Sonner à la porte et demander : « Est-ce chez vous que l'on garde mon père... ? »

Chaque fois, j'avale ma salive ; chaque fois, j'ai peur qu'on me dise « entrez » et que je ne ressorte plus. Mais, l'essentiel est de retrouver sa trace, et ma mère qui s'énerve insiste tous les jours pour que je continue à chercher. L'hiver vient rapidement. La neige s'est mise à tomber. Où donc est-il ? L'a-t-on envoyé dans un camp ? Comment se protège-t-il contre le froid ?

Bien entendu, à la fin de 1942, l'opinion publique ne connaissait pas grand-chose des effroyables camps de la mort lente. Le mot « déportation » n'avait pas encore pris tout son sens abominable. Mais déjà chaque Français en est devenu conscient : ceux qui ont été arrêtés partent sûrement en Allemagne, vers des lieux disciplinaires, espèces de prisons géantes ou parcs de travail forcé.

Avant la fin de décembre, une carte nous arrive : mon père est détenu à Compiègne, au camp de Royallieu. Nous avons le droit de lui faire porter un colis. Il faudra que ma mère, ma sœur et moi fassions réellement des efforts pour pouvoir lui déposer, chaque mois, un kilo de conserves ou de douceurs. Les denrées alimentaires ont atteint des prix fantastiquement élevés. Néanmoins, je parviens à effectuer trois voyages-paquets, à Noël, en janvier et février.

A l'entrée du camp, il y a, naturellement, un contrôle, pratiqué par un caporal de la gendarmerie allemande, aidé de plusieurs Français. On fouille les colis et ceux qui les ont apportés. J'ai l'impression que je vais être gardé à vue, jusqu'à ce que le gendarme aboie : « *Sie können gehen. Raus.* Partez, prenez la porte. »

Il s'amuse visiblement à nous apeurer avant de nous flanquer dehors. Je cherche un éclair de gentillesse dans les yeux des Français : rien !

Mars, le colis mensuel m'est refusé ; c'est que mon père a été déporté, tout dernièrement, en Allemagne. J'essaye d'en savoir davantage. A la gare, des cheminots ont vu, comme chaque mois, partir un convoi ; les hommes étaient dans des wagons à bestiaux mais, par chance, avec de la paille. Les portes avaient été verrouillées, les wagons hermétiquement fermés. Que, là-dedans les prisonniers eussent trop chaud ou trop froid n'avait, pour les geôliers, aucune importance ! C'était du bétail.

La soif, devait nous raconter papa, fut horrible, insupportable ; la plupart des prisonniers buvaient leur urine. Après quoi ils se racontaient, complaisamment, leurs gueuletons d'avant-guerre, et se communiquaient des recettes pour « après » ! « On pourrait prendre ça, vois-tu, pour du masochisme ; en réalité, ce n'était pas désagréable, au contraire : les glandes salivaient. »

Les prisonniers de cette fournée furent « attribués » aux usines Heinkel qui fabriquaient des avions de combat, dans le camp d'Oranienburg, à quelques kilomètres de Berlin. C'était, effectivement, un camp de déportés mais, par la grâce de Dieu, moins affreux que tant d'autres ; on ne demandait aux captifs que de travailler à l'assemblage des pièces d'avions. Leur grande affaire était de ne pas montrer trop de zèle dans leur boulot, mais de travailler juste assez pour que les chefs de groupe des travaux, les kapos qui avaient la schlague facile, ne pussent pas infliger de punitions.

Peu de temps après son arrivée, mon père fut désigné comme interprète à l'infirmerie et il eut la chance de pouvoir, de loin en loin, y profiter d'une soupe supplémentaire ou d'un morceau de barbaque non encore couvert de crottes de rats. « Je luttais contre la faim, me disait-il, en mâchonnant quand je le pouvais, lentement, lentement, des comprimés d'aspirine. Comme cela, à sec, et j'avais l'impression de m'emplir un peu l'estomac. »

La discipline était, néanmoins, féroce. Les prisonniers devaient aux troupiers allemands une soumission totale, absolue, qui finissait par dévorer l'âme. Les surveillants le leur rappelaient chaque soir et chaque matin : « Prisonniers, souvenez-vous que vous n'êtes que de la merde *(Sie sind nur Scheisse...).* »

Paradoxalement, les internés eurent, en mai 1943, le droit d'écrire à leur famille. Mon père nous donna son « adresse » et affirma qu'il tenait à peu près le coup malgré un œdème à la jambe.

Son arrestation datait de plus d'un an lorsqu'un jour, en octobre 1943, je rencontrai, à Paris, mon ancien condisciple de l'École polytechnique de Londres*, ce grand garçon blond et beau. Sous-officier de l'armée allemande, en permission à Paris, il disposait de quoi passer une bonne soirée, et il me demanda de l'accompagner pour visiter Versailles. « Tu me gênes beaucoup, lui dis-je. Pour que je vienne, il faudrait que tu enlèves ton uniforme ! D'ailleurs, quand tu l'auras enlevé, viens plutôt manger à la maison. Nous aurons un paquet de 250 grammes de macaronis pour quatre personnes et un peu de fromage blanc. Ce n'est sûrement pas aussi bon que dans ton mess, mais nous faisons de notre mieux ! Tu pourras peut-être apporter du saucisson. Versailles, ce sera une autre fois. Je prendrai ma journée. »

Il s'appelait Reinhold. Il était grand, mince, sympa, il vit toujours, à Vienne. En 1943, c'était un garçon de trente-trois ans, bel homme, du charme, et qui paraissait ravi d'avoir trouvé des connaissances à Paris. Il alla à son hôtel enlever la tenue vert-de-gris ; il acheta quelques gâteries, et ne monta pas dîner chez nous les mains vides. Ma mère apprécia beaucoup ce geste. Elle était toujours sensible aux signes de bonne éducation.

— Que deviens-tu au juste, mon soldat ? demandai-je.

Nous conversions en anglais.

— Je suis né dans une ville qui a appartenu à la Tchécoslovaquie mais le territoire a été annexé par Hitler en 1939, après Munich. Mes parents sont de Saint-Pölten, en Autriche, et l'Autriche est également occupée par les nazis. Je n'ai donc pas pu éviter d'être mobilisé dans l'armée du Reich : c'est ce qui arrive maintenant à vos Alsaciens, mais j'ai dégoté une planque. Comme j'ai vécu presque toute ma vie en Italie du Nord, à Bolzano, je possède l'italien aussi bien que l'allemand. On m'a donc nommé professeur d'italien dans une école pour officiers allemands : l'Italie est l'alliée du Reich. J'étudie, quant à moi, le japonais : ainsi, quand nos officiers auront fini d'apprendre l'italien, je pourrai leur enseigner le japonais, pour qu'ils se conforment à l'une des clauses du pacte

---

* Voir page 72.

tripartite militaire Berlin-Rome-Tokyo. A mon avis, je dois en avoir encore pour dix-huit mois de tranquillité. Ensuite, je ne sais pas, et je devrai peut-être me faire à l'idée d'aller au front. Mais c'est très dur, tu sais, non seulement à cause des hivers épouvantables mais, surtout, à cause des ordres imbéciles d'Hitler qui se prend pour un grand stratège, alors que c'est un dingue. Mais personne, en Allemagne, n'ose se mettre à la tête d'un mouvement qui abattrait ce fou. Nous ne pouvons plus gagner la guerre mais il n'y en a qu'un seul qui ne le comprend pas, c'est Hitler lui-même. D'où les boucheries inutiles, et les massacres de toute espèce.

— Reprends de ce plat de pâtes, tu as encore droit à la valeur d'une cuillère à soupe. Dis-nous où tu enseignes, mon cher professeur.

— L'école est établie près de Berlin, dans une aile du camp d'Oranienburg. Un lieu sinistre qui abrite ou, plutôt, qui contient dix mille internés, répartis dans des ateliers gigantesques.

Les bras nous en tombent. Se peut-il que mon copain vive si près des lieux où est mon père ? N'y aurait-il pas un moyen, je ne sais lequel, de l'aider ?

Ce soir-là, la conversation, par prudence de notre part, n'alla pas plus loin ; mais Reinhold avait l'air de plaire à Irène. De son côté — c'était clair — elle ne le laissait pas indifférent. Ils sortirent le lendemain soir dîner au restaurant. Il nous la ramena à minuit tapant, juste avant le couvre-feu, ce qui évitait à ma sœur tous les ennuis possibles.

— Comment le trouves-tu, ma chérie ?

— Tout à fait charmant ; de belles dents ; de belles mains.

Je sentais qu'Irène était touchée. Nous discutâmes longuement des différences profondes entre les Autrichiens charmants et les Allemands à œillères. Le jour suivant, ils allèrent enfin visiter Versailles : Reinhold y tenait ! Il l'emmena aussi danser et, ce soir-là, ils ne revinrent qu'assez tard. De fil en aiguille, leur amitié grandissait. Au bout d'une petite semaine, alors qu'il partageait avec nous une boîte de filets de maquereaux et du pain de la veille, il nous demanda, au détour d'une phrase, des nouvelles de notre père. J'hésitai. N'y avait-il pas un risque, aussi minime fût-il, de nous jeter tous ensemble, en parlant, dans la gueule du loup? Mon camarade était peut-être un provocateur. Ma sœur me dit, agacée, courroucée, pour une fois en russe : « Imbécile ! Qui peut-il bien provoquer? Que pourrait-il faire de contraire à nos intérêts, à ceux de papa ? Strictement rien. La situation est claire : il nous aime bien. »

J'eus donc avec lui une conversation sur le fond. Pouvait-il se charger d'un colis? L'école d'italien pour officiers allemands était si près des ateliers des avions Heinkel qu'il trouverait, je l'espérais, un moyen de communiquer. Reinhold resta un bon moment sans rien dire, puis il demanda :

— Combien de langues parle ton père ?

— Une flopée. Le français, le russe, l'allemand, l'anglais et plusieurs langues slaves car il a été, juste avant son mariage, correspondant de presse pendant la guerre entre la Bulgarie et la Turquie, du côté bulgare. Pourquoi demandes-tu cela ?

— J'ai mon idée, figure-toi. Nous sommes jeudi. Ma permission se termine et je dois repartir demain pour Berlin et Oranienburg. Je ne me chargerai pas d'un colis, mais j'aurai peut-être beaucoup mieux à vous offrir. L'administration allemande est renommée pour sa rigueur, pour sa méticulosité, mais je sais, moi, qu'il y a des failles.

— Sur quels points, par exemple ?

— Les responsables ne sont pas toujours suffisamment curieux des choses. Ils sont persuadés que tout doit marcher comme sur des roulettes, que personne ne désobéit jamais, qu'aucun ordre n'est transgressé ; voilà qui laisse le champ libre, parfois, à des initiatives personnelles. Bref, j'ai une idée. Je vous appellerai au téléphone jeudi prochain au plus tard.

Ma sœur était subjuguée par ce dynamique garçon au sourire aimable, et qui venait de nous donner de l'espoir, un espoir que d'ailleurs ni ma mère ni nous deux ne parvenions à définir. Peut-être, espérait maman, pourrait-il changer quelque chose à la condition de mon père dans le camp, lui trouver une place d'interprète à un autre échelon que l'infirmerie ? C'est vrai : Reinhold avait paru fort intéressé par les langues que j'avais citées. C'est de ce côté-là que se trouvait l'explication. De toute manière, l'attente ne serait, maintenant, plus très longue, et nous recevrions un coup de fil.

Nous contrôlions mal notre nervosité. Les heures se traînaient. Même au magasin, ma mère était distraite, comme absente, oubliant les gestes élémentaires de son métier. Il lui venait au visage des rougeurs subites. La semaine s'effilocha ainsi, jusqu'au mercredi soir. Très tard, et alors que nous allions nous coucher, le téléphone sonna. C'était la voix, lointaine et peu distincte, de notre ami.

— Léon ? Je t'annonce pour après-demain une surprise heureuse.

— Qu'est-ce que c'est ?

— Tu verras bien. La plus heureuse des surprises. Je te quitte : ça bombarde de tous les côtés.

Ce soir-là, en effet, Berlin avait à supporter un bombardement très violent. Nous étions en 1943. L'aviation anglo-américaine possédait la maîtrise presque absolue de l'espace et les grandes villes allemandes subissaient des punitions quotidiennes. La balance des forces avait totalement tourné grâce à l'industrie de guerre des États-Unis. Mais, de quelle surprise heureuse Reinhold avait-il voulu parler ? Pourquoi était-il resté si vague au bout du fil ?

Son coup de téléphone était du mercredi soir. Jeudi, rien. La journée n'en finissait pas. Impuissant à calmer le fourmillement de mes nerfs, je me rendis aux courses de chiens, à Courbevoie. J'en avais compris les grosses ficelles, établi une classification précise des cent meilleurs lévriers et j'étais plutôt gagnant. Je revins en fin d'après-midi au magasin.

— Toujours rien, maman ?

— Rien. Mon cœur éclate.

Plus tard, à la maison, cette soirée-là fut pour nous un ravage. Qu'est-ce que mon ami avait pu réussir pour améliorer le sort de notre prisonnier ?

A 7 heures du matin, le téléphone sonna.

— Allo ?

— C'est toi, Loula ?

Ma main trembla ; mon cœur chavirait. J'avais reconnu la voix tant aimée. Pendant un court instant, les murs tournèrent. Ni ma mère ni ma sœur n'avaient entendu la sonnerie.

— C'est toi, reprenais-je, c'est toi ? Mais d'où me téléphones-tu donc ?

— De Meaux.

— Comment ça ? Comment peux-tu être à Meaux ?

— Je t'expliquerai. J'abrège, parce que le train de banlieue part dans cinq minutes. A tout à l'heure. Comment est maman ?

— Je vais l'appeler.

— Garde-t-en bien. Je n'aurais plus le temps de lui parler. A tout à l'heure.

— Mais, je vais aller te chercher gare de l'Est ?

— Non. Ne me pose plus de questions. Je t'embrasse tendrement.

Comme d'instinct, ma mère et Irène s'étaient levées ; je leur redis, plusieurs fois, mot à mot, ce coup de fil invraisemblable, et cette chose encore plus surprenante : notre absent était tout près de Paris. Bientôt, il serait là !

Quatre grandes heures après, il nous revenait. Amaigri, presque squelettique. Il avait cinquante-trois ans : il en paraissait soixante-dix. Nous l'étouffâmes de baisers. Puis il raconta :

« Avant-hier, vers midi, j'ai été appelé dans le parloir du chef adjoint du camp d'Oranienburg. C'était la première fois. J'en tremblais. Avait-on découvert mon manège ? J'avais l'habitude de dérober, par-ci, par-là, une petite part des portions de soupe et de viande de nos surveillants allemands, pour améliorer l'ordinaire des déportés malades. S'en était-on aperçu ? Où allait-on m'envoyer ? J'entrai, perclus d'angoisse, dans le bureau. Je remarquai alors un sous-officier blond, bien mis : votre Reinhold. Je n'avais jamais entendu parler de lui. Je ne me souvenais même pas que toi, Loula, tu l'avais eu comme camarade à Londres ; cela m'était complètement sorti de la tête et, d'ailleurs, comment aurais-je pu deviner que c'était lui ? Le chef de camp adjoint me demande, mais sans aboyer : “ *Häftling* (détenu) Romain Zitrone ? Vous partez. Vous nous quittez. Vous suivez le sous-officier. Allez enlever votre tenue rayée du camp et vous mettre dans vos habits civils. Vous les trouverez à l'entrepôt B. Vous avez dix minutes pour reparaître ici. ” Reinhold avait une attitude stricte, sans complaisance aucune. J'essayai de lire sur son visage mais je ne réussis pas à trouver ses yeux. J'allai à l'entrepôt ; on me remit les vêtements dans lesquels j'avais été arrêté ; vous voyez : je flotte dedans... Je pense avoir perdu une quinzaine de kilos. »

A ce stade du récit, ma mère, qui s'était longtemps contenue, éclata en sanglots. D'abord rauques, assez longs, profonds, presque un peu sourds, ils devinrent plus aigus, plus douloureux, plus saccadés.

« Ma chérie, ma chérie, mes chéris », reprenait mon père... et je me rendais compte qu'il fallait le laisser continuer son récit, sinon il sombrerait de joie.

« Je revins donc, en civil, vers le bureau où m'attendait Reinhold. Nous sortîmes d'Oranienburg dans une vieille petite voiture qu'il conduisait. Quand nous fûmes assez loin, il m'expliqua tout : sa rencontre avec vous à Paris, la semaine dernière ; son plan pour me faire libérer ; le stratagème qu'il avait employé et qui était simple. Mais les Allemands se croient si bien organisés, ils sont si déférents à l'égard des ordres qu'ils ne pensent jamais que d'autres puissent “ imaginer un truc ”. Reinhold, dès son retour de permission, avait rendu visite à un de ses amis, qui dirige à Berlin un grand service d'interprétariat au ministère des Affaires étrangères. Il lui proposa : “ As-tu besoin de quelqu'un parlant une dizaine de langues ? ” L'autre répondit : “ Ce serait une aubaine. ” “ Alors, poursuivit Reinhold, veux-tu me marquer sur un papier à en-tête que le citoyen français Zitrone Romain est affecté chez toi à partir du 18 ? Mets un tampon. Ça sera mieux. ”

« L'autre le fit immédiatement, mais (et cela, Reinhold l'avait prévu) sans poser la question de savoir en quels lieux, dans quel autre organisme je pouvais bien me trouver ! Reinhold, muni de cette pièce “ d'affectation ”, s'était alors rendu au camp d'internement pour la montrer à qui-de-droit, et qui-de-droit ne se posa pas non plus la moindre question sur la manière dont ma mutation avait été décidée. Il avait, sous sa coupe, des dizaines de milliers de prisonniers : un de plus, un de moins, qu'est-ce que cela pouvait faire ? Le papier qu'on lui mettait sous le nez était formel : j'étais affecté aux Affaires étrangères. Comme l'Allemagne regorgeait de travailleurs venus soi-disant

“ librement ” d’innombrables pays occupés, il ne parut nullement curieux à l’administration du camp qu’on eût besoin de moi ailleurs. On me laissa donc partir sans l’ombre d’une hésitation. »

Papa poursuivait :

« Je dois en principe commencer mon travail au ministère dans quelques jours. J’ai dormi, avant-hier, dans le petit studio que possède Reinhold en ville. Il m’a donné de l’argent. Hier soir, j’ai pris, le plus simplement du monde, un billet pour Paris. Comme Berlin venait de subir un bombardement terrible (c’était un spectacle merveilleux et poignant), les trains ne partaient plus des gares centrales, mais des stations de banlieue. Reinhold m’a conduit jusqu’à “ la mienne ”. J’ai présenté ma fameuse “ affectation ” au guichetier, qui m’a paru avoir beaucoup d’autres chats à fouetter que de contrôler des papiers officiels. Il lisait : “ Ministère des Affaires étrangères ” ; je lui dis, vaguement, que j’allais passer une permission à Paris. Il me tendit un billet sans problème. Reinhold me mit dans un wagon de première du Berlin-Paris. Je suis entré, tout bonnement, dans un compartiment vide, fourbu, vanné et me suis endormi d’un sommeil de plomb. Je savais que s’il y avait des contrôles, j’avais de quoi justifier ma présence dans le train, puisque je n’étais attendu à Berlin que quelques jours après : nous n’étions que le 12. Mais personne ne me réveilla, sinon le haut-parleur qui annonçait : “ Châlons-sur-Marne. ” J’avais dormi près de dix heures d’affilée, passant la frontière dans mon sommeil. D’ailleurs, une frontière en territoire occupé militairement, ça ne signifie pas grand-chose. Mais en réfléchissant, je me dis qu’il y aurait, sans doute, des contrôles plus stricts de la police française à l’arrivée du train en gare de l’Est. C’était donc là un risque à ne pas courir. C’est pourquoi je suis descendu à l’arrêt de Meaux. Je vous ai téléphoné d’un bistrot. Moi aussi, mon Loula, j’ai failli m’évanouir de bonheur en entendant ta voix. Puis, j’ai pris un billet Meaux-Paris. J’ai quitté la rame de banlieue, par prudence, à Pantin, et de là, j’ai marché à pied pendant plusieurs kilomètres, jusqu’à la première station de métro. Me voilà. »

Et tout le reste de la journée, le cher absent revenu nous avait raconté la vie du camp, les appels féroces, le matin, sous la bise qui se lève dans les plaines de Prusse et qui taillade les chairs, les coups de matraque, les punitions diverses, les chiens dressés à tuer, tout ce monde concentrationnaire effroyable ; et cette faim sauvage, torturante, permanente, jamais apaisée. Mais nous nous rendions compte, par-delà son récit, que dans son camp l'existence avait été un peu moins affreuse que dans d'autres : on y assemblait des avions pour l'armée de l'air, et il ne fallait pas trop faire souffrir les internés. De plus, on n'y avait vu que peu de SS.

Pourquoi Reinhold avait-il couru le risque de faire sortir mon père ? D'abord, parce qu'il s'était épris de ma sœur ; ensuite, je pense, pour faire la nique à un régime qu'il jugeait détestable ou, comme il me le dit lui-même : « Pour la paix de ma conscience. »

Je ne pense pas que beaucoup de Français soient sortis des camps d'une manière semblable. Mais qu'allions-nous faire maintenant ? Mon père ne voulait surtout pas repartir pour Berlin, en qualité de « travailleur libre ». Nous connaissions des gens à Valenton, près de Villeneuve-Saint-Georges, à l'arrière de la nationale 6. Nous irions nous cacher là-bas. La guerre ne pouvait plus durer très longtemps. L'Allemagne reculait sur tous les fronts. Il suffirait de subsister, comme on pourrait, dix ou douze mois. La teinturerie, où ma mère et moi nous n'apparaîtrions plus, devrait pouvoir d'une manière ou d'une autre nous donner, grâce à des employées dévouées — les sœurs Halutine — de quoi vivoter pendant l'année à venir. Bref, nous partîmes nous cacher au milieu des cultures maraîchères et des pruniers.

C'était à deux ou trois kilomètres de la gare de Villeneuve-Triage, un nœud ferroviaire au trafic très dense et qui était l'objet, plusieurs fois par semaine, de bombardements intensifs de la part des Alliés. Débordés par l'obligation de rafistoler les installations détruites, les autorités du coin ne pouvaient pas se payer le luxe de contrôler tous les citoyens qui vivaient dans la région. Mon père, lui, par son « liant », son charme retrouvé, son aptitude extraordinaire à se faire des amis, devint très vite copain-copain avec le secrétaire de mairie. Nous n'eûmes pas de problèmes majeurs de ravitaillement : les vergers donnaient à plein, les reines-claudes auraient une chair ferme et sucrée.

Reinhold allait, au contraire, avoir des ennuis considérables. Au bout de quelques jours, son copain des Affaires étrangères lui demanda où était l'oiseau rare archipolyglotte affecté à ses services. Reinhold déclara qu'il avait sans doute disparu dans le bombardement de Berlin. Une enquête fut ouverte. Sans pouvoir rien prouver, le ministère se fâcha et, de fil en aiguille, notre ami perdit sa planque de professeur d'italien. On l'affecta dans une unité combattante.

Pendant un an, nous n'eûmes plus de nouvelles de lui. Après le débarquement allié de juin 1944, je devins officier de liaison français auprès de l'armée américaine, dans une division chargée de surveiller leurs lignes de communication et les dépôts de carburants. Ces lignes s'étendirent de Normandie jusqu'à Paris d'abord, puis jusqu'au Rhin, puis jusqu'au cœur du territoire ennemi. Je n'ai accompli aucune action d'éclat. Je n'ai jamais été un héros, mais je servais avec attention et plaisir. Là, je passai sous-lieutenant, lieutenant, et fus proposé comme capitaine à titre temporaire.

Démobilisé trois mois après l'armistice, vers août 1945, je reste « dans le civil » avec les Américains, des Mormons de Salt Lake City qui installent une mission place Malesherbes à Paris, et veulent, auprès d'eux, des gens de confiance.

Novembre 1945 : six mois après l'armistice, nous recevons une carte de Reinhold. Il est, à son tour, interné. Son régiment a été encerclé durant les derniers combats par des troupes italiennes. Les Italiens, en effet, se sont finalement rangés du côté des Alliés. Après la bataille, ils ont effectué un premier tri parmi ceux qu'ils ont raflés, et interné deux mille hommes qui, protestant qu'ils ne sont pas des Allemands, portent néanmoins leur uniforme ; cela, en attendant de faire éclaircir leur situation.

Notre ami se trouve, depuis l'armistice, dans un camp

qui porte un bien joli nom : *Centro raccolta profughi stranieri*, au nord de la péninsule, non loin de Modène. Reinhold demande, dans sa carte, que nous « fassions quelque chose pour lui » et donne, à tout hasard, l'adresse de son beau-frère (le mari de sa sœur) Vittorio Rosina, à Bolzano, espérant qu'en joignant nos efforts nous pourrons arriver à un résultat.

Les communications restant encore difficiles, nous mettons un moment pour prendre contact avec Vittorio. Il est convenu que je me rendrai avec lui à Rome pour essayer d'obtenir d'une administration centrale la libération de Reinhold.

Je me munis d'une lettre de recommandation des autorités américaines de Paris, disant qu'il serait excellent de m'aider au maximum, et je prends le train pour Turin où j'ai rendez-vous avec Vittorio. Celui-ci, disert, rougeaud et sympathique, m'attend sur le quai. Mais comment nous expliquer ? Il ne sait ni le français, ni l'anglais ; mon italien est désastreux. Nous devons donc converser en allemand. Dans l'Italie libérée et qui affiche très haut et très fort ses convictions antigermaniques, ce n'est pas une affaire simple. Dans la rue, nous parlons bas. Encore qu'une fois ou deux des gens tournent la tête sur nous. Je prononce alors très vite des mots d'anglais et leur curiosité s'arrête là. Mon entretien avec le beau-frère n'avance pas. C'est agaçant.

Le froid devient cinglant, le vent se déchaîne sur la ville, le thermomètre bat des records de baisse. Nous entrons dans un cinéma, mais la salle n'est pas chauffée. Je claque des dents. Nous ne réussirons, Vittorio et moi, à discuter d'une manière suivie que dans notre chambre d'hôtel. Nous sommes rapidement du même avis : il faut poursuivre notre voyage vers Rome, et là, par l'ambassade de France ou par la mission militaire française, je commencerai mes investigations. Auprès des autorités italiennes, Vittorio me servira d'interprète.

A Rome, il fait grand soleil. L'air du temps est à la gaieté chez ce peuple qui oublie vite ses plaies. Les rues sont folles d'animation, et les petits cireurs, les *sciuscia* que va populariser le cinéma, font des affaires en or, à coups de grands éclats de rire et d'interrogations cascadantes. Les terrasses de café bourdonnent de monde. Déjà, si peu de temps après la fin des hostilités, l'*espresso* des bistrots est redevenu très bon ; les pâtisseries s'amoncellent dans les assiettes posées sur le zinc. Je trouve l'atmosphère bien plus allègre qu'à Paris. Je découvre Rome avec admiration et respect. J'en connais l'histoire, mais je suis trop préoccupé pour la déguster comme il convient.

Mon séjour là-bas ne sera d'abord qu'une longue errance. Je vais de bureau en bureau, de mission diplomatique en mission diplomatique. A l'ambassade de France, je sens très vite qu'on ne m'aidera pas : il n'y a aucune raison de donner satisfaction à un jeune Français qui parle de faire libérer un ancien combattant ennemi ! J'ai beau expliquer qu'il s'agit d'une dette profonde de reconnaissance, on m'oppose des raisons sereinement administratives.

Chez les Américains, on me reçoit plus aimablement. Hélas ! on m'y déclare : « Nous ne pouvons rien. Le camp où se trouve interné votre ami dépend des autorités italiennes, et d'elles seules. Or, ce pays est redevenu notre allié ; c'est, par convention et par conviction, un État indépendant ; le fait que la péninsule ait été libérée par les Américains, les Britanniques et les Français réunis n'enlève rien aux certitudes italiennes. Adressez-vous donc directement à eux, par exemple au ministère de la Défense. »

Effectivement, les Italiens sont jaloux de leur indépendance, et donc de leurs prérogatives. Je suis français ? J'ai une recommandation américaine ? Cela ne servira à rien.

— Il n'y a aucune raison, m'explique dans un bureau tout en marbre un haut fonctionnaire distingué et zézayant, de libérer cet interné. Qu'il s'estime déjà heureux de ne pas être traité en prisonnier de guerre. Il faut attendre, d'abord, le moment où tous les militaires originaires du Reich rentreront dans leurs foyers, après accord avec les deux Allemagnes, puis, l'on s'occupera des cas d'espèce, de ceux qui ne se sentent pas allemands.

— Mais, monsieur...

— Il n'y a pas de « mais », monsieur. Nous sommes chez nous. Nous faisons ce que nous estimons bon de faire.

Vittorio ne se tient pas pour battu. Il se lance, en italien, dans une explication sur un rythme effréné, ponctuée d'onomatopées et d'exclamations. Le fonctionnaire plie, d'abord, sous une telle violence verbale, puis, il se reprend et n'en démordra plus : Reinhold sera contraint d'attendre. L'homme m'est antipathique. Il tire, glacial, sur son fume-cigarette vide.

Que faire ? Rien, semble-t-il, sinon un repas solide, pour nous remettre le cœur en place. Mon compagnon, qui connaît bien Rome, m'emmène non loin de la via Veneto, Chez Panzone. Mon Dieu, que les Italiens, en toutes circonstances, parlent vite ! Je dévore deux portions de ces pâtes longues et plates qu'on nomme *fettucini* en romain. Mais, dès que la faim est soulagée, ma préoccupation me taraude à nouveau. Comment est-il possible que je ne puisse rien pour Reinhold ? Il n'est pas allemand, il a été mobilisé de force ; il n'a pas été nazi, à beaucoup près ; il vivait, normalement, en Italie, et il a sorti mon père du trou.

Le lendemain, un peu requinqué par la nuit, je retourne, seul, au ministère. L'homme suce toujours son fume-cigarette vide, comme s'il cherchait à redécouvrir, sans dommage, le goût oublié du tabac. Je plaide ma cause avec une extrême chaleur. Mon vis-à-vis — je le sens — est cultivé ; peut-être artiste mais, à nouveau, je me heurte à un mur.

Malheureux, nous déambulons dans Rome, Vittorio et moi, silencieux, et ce silence contraste avec l'atmosphère passionnée de la ville. En fait, Vittorio essaye, maintenant, de trouver deux places de train pour rentrer : lui, à Turin et Bolzano, moi, hélas ! à Paris, Gros-Jean comme devant. Mais l'on s'arrache les billets de chemin de fer. Il faudrait passer par le marché noir, mais nous hésitons à cause du prix.

Soudain, d'un trottoir à l'autre, quelqu'un me hèle en français : « Léon, Léon... » Je reconnais un très vieux camarade à moi qui fait de grands gestes amicaux des bras, Georges Sacerdoti. C'est un Italien mais qui a toujours vécu en France, un véritable Parisien. Turfiste assidu et connaisseur, il m'a appris mille choses dans le domaine des courses. Si je les aime, si je les comprends, c'est en grande partie grâce à lui. Seulement, en 1940, lorsque l'Italie avait finalement déclaré la guerre à la

France, Sacerdoti était devenu un « ressortissant ennemi » et il avait dû quitter Paris pour revenir chez lui, un « chez lui » qu'il ne connaissait pratiquement pas. « Que fais-tu à Rome, Léon ? »

Nous lui expliquons, Vittorio et moi, où nous en sommes, c'est-à-dire nulle part. Sacerdoti réfléchit et il se met à me poser mille questions sur Paris. Comment est la ville aujourd'hui ? Quelles sont les préoccupations des Français ? Est-ce que je peux aller aux courses de temps à autre ? Ensuite seulement il me livre le fond de sa pensée. « Je suis très lié avec le dentiste du pape Pie XII. Attends deux ou trois jours ; peut-être pourrai-je obtenir quelque chose. »

Je reprends espoir. Dans ces cas-là, on se raccroche à tout. Le surlendemain, je revois Sacerdoti : « Va au ministère de la Défense ; demande à nouveau le fonctionnaire que tu as vu deux fois ; il devrait se montrer plus coulant. Le dentiste du pape, dont la femme est professeur de français, est effectivement intervenu, après en avoir touché deux mots à des personnalités du Vatican. »

Abasourdi par l'intérêt qu'on me porte en si haut lieu et ravi, je retourne donc au bureau de marbre. Je sens que le monsieur distingué et zézayant me prend pour un horrible casse-pieds, qu'il souhaiterait pouvoir me le crier, mais qu'il se retient. Très vite, il annonce qu'il a deux permis d'entrer dans le camp d'internés de Fossoli di Carpi, deux permis de communiquer avec Reinhold. Il ne me fera aucun autre cadeau. Il est allé, j'en suis sûr, à l'extrême limite de ce que sa conscience d'antifasciste lui permettait.

Naturellement, je suis loin d'être heureux mais, pouvoir rendre visite à Reinhold, c'est quand même une satisfaction. Pour aller à lui, nous devons remonter de 600 kilomètres au nord, vers Modène, et le plus vite possible : le temps passe et le congé que j'ai pris va se terminer.

Le Rome-Milan est un train ultrarapide, avec un seul arrêt, Bologne. La ville de Modène, bien que située sur la ligne, n'est pas desservie par ce train-là. En quelque sorte, l'équivalent d'un Marseille-Paris, avec juste un arrêt à Lyon, alors qu'on aurait besoin de se rendre à Dijon. Les voyageurs prennent à Rome le rapide d'assaut. Il y a tant à faire dans ce pays, tant de ruines à relever, tant à reconstruire, que les Italiens se déplacent continuellement; surtout sur cette ligne-là, car la véritable capitale économique et industrielle de la péninsule, c'est Milan. Tout le monde a besoin de s'y rendre.

A force de supplications, de palabres, de pourboires, de cris, Vittorio, qui nous a fait arriver à la gare quatre heures avant le départ du train, obtient deux strapontins dans le couloir.

— Mais, dis-je, s'il n'y a qu'un seul arrêt, à Bologne, comment ferons-nous pour aller à Modène, et de là à Carpi, où se trouve notre prisonnier ?

— Ne vous en faites pas, Léon ; après Bologne, le rapide s'arrêtera.

— Mais, Vittorio, cet arrêt-là n'est pas prévu !

— J'ignore comment les choses se passent en France, mais dans ce pays-ci, il y a toujours des accommodements avec le ciel.

Le train, je dois dire, roule très vite pour l'époque. La nuit est tombée. Après une courte halte à Bologne, le Rome-Milan reprend de la vitesse. Soudain, Vittorio me souffle : « Mettez votre pardessus, refermez votre valise et allons nous poster à la portière du wagon. »

De fait, le train ralentit. Contre toutes les prévisions, contre tous les horaires de l'indicateur, il stoppe, effectivement, en gare de Modène. Nous sautons sur le quai, vide de voyageurs, et devant les seuls cheminots de service, médusés ; aussitôt, le train a redémarré vers Milan !

— Comment avez-vous manœuvré pour obtenir cette halte, Vittorio ?

— Il a suffi que je m'entende avec les hommes de la locomotive sur le montant du pourboire.

— Comment ? Un pourboire a eu raison de l'indicateur ?

— Mais ça a été vraiment un gros pourboire, mon cher Léon.

A Modène, la température est à nouveau très basse. Je n'aurais pas imaginé qu'il y eût tant de différence entre le Sud et le Nord. La nuit est noire ; les réverbères ne sont pas allumés. Nous cherchons, presque à tâtons, un hôtel. En somme, j'ai découvert une Italie bien différente des guides pour touristes ; mais les temps sont étranges. D'ailleurs, les événements depuis quarante-huit heures se sont succédé à une telle vitesse ! Mais, faire stopper un rapide à une gare non prévue par commodité personnelle, c'est quand même gros ! Je n'imagine pas la même chose en France.

A l'hôtel, un très vieil hôtel, et pour cause de restrictions d'énergie, la chambre est glaciale, plus encore que celle de Turin il y a huit jours. Les draps sont rêches, et le froid les rend humides. Heureusement, la patronne a toute une batterie de bouillottes de cuivre et elle bassine nos lits. Recru de fatigue, d'énervement et de surprise, je m'endors comme un bébé. On nous secoue à l'aube : un taxi nous attend. Je me demande quel pourboire Vittorio a encore dû sortir de ses poches ! Mais il est radieux : il aime beaucoup Reinhold ; il a épousé sa sœur ; il va pouvoir, enfin, le serrer contre lui.

Le stalag est situé dans une très petite ville à 20 kilomètres de Modène, Fossoli di Carpi. Le paysage est englué de neige. Il y a des congères sur la route. Je pense à mon père et à la neige qui tombait quand j'étais allé, pour la première fois, lui porter des vivres à Compiègne. Pourrons-nous vraiment rendre visite à Reinhold ? Ne va-t-il pas manquer, sur notre permission d'entrer au camp, un tampon, une signature ? Le militaire préposé au contrôle nous dévisage drôlement, et soupire : « Ah, Roma, Roma... »

Encore une demi-heure d'attente et voici Reinhold qui vient vers nous, les bras tendus, les mains ouvertes en signe de bienvenue, le sourire, son sympathique sourire aux lèvres. Il nous embrasse, l'un et l'autre. Vittorio lui raconte, moitié en allemand, moitié en italien, où nous en sommes. Quand il parle du pape, Reinhold est franchement étonné :

— Quelle histoire ! Est-ce qu'au bout du compte ça marchera ? Pensez-vous que je sois libéré bientôt ?

— En mettant les choses au pire, dis-je, je pense qu'il y en a pour six à huit mois. De toute manière, il me semble impossible qu'après avoir étudié le dossier de chacun, les autorités italiennes vous gardent très longtemps. Que comptes-tu faire ensuite ?

— Je ne sais, Léon, si Irène te l'a dit, nous avons l'intention de nous marier.

— Elle ne me l'a pas dit, mais ce n'était pas difficile à deviner. Si quelqu'un doit être admis de tout cœur dans la famille, c'est bien toi. Dois-je comprendre que tu souhaites, quand tu seras libre, te fixer à Paris ?

— Probablement. C'est ta sœur qui décidera. J'aimerais bien, par exemple, travailler avec ton père. Peut-être pouvons-nous, toi et moi ensemble, étendre vos activités, créer d'autres magasins. Mais je ne veux pas tirer de plans sur la comète : tout ceci me paraît, hélas ! encore lointain ; à Rome, on ne va examiner nos dossiers qu'au compte-gouttes. Vois-tu : d'un côté, au soleil, des bureaucrates bien habillés ; de l'autre, ici, deux mille personnes qui pèlent de froid. En tout cas, si je parviens à revenir à Paris, il va falloir que tu interviennes auprès de tes amis haut placés pour m'obtenir un permis de séjour. Or, j'ai toujours entendu dire qu'en France l'administration était tatillonne.

J'embrassai affectueusement Reinhold et, en le quittant, lui remis une lettre que ma sœur m'avait donnée pour lui, en souhaitant qu'il restât seul pour la lire. Quand nous partîmes, Vittorio et moi, il nous raccompagna de son sourire. Il y avait en cet homme quelque chose de lumineux, de tendre, qui attirait l'affection.

Reinhold devait être libéré un peu plus tôt que je ne l'avais prévu. Lorsqu'il arriva à Paris (c'était la première fois depuis son fameux séjour de 1943), je me rendis avec lui à la Préfecture de police pour lui obtenir l'autorisation de résider et de travailler en France. J'avais rédigé, auparavant, une note détaillée pour le cabinet du préfet (où j'avais gardé quelques amitiés depuis l'époque de mon passage auprès des Américains).

— Monsieur, dis-je au chef de bureau, voici M. Reinhold Boehm qui souhaite obtenir le moyen de vivre légalement en France. Il se propose d'épouser ma sœur qui est, comme moi, française.

— A quel endroit votre futur beau-frère est-il né ?

— Sur l'un de ces territoires que se sont longtemps disputés plusieurs pays. L'Autriche, la Tchécoslovaquie, en dernier lieu l'Allemagne.

— Mais, dans ces conditions, sous quelle nationalité allons-nous l'inscrire ? C'est cela le plus important pour nos dossiers.

— Pourquoi pas comme autrichien ? Il est né, de toute manière, sur le territoire de l'ex-Double Monarchie.

— C'est-à-dire ?

— L'ex-Autriche-Hongrie, celle d'avant 1914.

— Cette notion ne nous est pas familière.

— Pourtant, il est venu au monde dans une ville de Bohême, et la Bohême était une province à part entière de l'Empire austro-hongrois.

Brusquement, je me rendis compte que j'avais commis là une erreur psychologique grave, avec mes précisions d'histoire et de géographie. Le chef de bureau écarquilla les yeux. Qu'est-ce qu'un dossier où galope l'Histoire ?

— Où habitait M. Boehm dans le civil ? demanda-t-il.

— A Bolzano, en Italie.

— Je ne vois pas exactement où c'est situé.

— Dans l'extrême Nord du pays, non loin de la frontière (j'accumulais les maladresses).

— Quelle frontière ? reprit-il.

C'était désespérant. Je ne parvenais pas à expliquer à cet homme simple, à ce petit fonctionnaire, pourtant bien disposé, des choses qui me paraissaient évidentes. Je décidai de lui raconter toute l'affaire. Peut-être le toucherait-elle ? Il parut fort intéressé, mais il demeurait toujours méfiant.

— Ne serait-ce pas plus logique d'inscrire simplement sur les papiers : Allemand, puisque ce monsieur vient d'être libéré comme prisonnier ? Nous ne sommes plus en état de guerre ; et puis, ça nous évitera de finasser.

— Gardez-vous-en bien, monsieur, ce ne serait pas juste. Mon futur beau-frère a été mobilisé de force dans les troupes du Reich, un peu comme les Alsaciens-Lorrains, excellents Français, ont été malgré eux ramassés et intégrés par la Wehrmacht.

Le chef de bureau perdait pied. Il n'était là que depuis peu de temps. Auparavant, il avait beaucoup servi en Afrique du Nord, me dira-t-il. Toutes ces notions d'Autriche-Hongrie, de Bohême — des contrées inconnues de lui — dépassaient son entendement. Au bout d'un certain temps, il me redemanda :

— Vous avez parlé de Bohême. Peut-être pourrait-on mettre sur la carte de séjour : Bohémien.

— Cher monsieur, la Bohême n'existe plus. Le mot bohémien a un sens péjoratif et il ne correspond à rien.

L'autre levait les bras au ciel, complètement perdu.

— Cependant, continuai-je, dans ce que vous dites, monsieur, il y a une grande part de vérité. La Bohême, c'était une partie de la Tchécoslovaquie...

— Monsieur, supplia-t-il, je finis par ne plus rien comprendre. Je vais abandonner, et rendre compte à mes chefs.

— Pas avant, s'il vous plaît, d'avoir rédigé la carte de séjour. Reprenons. M. Boehm veut bénéficier d'un droit d'asile ; sa terre natale a été, pendant un temps, sous contrôle tchécoslovaque. Pourquoi ne mettriez-vous pas, tout simplement, nationalité tchécoslovaque ?

— Alors, monsieur, pour vous être agréable, je vais mettre sur la carte d'identité : asilé tchécoslovaque.

— Bravo, cher monsieur, et mille compliments : vous avez résolu le problème.

C'est ainsi que Reinhold obtint une jolie carte de séjour et un permis temporaire de travail, sous une nationalité parfaitement inventée ! Mais l'important, c'était qu'on eût les papiers indispensables, sans lesquels mon ami ne pourrait rien espérer dans une France encore très mal disposée à l'égard des étrangers — surtout d'Europe centrale.

Peu de temps après, on célébra à Paris, en l'église orthodoxe de la rue de la Faisanderie, son mariage avec Irène. La cérémonie dura longtemps. Je tins pendant toute la durée du service une couronne au-dessus de la tête de ma sœur, comme le veut le rite. Elle avait beau, cette couronne, n'être que symbolique, trois heures à bout de bras, ça pèse. Irène et Reinhold étaient enfin unis après tant de péripéties.

Mon beau-frère essaya, de toute sa bonne volonté, de prendre sa place dans les magasins de mon père qui, depuis la fin de la guerre, en possédait deux, puis trois. Mais il ne put jamais se faire aux obligations innombrables d'un petit commerce et, malheureusement aussi, sa connaissance du français ne s'améliorait pas vraiment.

Le couple décida alors de repartir pour Bolzano, où Reinhold avait toujours vécu, et où il retrouverait sa propre sœur et son beau-frère Vittorio Rosina. Irène suivit son mari avec espoir. Mais, pour dire les choses simplement, son beau-père lui reprochait de se maquiller, de mettre du rouge à lèvres, et englobait toutes les Françaises dans sa réprobation. Bref, elle ne se fit pas à la vie italienne. Elle la supporta pendant quelques semaines, en prenant beaucoup sur elle-même, puis l'humeur se gâta.

Reinhold ne voulut pas revenir à Paris pour un nouvel essai. Irène attendait, maintenant, un enfant de lui, un fils, qui sera mon neveu Robert. Étant enceinte, elle en arrivait à vomir du matin au soir, les réactions naturelles étant aggravées par les odeurs d'une cuisine pour elle abominable. Je lisais ses lettres, pleines de petits détails quotidiens malheureux, et je songeais à cette extraordinaire aventure qu'avaient formée les événements d'Oranienburg et de Fossoli di Carpi. Nous avions supporté tout cela avec courage, mais maintenant, tout achoppait sur une mésentente conjugale et l'odeur d'huile d'olive.

C'était affreusement triste, mais c'était comme ça. Elle repartit donc pour Paris, faire ses couches, tandis que son mari restait sur place, à Bolzano, où il avait recommencé à travailler. Certes, il vint pour la naissance du bébé, mais un peu plus tard. Finalement, ils se sépareront, puis divorceront. L'amour était passé. Irène n'oubliera jamais son mari, même si, dans sa propre vie, elle tentera de prendre des chemins de traverse.

Notre reconnaissance envers Reinhold demeure entière. Aujourd'hui, après quarante-cinq ans, je la ressens encore, mais le regard qu'échangèrent mon père et lui, lorsqu'Irène et son mari eurent résolu de divorcer, fut un très long et curieux regard, chargé d'affection, de regrets immenses, et d'incompréhension.

Eh oui, il avait sauvé mon père ; eh oui, j'avais réussi à abréger sa captivité de plusieurs mois. Tout était réuni pour que nous fussions une famille heureuse. Nous ne l'avons pas été, du moins pas sur ce plan-là.

Reinhold vit encore. Sa seconde femme est charmante. Nous nous voyons de loin en loin, quand je passe par Vienne. Lorsque mon ex-beau-frère et son épouse sont à Paris, ils descendent chez moi. Nous avons perdu Irène en 1971. C'est elle qui est partie la première de tous. J'en ai été profondément attristé.

Lorsque, en 1943, après le retour de mon père, nous étions partis pour Valenton, nous avions loué notre appartement au membre d'une commission de contrôle de la Croix-Rouge internationale. Il avait été convenu avec lui que ma mère viendrait toucher le loyer toutes les huit semaines. Une fois, deux fois, les choses se passent bien et elle perçoit l'argent.

En avril 1944, elle arrive à nouveau rue de la Tour. La concierge est absente, sa loge fermée. Or, les Allemands ont envahi l'appartement, à la recherche de mon père, sur la plainte du ministère des Affaires étrangères de Berlin. Ma mère ignore totalement qu'ils sont là-haut. Une seule personne les a vus monter : la locataire du rez-de-chaussée. Elle voit passer ma mère et elle ne l'avertit pas. Plus tard, à la Libération, je lui demanderai pourquoi.

— Pourquoi diable n'avez-vous pas dit à ma mère, quand elle s'est engagée dans l'escalier qui prend juste devant votre porte, qu'il y avait aux étages un commando d'Allemands ? Vous le saviez, puisque votre porte était entrouverte sur le palier et qu'ils vous ont demandé si nous habitions bien au quatrième. Pourquoi vous êtes-vous tue ?

— Par discrétion, dira-t-elle. Certes, je savais que votre mère était locataire de l'immeuble, mais nous n'avions jamais été présentées. Nous ne nous étions jamais adressé la parole. Il aurait donc été indiscret de ma part de lui parler la première.

Comme quoi, la stupidité humaine n'a pas de limites... Bref, ma mère s'engage dans l'escalier, et là, elle va se jeter dans la gueule du loup. Lorsqu'elle arrive au deuxième étage, elle entend une voix qui sans le moindre accent allemand crie : « Zitrone, Zitrone... »

Rien ne traverse l'esprit de ma mère ; elle n'a pas le moindre pressentiment de ce qui peut arriver ; elle crie à son tour : « Je suis madame Zitrone ; attendez, j'arrive. »

Il n'y a jamais eu d'arrestation plus facile. Je l'apprends en fin d'après-midi, ne l'ayant pas vue venir au rendez-vous que nous nous étions fixé. Je fonce à Valenton, par le car. J'annonce à mon père la dramatique nouvelle. « Mon Dieu, fait-il en se passant ses longues mains sur les joues, mon Dieu ! » Il veut repartir pour Paris. Je lui montre qu'il ne va rien pouvoir arranger, que nul ne pourra intervenir utilement mais qu'il risque en revanche de se faire prendre.

Je vis, avec l'arrestation de maman, des heures semblables à celles que j'ai vécues quand on a arrêté mon père, à cette différence près que nous savons, maintenant, ce qu'est un camp de concentration. Papa s'entête : « Je veux y aller, pour qu'on me prenne et qu'on la libère. »

Comme c'est effectivement mon père qu'on recherche, ma mère restera quelques semaines à Drancy, en « instance de déportation » mais sans la subir. On lui avait annoncé que si son mari n'était pas retrouvé à la mi-août, elle serait envoyée en représailles en Allemagne à cette date-là. En vérité, le train de déportation qu'elle devait prendre était prévu pour le 18 août, mais le 18 août, ce fut l'insurrection de Paris contre l'occupant et ce train-là, par chance, ne partit jamais. J'ignorais, bien entendu, ce que devenait ma mère, mais j'avais réussi à savoir qu'elle s'était trouvée, un moment, à Drancy.

Par des négociations fort adroitement menées, le consul général de Suède à Paris, Raoul Nordling, arracha aux Occupants dont les armées étaient en déroute, et parmi d'autres promesses, celle d'ouvrir les portes des prisons et des camps. Tandis que débutait la bataille entre les insurgés et les troupes allemandes cantonnées dans la capitale, et alors que les FFI et les FTP commençaient d'en chasser la majorité des occupants, je partis en vélo par la Nationale 3 vers Drancy « récupérer » sa mère. Mais des soldats ennemis me firent descendre à Noisy-le-Sec et réquisitionnèrent mon vélo. Je marchai alors longtemps à pied, croisant dans les derniers kilomètres des « détenus » libérés et qui s'en revenaient à Paris. Je demandai, trois ou quatre fois : « Au camp, parmi les autres internés, connaissiez-vous une Mme Zitrone ? Elle est brune, dans les cinquante ans ? »

Une des personnes interrogées me dit qu'elle croyait qu'elle avait été déportée à la fin de juillet. J'aurais voulu marcher plus vite. Des vitres brisées jonchaient le sol. Ma mère, où était ma mère ? Je revoyais le doux, le fin visage, encadré par des fils d'argent. J'entrai dans le camp, la frousse au ventre. Il ne restait plus grand monde. Je mis pourtant du temps à la retrouver. Elle s'était donné jusqu'à 17 heures avant de quitter Drancy elle-même. « Mon chéri, je sentais, je savais que tu viendrais. »

Elle me donna son petit barda et nous revînmes à pied. Elle souffrait d'une crise d'entérite et dut s'arrêter fréquemment. Nous nous approchions de Paris à grand-peine. Pour tout dire, nous nous traînions. Mais un camion de ravitaillement nous prit pour quelques kilomètres. Il fut stoppé à plusieurs reprises, dont une fois par des soldats allemands qui cherchaient des armes.

La bataille pour la libération de la capitale s'était interrompue. Un armistice avait été signé entre les dernières troupes et les forces insurgées. Il ne devait pas être respecté. Pour moi, les débuts de la bataille pour Paris, ce fut d'abord le désordre, un méli-mélo ponctué de coups de feu et d'explosions de grenades. Tout dans la guerre semble toujours imprévu, improvisé. Vers 20 heures, nous trouvâmes à Pantin un téléphone et nous pûmes appeler mon père. Mes parents se parlèrent. Je m'éloignai de l'appareil, par une sorte de pudeur filiale.

J'ai donc vécu, deux fois dans ma vie, le retour des deux êtres les plus chers au monde.

Mes parents allaient vivre vieux. Ils eurent le temps d'élever les enfants de ma sœur : Christine et Robert, et de bien connaître mes trois enfants, avec lesquels, à mon grand regret, leurs liens ne furent pas aussi forts. Mais ma sœur vivait chez eux, et moi, je menais ma vie en toute indépendance.

Presque jusqu'à la fin, ils acceptèrent leur condition de petits commerçants. Ils s'étaient adaptés à cette existence. Mon père, vers ses quatre-vingt-cinq ans, perdit la mémoire des choses ; il devint « fugueur » ; il fallait se lancer à ses trousses et, quand nous le rattrapions, il ne voulait pas monter dans la voiture pour rentrer.

Ses trois dernières années, il les passa dans un hôpital à Aulnay-sous-Bois, près de Paris. J'allais souvent l'y embrasser, il me prenait pour son frère. Le jour où je lui annonçai la mort de ma mère, il ne comprit pas, et partit d'un long rire. C'est l'une des minutes de ma vie où j'ai eu le plus mal. Dans les dernières semaines, il se laissa mourir de faim. Il avait quatre-vingt-douze ans.

Ma mère vécut jusqu'à quatre-vingt-huit. Ses derniers mois ne furent pas sereins. Elle souffrit de maux divers. Le soir, elle réclamait à hauts cris deux comprimés pour dormir, au lieu d'un seul prévu par le règlement. Certaines fois, j'entendis de jeunes infirmières — et de moins jeunes — se ficher d'elle sans aucune discrétion. Pour reprendre une locution populaire, ça ne devrait pas être permis.

Pour sourire : Marcel Dassault

A Drancy, ma mère avait été « placée » chez un couple sortant de l'ordinaire : Marcel Dassault et son épouse Madeleine. Lorsqu'ils avaient été arrêtés, des interventions très puissantes permirent d'adoucir un peu leur sort. On leur alloua une pièce avec trois paillasses : deux pour eux et la troisième pour ma mère. Elle passa donc plusieurs semaines dans leur intimité, et chargée de faire le ménage ; non seulement pour eux, d'ailleurs, mais aussi dans d'autres pièces.

Vingt ans plus tard, vers 1964, Marcel Dassault, qui se souvenait parfaitement de tout cela, m'offrit de collaborer au magazine *Jours de France,* qui était son joujou favori. Je lui ai donné ainsi, pendant plusieurs années, un article hebdomadaire, « Les Dames du temps présent ». Nous commençâmes par Ludmilla Tchérina, qui continue à avoir superbement vingt-deux ans, puis vinrent Catherine Deneuve et sa sœur Françoise Dorléac (j'avais connu leur père, Maurice Dorléac, qui créa *Topaze* de Marcel Pagnol et le joua un millier de fois consécutives), Isabelle Adjani qui me réserva sa première interview, pendant que son papa, craintif, attendait devant la porte de mon immeuble, prêt à remonter à l'étage s'il le fallait ; Marlène Jobert, Sophie Marceau (la découverte personnelle de Marcel Dassault), Anne d'Ornano, aujourd'hui l'exquise maire de Deauville, Sophia Loren, dont le premier bébé me vaudra plus tard de sortir du placard, Maria Félix, la Mexicaine qui menait avec un sourire les hommes à la baguette, Christine Gouze-Rénal, championne de France de la production de bons films, épouse de Roger Hanin, et nombre d'autres charmantes.

Dassault était un homme exceptionnel. Comme concepteur d'avions, comme ingénieur de l'aéronautique, il fut, sans doute, le plus grand. L'homme privé était d'une bonté extrême, d'une constante générosité ; il avait aussi de l'esprit, avec quelques points faibles comme tout un chacun, et qui sont à l'origine des histoires drôles qu'on colporte sur lui.

Un jour, il voit entrer dans son bureau, vêtu d'un complet vert, un homme qui venait lui apporter un pli :

— Vous ignorez, monsieur, que j'ai horreur du vert ?

— Je l'ignore tout à fait, monsieur le président.

— Votre présence m'est insupportable. Quittez mon journal, passez à la caisse.

— Mais, monsieur le président...

— Il n'y a pas de mais ! Je téléphone au caissier pour qu'il vous verse 300 000 francs d'indemnités, 30 millions anciens.

— Bien monsieur, merci.

L'homme perçoit son argent à la caisse, puis il tourne les talons et s'en va. Au bout d'un moment, la comptabilité appelle le grand patron.

— Monsieur le président, sous quelle rubrique faut-il inscrire la somme que nous venons de verser à ce monsieur ?

— C'est fort simple : indemnités de licenciement.

— Je ne comprends pas très bien. Ce monsieur n'a jamais appartenu à notre maison.

— Alors, que faisait-il donc dans mon bureau ?

— Il venait vous remettre un pli personnel urgent de *France-Soir*...

L'histoire est vraisemblable...

En 1967, je me suis déjà fait un certain nom à la télévision mais je ne touche que 7 000 francs par mois. Le traitement n'est pas en proportion avec le travail. Or, Jean Farran, directeur de RTL, me propose, avec une amicale insistance, de quitter la télévision pour entrer à sa radio. Elle a pour président Jean Prouvost, l'homme qui a créé *Paris-Match*, le magazine rival de *Jours de France*.

On m'offre 30 000 francs par mois, trois millions. En 1967, c'est énormément d'argent. Mais j'adore la télévision et je ne peux pas l'abandonner de gaieté de cœur. Je vais demander conseil à Marcel Dassault, en lui contant mon histoire. Il réfléchit, puis, de sa voix un peu nasillarde :

— Mon big Léon, il vous arrive, au petit pied, ce qui nous est arrivé, à mon frère et à moi. Mon frère, c'était le général Dassault, grand chancelier de la Légion d'honneur.

— Président, je ne vois pas bien ce que je viens faire dans cette comparaison.

— Attendez. C'est lui qui, de nous deux, avait vraiment la grande gloire. En revanche, moi, j'ai un peu d'argent.

— Pardon, mais par rapport à RTL ?

— Attendez, big Léon, ne soyez pas impatient ! Vous avez à choisir entre la radio qui vous donnerait de l'argent, et la télé qui vous assure la gloire. Vous voyez : c'est la même chose.

— Sauf, monsieur le président, qu'il faut que je donne ma réponse dans les vingt-quatre heures.

— Alors, je ne peux rien pour vous, dit-il d'un ton de plus en plus nasillard.

Et, comme c'est un homme infiniment courtois, il me raccompagne à l'ascenseur, et appuie lui-même sur le bouton.

— Au revoir, président, dis-je, mais je pars aussi perplexe qu'en arrivant.

— Attendez : vous me dites bien que RTL, ça appartient à Jean Prouvost ?

— Oui !

— Combien touchez-vous, chez moi, par article hebdomadaire ?

— Mille francs, président.

— Eh bien, mon cher big Léon, je n'ai aucun conseil à vous donner mais, si vous choisissez spontanément de ne pas aller dans la station de Jean Prouvost, je vous double ici le montant de votre pige hebdomadaire. Voilà. L'ascenseur est à vous. Allez en paix.

Bien entendu, je suis resté à la télé.

En 1968, cela faisait quatre ans que je collaborais à *Jours de France*. Sur quoi, survinrent les événements de mai. A la télévision, la grande majorité des personnels fit la grève. J'en étais et vais bientôt m'en expliquer. Lorsque le travail reprit, je fis partie des punis et l'on me muta au service des sports. Je ne présentais donc plus le journal télévisé, et *Jours de France* crut n'avoir plus d'intérêt à publier des articles sous ma signature. Marcel Dassault m'appela :

— Léon, je vous mets en congé pour un an. La position que vous avez prise pendant la grève n'est pas acceptable pour mes amis et moi. Je le regrette vivement. Au revoir.

J'étais navré. Mis ainsi en disponibilité, je ne savais pas comment je joindrais les deux bouts. Je vécus une journée difficile, mais dès le lendemain, je recevais une lettre. « *Big Léon, vous mettre en congé ne signifie nullement que je vous renvoie. Vous toucherez donc votre chèque à la fin de chaque mois. Simplement, votre signature disparaît de* Jours de France. »

Voilà qui changeait bigrement la face des choses, et j'abordai mon purgatoire (à la télé et au journal) avec un tout autre moral. Le chèque, effectivement, me parvint à chaque fin de mois, pendant un an. Puis, le treizième mois, je ne le reçus pas ! La période de congé, payée à ne rien faire, était terminée. Je me sentais un peu amer. Une quinzaine de jours plus tard, je reçois une nouvelle lettre de Marcel Dassault :

« *Big Léon, vous reprenez vos articles dès la semaine prochaine.* »

Il avait marqué ainsi que c'était lui le patron, que rien ne m'était dû, mais il se montrait, comme toujours, beau joueur, me prouvant du même coup qu'il appréciait mon travail. C'était tout lui.

En 1980, je cherchais un appartement. Boulevard de Clichy, le propriétaire avait scandaleusement augmenté le prix du loyer et nous n'avions plus besoin, ma femme et moi (les enfants étant partis), d'être logés si largement. Mais l'appartement que Laura souhaitait acheter était trop cher pour nous. Pour des raisons psychologiques — et sans doute à tort —, je ne voulais pas demander de prêt bancaire. Dieu sait ce que les échotiers écriraient en apprenant que j'avais dû souscrire un emprunt : c'est que le secret professionnel des banques n'est pas toujours sauvegardé. Il me manquait donc 400 000 francs et je me résolus à les demander à Marcel Dassault.

— Très bien, big Léon, je vous les fais remettre immédiatement.

— Président, je vous remercie beaucoup. Quel intérêt ?

— C'est sans intérêt.

— Un tel prêt ?

— C'est votre question, mon garçon, qui est sans intérêt. Vous auriez dû comprendre que je ne vous compterais rien. Bref, nous avons à discuter de choses plus importantes. Je voudrais que pour la semaine prochaine vous prépariez l'interview de madame le ministre Untel.

Je regardai Dassault avec un certain étonnement. Que j'avais de la chance d'être dans les petits papiers de cet homme, de ce grand bonhomme qui cachait, sous une apparence d'indifférence et parfois de froideur, ce qu'on appelle un cœur d'or ! C'est vrai qu'il avait « les moyens » d'être gentil, mais il avait, par surcroît, la manière...

Je repris :

— A quel rythme souhaitez-vous que je vous rembourse ?

— Chaque semaine, je ferai retenir la moitié de vos émoluments.

— Alors, président, le remboursement sera long.

— Eh bien, big Léon, pour qu'il soit moins long, je ne vois qu'une solution : il faut que mon prélèvement sur votre salaire soit plus fort ; cela signifie, par conséquent, que je vous augmente. Comme ça, nous irons plus vite.

J'aurais voulu l'embrasser. Je restai un moment silencieux. Comment prendre congé de lui ? Un « merci » aurait paru banal. Il comprit ma gêne et me houspilla d'un ton brusque : « Allez donc toucher votre prêt, mon vieux ; sinon le caissier va partir. »

Toutes les semaines, et pendant plusieurs mois, la comptabilité ne m'envoya donc plus que la moitié de mon salaire, de ce qu'on appelle en termes de journalisme, « ma pige ». Ma dette diminuait, mais lentement. Nous avions acheté l'appartement. Nous y étions bien.

Or, *Jours de France* voulait changer de formule. On y cherchait des têtes nouvelles et bientôt Marcel Dassault, encore une fois, me fit venir. Au premier étage du 9, rond-point des Champs-Élysées, ses bureaux meublés avec beaucoup de goût et de luxe, dans une tonalité classique, un camaïeu de gris, m'ont toujours plu. Je ne détestais pas attendre un petit moment au salon pour pouvoir admirer aux murs des Cézanne et des Renoir, que l'éclairage mettait superbement en valeur. Sur quoi, j'entrai chez « le patron ».

— Big Léon, dit-il, vous ne ferez pas partie de ma nouvelle équipe. Moi, je prends de l'âge, mais je veux des gens plus jeunes autour de moi.

— Président, je vous dois encore une forte somme, 250 000 francs. Si vous ne m'employez plus, il ne me sera pas facile de continuer à vous rembourser.

— Eh bien, cette somme, vous ne me la devez plus. Je vous en tiens quitte. Ce sera mon cadeau de départ.

— Vous voulez dire, président, que vous m'abandonnez ce que je vous dois ?

— Mon big Léon, ce n'est pas ce que j'ai « voulu vous dire ». C'est, en fait, ce que je vous « ai dit ». J'ajoute que je vous aime bien. Mes fils et mes petits-fils aussi.

C'est ainsi, sur cette phrase un peu trop gentille, et sur ce cadeau somptueux, que prit fin ma collaboration à *Jours de France*. J'ai une vive reconnaissance pour le vieux monsieur qui, à quatre-vingt-dix ans passés, était si lucide, si compréhensif, si bon.

En 1988, j'ai recommencé à travailler dans le nouveau *Jours de France*.

Premier retour en arrière

La parenthèse sur Dassault m'a fait faire un bond en avant de quelques années. Je reviens en arrière reprendre le fil de mon récit.

En 1944, le surlendemain du jour où ma mère est sortie du camp, je me suis engagé volontaire pour la durée de la guerre. Le quartier général de l'unité formée par tous les jeunes volontaires du XVIe arrondissement se trouve... au lycée Janson ! Très vite, on va nous constituer en un bataillon, le 101/22. Nous participons aux derniers combats de rues. La détermination, le mépris de la mort des jeunes soldats allemands m'épatent. A un moment, rue Lapérouse, pour ne pas être tué, je tire, je tue un homme. C'est une sensation effroyable : comme cela, pratiquement à bout portant. Mais c'était lui ou moi ! Je fouille ce corps chaud, je trouve dans le portefeuille des photos de deux petites filles blondes. Je renverrai le tout à sa famille par la Croix-Rouge. La guerre est une infamie.

La tâche de notre bataillon est de surveiller les vastes dépôts d'essence mis en place par les Américains, en Normandie et en Ile-de-France. Nous dépendons du général Lee, commandant la zone américaine de communications, en abrégé la « Com. Z ». Le contact personnel avec les Américains, leur gentillesse simple, me ravissent. Je suis aussitôt de plain-pied avec eux. J'adore leurs grands éclats de rire, leur gaieté ; le sentiment de supériorité qu'éprouvent les *boys* leur vient de leur puissance formidable et non pas, contrairement aux nazis, de la déification d'une race supérieure. Deux manières très différentes de concevoir le monde : l'une me répugnait, l'autre m'enchante.

Quant à mon affectation exacte, c'est chaque fois la

même chose : dès qu'on s'aperçoit que je parle plusieurs langues, on veut que je sorte un peu du train-train. Me voici officier de liaison de mon bataillon auprès de la Military Police, où mon chef hiérarchique, le capitaine Adams, m'enseigne à jouer de la matraque et me montre langoureusement des photos de sa femme, Nilda, restée à Salt Lake City. Adams est mormon ; il ne prend ni café, ni thé, ni vin ; il ne fume pas ; les Mormons, contrairement à la croyance, sont des gens d'esprit puritain, sévères, mettant au-dessus de toutes les vertus la disponibilité la plus grande à l'égard du prochain. C'est lui qui créera la mission place Malesherbes.

Vient décembre, décembre 1944. Les Allemands, qui reculaient, se sont pour un instant repris. Le maréchal von Rundstedt, ayant réuni des troupes fraîches, contre-attaque dans les Ardennes. D'abord, les Alliés vont plier sous le formidable choc. Ils ont mal consolidé leurs lignes de communications. Ils avaient avancé trop vite.

A Paris, c'est la panique : l'occupant va-t-il revenir ? Que de massacres en perspective ! Le commandement américain édicte de prendre hâtivement des mesures de contrôle et fait distribuer chichement, à des « ayants droit », des laissez-passer de nuit : c'est qu'on a rétabli le couvre-feu ! la population est en transe.

La plupart de ces documents sont signés du capitaine Adams. Je me charge de les porter, très tard dans la soirée, à divers organismes américains, britanniques ou français qui en ont le plus urgent besoin. Mais je suis arrêté par une patrouille de la Military Police qui applique déjà les consignes de vérification, et qui me demande mon propre laissez-passer. J'en transporte sur moi plusieurs dizaines, mais j'ai oublié d'en prendre un pour moi. Palabres. Le ton monte très vite. On m'embarque, on m'emmène... à la Military Police d'où je venais, justement, de partir pour ma tournée. De formidables éclats de rire saluent mon retour. Je ne parviens pas à me mettre au diapason de cette joie. Je me mets en colère. Mais je m'aperçois, très vite, que je manque de vocabulaire dans l'invective. Alors mes Amerloques me donnent une leçon bien de chez eux qui me servira toute ma vie. Depuis ce soir-là, je sais dire les choses les plus crues, avec l'accent qu'il faut, comme du temps de mes études à Londres où j'avais enrichi mon vocabulaire aux poulaillers des théâtres.

L'offensive des Ardennes est enrayée. Les forces américaines et alliées continuent leur marche vers l'est, au cœur de l'Allemagne. Les dépôts d'essence et de munitions changent donc d'emplacement. On n'a plus besoin de gars comme moi. Me voici, pour un mois, dans une école pour jeunes officiers à Sceaux, près de Paris. On veut y vérifier nos connaissances, savoir si les galons qui ornent nos manches peuvent nous être laissés.

Un jour, dans mon quartier du XVIe où je suis venu passer quelques heures de détente, quelqu'un qui me connaît depuis ma pré-adolescence s'étonne en ricanant de me voir en tenue de lieutenant. Il fait une réflexion sur les « métèques ». Bagarre. Je le cravache et, pour conduite inadmissible, je vais être puni par la hiérarchie militaire.

J'ai d'ailleurs une autre casserole à mes basques. Étant avec les Américains, je possédais une carte de mess valable pour le Cercle militaire, place Saint-Augustin, dont j'ai fait trop largement profiter mes parents. Au sortir d'une période de rationnement sévère, je les emmenais au Cercle militaire et c'était un bonheur pour moi que de les voir manger des bonnes choses. Mais je n'avais pas tout à fait respecté les consignes. Les suites de cette très mince affaire et celles de ma bagarre dans la rue sont « réglementaires » : je suis mis aux arrêts de rigueur. Je devrai les purger à Draveil, non loin de Juvisy, en grande banlieue. Là, c'est un peu une prison. Un jour se passe, puis deux, puis trois. Le soir du troisième jour, le colonel m'appelle :

— Dites donc, jeune homme, vous parlez plusieurs langues.

— Oui, mon colonel.

— Est-ce que, par hasard, vous connaîtriez les courses ?

— Ma foi, oui.

— C'est parfait. A partir de demain, au lieu de rester bêtement ici aux arrêts, vous irez tous les après-midi dans la tribune des officiers alliés, à l'hippodrome d'Auteuil. Vous vous rendrez utile auprès des Américains, des

Britanniques et même, peut-être, des membres de la mission militaire soviétique, dont les bureaux se trouvent non loin du champ de courses. Ça vous va ?

Si ça m'allait ! Parmi les coïncidences qu'il y a eu dans ma vie, celle-ci est l'une des plus amusantes. J'irai donc à Auteuil, j'y passerai d'excellents après-midi, encore que j'aie interdiction de m'approcher d'une caisse.

Le 8 mai 1945, toutes les sirènes mugissent : c'est l'armistice ! La France délire de bonheur. La guerre est presque finie.

Je serai démobilisé trois ou quatre mois plus tard. Je me trouve trop âgé pour rester dans l'armée. Je vais avoir vingt-huit ans. Mes parents ont repris leur commerce. Je les aide. Ce n'est pas glorieux et je tenterai deux ou trois autres activités mais la chance n'est pas avec moi. Je ne fais rien de bon. J'erre.

Je n'ai de vrai goût pour rien. Bien sûr, je sens tout autour de moi que quelque chose de gigantesque a commencé : ayant pansé les blessures du monde, on va maintenant le reconstruire. Mais je reste, autant que possible, dans l'orbite de mes parents.

Un soir, à Saint-Germain-des-Prés...

Laura, ma femme

Elle a d'abord été le flamboiement d'une soirée d'automne, au goût d'été et de miel.

30 septembre 1948. Je venais de donner une conférence sur les droits du turfiste moyen, dans une salle de Saint-Germain-des-Prés. J'avais beaucoup parlé — péché mignon : j'avais soif, et il faisait beau. Mon confrère Emmanuel Ponchon, de *France-Soir,* qui venait de m'apporter une contradiction musclée, m'invita à prendre le verre de la réconciliation au Café de Flore. Le soir était encore chaud : la terrasse était pleine. Toutes les autres terrasses étaient pleines également ; de partout, le public des consommateurs débordait largement sur le trottoir.

Saint-Germain-des-Prés est un carrefour scintillant de lumières et d'esprit. Aux tables des cafés voici toute l'intelligentsia de Paris et de New York. Pour les sphères intellectuelles américaines, le chic, en ces années-là, c'est d'être à Paris. Hemingway a fait école. Tout ce qui, dans les deux villes, écrit, publie, va publier ou essaye de publier, et qui pour le moment reconstruit la planète encore en ruines à grands coups de gueule et de projets, est là. On s'interpelle par-dessus les tables sur tous les tons, sauf le ton agressif. Il n'y a aucune espèce d'hystérie : on est là, on est bien, on jacasse. Je ne réaliserai tout cela que les jours suivants. Là, je suis surtout saisi par le maelström permanent de lumières et de voix. J'ai l'impression de plonger dans deux océans, roulant des flots simultanés.

Mon confrère et moi nous asseyons près d'un groupe d'une douzaine de personnes parmi lesquelles je remarque surtout une Anglaise blonde qui jongle avec les langues, ce que je trouve piquant, et j'essaye d'engager la conversation. A minuit, le Flore ferme, nous allons tous en face, à une autre terrasse, la Reine Blanche, qui jouxte Lipp et où les deux tablées s'asseyent ensemble, tranchant sur la clientèle habituelle, en grande partie homosexuelle. La jeune polyglotte ne s'intéresse nullement à moi. Je me tourne alors vers ma voisine de droite, une brune aux cheveux longs et fournis, tombant presque sur les épaules et avec des yeux bleus immenses. Je ne sais pourquoi je lui parle anglais.

— Are you british ?

— No.

— Are you american ?

— No.

— Egyptian ?

— Je suis française, mon prénom est Laura. Je viens de Bretagne.

J'allais poursuivre la conversation quelques instants, par pure politesse. Elle s'en rendit compte et se leva. Sa silhouette attirait le regard : grande, elle paraissait solide et infiniment saine, un beau modèle de fille. Brune, mais sans excès. Elle portait une jupe de couleur et un pull-over noir qui moulait un buste tentant. Elle se dirigea vers l'auto de Ponchon où elle avait remarqué, sur la banquette arrière, un chien, et voulut le caresser : il grogna. Sortant de la voiture assez vite, elle poussa de sa hanche un des boutons du tableau de bord, et le véhicule, déjà vieux, se mit à toussoter.

Allant vers elle, je lui fis une remarque pas très aimable. Elle aurait pu me reprendre, mais elle sourit. Joli sourire, une grande bouche, de jolies dents, un nez trop long mais qui donnait du caractère au visage. Autour d'elle flottait un parfum exquis. « Mademoiselle, mon confrère et moi, nous nous proposions d'aller manger une soupe à l'oignon aux Halles ; viendriez-vous ? »

Que m'était-il passé par la tête ? Je déteste l'oignon. Sans doute la jeune femme, déjà, me troublait. Elle refusa, mais avec courtoisie : « Ce soir, je suis avec des amis ; je ne peux pas les laisser en plan. »

Il y avait dans son ton autre chose qu'un refus total. Quant à « ses amis », ils ne me paraissaient pas spécialement dangereux. Je lui téléphonai le lendemain et nous nous retrouvâmes dans un grand café — c'était le troisième — le Colisée, sur les Champs-Élysées.

J'ai toujours affirmé que Laura y était arrivée très en retard. Elle soutient le contraire. Mettons que j'attendis suffisamment pour aiguiser mon impatience.

Elle vint : j'approchai mon visage du sien pour lui dire bonsoir et retrouvai le parfum de la veille... Nos vies se jouèrent là.

Il était l'heure de l'emmener dîner, mais je n'avais pas assez d'argent pour dîner à deux dans un endroit à peu près convenable. Par chance, elle avait quelques habitudes dans un petit restaurant italien de la rue Bonaparte : le Pré-aux-Clercs. Aujourd'hui, c'est un bistro conventionnel ; il y en a dix mille à Paris. Laura était en excellents termes avec la patronne, originaire de Bretagne comme elle et qui, parfois, quand ma cavalière venait seule, oubliait sciemment de lui présenter l'addition. Je fus sensible à la chaleur de l'accueil. Le patron, quand il parlait, agitait les bras, à l'italienne, et il avait un fort accent ; quelque chose de sympathique, de presque palpable, flottait dans l'air. Mais je n'avais toujours pas d'argent, et je dus mentir : « Je suis resté tard à un lunch de mariage, et je n'ai pas faim. Mais commandez pour vous. »

Je la regardai manger : elle le faisait lentement, sans gestes inutiles, mais avec élégance. Ce n'est pas facile, quand l'œil du vis-à-vis ne vous quitte pas. Elle semblait aimer ce qu'elle mangeait, parlait peu, mais sa voix, assez grave, me touchait.

Je la regardai mieux, la détaillai sans discrétion ; elle me plaisait. Les yeux, réellement très grands, étaient du bleu de certaines mers du Sud. Parfois, ils prenaient des teintes bleu marine. De très longs cils noirs, des sourcils bien arqués, pas trop épais. En vérité, j'avais faim, une faim qui me mordillait l'estomac. Sans plus de façons, je picorai alors dans la timbale de spaghetti qu'on lui avait apportée, ce qui la fit sourire. Avait-elle deviné mon petit mensonge ? J'étais déjà conquis.

Jardinière d'enfants, elle venait de tourner une silhouette dans le film *Le Mouron rouge,* dans les deux versions, française et anglaise. Avec son cachet, elle avait acheté un manteau noir, long, auquel je trouvais un chic fou.

J'avais emprunté la voiture de mon père, une Traction avant. Avec des idées plein la tête, je fis ajouter cinq litres d'essence : je n'avais pas de quoi faire le plein. Nous prîmes la direction de Versailles et quand nous longeâmes l'imposant haras de Jardy, je me lançai dans des histoires de chevaux ; ça ne portait pas, il fallait trouver autre chose.

Les bois de Saint-Cucufa étaient tout près de là ; en baissant la vitre, nous humions leur odeur de feuilles encore vivantes, une odeur gaie. Nous sortîmes de la voiture pour marcher un peu. Il y avait une butte où nous nous sommes assis. Je percevais nettement, mêlé aux senteurs des bois, le parfum qui émanait de la jeune femme. Elle n'en a plus jamais mis d'autre depuis lors, sur ma demande expresse. C'était il y a quarante ans. Aujourd'hui quand je rentre chez moi, l'odeur que je hume, que j'aime, c'est un mélange du tabac américain que fume Laura — trop, hélas ! beaucoup trop — et de ce parfum de notre rencontre, Femmes de Rochas. Je ne pourrais pas supporter les cheveux et les somptueuses épaules de Laura exhalant autre chose.

Un jour, je lui ai demandé :

— Mais moi, ma chérie, pourquoi t'ai-je plu ?

— Tu semblais différent des garçons que l'on rencontre à Saint-Germain-des-Prés, tu paraissais solide et sérieux. Tu existais.

Les amis de Laura, ceux qu'elle rencontrait chaque soir, étaient de nationalités et d'origines différentes. Elle n'y prêtait pas la moindre attention. Cette fille de la Bretagne était la tolérance même, le libéralisme même. Un peu plus tard, elle sera « Algérie française » : c'est que, comme fille et petite-fille de coloniaux, elle allait ressentir profondément le drame de l'Algérie et le retrait des Français. Mais jamais je ne l'ai entendue dire avec le moindre agacement, le moindre reproche : « C'est un Allemand », ou « c'est un Juif », ou « c'est un Arabe. »

Française du terroir par les deux côtés de sa famille, elle n'a jamais pris le mot « étranger » dans un mauvais sens. Si Laura a toutes les qualités qu'on trouve chez les Français, elle n'en a aucun défaut. J'en suis toujours émerveillé.

Durant cette première soirée passée ensemble, c'est vrai, je brûlais. Pourtant, à trente et un ans, je n'étais plus un tout jeune homme. Mais je me disais avec une certaine inquiétude qu'une jeune femme comme elle ne pouvait pas accepter de partager ma vie. Je n'avais rien à lui offrir. J'avais beau travailler dans les magasins de mon père, je n'avais pas vraiment de responsabilité, et peu d'argent. J'habitais boulevard de Grenelle (sous le métro aérien qui fait un bruit d'enfer) un petit deux-pièces, sans salle de bains, sans même une douche, et sans téléphone. Je ne pouvais pas espérer que Laura puisse s'y faire.

Aujourd'hui, après tant d'années, je me demande encore comment Laura, qui a un goût très sûr, qui déteste les vilaines choses, et qui ressent, comme une faute, la moindre tache sur mon veston, a eu le courage de s'installer dans ce « chez moi » : c'était si laid.

Persuadé que l'adorable jeune femme ne voudrait pas rester, je pensais qu'il valait mieux rompre sans trop attendre. J'étais, en plus, déjà très jaloux. Or, j'avais aussi conscience de ne pas pouvoir suffir à remplir son existence ; en peu de jours, cette faiblesse m'était devenue insupportable.

Un après-midi, je pris la résolution de lui dire au revoir. Nous venions de voir un film au cinéma *Le Marignan*, près de la bouche du métro Marbeuf qui crachait un gros paquet de voyageurs toutes les minutes, et leur flot pressé se heurtait chaque fois aux spectateurs qui sortaient lentement de la salle. Je voulais parler à Laura mais les mots ne me venaient pas ; elle comprit que quelque chose se passait en moi de difficile à traduire par la parole. Nous sommes restés comme ça, plantés, tout bêtes, quelques minutes, comme si nous jouions notre destin à pile ou face. Je n'eus pas, finalement, Dieu merci, le courage de parler.

C'est la seule seconde où le doute m'ait jamais habité. Quand je passe par là, le souvenir m'étreint. Certes, il existe des drames amoureux devant lesquels ce moment d'hésitation n'est rien. Qu'importe : c'est le mien. En revanche, je n'ai jamais su ce que Laura avait pensé, elle, devant l'escalier du métro. Ma femme n'est pas tellement expansive. Il me semble pourtant que ses immenses yeux bleus qui avaient mis, ce jour-là, leur teinte bleu marine, venaient d'être traversés par un éclair d'inquiétude. Il faisait vilain temps. Nous sommes rentrés sans mot dire. Ce retour à la maison eut un goût très particulier.

Ce fut, très vite, un accord absolu de nos réactions physiques. De nos jours, on raconte ces choses-là dans le détail. Je ne crois pas que ce soit utile. Nous nous étions totalement trouvés sans trop attendre. Je prenais, de plus en plus souvent, des après-midi entiers pour moi. Je ne paraissais au magasin que très tard. Mon père ne me lançait pas de reproches, mais il m'observait avec une certaine dureté. Ni lui ni ma mère n'approuvait ma liaison. Quelque temps auparavant, ils m'avaient présenté une « riche fiancée » que j'avais trouvée un peu grasse et un peu bête. Laura leur paraissait une intruse mais, après tout, je n'avais plus vingt ans. Ils espéraient que mon affaire durerait peu.

Je paressais, préférant rester dans mon logement avec Laura plutôt que de me mettre réellement en quête d'un travail. C'est que Laura était la chaleur même, et la ville, au contraire, froide et plutôt hostile ; et je choisissais la solution de facilité.

Elle partit, une fois ou deux, pour le Morbihan embrasser sa mère qui, veuve d'un infini mérite, avait élevé trois filles avec une retraite de reversion ridiculement faible. Les trois enfants avaient été pensionnaires d'une institution religieuse, les Ursulines, à Redon, où on leur avait enseigné les bonnes manières, le sens du devoir, et une façon charmante de s'exprimer. Mais la vie aux Ursulines avait été très dure, et les religieuses se montrèrent en fait des éducatrices féroces. Elles n'aimaient pas les filles de veuves aux pensions modestes, même si, comme c'était le cas de ces trois adolescentes, elles étaient pupilles de la Nation, leur père étant mort des suites directes de la guerre de 1914-1918 où il avait été gazé. Il y a quelques années, passant par Redon à la nuit tombée, je suis sorti sur le trottoir et j'ai fait longuement pipi contre le bâtiment des Ursulines. Mince réponse, mais réponse quand même.

La famille de ma femme ne m'était pas hostile, au contraire. En allant à Malestroit faire la connaissance de ma future belle-mère — et de sa propre mère —, je fus reçu simplement et gentiment. Mme Connan, dont Laura était la fille aînée, avait de la classe, de la sagesse, du jugement, des talents de musicienne et, dans ses carnets intimes, écrivait un français magnifique. Elle était née à Hanoï, d'un père et d'une mère tous deux bretons depuis des générations ; elle n'était arrivée en métropole qu'à vingt-cinq ans, pour se marier presque aussitôt. Elle allait, hélas ! rester seule, avec ses filles à élever, et l'existence pour elle ne devait plus être qu'un combat contre les difficultés matérielles. Mes enfants (ses petits-enfants, donc) la préféraient, je crois bien, à mes propres parents.

Le difficile était d'arriver jusqu'à elle. Le train de nuit me déposait à trente-cinq kilomètres de Malestroit, justement à Redon ; il fallait alors attendre jusqu'à l'aube pour prendre l'autobus qui mettrait encore deux heures à rouler. Ce bus était conduit par un chauffeur qu'on appelait dans le pays le « gros Léon ».

Plus tard, je m'arrangerai avec le journal *Ouest-France* pour emprunter, à la descente du train, leur camionnette. Elle s'en va, dans les bourgades du Morbihan, distribuer les diverses éditions locales du quotidien, elle m'emmène. Il m'est arrivé ainsi d'être auprès de ma femme dès le milieu de la nuit. Un matin, la grand-mère, qui commençait à perdre le sens des choses, ne me reconnut pas : « Que faites-vous dans le lit de ma petite fille, monsieur ? Sortez, sinon je fais venir les gendarmes. »

A vrai dire, je n'ai jamais demandé carrément à Laura d'être ma femme. Mais un jour, alors que nous nous baladions dans le bas des Champs-Élysées, je lui avais dit, à ma manière toujours un peu pompeuse : « Lorsque ces arbres reprendront la même parure qu'aujourd'hui, nous aurons déjà eu notre premier bébé. »

Elle ne protesta pas, mais elle me fit comprendre qu'il faudrait me remuer sérieusement pour trouver de quoi le nourrir, s'il venait. Nous attendîmes plusieurs mois avant d'aller à la mairie, car nous avions des difficultés pour nos papiers, étant nés l'un et l'autre hors de France. Le père de Laura, ingénieur des Travaux publics, construisait des routes sur le cap Spartnell au Maroc, près de Tanger, à l'époque de sa naissance.

Nous nous sommes mariés le 28 mai 1949 à Paris XVe. L'adjoint au maire, petit homme sec et bégayant, expédia très vite les articles du Code. Ah, ce ne fut pas un mariage-sacrement ! Plus tard, un des maires de l'arrondissement me fera des reproches :

— Pourquoi ne vous êtes-vous pas fait connaître avant de vous marier ? Si j'avais su, je serais venu officier moi-même. C'était un grand honneur pour nous.

— Cher monsieur le maire, en 1949 j'étais un inconnu. J'avais bien déclaré au bureau de l'état civil que j'étais le citoyen Zitrone, Léon, que j'épousais une demoiselle Connan, mais cela n'a causé strictement aucune impression à l'employé.

— Quand même, cher monsieur, quand même... Si, par hasard, vous vous mariez à nouveau dans notre mairie, avertissez-moi, maintenant que vous êtes connu.

Ce fut un mariage très simple. Ma belle-mère n'avait pas pu faire le voyage à Paris, qui aurait coûté trop cher. Mes parents n'étaient pas très heureux, mais ils faisaient contre mauvaise fortune bon cœur. Laura était émue. Quand on lui demanda si elle consentait à me prendre pour époux, elle lança son « oui » dans un rire aigu et surprenant. Puis, au moment de préparer le repas, elle mit du sucre au lieu de sel dans la salade. Ainsi, je sus qu'elle m'aimait vraiment.

Elle allait être une mère courageuse et compétente. Ayant suivi des études de jardinière d'enfants à Nantes, elle avait travaillé dans une pouponnière de banlieue quand elle était venue, en 1942, à Paris. Elle savait exactement les soins à donner aux nouveau-nés. Elle ne commit jamais la moindre erreur. Elle langeait le bébé avec une dextérité que j'admirais, elle lui disait des mots tendres, des expressions que j'entendais pour la première fois : « Tu es trouche-nouche-nouche... »

J'osai lui demander, un jour, si c'était du bas-breton. Que n'avais-je pas dit !

Elle accoucha de notre premier enfant avec difficulté dans une clinique à Malestroit, alors que j'étais retenu à Paris par mon travail, ayant à l'époque trouvé une place à la Radiodiffusion française. J'y reviendrai. A la clinique, malheureusement, Laura était tombée sur le docteur Quéinnec, un médecin qui, s'il jouissait dans sa province d'une réputation de bon spécialiste, se montra, sur le terrain, avec elle, d'une maladresse et d'une incompétence rares, attendant plus que de raison pour la délivrer. Quand j'arrivai en début d'après-midi au chevet de ma femme, elle était donc réellement fatiguée. A ces moments-là, les hommes se reprochent toujours d'avoir imposé des souffrances affreuses à leurs épouses, et se promettent que ça ne se reproduira jamais plus. Je n'échappai pas à la règle.

Je tombai très amoureux de ma fille, Marie-Laurence, et comme il faisait doux (c'était septembre, deux ans après ma rencontre avec sa mère), je la promenais, tout fier, dans son landau, sur la route de Malestroit à Sérent. Ma fille était grande, avec une grande bouche, et elle tenait de Laura des yeux larges et bleus, un peu plus clairs. Elle deviendra une très belle jeune fille.

Nous vécûmes à trois dans le petit logement du boulevard de Grenelle. Ce n'était pas simple. Le bébé devenait nerveux. Le bruit des rames de métro l'incommodait. Mais je commençais à bien réussir à la radio, et nous pensions changer bientôt d'adresse.

Ma deuxième, Béatrice, vient au monde quatorze mois après, en décembre 1951. J'accompagne ma femme à la clinique avant l'aube, puis, le métier l'exigeant — je suis devenu reporter à la radio — je vais interviewer Robert Schuman, l'homme de base de la construction de l'Europe, et, en ce temps-là, chef du gouvernement français. Tout se passe bien : il explique à mes auditeurs canadiens comment il voit l'aventure européenne.

Ensuite, j'ai rendez-vous, dans les studios de la radio, avec Suzy Delair. C'est une actrice en vogue, et qui a du talent. Elle a, par ailleurs, une très jolie paire de fesses que le public appelle son « tralala », à la suite d'une chanson qui le présentait ainsi.

Je souhaite l'interviewer en français et en anglais pour

mes auditeurs d'Amérique. Elle est exacte au rendez-vous puis les choses traînent en longueur. Elle n'est pas satisfaite de son anglais, ni de son français, ni des questions, ni des réponses. Par chance, elle est satisfaite d'elle-même et c'est l'essentiel. Nous enregistrons quatre fois, cinq fois, dans chaque langue.

Je voudrais courir au chevet de ma femme. Je demande à Mlle Delair de se contenter de ce que nous avons déjà en boîte et qui, à mon sens, est tout à fait bon. Mon interlocutrice ne l'entend pas ainsi. Elle réclame encore et encore de nouvelles prises ; et comme je lui dis les raisons de mon impatience, elle répond : « Si vous n'avez pas de voiture, je vais dans le quartier qui vous intéresse ; je vous ferai déposer à la clinique de la rue Blomet. »

Tranquillisé, je continue à travailler. Les heures passent. Je sais que Mlle Delair ne peut pas faire mieux que ce qu'elle a fait. Avec un acharnement rare, elle continue à exiger de nouvelles versions. J'aimerais l'envoyer au diable.

Enfin, nous quittons les studios. Elle a effectivement une belle voiture. On prend la direction de son domicile. Nous y arrivons ; je pense, évidemment, qu'aussitôt descendue elle dira à son chauffeur de me conduire à la clinique, rue Blomet. Mais Suzy Delair a changé d'avis : « Il est tard, me dit-elle, nous avons lambiné au studio ; mon chauffeur doit déjeuner. Faites le restant du chemin à pied. »

Elle me plante là, sur le trottoir, après m'avoir arraché à ma femme qui accouche.

Cela porte un nom ; je le dis à cette dame. Elle me répond en virevoltant du tralala. En un instant, elle est passée du stade de la conversation à celui des remarques désobligeantes. Je pars donc à pied, fatigué, affamé.

Mlle Delair et son tralala sont les deux seules personnes à Paris auxquelles je n'adresse pas la parole. Par deux fois, en trente-cinq ans, elle m'a accroché dans des réceptions pour que je lui dise la raison de ma froideur. Mais comme je ne lui parle pas, je n'ai pas pu lui répondre. Voilà longtemps, c'est vrai, que je traîne mon indignation. Cela n'empêche pas de dire qu'à l'époque considérée, il y a trente-sept ans, Mlle Delair avait un joli brin de talent.

Très jeune, Marie-Laurence ressemblait déjà à sa mère. Béatrice me ressemble plutôt à moi. Je les ai toujours aimées passionnément, et je me reproche maintenant d'avoir donné trop de mon temps à ma « situation », et pas assez à elles.

Aujourd'hui, mes enfants me jugent sans complaisance, mais avec tendresse. Le fait que j'aie été, que je sois encore un nom connu de la télévision les indiffère ; à la limite, ça les agacerait plutôt ; ce n'est pas agréable, pour eux, dans la vie de chaque jour ou dans le travail, de s'appeler comme moi. Car, s'ils commettent une erreur, une faute, souvent, trop souvent, leur interlocuteur ricane. « Tu te crois tout permis parce que tu es le fils, ou la fille de... »

1952. Nous voilà donc parqués à quatre dans un simili deux-pièces. C'est vite au-dessus de nos forces ; du matin au soir, le métro perturbe le repos des fillettes. Ma femme, à la moindre emplette oubliée, doit les retraîner avec elle dans la rue, et remonter les étages, en portant Béatrice dans ses bras. Nous réussissons à trouver, par une petite annonce, un pavillon à la campagne, en Seine-et-Marne, à Ozoir-la-Ferrière, plus connue pour son golf. Nous prenons pour y déménager l'autocar, en transportant Béatrice dans un panier à linge. Nous allons habiter un district boisé. Il fait humide, tellement humide que sur l'étagère à la cuisine, le sucre et le sel fondent dans leurs pots.

L'hiver est dur. Je me rends à la gare, distante de deux grands kilomètres, à vélo, me protégeant contre le froid avec de vieux journaux glissés entre pardessus et veston, un truc adapté des coureurs cyclistes. Moi parti pour Paris, ma femme va rester seule, toute la journée, avec les deux petites. Elle dispose de peu de place. Dans la pièce principale, brûle un poêle Godin, chargé de charbon ; des langes et des couches, lavés, sèchent sur un fil de fer tiré d'un mur à l'autre. Là aussi, faire ses courses est un vrai problème ; il faut traîner jusqu'au village un bébé en bas âge et une fillette de seize mois.

Je rentre tard, fourbu, après plus d'une heure et demie

de transport : autobus, train, vélo. Laura n'a pas une plainte pour me raconter sa longue journée ; elle m'accueille, à mon retour, avec une gentillesse et une bonne humeur dont elle ne se départit jamais. Chaque fois que je me remémore notre histoire, je trouve des raisons nouvelles de la vénérer.

Mais il fait vraiment trop humide à Ozoir ; les restaurateurs du Pré-aux-Clercs nous parlent d'un autre pavillon, plus au nord du département, à Jablines. C'est au bord de la route qu'avaient prise, en 1914, les taxis de la Marne pour revenir du front à Paris.

Il y a là un bout de jardin en pente douce vers la rivière. Mon père y viendra souvent tenter de faire pousser des tomates, et se fera très vite des amis dans la localité. Pour lui, avec son caractère, c'est pain béni, et ça équilibre cette « certaine distance » que j'ai toujours mise dans mes relations avec les autres. Je ne suis pas un homme liant : lui, il l'était par conviction et par goût profond. Je n'ai plus mon père depuis 1981 : on me parle encore de lui au présent.

Je posséderai à Jablines pendant vingt-cinq ans une maison, mais ce n'est pas celle du début. Elle est située dans le village, en face de la mairie. On pousse le portail blanc qui grince : il y a là un grand jardin également en pente, mais ici assez abrupte, vers la Marne, avec des cerisiers, des marronniers, et des roses que fait pousser Laura. C'est là que je prendrai au calme mes décisions importantes. C'est là, dans l'île en face de la maison, que mes enfants apprendront à gambader. C'est à Jablines que viennent déjeuner ceux qui veulent me voir. J'y recevrai un jour une jolie personne, douée d'un sens inné de la caméra : Anne Sinclair, venue tourner sur moi l'un de ses premiers reportages. Je lui prédis qu'elle réussira.

De Paris, nous allons, très souvent d'avril à novembre « dans la maison » pour respirer. Nous apprécions notre chance, mais peu à peu ça va devenir trop lourd, et nous vendrons en 1987.

Notre troisième enfant est un garçon, mon grand Philippe, intelligent, fort en gueule, au caractère ombrageux et rétif.

Je vis le bonheur qui nous cimente, Laura et moi, aussi fort, aussi profondément que dans les premiers temps. Pourtant, ma femme me juge nerveux, bruyant, parfois trop abrupt, trop sarcastique avec les autres. Elle dit aussi que je bourdonne toujours autour d'elle, à la déranger trop souvent, que j'ai constamment besoin de quelque chose, et que je la fatigue à le lui demander. Mais, pour moi, entourer Laura de mes bras, respirer ses cheveux est toujours un enchantement.

Dès 1960, j'ai le sentiment que ma carrière s'ourle bien ; un seul regret : je me suis mis à voyager trop souvent. Or, partir de chez moi est un arrachement et n'a jamais cessé de l'être, même pour vingt-quatre heures.

Je suis devenu ce qu'on appelle, bêtement d'ailleurs, un homme public. Je préfère dire « un visage connu du public ». Voilà qui comporte de nombreux inconvénients. Quand je sors, serait-ce simplement dans la rue, on me dévisage, on pointe le doigt sur moi, on me harcèle, on crie mon prénom et mon nom, ce qui, très vite, m'exaspère. Par chance, Laura se tient sur ses gardes. Elle me calme et, le plus souvent, elle parvient à rester courtoise. En m'évitant les incidents, elle est devenue mon meilleur conseiller en « relations publiques ». Mais elle se rappelle, à tout moment, qu'elle m'a épousé quand je n'étais encore rien d'autre que la promesse de devenir un homme. « Léon Zitrone de l'écran » lui paraît, à la rigueur, assez sympathique, mais sûrement pas davantage.

Laura est apaisante et équilibrée, tendre et, quand ça lui sied, plus dure. Bretonne, elle est obstinée. Si elle est certaine de quelque chose, elle n'en démord pas. Ni le sentiment, ni le raisonnement n'entameront ses certitudes. Mais tout cela, sur un fond farouche d'optimisme. Elle voit les choses sous leur meilleur jour.

Elle sait souffrir sans se plaindre. Tout en étant d'une constitution très robuste, elle a dû se rendre assez fréquemment en clinique ou à l'hôpital : les suites du premier accouchement difficile, des abcès classiques aux seins, plusieurs fois le remodelage de ses orteils ; une opération d'arthrose à la hanche. Elle n'a jamais perdu sa bonne humeur, ni sa gentillesse, sa courtoisie, son sourire indulgent. Lui rendre visite quand elle est à l'hôpital, c'est la trouver rayonnante de confiance.

... et le jour qui entre par la fenêtre de la chambrette accroche la clarté dans ses cheveux ; c'est une Laura au visage de vierge du xve siècle, presque une Laura en majesté.

Dans les ennuis, dans les difficultés, petites ou grandes, elle sait prendre sur elle-même et se montrer sereine, alors que moi, au contraire, je pense que tout va s'écrouler, que je me débats par avance dans les décombres. Par principe, Laura ne sait pas, ne veut pas imaginer les pépins possibles ; une expression comme les « aléas du voyage » n'a, pour elle, aucun sens.

Nos appréciations de ce qui peut nous arriver, de ce qui va nous arriver, demain, après-demain, dans un an, diffèrent du tout au tout. Je tâche, par précaution, de prévoir le pire. Elle, par principe, ne veut même pas l'imaginer.

Sous chacun de ses gestes, je sens l'envie de m'être agréable. Elle n'a aucun des défauts possibles des femmes. Ni bavarde, ni futile, ni jalouse, ni avare. En revanche, elle ne sait pas compter ; lui faire tenir un carnet de dépenses est une tâche impossible. De son côté, cette femme exquise qui est ma femme me reproche mon désordre, mes coups de gueule, ma distraction, mes outrances, mes oublis permanents dans le domaine des choses qu'elle considère comme primordiales. Elle ne dédaigne pas, à l'occasion, de m'énumérer mes défauts. Là, comme en toute chose, elle est d'une sincérité totale. Laura, c'est sainte Vérité. Mais l'essentiel, c'est « ce que nous sommes l'un pour l'autre ».

Sa voix me plaît toujours autant, sa peau fleure bon comme jadis, je ne crois pas que ses mèches grises fassent moins bel effet que ses cheveux noirs de naguère. Quand elle sourit, elle est pour moi, naturellement, la plus charmante vision du monde. Ma femme est bonne cuisinière mais, comme je l'ai dit, je n'apprécie pas la cuisine autant qu'il le faudrait. Née en Afrique du Nord, elle aime la chaleur ; moi, un été plein de soleil me désole. Laura s'épanouit en juin, juillet et août, quand le thermomètre grimpe ; au contraire, je ne me sens bien que d'octobre à mars. Il ne nous est donc pas facile de trouver un lieu de vacances où nous nous sentions aussi à l'aise l'un que l'autre.

Laura est une excellente maîtresse de maison, avec une attirance prononcée pour le rangement. Les enfants et moi, nous disons qu'elle souffre d'une « rangite » suraiguë. Seulement, sans elle, la maisonnée s'en irait à vau-l'eau.

Elle est très « famille ». Elle aide ses sœurs chaque fois qu'elle le peut. Ses neveux, ses nièces, ses cousins, le fils de tante Nanette, le frère de tante Mounette : il ne faut pas y toucher.

Le seul être avec qui elle s'accroche, de manière vive, c'est son beau-frère, le mari de sa sœur cadette. Laura et lui se sont connus lors des combats pour la libération de Paris. Il jetait des grenades ; elle était cantinière-infirmière dans un petit café où l'on pansa les blessés entre le 18 et le 25 août 1944, pendant l'insurrection contre l'occupant qui fuyait.

Comme tout le monde j'ai vécu, professionnellement, des moments difficiles. Mais ma femme est insensible aux zigzags de la « situation à la télé ». Aux époques où je me suis trouvé au placard, elle n'en retenait que les avantages : par exemple qu'elle me verrait plus longtemps et plus souvent.

Elle aime bien Drucker, Guy Lux, Yves Mourousi : elle n'a pas beaucoup d'indulgence pour les autres, même s'ils sont mes amis, car ça, ce n'est pas une raison pour qu'ils trouvent grâce à ses yeux.

Si je ne suis pas du tout téléspectateur, Laura, elle, est très assidue devant son poste. Elle connaît tous les personnages de tous les feuilletons, elle se meut avec aisance dans les mariages et les drames de *Dallas* et de *Dynastie ;* moi, je serais incapable, en voyant une séquence, de dire d'où elle est extraite. Je mêle tout et tous. Nous ne nous asseyons donc jamais, le soir après dîner, ma femme et moi, pour « regarder ensemble les émissions ».

Dissemblables d'origines, de formations, de goûts, ne comprenant même pas, quelquefois, les réactions de l'autre, pourquoi avons-nous réussi à être heureux ? D'abord, ce n'est pas une certitude. Je suis heureux avec elle, je ne jurerais pas qu'elle le soit complètement avec moi. Elle aurait rêvé d'un époux moins fantasque, sans doute moins criard, rangeant ses affaires, mangeant moins vite, moins goulûment...

Mais nous avons grand plaisir à nous trouver ensemble. La paix, le bien-être de l'autre nous importent énormément. « Es-tu bien... ? » La question vient dix fois par jour. Un plaisir n'est pas complet si l'autre ne le partage pas. Nous avons peu d'amis : j'ai, inconsciemment, clôturé notre vie pour la protéger des curiosités inéluctables et malsaines. Probablement l'ai-je trop fermée. Aussi, pour Laura comme pour moi, le conjoint est-il la représentation permanente, sinon hélas ! complète, de l'univers.

Nous avons confiance dans les mêmes personnes. Nous détestons les mêmes défauts chez les mêmes gens : le bavardage, le sens trop poussé des économies, les petitesses, les mesquineries. Nous aimons passionnément nos enfants et notre vrai bonheur est d'être avec eux. C'est rare car chacun d'eux a sa vie propre. Mais, par chance, ces vies-là passent encore très souvent par « les parents ». A leur égard, notre couple continue à cimenter quelque chose. Nous vivons dans le même climat.

Nous avons trois petits-enfants, Déborah et Jean-Marc en Espagne, Clémence à Paris. Je ne sais que les embrasser, leur dire que je les adore, et leur rapporter des souvenirs de mes voyages. Il m'arrive aussi de leur raconter des histoires, mais ils ne m'écoutent que si leur grand-mère est occupée ou fatiguée. Sans cela, elle est hors concours, imbattable.

Les petits disent qu'ils vont « chez mamie » ou, à la rigueur, « chez mamie et papie ». Je dois me contenter de n'être cité qu'en second. Laura est une ravissante grand-mère, mais une grand-mère ferme, et qui ne s'en laisse pas conter. Les petits ne lui marchent pas sur les pieds. Moi, je ne déteste pas jouer un moment à l'esclave. Un jour, je leur raconterai ce qu'elle était avant d'être mamie, et je suis sûr que, ce soir-là, ils m'écouteront avec passion.

Deuxième partie

La télévision

L'éblouissement du micro

1950. Quand nous allons nous promener, Laura et moi, nous choisissons souvent les environs de Saint-Germain-des-Prés. Le quartier est à la mode, les cafés pas trop chers. Parmi les beautés qui règnent sur ce petit monde, voici une jeune femme brune et jolie : Annabel. Ce jeune peintre mince, timide, mal coiffé, et au geste rare, très amoureux d'elle, c'est Bernard Buffet.

Un après-midi, Laura et moi marchons bras dessus bras dessous place Saint-Sulpice et croisons un garçon que je connais bien : Dominique M. Nous nous étions souvent trouvés côte à côte au moment de la libération de Paris. Ce jour-là, je n'ai aucun projet ; il me parle donc des siens car il vient d'obtenir un poste d'attaché de Cabinet auprès d'un nouveau secrétaire d'État.

— C'est une aubaine pour moi, dit-il, mais figure-toi que je venais tout juste de signer un contrat avec la Radiodiffusion française, pour partir travailler en Afrique noire. La France possède un puissant émetteur au Congo, à Brazzaville : j'y ai été engagé comme journaliste bilingue, français-anglais, pour des chroniques quotidiennes. Brazzaville est très écouté dans toute l'Afrique et diffuse ce qu'on pourrait appeler la « pensée de la France ». Mais, puisque j'ai ce job à Paris, je dois abandonner toute idée de départ. Rends-moi donc un service.

— Oui, mon vieux. Quoi ?

— Dans les bureaux de la radio, tu trouveras un certain Bazire, le directeur de Brazzaville, actuellement à Paris. Présente-lui mes regrets de ne pas prendre l'avion, avec lui, samedi. Ajoute un mot d'excuse. Je pense qu'il va gueuler très fort ; eh bien, je préfère que ce soit toi qui prennes le grain ! Tu t'en fiches, tu lui es totalement inconnu ; les choses se passeront mieux que si j'y vais moi-même, puisque je le laisse tomber et que je suis coupable à son égard.

— C'est une petite lâcheté.

— Juste une petite commodité. De toute façon, je ne partirai pas. Il vaut mieux l'en avertir.

— Tu m'as dit d'aller à la radio, mais je ne sais pas où la trouver. Je n'ai jamais eu le moindre rapport avec elle.

— Il faut un commencement à tout. C'est au 116, avenue des Champs-Élysées. On te mènera, par un labyrinthe de couloirs, jusqu'à Bazire. Tu croiseras quelques silhouettes fantomatiques car les bureaux ne sont pas bien éclairés. Débrouille-toi et sache que tu me rends un sacré service.

J'y vais. Les couloirs, c'est exact, sont mal éclairés. Des voix tantôt trop fortes, tantôt glapissantes, sortent de certains bureaux par des portes en général ouvertes. Le ton est péremptoire mais je n'essaie nullement d'analyser. Me voici chez le patron de Radio-Brazzaville. Jeune encore, le genre « propre et net », le geste délié. Un ton courtois mais un peu sec.

— Je suis venu vous dire que M. M. n'ira pas en Afrique avec vous. Il reste à Paris.

L'homme pâlit comme si je lui avais assené un coup. Sa voix devient blanche :

— Mais, monsieur, comment vais-je faire ? D'abord, j'ai les billets en poche. M. M. est fermement attendu là-bas, et il doit commencer dès son arrivée.

— Monsieur, dis-je, en me levant, pardonnez-moi, mais cela ne me concerne nullement ; j'étais juste venu vous apporter cette information. Je m'en vais.

— Vous avez dit « information ». Seriez-vous journaliste ?

— Je ne suis rien. Il m'arrive de signer un article dans un journal de courses, mais ce n'est pas ma voie.

— Parlez-vous l'anglais ?

— Oui. Pourquoi ?

— Bien ?

— Oui, bien, mais pardonnez-moi, monsieur, mon père m'attend.

— Que faites-vous dans la vie ?

— Justement, j'aide mon père à s'occuper de ses commerces.

— Êtes-vous bien payé ?

— Nous n'avons pas passé de contrat. Au revoir, monsieur Bazire.

— Un contrat ? Mais je vous en offre un ! Immédiatement. Il sera prêt dans les quarante-huit heures. Venez le signer. Partez avec moi pour Brazzaville !

Je pourrais lui faire remarquer qu'il semble engager les gens sur leur bonne mine, et que rien ne prouve que j'aie les qualités requises. Mais l'entretien me paraît déjà trop long et je dis seulement :

— Eh non, monsieur : je ne quitte pas Paris.

— Il ne faut jamais s'éterniser dans une seule et même ville. Vous êtes jeune ; vous me paraissez intelligent et débrouillard. Je vous offre une nouvelle vie, dans un pays qui va prendre beaucoup d'importance...

Et le voilà me chantant l'avenir de l'Afrique, le rôle que je peux y jouer, la noblesse de la tâche qui incombe à la France, l'intérêt qu'il y a à faire connaître, de par le monde, le point de vue français.

— Nous sommes entendus dans à peu près toute l'Afrique. Nous couvrons tout un continent. Votre voix deviendrait connue de centaines de millions d'hommes.

Le rôle de la France ? L'importance de la culture française ? Je l'écoute plus attentivement. Il poursuit :

— Tous ceux qui sont venus me rejoindre là-bas — et ils sont déjà un bon nombre — en sont ravis. Malheureusement, j'ai besoin de remplacer M. M., illico. Votre salaire vous sera versé en francs CFA qui valent le double du franc français. Tout ce que vous ne dépenserez pas, vous le transférerez en métropole, où vos économies seront donc doublées. Un homme comme vous...

— Qu'est-ce que c'est, un homme comme moi, monsieur ? Je serais bien aise de savoir me définir.

— Plus vous parlez, plus je sens que vous êtes celui dont j'ai besoin. Vous pouvez quand même laisser votre père seul pour s'occuper de ses affaires ; il prendra quelqu'un pour vous remplacer.

Je mettais la main sur le loquet de la porte. Bazire, d'un geste prompt, mit la sienne sur la mienne et m'arrêta. Nous nous mesurâmes du regard ; il ne me plaisait pas beaucoup, mais jamais personne ne m'avait parlé au nom de tout un continent !

Qu'avais-je à perdre ? Pourquoi ne pas essayer ? Il suffisait que Laura puisse venir avec moi. Elle était née en Afrique. Peut-être aimerait-elle...

L'autre avait senti mon hésitation. Pour me convaincre, il trouva des raisons de toute sorte. Il était âpre, ingénieux, persuasif. L'un des arguments emporta la décision :

— Lorsque vous viendrez signer votre contrat, après-demain, car je ne peux pas aller plus vite que le vent, on vous remettra votre prime d'engagement : cent mille francs.

Il s'agissait, bien entendu, d'anciens francs, mais c'était une somme. Or, depuis des semaines et des semaines, nous cherchions, Laura et moi, quelque argent pour aller aux sports d'hiver. Nous avions faim, l'un et l'autre, de neige et de solitude dans le silence : oublier le métro aérien, son vacarme incessant, ses rames brinquebalantes, le tonnerre des roues métalliques sur les rails... Oublier notre lit au sommier malade. Peut-être même pourrions-nous économiser sur la somme, et acheter un autre sommier... Cent mille francs !

— Pourrais-je d'abord prendre des vacances de neige et vous rejoindre ensuite ?

Déjà, nous discutions concrètement. Il consentit à ma demande. Je me rendis...

— Monsieur, dis-je pourtant avant de quitter son bureau, dans quelles conditions habiterons-nous à Brazzaville ? Que pourra y faire ma femme ?

— Vous habiterez, comme tout le monde, une maison qui n'aura rien d'une paillotte ni d'une case ; mais vous êtes marié, me dites-vous : sachez que, là-bas, le climat agit d'une manière plutôt débilitante sur les hommes et, en sens inverse, il donne du tonus aux dames.

— Ce qui veut dire ?

— Rien de précis ; mais, en vivant là-bas, il faut oublier sa mentalité d'Occidental ; la notion de fidélité peut, quelquefois, être moins stricte qu'en Europe. D'ailleurs, il y a de fréquents exemples d'hommes qui s'accommodent facilement du climat, des hommes comme vous, plutôt grands et costauds ; dans ces cas-là, il n'y a pas l'ombre d'un problème. Je crois deviner que, pour vous, tout ira bien de ce côté-là.

Puisque j'étais, selon lui, de ceux que le climat n'abattrait pas, ne devais-je pas tenter l'expérience ? Le pire n'est pas toujours sûr ; et puis, on verrait bien. Si cet aspect du séjour menaçait de devenir préoccupant, nous rentrerions en France ; nous n'aurions rien perdu. Pardessus tout, j'étais sûr de ma femme. Je la rejoignis très vite :

— J'ai quelque chose d'extrêmement important à te dire.

— Moi aussi.

— Mais moi, chérie, c'est vraiment important et inattendu.

— Moi aussi !

— Écoute : nous allons prendre deux semaines de vacances à la neige, puis nous partons pour l'Afrique noire.

— Alors, nous serons trois. Je sors de chez le médecin : notre premier bébé est en route.

J'étais abasourdi, et follement heureux. Cet enfant, je l'avais toujours voulu. Il naîtrait là-bas. Ah ! comme ma vie, en moins d'une heure, venait de changer du tout au tout ! A vrai dire, je ne réalisais même pas exactement ce qui arrivait.

Après le bonheur, surgirent les hésitations. D'abord, comme il fallait pourvoir immédiatement le poste de Brazzaville, nos vacances furent remises à notre premier voyage de congé. Ma mère me rappela qu'en Afrique il faisait très chaud : je m'y avachirais sans doute. Surtout, surtout, qu'est-ce que le directeur de Radio-Brazzaville avait voulu dire avec ses variations de la morale ? Cela signifiait-il que l'expression « communauté française » prenait, en Afrique, un sens très précis ? Comment ma femme supporterait-elle sa grossesse sous les tropiques ? Faudrait-il qu'elle reparte faire ses couches en métropole ? Tout cela se mit à tournoyer dans ma tête. Enfin, je demeurais fort attaché à mes parents, et je n'avais pas envie de les quitter. Quelle fut la part de chacune de ces pensées ? Laquelle me fit renoncer ? Où ai-je puisé le courage d'affronter Bazire pour annoncer qu'une fois encore il n'avait personne pour là-bas ? Je m'attarde ici à cette valse-hésitation parce que ma carrière s'est jouée à cet instant.

Si j'étais parti pour Brazza, j'y aurais fait une belle carrière, mi-journalistique, mi-administrative. Je serais aujourd'hui l'ex-directeur retraité d'un quelconque service important. Entre-temps, nous serions revenus tous les deux ou trois ans, Laura et moi, passer dix semaines de congé en métropole.

Il y a, parmi les cousins de ma femme, plusieurs anciens fonctionnaires dits « coloniaux », même s'il n'existe plus de colonies : un ex-maître de port à Saïgon ; un ex-commissaire divisionnaire de police en Annam ; notre beau-frère Paul, médecin, qui a accompli une bonne partie de sa carrière en Afrique noire. Nous avons entendu leurs récits, les heurs et malheurs des Français dans les pays qui, jadis, avaient formé l'Empire. C'est pourquoi j'imagine facilement comment j'aurais gravi les échelons, et serais parvenu à un titre sans grande importance, sans beaucoup de signification, mais avec des économies, une retraite et des décorations. Seulement, voilà : je ne suis pas parti. Je ne suis même jamais passé par Brazzaville.

Une fois, vers 1975, je me suis trouvé avec les miens au Zaïre, invités par Mobutu, dans la capitale Kinshasa, sur les bords du fleuve Congo, exactement en face de Brazzaville. Nous voulûmes prendre le bateau qui traverse le fleuve pour jeter un coup d'œil sur « ce qui aurait pu avoir été ». Mais une obscure histoire de visa m'empêcha de le faire : sans doute le ciel ne voulait-il pas que je me trouve jamais, fût-ce un instant, à Brazzaville. Je mourrai sans y avoir mis les pieds.

Quand il comprit que j'abandonnais, Bazire se répandit dans les couloirs, proclamant sa misère à tous vents. Je n'ai jamais su qui il prit à ma place pour aller en Afrique, mais le bruit de ses plaintes parvint jusqu'à l'étage supérieur : il criait assez fort pour cela ! C'était l'étage de la direction des émissions vers l'étranger. La France, comme tous les grands pays, les États-Unis, la Grande-Bretagne, l'URSS, émettait de Paris en langues étrangères.

Il y avait ainsi des programmes en langue espagnole

pour l'Espagne, d'autres pour l'Amérique latine, des émissions en portugais, en anglais, en allemand et, pour les auditeurs des démocraties populaires, en roumain, en hongrois, en bulgare, ainsi que dans les diverses langues parlées en Yougoslavie. Bref, quelque chose comme la « Voix de la France », par comparaison avec la Voix de l'Amérique, sauf que, sur le plan politique, c'était beaucoup moins « engagé ».

Le patron en était un homme d'environ soixante-cinq ans, Léon Rollin, qui avait été un brillant journaliste, et auquel la profession est très redevable puisque c'est lui qui avait rédigé, en 1935, la convention collective des journalistes, leur charte. Il avait beaucoup voyagé, beaucoup vu, beaucoup retenu. Il me fit monter dans son bureau. Un peu tassé sur lui-même, il parlait très bas : ça changeait de l'autre ! Je dus tendre l'oreille au maximum pour distinguer ses mots.

— On me dit, mon cher monsieur, que vous parlez bien l'anglais. Par hasard, connaîtriez-vous une autre langue ?

— Le russe.

— Ah ! ah ! nous n'avons pas encore d'émissions en langue russe, mais je songe à en créer une. Vous en ferez partie, si cela vous tente. Allez d'abord apprendre votre métier à la section des programmes vers la Grande-Bretagne. Je vous tiendrai informé de l'évolution de mes projets. Pour le moment, vous serez payé trente mille francs par mois.

Cela signifiait trois cents francs actuels. Ce n'était pas lourd, mais j'avais le sentiment que je prenais un départ. De plus, il m'avait suffi de venir, par deux fois, dans cette maison, pour sentir qu'elle m'attirait. Qui donc étaient ces gens parlant si fort dans les bureaux ? De quoi s'entretenaient-ils ? Parviendrais-je à m'intégrer à eux ? Exceptée la vie militaire, c'était la première fois que j'allais faire quelque chose qui me tentait.

A la section des émissions vers la Grande-Bretagne, je compris, d'emblée, que mon anglais était très moyen. L'équipe, composée pour moitié de Britanniques et pour moitié de Français, s'entendait à merveille et croyait à ce qu'elle faisait ; le clou des programmes, c'était « *The*

French have a word for it », c'est-à-dire « Les Français ont un mot pour le dire », un ensemble de leçons de langue française suivies par plusieurs centaines de milliers d'auditeurs britanniques parfaitement recensés, avec lesquels on correspondait régulièrement. Mon mentor fut un journaliste d'origine russe, absolument trilingue, Philonenko. En quelques semaines, il commença à faire de l'amateur intégral que j'étais un semblant de professionnel. Puis, il se vit offrir un reportage en Extrême-Orient ; son avion s'abattit en mer de Chine. Philo ne revint pas. Sa disparition ajouta à ma méfiance des voyages.

De la section Grande-Bretagne, je fus muté à celle d'Amérique du Nord, dirigée par l'écrivain Pierre Emmanuel. Intellectuel type, il sera plus tard élu à l'Académie française, dont il claquera la porte avec fracas.

Emmanuel coiffait, chaque jour, deux émissions en direction de l'Amérique : l'une en français, pour les Canadiens du Québec ; l'autre en anglais, pour New York. Là-bas, on enregistrait ce que nous leur envoyions à travers l'Atlantique, afin de l'utiliser, éventuellement, dans leurs journaux parlés, comme « flashes de l'étranger ».

Nous n'avions aucun contrôle sur cette utilisation ultérieure, mais nous savions qu'à New York, de même qu'à Montréal, leurs radios recevaient ainsi des chroniques et reportages en provenance du monde entier. Il nous fallait donc à Paris, de toute évidence, envoyer de très bons sujets si nous voulions être repris sur les antennes des États-Unis et du Canada, de préférence à des « correspondants » résidant dans d'autres pays.

Pour nos émissions en anglais, ce n'était pas difficile. Les États-Unis, en effet, qui venaient de combattre en Europe, et notamment de longs mois en France, s'intéressaient encore de près aux nouvelles de chez nous et surtout, d'ailleurs, à nos analyses politiques. Mais, comme déjà la politique m'ennuyait, ma participation vers les États-Unis n'était pas massive, loin de là : un sujet par-ci par-là, l'air du temps... Un collègue américain caviardait mon anglais, qui s'améliorait peu à peu. Je l'ai dit : il en avait besoin. Je ne commettais pas beaucoup de fautes, mais l'expression était primaire. Sans doute avais-je à Londres passé trop de temps dans les musées, ou bien avais-je déjà commencé à oublier l'esprit de la langue. Ça alla bien jusqu'au jour où Bill, notre Américain, fut surpris au cinéma en train de peloter un garçon de dix ans. On l'expulsa. Mes progrès en anglais s'arrêtèrent.

En revanche, mon travail en français pour les auditeurs de Montréal était quotidien. On paraissait, au Québec, aimer ma manière de faire. Je touchais à tous les sujets, car Pierre Emmanuel n'était pas assez riche pour former des spécialistes dans chaque domaine. Je parlais donc, selon les jours, de théâtre et de mode, de sports et de cinéma, de cuisine et de chemins de fer, de livres, de la création de barrages et de centrales atomiques, et même parfois des méandres de la politique française. Je disais mon amour de Paris; j'allais dans les grandes villes de province pour y suivre les manifestations culturelles. Je parvenais même à faire partager aux auditeurs canadiens ma passion pour les Six-Jours cyclistes, (qui ne leur étaient d'ailleurs pas inconnus, puisqu'il y avait des Six-Jours à Montréal), et je me souviens d'avoir interviewé pour eux, au Vel' d'Hiv', un jeune coureur français dont je pensais le plus grand bien : Robert Chapatte. Dommage que personne n'ait songé à prendre une photo de cette interview-là.

Je suivais également de près la vie religieuse car les Québécois sont très pratiquants. Nos auditeurs écoutaient donc avec un vif intérêt les déclarations des personnalités ecclésiastiques de passage à Paris. En principe, Pierre Emmanuel donnait à ses collaborateurs deux mille francs — anciens — par chronique ou reportage. Lorsque nous amenions au micro un évêque, nous percevions une prime de cinq cents francs. S'il s'agissait d'un archevêque, on nous octroyait mille francs, ce qui « mettait » l'archevêque à trois mille au total; et lorsque, par grande chance, nous avions happé un cardinal, c'était quasiment la fortune! Un cardinal bien interviewé (c'est-à-dire que son interview était assez longue pour pouvoir être utilisée en deux fois) me permettait d'inviter ma femme à dîner. Lorsque je voyais se pointer, à Paris, le cardinal Roy, archevêque de Québec, ou le cardinal Léger, archevêque de Montréal, qui, allant à Rome ou en revenant, s'arrêtaient en France, je pouvais crier à Laura, tout joyeux : « Chérie, tu vas nous chercher un restaurant. »

J'eus même un jour, longuement, un futur pape au

micro. C'était Mgr Roncalli, nonce apostolique à Paris, qui deviendra Jean XXIII. Le prélat ne dédaignait pas de répondre à nos questions. Un jour, nous allâmes ensemble dans le nord de la France, pour une messe qu'il devait dire devant la communauté polonaise de Bruay-en-Artois. Il prononça une homélie qui dura assez longtemps. En ce temps-là, on enregistrait encore sur des disques. Après l'office, Mgr Roncalli monta dans la camionnette technique, regarda la pile de disques que représentait sa messe, et, tout surpris, me dit :

— Monsieur Citron, vous êtes sûr que c'est moi qui ai parlé tout cela ?

— Oui, monseigneur, et ce que vous avez dit était fort intéressant.

Le nonce sourit et rétorqua :

— J'espère que le Seigneur aura été indulgent. Le Seigneur, et les auditeurs. Merci, monsieur Citron.

Moi, je jubilais : ça allait m'en faire une pincée !

Les princes de l'Église avaient été gentils pour moi en se laissant interroger. Je pus leur rendre la pareille dès que l'occasion s'en présenta. En 1978, ce fut à Rome l'été des papes. Paul VI mourut ; Jean-Paul Ier fut élu par le conclave, puis quitta très vite cette terre. Il fut remplacé par Jean-Paul II. Au total, j'eus à commenter huit longues Eurovision en direct. Parmi elles, par deux fois, une « messe pour l'heureux pontificat du pape nouvellement élu ». Là, vous vous en souvenez, les cardinaux viennent un par un faire la génuflexion devant le maître qu'ils se sont donné. Pour le reporter, c'est un moment très difficile : en effet, il n'y a pas de haut-parleur sur le parvis du Vatican pour annoncer quel cardinal vient rendre son hommage. Comme ils sont tous vêtus de la même chasuble, et coiffés de la même mitre d'or, il est très difficile de les distinguer, en dehors des huit ou dix dont les portraits ont pu paraître dans les journaux des jours précédents comme étant ceux des « papabili », les favoris de l'élection.

J'entendais mes confrères de l'Eurovision hésiter à reconnaître tous ces cardinaux ; mais, c'est à ce moment-là que je récoltai le bénéfice de mes interviews pour le Canada : j'avais rencontré à Paris, en six années de radio, nombre de ces illustrissimes, alors qu'ils n'étaient qu'évêques ou archevêques. Je pus mettre un nom sur leur visage plus facilement que beaucoup de mes confrères. Naturellement, je ne les reconnus pas tous, mais suffisamment pour me sentir heureux : je n'avais pas trop mal fait mon métier. A la vérité, lorsque six semaines plus tard il s'agira de la messe pour Jean-Paul II, je parviendrai à citer bien plus de noms que pour Jean-Paul Ier : avec l'entraînement, je reconnaissais mieux les visages. Je suggère cependant, à la télévision du Vatican, de distribuer la prochaine fois aux journalistes une sorte de trombinoscope.

Les comptes rendus en provenance de Montréal m'étaient favorables : Radio-Canada reprenait, très souvent, mes sujets. J'étais, à la vérité, le reporter étranger le plus « repris » par eux dans le monde. Mon nom devint connu au Québec sensiblement plus tôt qu'en France.

Nous envoyions ces sujets de Paris sur ondes ultracourtes. Personne ne pouvait les entendre en France. Leur faisceau ne s'ouvrait qu'à l'autre bord de l'Atlantique. Pour dire le vrai, j'avais là-bas déjà une notoriété certaine, alors qu'en France j'étais un inconnu complet, ce qui, d'ailleurs, me rendait malheureux : il me semblait que mes reportages auraient pu être proposés aux auditeurs français, mais il n'y avait pas de vacance au Journal Parlé. Il fallut me battre avec acharnement, venir à maintes reprises proposer mes services et tanner les responsables pour qu'on acceptât un jour, en plein été, de m'envoyer réaliser un reportage pour le public français. C'était un 15 août à Toulon, lors d'une cérémonie anniversaire du débarquement de 1944 qui avait permis aux troupes du maréchal de Lattre de prendre pied en Provence.

Le reportage devait passer dans le programme « Paris vous parle », l'un des fleurons de France-Inter. Le présentateur, Michel Droit (qui allait devenir, lui aussi, membre de l'Académie française) ne sut comment me « lancer », c'est-à-dire m'envoyer l'antenne. Il hésita sur mon prénom, ne parvint pas à se le rappeler et dit, finalement :

— Pour l'anniversaire du débarquement de De Lattre, cérémonies du souvenir à Toulon : à vous Toulon, à vous, euh... à vous, Zitrone.

Je devins ainsi le reporter sans prénom. C'était vers 1958 mais cela ne me fit pas travailler davantage pour le journal parlé. J'étais toujours cantonné aux émissions vers l'étranger. Plus tard, quand nous nous retrouverons à la télévision, on m'en voudra un peu de cette espèce de provenance illégitime. Dans la grande équipe Desgraupes-Dumayet-de Caunes-Sallebert, je demeurerai longtemps le « gars qu'on n'a pas connu avant ». J'ajoute, en parenthèse, que je deviendrai plus tard très copain avec Michel Droit, vers les années 1960-1961 — car nous resterons un été tous les deux tout seuls à Paris pour présenter, en alternance, chaque jour aux téléspectateurs du journal télévisé, les remous si souvent sanglants de la révolution au Congo, avec les duettistes quotidiens Kasawubu et Lumumba. Celui-ci finira par être tué et l'on racontera, à son propos, une histoire horrible. C'est Kasawubu, devenu président du Congo, qui reçoit des invités. On sert un rôti. La conversation vient sur Lumumba qui a été récemment abattu. Kasawubu demande à ses hôtes :

— Vous aimiez Lumumba tant que cela ?

— Oh oui, monsieur le président.

— Alors, cher monsieur, reprenez-en.

Travaillant pour le public du Canada français, je devais absolument écrire un français d'une certaine qualité. On ne pouvait pas s'adresser dans un style abâtardi à ces gens qui avaient conservé intacte notre langue depuis quatre siècles, malgré mille drames, et les innombrables pressions des Canadiens anglais. Pierre Emmanuel était toujours fort exigeant là-dessus. Il insistait pour voir les textes de ses journalistes avant que ceux-ci se rendent à l'antenne. Il prenait alors un stylo et rayait sans pitié les adjectifs inutiles, les adverbes trop pompeux, les pauvretés de langage. Dans les premiers temps, il me corrigeait ainsi le quart de mon texte que j'avais, selon lui, surchargé de mots sans utilité. Lorsque le pourcentage des ratures d'Emmanuel tomba à moins de dix pour cent, j'eus le sentiment que je pouvais me lancer à rédiger sans son aide. Il l'admit. Je lui dois énormément : depuis mademoiselle Léontine, personne ne m'avait fait effectuer autant de progrès que Pierre Emmanuel, à la mémoire duquel je rends mille grâces. Pourtant, cet homme froid, rigoureux, presque sévère, n'inspirait pas la sympathie. Je ne peux pas dire que je l'aie aimé, mais j'ai une formidable dette à son égard.

Je restai à la radio cinq ou six ans. On m'avait donné, assez vite, une nouvelle tâche, celle d'organiser des reportages en groupes dans les congrès internationaux. Paris était très à la mode. Médecins et imprimeurs du monde entier, sociologues et électriciens, sportifs et astronomes tenaient leurs réunions annuelles de plus en plus volontiers à Paris. Je mettais sur pied des séances collectives d'interviews. Puis, j'emmenais avec moi le reporter de notre section d'émissions vers l'Italie, celui de la section Allemagne, ceux des programmes vers la Yougoslavie, l'Espagnol de service, le Portugais et nous foncions, tous ensemble, au congrès.

Là, nous enregistrions à tour de rôle les intervenants des pays étrangers vers lesquels la radio française émettait. Nous le faisions un peu à la queue leu leu, car les participants n'avaient pas souvent le temps d'attendre. Or, le technicien qui, dans la voiture-son, prenait l'interview sur disque, glissait ensuite celui-ci très vite dans une pochette... Mais pouvait-on lui demander de marquer sur la pochette en langue polonaise : « Le professeur Szyczymanowsky de Varsovie », ou « L'ingénieur von Schmunkrutschy de Stuttgart » : ce n'était pas facile ! Aussi, les techniciens se bornèrent-ils vite à marquer : Zitrone-Espagne, Zitrone-Hongrie ou Zitrone-Pays-Bas. Ces disques étaient aussitôt classés dans les archives, aux Champs-Élysées. Chaque section venait y chercher le sien pour diffusion. Le préposé, sans entrer dans les détails, s'enquérait :

— Vous voulez le Zitrone en arabe ? Vous voulez le Zitrone en tchèque ? Je vous les donne...

... C'est ainsi que se forgea une réputation injustifiée de polyglotte. Je l'ai déjà dit : je parle le français, l'anglais et le russe ; l'allemand assez couramment ; l'italien en courant très vite : juste de quoi m'expliquer avec les chauffeurs de taxi à Rome ou à Milan. En somme, grâce à ces congrès internationaux, j'ai bénéficié durant toute ma vie d'une auréole de linguiste exceptionnel que je n'ai jamais méritée, et qui aurait été un abus de confiance si j'avais moi-même propagé la légende. Or, chaque fois qu'il m'est arrivé de la démentir, je n'ai pas été cru. Le public accepte difficilement de perdre un phénomène de foire.

Un jour, je me rendis au vélodrome du Parc des Princes, pour l'arrivée du Tour de France. C'était lors de la dernière victoire du champion italien Fausto Coppi ; les Canadiens voulaient une émission spéciale là-dessus ; j'enregistrai, en français, une bonne demi-heure. Cette fois-là, je crois avoir été bon ; tout y était, l'histoire de la course depuis le début du siècle, le déroulement du Tour de cette année-là, l'arrivée du peloton, le délire des Italiens de Paris devant Coppi terminant en maillot jaune. Plus une interview du champion qui s'exprimait très convenablement dans notre langue. J'étais ainsi au micro depuis une trentaine de minutes, lorsqu'un des techniciens vint vers moi, furieux :

— Dis donc, vieux, on m'attend chez moi pour dîner. Quand donc vas-tu commencer à parler ?

Catastrophe ! J'avais oublié de brancher mon micro ! On n'avait donc strictement rien enregistré. J'étais fou de rage, mais c'est mon étourderie qui avait tout fichu par terre. Il fallait aviser, et de toute urgence. C'était mon premier loupé sérieux. Montréal attendait, et je n'avais rien ! Alors, je risquai le coup ; je me rendis au studio. On mit, en fond sonore, un fort bruit d'ambiance : une foule quelconque qui criait, qui applaudissait, qui portait quelqu'un aux nues. De qui s'agissait-il ? Quelle était la foule qui criait ? De quand datait ce bruitage ? Tout m'était indifférent. Je me mis au micro et là, tandis que le technicien du studio passait en fond sonore le disque d'ambiance, je parlais, je « faisais mon reportage ». Si vous préférez : je le refaisais. Bien entendu, il était différent de ce que j'avais dit au vélodrome ; ce n'étaient ni les mêmes phrases ni les mêmes mots. Mais c'était le même sujet ; je ponctuais ce nouveau reportage de cris, d'exaltations, d'interrogations diverses, d'explications de la course ; je précipitais le débit pour les arrivées, comme je l'avais fait deux heures auparavant. On se serait cru sur place.

Avertis de ce qui se passait dans le studio, les patrons des émissions vers l'étranger vinrent m'écouter. Je réinventais le peloton qui pénétrait sur la piste pour les derniers cinq cents mètres du Tour de France ; j'indiquais aux techniciens, d'un geste de la main, de monter l'ambiance pour ponctuer, soi-disant, l'arrivée de Coppi ; je hurlais d'enthousiasme, je me prenais sans doute à mon propre jeu. D'instinct, je parsemais mon reportage d'hésitations ; en effet, il n'était pas possible qu'un être humain improvisât pendant une demi-heure sans une redite par-ci, par-là, sans reprendre sa respiration, sans chercher son souffle, sans utiliser un mot erroné. Je découvrais, en faisant ce travail à l'improviste — car, pour moi, il était totalement improvisé puisque différent du précédent — qu'il ne fallait jamais dire un commentaire de quelque longueur sans commettre d'erreurs. Je découvrais la loi de la « faute indispensable » : un homme n'est pas une machine ; la langue, parfois, doit lui fourcher. Quand un individu, fût-il journaliste ou homme politique, parle trop longtemps sans faire de fautes, il fatigue son auditoire.

Le résultat fut, me semble-t-il, meilleur que sur la pelouse du vélodrome. Il n'y avait pas d'hésitations sur les noms des coureurs ; cela se tenait bien ; seule manquait, évidemment, l'interview de Coppi, mais qui, parmi les auditeurs canadiens, pouvait le deviner ? C'est ce jour-là que le patron des émissions vers l'étranger me dit qu'à son avis je pouvais espérer faire carrière dans le domaine du reportage. Mais j'allais rester encore plusieurs années à la radio avant d'être pris par la télévision.

Ma tronche par la lucarne

La télévision était un monde totalement inconnu et, d'ailleurs, méconnu. Nul ne savait d'où elle venait, ni où elle allait. Les installations de la rue Cognacq-Jay étaient simplettes : dans le monde de la radio, on prenait plutôt la télé pour une amusette. Personne n'y croyait vraiment. Ainsi, le chef du service des sports de la Radiodiffusion française, Georges Briquet, dont la voix était célèbre dans toute la France, estima-t-il que ce ne serait pas sérieux d'abandonner la radio, où chacun lui faisait fête, pour une télévision qui était probablement sans futur. Lorsqu'il comprendra son erreur, il ne s'en remettra pas. Georges Briquet est mort parce qu'il n'a pas su comprendre combien le petit écran deviendrait une grande aventure. Dommage : il aurait su faire vibrer le public. Mais, quand il voulut venir, ses anciens élèves ne lui firent pas de place.

Je réagissais autrement. Quand je voyais certains garçons que l'on mutait de la radio à la télé, parfois pour des raisons disciplinaires, je me disais qu'en réalité ils avaient bien de la chance car je pressentais, je humais que la télé, c'était l'avenir. Bien entendu, j'aurais été totalement incapable d'annoncer l'explosion formidable qu'elle allait connaître : je ne pouvais pas m'imaginer qu'un jour il suffirait d'appuyer sur un bouton à Tokyo pour avoir, aussitôt, à Paris, les images d'un événement ; je ne me figurais pas ce que serait, vingt ans plus tard, la toute-puissance de l'image ; ni que le petit écran changerait nos habitudes d'êtres humains, nos modes, nos désirs, et jusqu'à nos rêves. Par-dessus tout, j'aurais été dans l'impossibilité absolue de m'imaginer ce que la télévision m'apporterait personnellement ; mais j'étais averti par une sorte d'instinct : l'avenir était là.

Dès lors, un seul problème : comment y entrer ? Sans trop savoir ce que je faisais, j'obtins un rendez-vous du rédacteur en chef du journal télévisé, Pierre Sabbagh. Le journal télévisé datait de 1947 ; malgré des difficultés financières et techniques innombrables, il fonctionnait sans du reste qu'on y ait jamais eu besoin de moi. J'arrivais comme un cheveu sur la soupe. D'ailleurs, qui étais-je ? D'où venais-je ? Des émissions vers l'étranger ? Mais nul ne les connaissait en France ! Bref, pour Sabbagh, j'étais un inconnu complet. Il ôta sa pipe :

— Connaîtriez-vous, monsieur, un sport ?

— Le cyclisme, monsieur, surtout sur piste.

— Dans ce domaine, j'ai ce qu'il me faut.

— Le patinage artistique, alors ; j'ai patiné étant jeune ; j'ai mis moi-même mes enfants sur la glace.

— Votre situation de famille n'est pas l'objet de l'entretien. Est-ce que, par hasard, vous connaîtriez les courses ?

Quelque chose venait de se casser dans le ciel. J'entendis une sorte de tremblement. Ma destinée basculait à nouveau.

Pierre Sabbagh m'emmena dans la salle de projection des films. Fumeur de pipe, il empoisonnait l'atmosphère. J'ai une sainte horreur de la pipe. A la limite, j'étais mal à l'aise. L'émotion m'indisposait déjà un peu. Mais était-il vraiment possible que le patron du journal télévisé eût besoin d'un reporter pour les courses ? Quelle merveille ! Sabbagh me fit projeter la pellicule tournée la veille à Longchamp. Je m'étais justement rendu aux courses, et j'avais vu l'épreuve qu'on me passait. Dès les premières images, je me mis donc à commenter. Les chevaux galopaient sur le rythme exact où battait mon cœur.

Soudain je perdis pied : voilà que je ne comprenais plus rien ; Je racontais encore ce qui s'était produit à l'entrée de la ligne droite finale, alors que les chevaux de Sabbagh passaient déjà le poteau ! En réalité, on avait raccourci l'événement (comme en toute chose, dès qu'il ne s'agit pas de direct) : on avait coupé la pellicule et gardé une minute et demie de ce qui avait duré plus de trois minutes. Je ne pouvais pas le deviner. Je fus donc totalement surpris. Les chevaux terminèrent leur parcours sans moi ! Désemparé, me sentant bête et inutile, je ne savais plus que dire ; la pipe de Sabbagh sentait horriblement mauvais et il n'y avait pas une seule fenêtre dans la petite salle.

— Ce n'est pas mal, dit-il. Vous en savez un bout sur les chevaux, mais vous parlez trop lentement. Au revoir.

— Au revoir, monsieur. Mais ce n'est pas de ma faute si je me suis paumé.

— Si, monsieur Zitrone. Vous n'aviez pas à commenter de mémoire une course que vous aviez vue « en vrai » : je vous avais prié de me commenter des images, et vous auriez dû, après un instant compréhensible d'hésitation que je vous aurais, bien entendu, pardonné, reprendre votre commentaire, c'est-à-dire suivre le film, coller à lui. Vous étiez hier à Longchamp ? Tant mieux, ou plutôt tant pis. Notre métier, voyez-vous, consiste à suivre l'écran, l'écran seul, rien que l'écran. Il faut savoir moduler la phrase, ajouter s'il le faut, si on a du temps, une brève explication technique, ou au contraire, raccourcir sa phrase, sauter des passages entiers de ce qui s'est produit dans la réalité, et ne parler au public que de ce qu'il voit dans son poste. C'est difficile, très difficile, et voilà pourquoi je renvoie neuf sur dix des gars qui viennent me demander du boulot.

Sabbagh parlait volontiers sur le mode familier. Je dirais même bourru. Ce fut toujours l'un de ses charmes. En voilà un qui aurait merveilleusement campé le commissaire Maigret.

Je partis navré, puis, comme toujours, le travail reprit le dessus. Des mois passèrent. Je revins voir Sabbagh :

— Je crois que j'ai appris à parler un peu plus vite, monsieur.

— Je n'ai pas le temps de vous tester à nouveau, revenez ; si ça ne fait pas d'histoires avec vos patrons actuels, vous resterez un moment avec nous. Peut-être êtes-vous bon à quelque chose. Tenez : je vous attends à la fin du mois. Vous avez une bonne bouille. Après tout, pourquoi pas ?

Si je ne m'étais pas contenu, je lui aurais baisé les

mains. Mais il l'aurait mal pris. A mon attitude, il comprit pourtant qu'un courant était passé entre nous qui allait durer très longtemps. Si je devais aller me perdre sur une île déserte, et que je dusse emporter le souvenir de cinq hommes dont je me suis senti très près durant ma vie, il y aurait mon père, mon fils, mon petit-fils naturellement; resteraient deux places. L'une serait certainement pour Sabbagh.

Je vins donc dans les locaux du journal télévisé, et mes confrères, presque immédiatement, se divisèrent à mon propos en deux groupes : les pour et les contre. Il y avait ceux qui d'emblée se méfièrent de moi, et auraient préféré me voir renoncer. J'étais à leurs yeux un concurrent un peu plus âgé que la moyenne, donc ayant lu plus qu'eux et approché (cela avait fini par se savoir) d'innombrables personnalités de tous pays et de tous horizons. Mais il y avait également ceux qui accepteraient de me considérer comme un ami possible.

Au total, le journal comptait une bonne quinzaine de journalistes. Ils étaient bien élevés, et plutôt agréables dans leurs rapports sociaux, même si certains sourires étaient préfabriqués. Les histoires de fesses étaient rares. Je ne me souviens guère que d'un seul cas : un confrère, charmant, pour lequel une de nos dames avait des bontés extrêmes. Ils n'apparaissaient au bureau que très tard, en arrivant toujours à quelques secondes d'intervalle. Jusqu'à ce moment-là, ils avaient passé leur temps à se donner, mutuellement, des cours d'anatomie comparée. Le plus souvent, ils avaient pris la peine de se réajuster et de se recoiffer. Finalement, cela ne nous regardait pas. Chacun est libre de son corps et de ses cinq-à-sept.

La « dame aux bontés » était un spécimen assez copieux, mais joli, et l'on comprenait bien que notre confrère se fût entiché d'elle. Ils étaient tous deux, de surcroît, d'excellents journalistes ; lui me donna plus d'un bon conseil sur la manière de traiter l'information qui arrivait en dépêches d'agences ; elle était une spécialiste avertie des mondanités et du Tout-Paris. J'ai parfois profité de ses tuyaux mais je n'éprouvais pas la moindre envie de succéder un seul instant, entre ses bras, à son grand ami.

Il y avait aussi Claude Darget, dont je vais parler dans peu de temps, et Danielle Breem, qui était à tu et à toi avec la moitié des députés de l'Assemblée, ayant passé quelque temps au Cabinet du président Edgar Faure, partageant — nous a-t-elle toujours assuré — un bureau avec Valéry Giscard d'Estaing. J'admirais sans réserve sa virtuosité à se mouvoir dans les labyrinthes de notre politique intérieure. Si, par hasard, le sens du communiqué d'un parti lui semblait obscur, elle bondissait voracement sur le téléphone pour appeler l'un des signataires du texte à son domicile privé.

Je pense que Danielle m'a toujours tenu pour un homme à la réputation surfaite. Pensez donc : je suis incapable de distinguer un radical valoisien d'un centriste de gauche ! Les rares fois où elle allait venir, un peu plus tard, dans mon journal télévisé, et où j'ai cherché à « la lancer » pour qu'elle explique un point intéressant, je m'y suis pris avec maladresse. Sa science m'en imposait.

Je n'ai jamais rencontré Breem en dehors de la télévision, sinon une fois en août, sur la plage de Deauville ; elle n'avait pas beaucoup de poitrine ! Mais peut-on avoir, simultanément, l'Intérieur et l'extérieur ?

A la rédaction du journal, il y avait entre nous tous une neutralité politique absolue. Jacques Perrot, qui savait commenter avec aisance toutes les images, penchait-il plutôt pour la gauche ? Claude Joubert était-il plutôt à droite ? On s'en contrefichait. Si tel ou tel journaliste lorgnait réellement d'un côté, c'était libre à lui, à condition d'abandonner ces préférences en entrant dans la salle de rédaction. Les temps, évidemment, ont changé. On ne fait pas mystère, maintenant, de ses idées, on les affiche, souvent on les claironne. Parfois, oh, horreur ! on tente de « faire passer le message ». Je le regrette.

Cette salle commune du journal télévisé était une pièce basse, avec d'innombrables journaux traînant sur les tables, des journaux du jour et aussi ceux de la veille, de l'avant-veille et de la semaine précédente, car les femmes de ménage, chez lesquelles le pourcentage de

Portugaises progressait à vue d'œil, n'osaient pas, le matin en arrivant, jeter des gazettes qu'elles ne comprenaient pas. Il y avait des téléphones, mais trop peu et pas du tout comme dans les films américains où l'on représente somptueusement le monde de la presse. En France, on est toujours radin sur le nombre de téléphones à poser. Au total, nous étions les uns sur les autres car, par une règle non écrite mais appliquée avec fermeté, l'administration se réservait d'autorité la majorité des locaux. Déjà, « La télé, c'était elle. » Déjà, les administratifs considéraient que les journalistes n'étaient que des oiseaux de passage, auxquels il n'y avait pas lieu d'accorder de facilités.

Ils terminaient leur journée à dix-huit heures. Aucun règlement ne leur imposait d'avoir un poste de télévision à leur domicile : la plupart ne connaissaient donc même pas nos têtes ; nous étions, pour eux, des noms sur des listes, sur des bordereaux, parfois sur des lettres de réclamation, mais il se passa de longues années avant qu'ils prennent conscience que c'est nous que le public voulait connaître et non pas eux. Encore restions-nous toujours à leurs yeux des saltimbanques. C'étaient, pour la plupart, des fonctionnaires issus des PTT qui, un beau jour de 1936, sans savoir pourquoi, avaient « opté pour la radio ». Tout le reste de leur carrière s'était enchaîné normalement. Tatillons, portés sur des détails insignifiants, manquant d'imagination d'une manière affolante, ne sachant pas voir grand, ils ont longtemps sinon étouffé la télé, du moins ralenti son épanouissement. Nos collègues étrangers qui venaient en reportage en France se sont constamment plaints de leur indifférence aux usages de la courtoisie internationale, et de leur indécrottable avarice. Hélas, ces rétrogrades, ces retardés, avaient formé des petits à l'esprit aussi obtus que le leur.

Un jour, partant pour une semaine de reportages (un championnat du monde de patinage en Europe centrale), je pris avec moi deux grosses valises. Au retour, en « liquidant ma mission », c'est-à-dire en effectuant à la caisse les comptes de mes dépenses, je demandai à être remboursé de mes frais de taxis de mon domicile à la gare, et retour. Je fus convoqué au bureau administratif. Là, une petite jeune fille de vingt-deux ans me foudroya :

— Pourquoi des taxis ? N'aviez-vous pas le métro ?

— Mademoiselle, pour un train à six heures du matin, j'ai pensé que vous me rembourseriez une voiture ; je ne demande que trente francs.

— Le règlement ne vous y donne pas droit, vous n'avez aucun grade. Il fallait prendre le métro.

— Vous savez, j'ai un peu mal au dos et les valises, qui contenaient beaucoup de documents sur les patineurs, étaient lourdes. Mon médecin me déconseille, justement, de porter des charges.

— Ce n'est pas dans votre dossier. Il faut donc prendre le métro.

— Mademoiselle : avec la tête que j'ai, rencontrer des téléspectateurs dans le métro à six heures du matin, c'est risquer une curiosité déplacée ; c'est, peut-être, provoquer une discussion sur la télé elle-même.

— De quelle tête parlez-vous, monsieur ? Moi, je ne vous ai jamais vu. Je ne vous connais que par cette demande de remboursement. Je ne vous l'accorderai pas. Il fallait prendre le métro...

La garce !

Certes, les choses ont évolué dans le bon sens : mais je n'invente pas ce dialogue, et je ne fus pas remboursé ! Robert Chapatte vous dira qu'un jour, disposant de cinquante francs alloués par l'administration pour un déjeuner hors frontière, il présenta une note sur laquelle on avait porté : homard + scoth = cinquante-cinq francs. Il fut convoqué.

— Monsieur, nous ne remboursons pas les nourritures somptuaires.

— Mais, disposant de cinquante francs je pensais pouvoir manger cette somme et la boire à ma guise.

— Pas de homard ni de scotch.

— Mais je n'ai rien pris d'autre : je ne vous demande pas le homard et le whisky « en plus » ; je ne vous demande même pas de me rembourser le dépassement de cinq francs ; je vous joins, en tout et pour tout, la note d'un restaurant où j'ai pris ce que j'aimais.

— Monsieur, nous ne pouvons pas tolérer que des

agents de la RTF mangent et boivent des aliments de cette nature.

Chapatte se fit un devoir de commander, désormais, homard et whisky dans tous ses déplacements. En fin de compte, il obtint gain de cause.

J'avais donc été admis dans la salle de rédaction. Pendant plusieurs semaines, je n'eus que le seul droit de regarder mes camarades préparer leurs commentaires des images du journal. Aujourd'hui, quand un jeune journaliste entre à la télévision, il pense qu'au bout de huit jours il sera digne de présenter le journal de 20 heures. Moi, on ne m'a prié de rédiger mon premier texte qu'après deux mois de présence. Il s'agissait d'un tournoi de boules au jardin du Luxembourg, et en dernière minute le sujet ne passa pas ; il fut enlevé ou, comme l'on dit, « sucré », le sommaire de l'édition étant déjà trop long. En effet, il y a des jours où l'actualité est multiple, et le rédacteur en chef, ayant les yeux plus grands que le ventre, envoie ses journalistes et ses caméras partout, sur tous les points chauds. Mais le soir, quand les reportages ont été préparés et montés, on s'aperçoit que la petite demi-heure allouée au journal ne permet pas de les diffuser tous. Il faut alors savoir s'effacer devant un camarade dont le sujet est considéré comme plus important que le vôtre. Quinze pour cent des commentaires que, dans ma vie, j'allais préparer pour la télé n'ont pas été diffusés. Il faut rester humble devant les « soubresauts » de l'actualité.

Évidemment, la télévision, ce n'était pas seulement le journal ; il y avait aussi des émissions qui n'avaient aucun lien avec lui. Déjà s'établissait la distinction entre l' « information » et les « programmes », qui n'a jamais été abolie depuis lors.

Un jour, en été 1959, quelqu'un des programmes me croise dans le couloir :

— C'est bien vous qui travaillez à la radio ?

— Oui, monsieur.

— Depuis quelques jours, je vous vois ici à la télé. Avez-vous déjà fait de l'antenne ?

— Non, monsieur ; mais je souhaite en faire.

— Vous vous appelez bien Zitrone ?

Je n'avais pas encore totalement abandonné les émissions radio vers l'étranger et, peu de temps auparavant, j'avais conduit un groupe de mes camarades dans une usine de Lorraine où l'on fabriquait des aciers fins pour l'exportation. Or, il se trouvait que la télé allait commencer une série sur les alliages fins et spéciaux, mais sans savoir encore à qui la donner à présenter. La Chambre syndicale de la Sidérurgie lui avait glissé mon nom : j'avais dû, je présume, laisser un bon souvenir en Lorraine, d'où ce dialogue dans le couloir ; et c'est ainsi que, quelques jours après, je faisais mes débuts à la télé. Comme j'avais été élève de l'Institut de Chimie, je n'étais pas complètement ignorant des aciers au chrome ou au molybdène, et je ne commis pas trop d'erreurs. Mais, comme je ne comprenais pas du tout le jeu des caméras, et qu'en réalité, je ne savais même pas quand et comment elles marchaient, je n'éprouvai pas l'ombre de trac : et c'est pourquoi je ne le connaîtrai jamais sur l'antenne. C'est là une de mes grandes chances, l'un de mes principaux atouts. Revers de la médaille : je serai toujours abominablement mauvais au cours des répétitions d'une émission, par exemple pour *Intervilles*. J'ai besoin de savoir que « je passe à l'antenne » pour me sentir maître de moi. Voilà la raison pour laquelle j'aime les grands directs où l'on ne répète jamais : l'événement n'a lieu qu'une fois.

Pierre Sabbagh me dit que, dans cette affaire d'aciers, je n'avais pas eu du tout l'air idiot sur l'écran. Il me donna deux ou trois sujets à commenter au journal : de brefs reportages filmés qui collèrent à peu près. Dans la salle commune des journalistes, on commença à me prendre au sérieux. L'été vint d'un seul coup ; il faisait chaud. A Auteuil, on allait courir le Grand Steeple-Chase de Paris. Sabbagh me héla :

— Un reportage aux courses, ça vous dirait pour demain ?

— Mais, monsieur Sabbagh, je n'ai jamais fait de direct.

— Je prends le risque. D'ailleurs, je crois me rappeler que l'hippodrome, c'est votre péché mignon. Quatorze heures, sur place. Ne soyez pas en retard. Présentez-vous au réalisateur : il vous dira où aller.

Les reportages n'étaient pas aussi minutés qu'ils le sont aujourd'hui. J'eus le temps de donner quelques détails sur chacun des chevaux ; c'étaient de vieux amis. Je m'efforçais de le faire distinctement ; il fallait dominer le bruit de l'hippodrome et, cependant, ne pas crier ; on m'avait installé au milieu du public que je ne voulais pas l'importuner. Les gens autour de moi regardaient l'appareillage technique avec des yeux ronds, et une curiosité un peu méprisante : la fameuse méfiance du Français pour la nouveauté. Aujourd'hui, tout un chacun veut se montrer à la télé, ce n'était pas encore le cas alors.

D'instinct, je parlais sur un ton de bonne compagnie. On courait le Grand Steeple ? Aussi intéressant qu'il fût, cela ne changerait pas la face du monde. Nous parvînmes ainsi, les chevaux et moi, jusqu'au cinquième kilomètre d'une course qui en comptait sept. Plusieurs concurrents étaient déjà tombés. Un jockey va dans les pâquerettes si son cheval a accroché une haie ou une butte, ou si lui-même a commis une faute d'équitation. Je savais le discerner et je l'expliquais.

La course en arrivait à l'instant décisif. Je dis au micro :

— Suivez bien le cheval qui est en troisième position, et dont le jockey porte une toque claire (on était encore en noir et blanc ; la couleur ne serait utilisée qu'une dizaine d'années plus tard). Il s'appelle Necor ; vous verrez, il terminera très fort.

Je n'avais aucun mérite : ledit Necor avait un fond inépuisable. L'un des deux chevaux qui galopaient devant lui accrocha une barrière et tomba. Le cavalier de Necor lui demanda alors de donner tout ce qu'il pouvait, et le vieux cheval, plein de bonne volonté, avala son dernier adversaire. Il gagna ! Je confirme : je n'avais pas annoncé qu'il fournirait le vainqueur mais, lorsque je revins à Cognacq-Jay, des camarades me demandèrent :

— Dis-donc, gros : comment savais-tu que celui-là gagnerait ?

— Je n'ai rien dit de semblable !

— Ne t'en défends pas : je t'ai entendu.

C'est une loi absolue : ce que dit l'écran et ce que comprend le public ne coïncident pas. En tout cas, le bruit se répandit que j'étais un sorcier. Sabbagh me félicita et me prévint de me tenir prêt à travailler pour lui, en direct, le dimanche d'après. Quelle course me prierait-il de commenter ? J'appris par cœur les noms et les couleurs des casaques des quatre-vingt-dix chevaux qui devaient se produire ce dimanche-là. J'étais imbattable, incollable. Je me présentai à Sabbagh le jour venu.

— Ah ! vous voilà, mon révérend, me fit-il (de même que Pierre Desgraupes vous dit toujours « papa », Sabbagh vous dit « mon révérend »). Eh bien, vous allez au fronton de Paris, pour le grand match de pelote basque entre les abbés de Bayonne et leurs adversaires qui sont de Cambo.

— Mais, monsieur Sabbagh, je ne connais rien à la pelote basque.

— Vos états d'âme ne m'intéressent pas. Vous devriez déjà être parti. D'ailleurs, vous n'avez aucun mouron à vous faire. Les civils seront en chemise blanche et pantalon blanc ; les abbés jouent, naturellement, en soutane noire, légèrement retroussée. Rompez.

Hélas, les abbés avaient choisi d'abandonner leur soutane et de se mettre en civil pour ce match-là. Eux aussi portaient chemise blanche et pantalon blanc ! Pendant une heure d'horloge, je ne parvins jamais à distinguer les joueurs les uns des autres. De plus, la pelote était lancée à une vitesse folle : les caméras n'arrivaient pas à la suivre. Ce fut un reportage en direct bien étonnant : on ne voyait pas l'essentiel de la rencontre et le reporter confondait les noms des joueurs. Est-ce que ce fut le plus mauvais de ma vie ? Sûrement l'un d'eux.

Quand je revins à Cognacq-Jay, je rencontrai Sabbagh sur le trottoir. Je m'approchai de lui un peu comme un chien pris en faute : l'oreille basse, penaud. Sabbagh ôta sa pipe d'entre les dents : « Regardez sur la chaussée : elle est pleine de petits morceaux de Zitrone. Vous vous êtes proprement cassé la gueule, mon révérend ; vous êtes en miettes, et vous les voyez là, devant vous. Qu'est-ce que vous croyiez ? Que je vous enverrais tous les dimanches aux courses ? Je vous ai fait patauger exprès. Vous ne m'avez même pas demandé où je me proposais de vous expédier. Le Zitrone est en mille morceaux, vous dis-je. Mais c'est maintenant que nous allons, ensemble, les recoller. A partir de maintenant, je vous fais muter chez moi ; vous avez quelque chose dans le ventre, et j'ai envie que vous jouiez avec nous. La télé, c'est encore merveilleux ; ça va le rester un petit moment, puis les pouvoirs publics vont se jeter sur elle, et c'en sera fini de nos joies. On ne se marrera plus. Je vous invite donc à venir avec nous vous marrer pendant qu'il est encore temps. Vous avez une tronche qui devrait passer par la lucarne. A demain. »

Les aléas de l'improvisation

Les cinq du 20 heures

En 1959, le journal télévisé consistait uniquement en images. Nous ne donnions ainsi que les nouvelles qu'on pouvait montrer. L'idée de faire apparaître un présentateur assis dans un studio pour « lier » les différents sujets filmés (et donner d'autres informations simplement parlées) fut de Sabbagh. Je l'ignorais avant de m'envoler , en août, pour l'URSS où j'allais participer à un long métrage de cinéma intitulé *Vingt mille lieues sur la Terre**.

Nous venions d'en tourner une longue séquence près de la frontière russo-chinoise, sous la neige, à la mi-novembre, et nous attendions l'avion sur l'aéroport d'Irkoutsk pour revenir en Russie d'Europe. Un groupe de voyageurs belges vint vers moi, un peu surpris de me rencontrer à dix mille kilomètres de Bruxelles et de Paris, et m'annonça la nouvelle :

— Nous vous connaissons de l'émission *Sports-Dimanche* et nous avons appris hier, au journal télévisé de Paris, que vous alliez faire partie de l'équipe des cinq « présentateurs ». C'est Darget qui l'a annoncé. On vous attend !

— Je rentre dans une semaine.

Les spectateurs adoptèrent vite, presque avec enthousiasme, ce système du présentateur. Au début, nous sommes cinq : Sallebert, Marcillac, qui cumule la présen-

---

* Voir p. 255.

tation avec son poste de chef du service des sports, Michel Droit, Claude Darget, et moi-même.

Les magazines de télévision, comprenant que nous sommes en passe de devenir populaires, publient d'innombrables articles sur notre vie, notre famille, ceux qui nous entourent, nos petits et grands défauts. Ils mettent nos visages en couverture ; on dit qu'ils « nous donnent la couvrante ». Comme leur tirage augmente à une vitesse vertigineuse, des millions de Français croient tout savoir sur nous et le soir, quand nous paraissons sur l'écran, ils se racontent la dernière bonne histoire apprise sur notre compte.

C'est de là que naîtra une idée nouvelle et souvent fausse qui va s'ancrer de plus en plus dans l'esprit du public : l'excessive importance du présentateur de l'édition de 20 heures. Voilà qu'on a créé, sans le vouloir, sans y penser sans doute, une espèce de caste. Nous semblons être, aux yeux du spectateur, les vrais « messieurs télévision... », tandis que les autres journalistes, ceux qui couvrent seulement les reportages ou font des commentaires sans apparaître à l'écran, ne constitueraient qu'un « second peloton ». Bien des drames ultérieurs viendront de cette injustice.

Pourtant, le présentateur ne touche pas un centime de plus que les autres. Nous sommes englobés dans une seule et même grille de salaires et, dans cette échelle, les présentateurs ne sont même pas les mieux rémunérés. Mais l'audience du journal télévisé devient telle à partir de 1960, nous devenons si familiers au public, nous nous « installons » si profondément que, plus tard, quand viendront les changements de présentateurs (donc le départ du ou des précédents), ils prendront l'allure de sanctions, dont la presse et le public feront un événement national, alors qu'il s'agit seulement d'un mouvement interne. Mais, au fait, qu'est-ce qui peut rester « interne » puisque nous travaillons, chaque soir, sous les yeux scrutateurs et impatients de millions et de millions de Français ? Nous sommes déjà une de leurs habitudes, au même titre que le café crème ou le pichet de rouge.

Nous ne nous rendons pas encore compte des proportions que tout cela va prendre plus tard. Chacun de nous cinq présente le journal à sa manière. Darget danse sur les mots et trouve des expressions sardoniques ; Michel Droit est sérieux, parfois grave ; il use voluptueusement d'un français fluide et châtié, en de longues phrases bien ficelées. Il sera de l'Académie française. Sallebert est totalement détendu ; trois quarts d'heure avant l'édition, il va boire son dernier scotch de l'après-midi dans l'un ou l'autre des bistrots du quartier ; puis il revient, l'œil guilleret, pique quelques dernières dépêches des téléscripteurs dans la corbeille métallique ajourée où elles s'entassent, ne rédige rien, se croirait déshonoré de rédiger quelque chose, et s'en va lancer à l'écran les informations avec légèreté et maestria ; Marcillac, qui a beaucoup de travail, ne se fie, au contraire, qu'à son papier ; il a bien étudié ses dossiers et écrit avec soin, dès le premier jour, tous ses enchaînements dans le détail ; voilà qui l'oblige, pendant l'émission, à lire ; il ne regarde pas souvent les gens dans les yeux ; ce n'est pas ce qui plaît le plus au public, mais ça lui évite bien des pépins. Je le préfère aux sports.

En ce qui me concerne, je suis en perfectionniste et un anxieux. J'ai toujours peur de louper la dernière nouvelle et qu'on me le reproche ; je n'ai pas de facilité naturelle ; il m'arrive d'arpenter le couloir pour apprendre par cœur certaines phrases essentielles ; au fur et à mesure que la journée s'avance, et qu'approche l'heure du journal, je deviens de plus en plus nerveux, certains diront infréquentable. Chose curieuse, à l'écran je donne une impression d'aisance et l'on croit dans le public que je suis venu au dernier moment, pour « dire » des informations maîtrisées depuis plusieurs heures. Hélas ! il n'en est rien. J'ai beau répondre aux gazettes que je suis bien plus un tâcheron qu'un artiste, on pense que je fais mon cinéma.

D'un autre côté, et dès mes débuts, je passe pour un ignorant en politique intérieure ; je le laisse croire, et Joseph Pasteur m'apporte, tous les soirs, une synthèse de quinze lignes, qu'il me commente gentiment. Un peu plus tard, lorsque Darget sera voué à d'autres tâches, Sabbagh intègrera Pasteur parmi les présentateurs. C'est justice, et Joseph sera remarquable.

Honnêtement, comment puis-je être classé parmi ces cinq ou six hommes ? J'en connais au moins deux qui sont meilleurs que moi. Dans la plus agréable des hypothèses, je suis le troisième du groupe. Ainsi, se passent les premiers temps.

Pendant de longs mois, un an peut-être, les textes que nous disons en présentant le journal télévisé ne sont pas vraiment contrôlés par les rédacteurs en chef. Nous pouvons improviser sur nos notes, et nul n'y trouve à redire. Mais, vers la fin de 1960, il faudra nous mettre à rédiger ces textes avec soin : en principe, pour une meilleure coordination technique. Essayons de l'expliquer.

Chaque intervention du journaliste qui est « en plateau » débouche sur un sujet filmé qui enchaîne. En ce temps-là, il y a trente ans, c'est assez coton à coordonner. Il faut en tout cas que l'homme du plateau ait fini sa phrase juste au moment où l'image du film va apparaître. S'il parle trop brièvement, il y aura un « blanc » à l'antenne, entre la fin de ses paroles et la première image, un vide insupportable au spectateur. En sens contraire, si un journaliste trop prolixe continue à parler quand l'image du film arrive sur l'écran, il y aura chevauchement, ce qui est encore plus insupportable.

Pour éviter ces inconvénients, ces gaffes, nous nous réunissons donc avec le réalisateur une heure avant le journal, vers dix-neuf heures, et chronométrons, avec précision, la fin de chacune de nos phrases. Ainsi, tout à l'heure, pour l'émission, l'enchaînement « plateau paroles-bobine de film » sera parfait. Mais nous voilà alors obligés d'écrire nos textes pour qu'ils tombent juste. Bientôt, par voie de conséquence, les « supérieurs » voudront contrôler ce qu'on a écrit. Nos progrès techniques sont rapides, mais la liberté d'expression dont nous disposions naguère sera ainsi remplacée par un contrôle.

Dans la même période, de Gaulle devient un maître de la performance télévisée. Certes, il avait de sérieuses prédispositions : sa phrase écrite est d'une beauté extrême ; il lui suffit de l'adapter au petit écran. Il le réussira à la perfection. Naturellement, il est difficile, aujourd'hui, de fixer la date qui verra de Gaulle se transformer en une « véritable bête de l'écran ». A mon avis, ce tournant s'est situé en 1961, lorsque le Général a prononcé le célèbre discours où il s'attaquait aux putschistes d'Alger, au « quarteron de généraux », et qui eut des conséquences essentielles sur le cours de la guerre d'Algérie. Le public restera à jamais impressionné par la maîtrise oratoire du président de la République ; et ceux qui détestent de Gaulle ne pourront que maudire ses talents d'orateur et de star de l'écran.

Peut-être son vedettariat influe-t-il sur la forme de nos propres comportements au journal télévisé ? Peut-être, après tout, voulant nous exprimer en des phrases qui frappent aussi fort que celles du Général, sommes-nous contents d'avoir à rédiger nos « plateaux » ? Toujours est-il qu'on nous demande désormais d'en montrer les textes.

Darget pertinent et impertinent

Très vite, naît une rumeur qu'on propage volontiers sur moi — à savoir que j'ai le dos trop souple devant les gens importants. Elle est venue d'un confrère jadis très connu, Claude Darget, aujourd'hui retiré du micro, et qui n'est plus que philatéliste amateur, quelque part en grande banlieue.

Quand je suis arrivé à la télévision, je n'ai évidemment pas réussi d'emblée ; nul n'est contraint au génie. Pourtant, au bout de six mois, je m'étais amélioré. Or, en ces temps-là, Darget, avec sa belle crinière d'argent, son profil en lame de couteau, et sa langue coupante, régnait sur le petit écran, où il était fort bon (ce serait injuste de le taire) ; il avait une verve remarquable, au service d'un esprit faux mais brillant, et un style caustique qui tranchait avec le ton patelin que l'on entendait alors à la radio.

Les nouveaux téléspectateurs (qui venaient d'abandonner leur poste de radio pour s'asseoir devant leur télé neuve) trouvaient chez Darget une tonalité acerbe qui leur plut, quoique, à vrai dire, il ne fussent pas encore très nombreux.

Lorsque dans les sondages des premiers magazines de télé, je commençai à faire partie du peloton des visages connus, Darget n'apprécia pas du tout ce qu'il croyait pouvoir devenir une rivalité. Moi, je l'admirais à juste titre ; il m'est du reste arrivé de le lui dire. Il faisait alors semblant d'être agacé, grognant quelque chose du genre : « Moi, grande vedette, je me fiche des compliments des semi-inconnus ; ils m'assomment. »

Sur l'antenne, ma voix était plus grave que la sienne, mes phrases plus longues, les périodes plus amples, et je faisais preuve d'une réelle courtoisie à l'égard des personnes interviewées car, pénétrant dans les intérieurs des Français, je ne voulais pas me permettre d'y ricaner. Tout cela amena bientôt une partie des spectateurs, surtout les plus récents, à faire entre sa manière et la mienne des comparaisons parfois tournées à mon avantage. Darget, de cinq ans plus âgé que moi, dut voir alors pointer une menace longtemps redoutée. J'eus l'impression — peut-être fausse, d'ailleurs — qu'il lui importait désormais de me descendre rapidement en flammes. Il s'en prenait d'abord à mon style. « Moi, mon cher Léon, quand je passe à la télé, je fais vendre des postes. Toi aussi : mon voisin du quatrième étage, voyant ta gueule, a déjà revendu son poste à notre concierge. »

Ce n'était pas encore trop méchant. Mais, un jour, Darget lança un jeu de mots tout à la fois splendide et très déplaisant : « Zitrone parle plusieurs langues, dont le français, l'anglais, le russe et le serve. »

On admira qu'à la place de « serbe » il eût dit « serve ». La formule fit fortune. Elle était évidemment spirituelle, mais aussi fausse que bien tournée.

Darget ne se priva jamais de m'épingler en public. Ainsi, me rencontrant un jour à la cantine de Cognacq-Jay (où, en général, je n'allais pas car elle était médiocre), il dit à très haute voix :

— Tu as dû apprendre que le ministre de l'Information allait venir ici en inspection, et tu es monté lui faire ta cour. Sinon, ta présence ici ne s'expliquerait pas.

Comment répondre ? Je restai coi, mais sa phrase fut répétée, amplifiée, déformée. D'un mot d'esprit, on fit avec délectation une règle générale : « Léon vient déjeuner à la cantine seulement quand il sait devoir y rencontrer de hauts personnages. »

Très vite, je n'aimai plus Darget. Dans la salle de rédaction, devant mes camarades, il prenait la liberté de me critiquer, non pas dans mon travail, mais dans ma peau d'homme. Il ne me complimentait que sur « mon français ». Ainsi, jour après jour, distribuait-il la louange et la critique, se conduisait-il en patron, faisait-il peser une sorte de dictature morale.

A un moment, comme on ne lui donnait pas le bureau qu'il réclamait depuis des mois, Darget trouva quelque part une vieille baignoire qu'il fit placer sur le palier, à la sortie des ascenseurs, et s'assit dedans avec ses dossiers. Aux visiteurs effarés, il déclarait : « Dans ce milieu de saletés, je veux rester propre. Dans cette baignoire, je vais donc me laver. Mais si vous cherchez quelqu'un qui ne veuille pas se mouiller, voici mon confrère Zitrone qui ne se mouille jamais, et qui se fera aussi un plaisir de vous apporter un plateau d'apéritifs divers ; il fait excellemment le larbin. »

Sans doute, à tant d'années de distance, puis-je ne pas rapporter ses mots avec exactitude, mais le sens était bien celui-là. Il m'arrivait de rentrer chez moi bouleversé par ses méchancetés. Je crois qu'il ne se rendait pas compte combien ses propos pouvaient me blesser. Si ma femme n'a jamais aimé la télévision et ses hommes, c'est que, dès le début, elle fut échaudée par ce que me faisait subir Darget : ni plus ni moins que du bizutage. Mais il était un grand journaliste et, comme téléspectateur, je l'appréciais ; de là, sans doute, mon manque de réaction. J'aurais dû lui clore le bec brutalement. Je ne l'ai pas fait et je m'en veux.

Amoureux de Paris, détestant le quitter, j'avais confié à un journal qui m'interrogeait : « Lorsque je reviens d'une longue absence, j'ai envie de baiser le pavé de la capitale. » C'était absolument vrai (ça l'est encore), mais exprimé un peu théâtralement, je l'admets. Darget ramassa alors, quelque part, un morceau de bitume, et le fixa au mur de la salle de rédaction, épinglant une légende sur une feuille de papier : « Zitrone m'a baisé. »

L'étoile de Darget pâlit vers 1960, très vite après une faute professionnelle lourde : un jour, la France reçut officiellement M. Eisenhower, ancien général en chef des Forces alliées lors du débarquement en Normandie, et devenu maintenant Président des États-Unis. A l'atterrissage, le Président fit un speech. Darget commentait son arrivée en direct. Il résuma l'essentiel des paroles du visiteur. Mais quand Eisenhower eut terminé (et comme il est d'usage dans ces cas-là), un interprète officiel s'avança vers le micro pour traduire en français, mot à mot, le petit discours que l'on venait d'entendre en anglais. Alors

Darget, dédaigneux, trancha : « Comme vous connaissez déjà, par moi, l'essentiel de ce que Eisenhower a dit, inutile de rester devant votre écran. C'est pourquoi je rends l'antenne. Ici l'aéroport, à vous Cognacq-Jay. »

Devant ce monument de désinvolture, chacun, du haut en bas de la hiérarchie de la télévision, resta pantois. Dirai-je que des sanctions immédiates furent prises ? Non. A la télé, on ne prend pas d'emblée de sanctions. Simplement, avec plus ou moins de rapidité, les « coupables » se trouvent-ils affectés ailleurs. On ne les appelle plus pour les tâches qu'ils accomplissaient habituellement jusque-là. On les met de côté, ou on les envoie inaugurer des ponts sur des rivières. Darget devint une sorte de « personne constamment déplacée ». Ma femme remarqua : « Tant mieux ; il ne te fera plus de vacheries. »

Il travailla encore un bon moment dans *La Vie des animaux* que le public aimait beaucoup et dont le producteur, Frédéric Rossif, a toujours vivement apprécié la manière de Claude. Mais, un jour, il se fit plus rare à l'écran, et maintenant, l'âge est venu.

Saluons-le parce qu'il fit énormément, au début, pour populariser les « étranges lucarnes ». Ses grains de sel, parfois de gros sel, ses giclées de poivre, ses commentaires au couteau ont bien mérité de la télé. Sans Darget, l'impact de la télévision auprès du public ne serait venu que plus lentement. On ne peut lui dire que « merci », mais dans ma bouche et à son égard, le mot sonnerait faux.

Nous nous rencontrons encore, de temps à autre, aux courses. Il adore Auteuil et son jugement sur les chevaux reste pertinent. Voilà : Darget pertinent et impertinent ! Il a complètement oublié toutes les avanies qu'il m'a fait subir. Je suis devenu très ami avec son fils, Claude Savarit, l'un des créateurs, avec Guy Lux, d'Intervilles. Savarit a toutes les qualités d'esprit de son père, plus quelques autres, mais sans son agressivité.

Famille et notoriété

Quand je devins journaliste à la radio, les auteurs de mes jours ne furent pas très contents : c'était, à leurs yeux, une profession de saltimbanque. Elle l'est, d'ailleurs. Mes premières réussites ne changèrent pas leur point de vue : les ondes ultra-courtes sur lesquelles je parlais vers le Canada et les États-Unis n'étaient pas captées en France. Je paraissais donc travailler sans véritable résultat. Quand mes parents voyaient les textes que je préparais, ils les tenaient pour futiles : j'étais en train de rater ma vie.

Mes premiers reportages à la télévision ne les impressionnèrent nullement : c'est qu'ils ne possédaient pas de poste et ne me voyaient donc pas. Puis, peu à peu, les clients de leurs magasins leur dirent qu'ils m'avaient aperçu sur l'écran ; j'avais, selon eux, du maintien et de l'autorité. Mon père répondait que, possédant un poste de radio, il ne croyait pas devoir acheter une télé.

Un jour, une demoiselle du quartier, ayant appris que la teinturerie de l'avenue Théophile-Gautier appartenait à M. et Mme Zitrone, vint demander un autographe. Ils furent surpris : se pouvait-il qu'un pan entier de ma vie leur échappât totalement ? Ensuite, les demandes d'autographes, ou de rencontre, se multiplièrent.

Ce phénomène de notoriété du fils revenant aux parents comme une sorte de boomerang les étonnait. Puis un jour, je leur offris un récepteur. Ce soir-là, je présentais le journal. Leur rencontre avec mon image, devait m'avouer ma mère, fut un « terrible choc ». Ils mirent un moment à s'y habituer. Ils ne changèrent de sentiment qu'au bout de longs mois. Là, beaux joueurs et ravis, ils me dirent : « C'est comme si tu naissais une seconde fois. »

Mais je n'étais plus le même. Les gens ne leur parlaient pas de leur garçon, mais de Léon Zitrone. J'étais installé dans mon métier. J'avais « mon public ». Alors, à nouveau, ils en furent vivement agacés : ils ne comprenaient pas que leur nom fût, en somme par ma faute, tombé dans le domaine public. Bientôt, les téléspectateurs ne m'appelèrent plus que « Léon » tout court.

— On dirait que tu leur appartiens, que tu n'es plus à nous, se lamentait ma mère.

C'est tout juste s'ils ne traitaient pas les spectateurs de voleurs d'enfant ! Ma popularité les gêna toujours. Non qu'ils fussent jaloux : ils étaient, l'un et l'autre, trop profondément bons pour réagir ainsi. Mais, c'est vrai, j'étais « ailleurs ». Ma sœur prenait les choses plus simplement ; elle travaillait pour une grande firme américaine, et ses patrons lui faisaient compliment : « Nous ne savons pas encore très bien le français, mais nous comprenons à peu près chaque mot de ce que dit votre frère. »

Dans un livre récent, *Hors antenne,* Michel Drucker raconte comment son père, médecin de campagne, comprit que « le petit » devenait connu, puis célèbre : dans les fermes où il se rendait pour soigner ses malades, il voyait peu à peu apparaître dans des cadres des photos de Michel découpées dans les journaux. Je ne suis pas sûr que le docteur Drucker, ni que mes parents, aient jamais été convaincus que leurs fils exerçaient un métier d'avenir : ils se bornaient à constater. Je ne suis pas certain non plus qu'ils en fussent, les uns et les autres, réellement heureux.

La notoriété a ses mauvais côtés. Dans mon ménage, on les a ressentis profondément et je n'ai jamais pu m'y habituer. Dans un restaurant, quand on vient jusqu'à ma table pour me féliciter de mon dernier reportage, je suis presque malheureux. Je ne sais jamais quoi répondre, ni sur quel ton. Il me semble que si je paraissais goûter les phrases aimables comme elles me sont dites, ce serait la preuve que j'ai pris la « grosse tête ». Il y a des individus qui savent boire les compliments en en savourant chaque gorgée. Moi, sûrement pas.

Ma femme déteste qu'un admirateur lui « vole son bonhomme ». Mais, comme elle est d'une éducation parfaite (grâce aux sœurs ursulines d'Ille-et-Vilaine), elle répond en souriant. Au contraire, je me contracte par peur des inconnus, je baisse le rideau de protection, je pose des barbelés. Certains s'y égratignent.

Deux ou trois ans à peine après mes débuts, il me deviendra impossible d'échapper à cette tendre agressivité du téléspectateur. Il me bombarbe d'approbations ou de reproches et je dois subir. Il y a des lieux qui deviendront très vite des supplices : ainsi, les compartiments de train. Dieu sait pourtant que je les ai aimés, jadis. Maintenant, et à tout prendre, je préfère les longs wagons Corail, ou les TGV, où cinquante voyageurs sont assis dans le même espace. Car plus rares y sont ceux qui, devant tout ce monde, viennent m'agresser. Il y a pourtant, et inéluctablement, des imbéciles, spécialistes des attaques de l'amitié superflue, qui trouvent normal, si je somnole, de me réveiller pour un autographe. « Juste une signature, Léon, et vous pourrez vous rendormir. »

Quant à passer une heure ou deux au bord d'une piscine ou à la plage, c'est un exercice dangereux. Les autres baigneurs font des réflexions sur mon tour de taille, sur mon bedon, sur le verre que j'ai commandé, sur la paille que j'ai tordue, sur la chaise longue que j'ai enfoncée. Ils viendraient presque me passer les doigts dans les plis de mon ventre, pour voir s'il faut dire « Big Léon » ou « Gros Léon ».

La vie au mois par mois

Sur le plan financier, ma mutation à la télévision ne bouleversera pas directement ma vie. Le salaire est décent, guère plus. Je continue, pendant quelques mois, la radio, et je dois donc travailler d'arrache-pied. Je ne m'en plains pas. J'aime ça et ma femme ne me reproche pas les heures irrégulières de mes retours. Au bout d'un temps, on m'offre un gala à présenter, puis un autre, un troisième... Je peux alors arrêter la radio.

Les enfants grandissent. Mon fils, le benjamin du trio, regarde maintenant son père à l'écran. Lorsque ma tête s'efface, il va fouiner derrière l'appareil, en se demandant où j'ai bien pu passer. Les filles, de deux ou trois ans plus âgées que lui, ne semblent pas impressionnées du tout par la popularité qui me vient. Elles en subissent pourtant d'amers contrecoups, par exemple une certaine agressivité de leurs enseignants. C'est idiot et désagréable.

La notion même du père est donc liée à des éléments négatifs. Mes petites greluches sentent chaque jour que certaines choses leur sont décommandées, ou interdites, parce qu'elles sont mes filles. Trop chahuter, acheter à crédit (« tiens, les filles de Léon n'ont pas assez d'argent de poche »), se crêper le chignon avec les copines car, si elles leur font mal, tout le lycée en fera des gorges chaudes et tout le quartier va s'en délecter.

Je suis donc un élément perturbateur. Bien sûr, Marie-

Laurence et Béatrice m'aiment profondément, et notre tendresse réciproque ne diminuera jamais : pourtant, d'instinct, elles se mettent à se défier de ce que je puis faire, croire ou dire. De plus, ce dont je parle en famille ne va pas forcément plus loin que ce que j'expose à l'antenne. Pour le moment, je suis noyé dans mon métier : je ne m'exprime qu'en fonction de lui. Je n'ai pas encore trouvé le moyen de séparer Léon, mari et père, de Léon, celui du poste. En quelque sorte, ce père est à « tout le monde », et par voie de conséquence, il n'y a qu'une infime partie de ce père qui appartienne à ses filles...

Au bout de deux ou trois ans, elles apprennent à se cacher de leur nom. Elles veulent être des enfants comme les autres. En vacances, dans des clubs de jeux et de sports sur la plage, elles s'inscrivent sous le patronyme de leur mère. Elles évitent ainsi les critiques supplémentaires. J'ajoute que dans les années soixante, le lien qui attache le professionel et le spectateur est plus intime que maintenant. Nous faisons littéralement partie de chaque foyer qui nous regarde et donc un peu moins qu'il le faudrait de notre foyer à nous.

Lorsque dehors des gens m'abordent, mes petites chéries sont navrées : on leur vole encore un peu du peu qui leur reste de leur père. En grandissant, chacune aura ses propres réactions. L'aînée tapissera son pan de mur avec mes photos. Mais, lorsqu'elle devra voir un médecin, celui-ci lui dira toujours que le poids du père sur elle est trop lourd et que, dans une certaine mesure, je l'étouffe... Sur le plan affectif, elle voudrait trouver dans un époux éventuel « les mêmes qualités que chez papa ». Voilà qui finira par devenir assez douloureux ; nous ne le vivrons pas bien. Ceci étant, mon aînée a toujours, jusqu'à présent, continué à vivre non loin de nous ; on se voit souvent ; nous partons quelquefois en voyage ensemble. Les liens sont demeurés forts et tendres, excepté, naturellement, quand je donne mon avis : j'ai presque toujours tort.

Ma seconde fille choisira de quitter la maison avant ses vingt ans. L'été de la fameuse grève de 1968*, j'ai l'occasion de l'envoyer chez des amis d'amis en Espagne :

---

* Voir p. 290.

comme elle apprend l'espagnol au lycée, ça lui fera du bien. Tant de bien qu'elle y trouve l'homme de sa vie, un avocat, Juan, fin et cultivé : ils se marieront en l'église de Jablines, Seine-et-Marne, où nous avons une maison. Lorsque les bans ont été publiés, quelqu'un a averti la presse. Durant l'office, il y a là une demi-douzaine de photographes. Le cliquetis de leurs appareils ne cesse de couvrir les prières ; le curé s'en offusque, la famille de mon gendre, venue d'Espagne pour la cérémonie, ne comprend pas cette indiscrétion, ce tohu-bohu. Ma fille me dira qu'elle est contente de pouvoir enfin y échapper. Dur moment.

Elle vit donc aujourd'hui en Espagne, heureuse, je crois, avec ses deux enfants. Mais je me dis qu'à l'heure où j'écris ces lignes, elle a déjà passé la moitié de son existence hors de chez nous. Si j'avais exercé un autre métier, j'aurais sans doute gardé ma Béatrice plus longtemps. Sur le plan de la tendresse, en revanche, tout va merveilleusement bien. De toute manière, la télé a créé entre nous des rapports parents-enfants nouveaux et imprévisibles. Si « j'attrape » mon Philippe, et que je donne de la voix, il répond :

— Et toi, papa, si tu crois que tu as été bon à 13 heures, au journal, tu te mets le doigt dans l'œil. Tu as été imbuvable.

L'autorité paternelle en prend un sacré coup.

Six mois après mon retour d'URSS, c'est-à-dire deux ans après mes débuts à la télévision, je publie un livre sur mes séjours là-bas *. J'apporte au lecteur français maintes informations sur ce que signifie le fait de vivre dans ce pays. L'ouvrage n'est pas très bien lancé, mais montre pour la première fois le citoyen et la citoyenne Popof chez eux : les ventes atteignent plus de cent vingt mille exemplaires ! Avec les droits d'auteur, nous achetons la petite propriété de Seine-et-Marne que nous garderons pendant un quart de siècle et où j'irai respirer en toutes saisons,

---

* Voir p. 255.

dans l'île posée au milieu d'un bras de la Marne, et réfléchir aux problèmes importants. Je regrette, aujourd'hui, d'avoir dû m'en défaire, mais, comme elle était située près de Paris, il y venait volontiers du monde, peut-être trop, et ma femme n'était pas aidée, après le week-end, pour remettre sa maison en état.

Dès 1961, un organisateur de conférences, Robert Morand, de Rouen, mettra sur pied des soirées dans toute la France. Pendant plusieurs années, je voyage énormément. J'apprends notre géographie sur le tas et me délecte à étudier l'indicateur. Ma femme préférerait que je parte moins souvent, mais comme me dira un jour mon ami Sim : « Dans nos métiers, c'est soit l'infarctus, soit l'ANPE. Il nous est impossible de moduler. »

Pendant seize ans, nous louons l'appartement de la place Clichy ; puis, comme les enfant se sont égaillés, nous déménageons pour un appartement plus petit, proche des Ternes. Laura lui a donné la préférence parce que, remarque-t-elle, il se trouve sur le chemin des hippodromes d'Auteuil, Longchamp et Saint-Cloud. Lorsque j'aurai pris ma retraite, dit-elle, je pourrai ainsi aller aux courses tout mon saoul. Mais à ce jour, je suis encore fidèle au poste, même si mon travail a sensiblement changé. La retraite ? On verra bien.

J'ai publié dix-huit volumes ; ils n'ont pas tous marché, mais quelques-uns. Chaque semaine, je collabore à *France-Soir* et à *Tiercé-Magazine*. Chaque mois, à *Turf en direct*. Je vis sans grands soucis financiers, confortablement, mais je ne possède pas, comme l'on dit, « de la fortune ». Je compte quitter les Ternes en automne 1989. Sur ces aspects de notre vie, il n'y a rien de bien croustillant à raconter : ni spéculation ni, jusqu'à présent, de contrôle fiscal ; pas de différences au jeu. Les courses me coûtent, au maximum, trois mille francs par an — et sans doute moins.

Je ne lis pas assez. Je ne vais pas assez au théâtre. Je ne fais pas assez de marche à pied, ni assez attention à ce que je mange. J'écoute, le soir, quand les bruits de la rue se sont évanouis, de la musique classique : je suis mélomane et même connaisseur, mais la télévision ne m'a jamais proposé la moindre émission sur la musique...

Messieurs les Anglais

Les obsèques de Churchill

Ma première grande Eurovision en Angleterre fut celle des obsèques de Churchill le 30 janvier 1965. Présenter un reportage télévisé, ce n'est pas être investi d'une mission. Un reporter doit obéir aux images et savoir s'effacer, surtout pour un événement majeur. Mais puisqu'il n'existe pas de canons de la qualité télévisée, il doit également saisir les occasions exceptionnelles pour imprimer sa propre marque, surtout s'il y croit. Passion et certitude mélangées...

Dès que l'on décida de me confier le reportage des funérailles à Londres, je sentis qu'il ne faudrait, en aucun cas, cantonner mon commentaire au seul parcours de la prolonge d'artillerie portant le cercueil ; au contraire, abandonnant la seule image du cortège lui-même, dire tout ce que les Français devaient de reconnaissance à Churchill et à son pays, sans lesquels nous serions demeurés les esclaves des nazis. La France libre n'a vraiment libéré la France que parce que George VI, Churchill et les Britanniques avaient tenu le coup.

Il fallait qu'en accompagnant sur l'écran l'attelage funèbre à travers les rues londoniennes de mes paroles déférentes mais très simples, j'évoque une partie de la saga britannique ; que je rappelle, à certaines mémoires défaillantes, l'œuvre de l'homme hors du commun que nous allions mener dormir.

Mais la France de 1965 ne s'avouait pas pro-britannique. Nous flirtions avec l'Allemagne, redevenue un pays de premier plan, alors que dans le même temps, l'Angleterre connaissait des difficultés économiques et sociales. A mon avis, la France se devait de lui tendre la main la première. Mais ce n'était pas, chez nous, l'opinion la plus communément répandue. Il y avait donc un certain risque d'incommoder une frange très nationaliste des téléspectateurs — par exemple les milieux de la marine. Mais, pensais-je, dire aux Anglais « Je me rappelle... », et dire aux Français « Rappelez-vous... », était-ce du romantisme de bazar ? A vingt ans de distance, je pense toujours que non, et s'il fallait recommencer ce reportage, je le referais de la même façon.

Au moment de prendre l'antenne, je n'avais pratiquement pas dormi depuis soixante-douze heures. Parti pour Londres le mercredi 27 janvier (les obsèques avaient lieu le samedi 30), j'avais d'abord marché toute la nuit dans cette ville dont je suis fou, pour me pénétrer du deuil de la foule, désirant éprouver par moi-même ce qu'elle ressentait. Le lendemain jeudi, je commençai à coller sur des feuilles de carton de toutes les couleurs les passages les plus importants de la documentation accumulée. En fin de journée, vint le briefing — réunion au cours de laquelle le réalisateur, Anthony Craxton, expliqua aux quatre-vingts téléreporters venus de tous les continents, comment il réaliserait techniquement l'émission du surlendemain.

Un doute me prit soudain : fallait-il rédiger quelques pages sur la biographie de Sir Winston ou encore sur les monuments devant lesquels on passerait ? J'y renonçai bientôt. Le mieux, et j'en suis toujours persuadé, est d'improviser pour sauvegarder la fraîcheur du commentaire, mais sur des notes préparées à l'avance. C'est ce que je fis. Le vendredi matin, 29 janvier, j'avais trois cents fiches prêtes.

Tous les journalistes étrangers allèrent s'incliner devant le disparu, dans la salle des Chevaliers du parlement de Westminster. Aux quatre extrémités du cercueil, veillant Churchill, se tenaient des officiers immobiles, marmoréens ; on venait les remplacer chaque quart d'heure. Quand je pénétrai dans cette salle gigantesque et vis la chapelle ardente, j'en eus le souffle coupé. Il existe, pour cette sensation, un mot très expressif en anglais : *breathtaking*. Le spectacle était d'une poignante beauté.

Je fus absorbé par la file silencieuse de ceux qui venaient rendre leur dernier hommage. Il y avait là toute la grandeur de l'Angleterre, d'une certaine Angleterre, et je m'y noyais avec abandon.

Le silence, autour du catafalque, restait lourd, total, hors du temps, incommensurable. Nos pas glissaient sur un tapis de feutre ; nul, malgré le chagrin, ne prononçait un mot. Nulle semelle ne craqua, nul ne laissa tomber un mouchoir ou un gant. Rien, sinon l'éternité présente, l'éternité comme figée, cinq, six minutes pour traverser la salle et incliner la tête un bref instant*.

Vint une nouvelle nuit — la dernière — avant le reportage. Je dormis peu. De bonne heure, je me rendis dans les studios de la BBC, car toutes ces grandes Eurovisions se font d'un studio, assis face à un écran où parviennent toutes les images que choisit le réalisateur. Où placerait-on sinon les commentateurs du monde entier ? Dans la cathédrale ? Nous n'y verrions pas mieux qu'en studio ! Dans la rue ou sur les marches de l'église ? Absurde !

Je m'installai donc devant mon récepteur et déployai le paquet de mes notes. En 1965, on était encore en noir et blanc. Comme c'était jour de deuil, cela n'avait pas une trop grande importance. Il faisait froid. La bise mordit le cortège d'un bout à l'autre.

La première phrase du commentaire, que j'avais longtemps cherchée sans la trouver, me vint à l'instant précis où la prolonge d'artillerie apparut : le regard était attiré par le cordon de l'ordre de la Jarretière, seule décoration posée à même le drapeau britannique qui recouvrait le cercueil. Je me demandai, l'espace d'un instant, quel pourrait être l'équivalent chez nous ? Je n'en trouvai naturellement aucun. Alors je dis :

— Ici Londres, pour les obsèques solennelles et nationales de Sir Winston Churchill, chevalier de la Jarretière et, pour nous, Français, Compagnon de la Libération.

Aussitôt je ressentis comme un déclic : j'étais sans

---

* J'ai parlé en détail de ce reportage dans mon livre *Téléjournaliste*, paru chez Robert Laffont.

doute tombé sur la phrase juste. Autour de moi, mes collègues commentaient les mêmes images, chacun dans sa langue pour ses propres spectateurs. Le brouhaha polyglotte de l'Eurovision demeure une chose très saisissante ; je pense que la tour de Babel devait lui ressembler. Heureusement, nous sommes séparés les uns des autres par des panneaux de contreplaqué qui absorbent la voix et ne la laissent pratiquement pas filtrer.

La traversée de Londres, du parlement à la cathédrale Saint-Paul, prit une heure et demie. On vit arriver tout ce que la terre comptait de chefs d'État ou d'illustres personnages. La haute taille du général de Gaulle dominait les autres. La reine Elizabeth, qui paraissait menue, arriva la dernière et prit place non loin du maître-autel. La caméra, alors, revint dans la rue pour « reprendre » le cortège. Il s'avançait d'un pas assez lent, au milieu de la foule qui, sur des kilomètres et des kilomètres, s'était amassée sur les trottoirs, respectueuse, silencieuse, émue, malheureuse, sans doute affamée, car pour avoir une bonne place, il avait fallu arriver la veille. Parmi tout ce monde, nombre de femmes et de jeunes que leurs parents avaient fait attendre là, toute une nuit de plein hiver, dans le froid qui giflait les visages.

Un pan d'histoire venait de s'abattre. Un lion était mort. Grâce à lui, pendant la guerre, la Grande-Bretagne restée seule face à l'Allemagne hitlérienne n'avait jamais cédé. Les centaines de milliers de personnes qui étaient là, sur le dernier parcours de l'ancien Premier ministre, le savaient fort bien, et étaient venus pour cette raison.

Le service religieux dura longtemps. Puis, six militaires portèrent avec des gestes d'automates les restes de Churchill à bord d'une vedette de la marine qui remonta la Tamise jusqu'à la gare où attendait le train spécial. Le long des docks, les hautes grues s'inclinaient au passage du cercueil. On aurait cru que toute la puissance industrielle de la Grande-Bretagne, toute la force vive de la nation rendait hommage à son héros. Lorsque la vedette accosta devant la gare, six autres automates en uniforme s'emparèrent de la dépouille du grand homme, la soulevèrent jusqu'à leurs épaules et avancèrent, d'un pas incroyablement lent et cadencé, vers le fourgon mortuaire. Churchill partit dormir dans son village.

A l'hôtel, épuisé, je rencontrai Jean-Pierre Elkabbach qui avait fait le même reportage pour la radio. Nous restâmes un bon moment sans nous parler ; il fallait du temps pour retrouver son souffle après ce que nous venions de suivre. Je ne repartis pour Paris que le lendemain. C'était dimanche. Le temps, à Paris, était radieux.

1981 : Direct pour un milliard de spectateurs *

— Ici Londres, où le Grand Chambellan vous convie, par ordre de Sa Majesté la reine et du prince Philip, à assister au mariage de leur fils bien-aimé, Son Altesse Royale le prince Charles, prince de Galles, avec Lady Diana Spencer.

Tels sont les propres termes du carton envoyé à près de trois mille privilégiés qui se trouveront à la cathédrale Saint-Paul (quelques centaines d'invités, vous le voyez sur votre écran, s'y assemblent déjà) pour y suivre (et vous, en direct, avec eux) un mariage comme nul n'en a jamais vu. En effet, la dernière union d'un prince de Galles s'est déroulée il y a plus d'un siècle ! Tout a changé depuis. Je veux dire : le monde entier, excepté, bien entendu, la solennité de la monarchie britannique. Mais, je vous le demande, amis téléspectateurs, si les traditions de cette nation n'étaient pas éternelles, à quoi servirait-il d'être anglais ?

Les cérémonies de ce matin mêleront les fastes royaux, la ferveur religieuse, la pompe un peu théâtrale, la mystique de la monarchie, la joie populaire. La situation économique n'est guère enthousiasmante mais la reine a voulu donner à son peuple une fête hors du commun pour que, pendant un temps, le rêve puisse remplacer la réalité.

---

* Ce chapitre comporte des extraits du reportage que j'avais reconstitué, d'après mes notes pour TF1, dans *Mémoires de télévision*, aux Éditions du Terroir. Je me suis servi de plusieurs documents officiels donnés aux journalistes par des services d'information britanniques.

Un tel apparat serait-il concevable ailleurs ? La Grande-Bretagne a absolument tenu à un mariage, quoi qu'il en soit, fastueux.

La souveraine marie son fils aîné, l'héritier du trône, le futur roi Charles III. On a donc vu les choses en grand. Dans toutes les familles, même les plus modestes, on consent d'ailleurs un effort particulier pour le fils aîné ! De plus, ce mariage, avec les foules qu'il attire (ces images vous montrent l'affluence-record ici, à Londres, par cette belle et chaude journée) et les touristes arrivés du monde entier, fait marcher le commerce ; une véritable machine à faire entrer des devises ! La vente des objets-souvenirs rapportera, à elle seule, trois milliards de nos francs.

Les caméras de la BBC suivent pour l'instant le landau découvert de la reine. Négligeant le danger (on parle, depuis quelques jours, d'un possible attentat), Elizabeth et Philip veulent se montrer en pleine lumière au peuple britannique. Voyez ces acclamations, écoutez ces vivats : je m'arrête un instant pour que vous les entendiez bien.

Mais Diana ? Madame, monsieur, ne montrez pas tant d'impatience. Depuis des semaines et des semaines, à propos de cette sorte de conte de fées, vous avez pris l'habitude de dire « Diana se marie », ou encore « Le mariage de Lady Diana ». Eh bien, non, vous n'y êtes pas : la Grande-Bretagne appelle cette cérémonie le « mariage du prince de Galles » ; le héros de la journée, c'est lui, et pour cette raison les caméras suivent et suivront le prince plus longtemps que quiconque. Il a l'air heureux. Le jeune aspirant de marine, à côté de lui, c'est son frère Andrew. Ils utilisent le landau de 1902, tiré par des chevaux gris clair, avec des harnais d'argent. Les postillons portent la livrée à veste écarlate et or, la toque de velours noir sur la perruque blanche — les couleurs mêmes de la casaque royale sur les hippodromes — ceci pour souligner l'intérêt de la famille des Windsor pour le sport hippique. Le postillon de tête est en service à Buckingham Palace depuis plus de quarante ans.

Dans une minute, nous verrons enfin Diana. La reine précise : « L'épouse de mon fils va devenir princesse de Galles, un rang très important, mais non le plus élevé, loin de là : il y a la souveraine ; mon mari, Philip, premier gentleman du royaume ; il y a la reine-mère, ma mère, puis mes enfants. Quant à ma bru, Diana, pour aussi charmante qu'elle puisse être, elle sera, très exactement, l'épouse du prince héritier. »

C'est pourquoi, mesdames et messieurs, la télévision britannique, dont le monde entier, ce matin, reprend le reportage, a montré d'abord le cortège d'Elizabeth, puis celui du Prince Charles et enfin, dans une demi-seconde, celui de Diana. L'ordre d' « apparition en scène », dirai-je, ne pouvait pas être différent... Diana, donc, la voilà sortant de Clarence House, dans un carrosse aux larges fenêtres, bien éclairé de l'intérieur (ah ! le joli détail), pour qu'un milliard de téléspectateurs la voient mieux. Diana en blanc, évidemment, dans ce carrosse dit de verre et tiré par deux chevaux bais, Diana (comme moi, je pense, vous répétez à l'infini ce prénom) est au côté de son père, Lord Spencer, en jaquette grise. Sa santé n'est pas des meilleures, mais j'ai bavardé avec lui hier matin, alors qu'il sortait de la cathédrale Saint-Paul. Il m'a paru devoir tenir le coup. Comme vous, naturellement, je dévore des yeux sa fille, la jeune fille dont on parle le plus sur terre depuis l'annonce de ses fiançailles.

Nous ne voyons pas encore sa robe, du moins pas dans le détail. Elle semble être en satin ivoire. Ses couturiers en ont préparé trois versions différentes, pour que le secret fût mieux gardé. Ces Anglais pensent à tout ! Je me rappelle qu'Elizabeth, le jour de son mariage, était dans un tissu incrusté de perles fines et de perles de cristal, formant un motif d'épis et de fleurs d'oranger. La princesse Anne, il y a huit ans, était en corsage et jupe de soie ivoire, d'une seule pièce, sans couture : manches pagodes, recouvrant des sous-manches. Merci au réalisateur pour ce gros plan du visage radieux de Lady Diana. Partout fleurit le style « Diana » et des milliers de boutiques de mode se rebaptisent « Lady Di » pour vendre des copies de ses toilettes.

Eh ! ma foi, c'est un beau mariage ! Cela fait des années qu'elle est amoureuse de Charles : « J'ai toujours rêvé de lui », a-t-elle avoué. En somme, c'est un peu plus qu'un conte de fée ; c'est un rêve de jeune fille qui se réalise. Dans le genre, je n'en connais pas de plus beau, encore faut-il aimer le genre, mais puisque l'on nous plonge dans ce conte, nous continuons à suivre l'histoire que la BBC nous offre.

Les caméras font une espèce de pointage. En tête, s'approchant des marches de Saint-Paul, le cortège de la reine, acclamée dans son carrosse attelé de quatre chevaux gris Windsor : les cochers portent tricorne à plumes d'autruche et une lourde tunique écarlate et or.

L'archevêque de Canterbury, qui va officier tout à l'heure, et le Lord-Maire de Londres descendent déjà les marches de la cathédrale pour accueillir la reine, « chef de l'Église anglicane et défenseur de la Foi ». Au Royaume-Uni, il n'y a pas cette séparation de l'Église et de l'État, qui est en vigueur en France depuis 1905.

Le « pointage » continuant, nous découvrons le landau du prince Charles ; à mon avis, il est à huit minutes derrière celui de ses parents. Quelle foule, Seigneur, quelle foule ! Il est vrai que le prince de Galles jouit d'une extrême popularité. S'il avait vécu il y a trois ou quatre siècles, Charles aurait pris place parmi les grands rois de l'histoire, car l'ensemble de ses talents donne le vertige : pianiste, violoncelliste, saxophoniste, auteur de pièces de théâtre qu'il a jouées, il écrit lui-même ses articles et ses discours. Officier de marine, comme papa, il a pour spécialité les tubes lance-torpilles et la détection des sous-marins ennemis. Il est aussi parachutiste. Lors de ses examens dans la Royal Air Force, l'aviation britannique, il a obtenu une note maximale en pilotage d'hélicoptère. Jadis, il aurait été chef de guerre entraînant ses soldats au combat. Il est joueur de polo, cavalier de concours hippique et jockey amateur en courses ; dans le domaine du cheval, une telle diversité est rarissime. Diplômé d'études supérieurs d'histoire de l'art et de littérature, c'est un monsieur à peu près toujours affable, avec des pointes fort explicables de nervosité. Il aime les filles ou plutôt il les aimait jusqu'à aujourd'hui, car le voilà fixé.

Le mois dernier (ah ! voyez le landau du prince passant devant Temple Bar, cette statuette de pierre qui marque l'entrée de la City de Londres), j'ai eu la chance exceptionnelle de lui être présenté, au bal de l'ambassadeur d'Angleterre, par Grace de Monaco qui m'a fait un merveilleux compliment : « Charles, lui dit-elle, puisque c'est M. Zitrone qui commentera votre mariage pour l'une des chaînes françaises, soyez-en sûr, ce sera bien. »

Alors le prince demanda :

— Pour parler de moi, cher monsieur, comment vous serez-vous documenté ?

— J'ai lu plusieurs biographies de vous, monseigneur.

— Oh ! Oh ! Alors, vous devez avoir une piètre idée de moi car, en général, les auteurs des livres ne sont pas tendres et prennent mes petits travers pour l'essentiel ! Quel dommage que vous ne vous soyez pas formé une idée par vous-même !

— Si c'est une offre d'interview, je suis preneur à tout moment.

— On en reparlera, cher monsieur. En attendant, c'est vous, me dit Grace, qui officiez le 29 juillet à Londres. Une rude journée en perspective, dites-moi.

— Oh ! monseigneur, des millions d'hommes voudraient être à votre place.

— A la mienne, oui, sûrement ; mais quand je parle d'une rude journée, c'est en pensant à vous. Tenez bien la distance. Ne cherchez pas à sprinter trop tôt. Entraînez-vous à tenir le micro longuement. Je penserai à vous... Enchanté.

La seule chose qui m'étonne dans ce mariage, c'est qu'il n'ait pas eu lieu plus tôt car, pour apercevoir Diana, Charles n'avait qu'à jeter un coup d'œil sur le pas de sa porte. Les Spencer ont servi la couronne depuis quinze générations ! Le domaine préféré d'Elizabeth, Sandringham, est à côté du château des Spencer. Or les deux jeunes frères de Charles, le prince Andrew (son garçon d'honneur aujourd'hui) et Edouard, ne trouvant pas jadis, en hiver, de piscine chauffée chez leurs parents (cela paraît presque incroyable), allaient souvent nager dans la piscine des Spencer dont ils rencontraient les trois filles, Sarah, Jane et Diana. Quant à Charles, il était plus âgé que toute cette marmaille. Quand il avait vingt-cinq ans, Diana en avait douze !

Le réalisateur nous montre à nouveau les invités à l'intérieur de Saint-Paul. En pensant à son mariage, Charles a toujours affirmé que le métier de monarque était fichtrement difficile et que seuls pouvaient l'exercer des personnes spécialement « préparées pour » ou bien possédant, par leurs attaches, une connaissance approfondie des usages royaux. Or, il ne voulait pas aller chercher de princesse hors de Grande-Bretagne. Il souhaitait une jeune fille plus proche des Britanniques. Rien que la langue, tenez : en notre temps, un roi, une reine doivent souvent parler à la télé ou à la radio. Eh bien, le téléspectateur et l'auditeur pourraient ne pas aimer que leur reine eût un accent. Je suis à peu près sûr que cela a joué dans le choix final, alors que, jadis, c'était un point très secondaire.

Charles commence alors enfin à regarder autour de lui. Diana ne lui plaît sans doute pas d'emblée (au sens précis du mot plaire). Il ne s'emballe pas. Il dit toujours : « Le mariage, c'est autre chose que de tomber éperdument amoureux, car on ne vit pas un roman d'amour du début à la fin d'une vie. »

Il y a sept mois, en novembre 1980, la cadence de leurs rendez-vous s'accélère. Les photographes, les stylos, les micros assiègent alors cette Lady Diana dont le nom vient de surgir. Elle subit les assauts avec dignité, patience et humour. Buckingham dément, pourtant, qu'il y ait anguille sous roche. En fait, le couple discute d'avenir avec une prudence extrême. Diana, amoureuse depuis longtemps, n'avait vu que le bon côté des choses : épouser son prince charmant (car il est charmant et il est prince). Mais maintenant, Charles lui explique ce que sera sa vie : « Finie la liberté ; si tu deviens princesse, tu auras trop d'obligations diverses. Finis les petits bistrots, le tohu-bohu dans l'appartement, etc. »

Diana hésite. L'automne vient. Charles lui demande si elle estime le mariage possible. Elle éclate d'un rire nerveux et détourne la tête : voilà huit ans qu'elle espérait ces mots, même si ce n'est pas encore la « vraie demande en mariage ».

Je vous raconte tout cela alors que le carrosse du prince Charles est arrivé, à son tour, devant la cathédrale. En attendant le début de la messe, les caméras de la BBC ne vont plus suivre, désormais, que le carrosse de verre de Lady Diana. Tenez, que vous disais-je : il entre dans Fleet Street, la rue des principaux journaux.

En réalité, on ne peut pas se marier à la légère quand on est prince de Galles. Aucune erreur n'est permise. Il doit, d'emblée, faire le juste choix. Donc, réfléchir à toutes les conséquences personnelles, sociales, et même politiques que son mariage peut avoir, et réfléchir dans le calme.

Hélas ! ce fut au contraire une véritable chasse au prince et Charles, qui se déplaçait beaucoup à l'étranger, prit alors l'habitude, en revenant à Londre, de sauter de l'avion dans sa voiture, pour foncer, par des chemins détournés, vers les lieux où il rencontrerait Diana. Mais déjà, les paparazzi l'avaient suivi dans des voitures aussi rapides, et une horde pétaradante arrivait ainsi dans les villages où Charles et Diana devaient constater qu'une fois de plus leur projet de solitude avait avorté !

Alors, se considérant en état de légitime défense, ils eurent recours à des subterfuges compliqués, à des fausses pistes, des rendez-vous en pleine nuit à bord du train royal arrêté en rase campagne. On dit que les amoureux sont seuls au monde : certainement pas ceux-là. Contre les véritables meutes de chasseurs, le service de protection rapprochée du prince intervenait dur, ce qui déclenchait des bagarres. La reine, qui a pourtant toujours le contrôle de ses nerfs, fit une colère terrible contre un photographe qui avait escaladé les murs d'une de ses propriétés privées pour « prendre le cliché de sa vie ». Charles devenait enragé à force d'être pourchassé, traqué comme un suspect. Il y eut, ainsi, une ou deux semaines de guerre ouverte contre la presse. Il faut rendre justice à Lady Diana qui supportait les événements mieux que Charles.

C'est à cela qu'ils ont dû penser, l'un et l'autre, en passant par Fleet Street, cette rue des journaux. Cette existence, ce n'était pas une vie ! Je suis journaliste et je comprends qu'on veuille décrocher un scoop, une information inédite, une photo non encore parue. Mais j'imagine tout ce qu'ont dû supporter ces deux jeunes gens qui, dans quelques minutes maintenant, vont faire consacrer leur union.

Les caméras reviennent sur le parvis de la cathédrale et Diana descend du carrosse de verre, avec son père. Voici sa robe, tant attendue. Je me demande si, pour certaines téléspectatrices, la robe n'était pas plus attendue que la mariée. Admirez-la, madame, à côté de vous, monsieur, vous en diriez les mille détails mieux que moi.

Le doyen et le chapitre de la cathédrale viennent accueillir le comte Spencer et sa fille.

A partir de maintenant, il n'y a plus grand-chose à expliquer. L'archevêque va demander au jeune homme « s'il veut bien de cette personne-là pour épouse », et aussi joueurs que soient les Anglais, aucun n'osera parier un penny que le jeune homme puisse dire non ! Diana, à laquelle s'identifient des millions de jeunes personnes sous toutes les latitudes, toi, Diana, qui as apporté le rêve et, peut-être, l'espoir à tant de jeunes filles qui vivent dans la grisaille, toi, Diana, qui es devenue un symbole même pour des républicains convaincus comme je le suis, y a-t-il le moindre risque que tu puisses répondre « non » quand l'archevêque te demandera si tu veux de Charles, et si celui-ci, selon l'usage anglican, peut te passer lui-même l'alliance au doigt ?

Les orgues étaient émouvantes, comme les trompettes de la division royale de cavalerie, sonnant de la galerie des soupirs. Le plan de caméra sur les doigts des mariés eut la délicatesse qu'on espérait. L'archevêque de Canterbury précéda alors le couple jusqu'à la nef latérale pour lui faire signer le registre. Lady Diana qui, récemment encore, travaillait comme éducatrice dans une maison d'enfants de Londres, était devenue Son Altesse Royale, madame la princesse de Galles. Elle me paraissait trop sensible pour que son âme en fût changée...

Les gens d'Église reconduisent maintenant la reine et son époux Philip à leurs sièges, et aussitôt l'on forme les processions pour les sorties. D'abord Charles et Diana, ensemble bien entendu, celle-ci accompagnée de Lady Sarah, la fille de la princesse Margaret et de son ex-époux, Tony. Vous me pardonnerez, chères Altesses, de vous appeler par vos prénoms, mais nous nous rencontrons si souvent dans les mêmes circonstances !

La procession de la souveraine se dirige à son tour vers

la sortie. Le Lord-Maire, portant l'épée emperlée, précède la reine Elizabeth. Les membres de l'assistance ont été priés de rester à leurs places tant qu'ils ne seraient pas conviés par les huissiers à quitter la cathédrale. Mais vous, téléspectateurs, vous êtes déjà dehors, grâce aux caméras ! Diana repart avec Charles, puisque les voilà devenus époux par-devant Dieu et vous. Elizabeth est avec le père de la mariée, Lord Spencer, qui jadis fut son écuyer. Spencer monte le premier dans le landau, et la reine après lui. C'est une subtilité du protocole anglais : la souveraine doit prendre place la dernière, et toute la noce repart vers Buckingham Palace.

Le gâteau allait y être fameux. Il clôturait un lunch auquel les invités firent honneur. La reine et le prince Philip semblaient satisfaits, cela se voyait à leur air détendu. Le lunch réussi, la célébration superbe, l'absence d'attentat ou même de coups de feu... Enfin, l'aîné venait de prendre épouse et celle-ci, on le voyait, lui ferait de beaux poupons, dont le futur héritier de la couronne. La vie peut vous apporter bien des satisfactions...

Mais qui donc disait que la monarchie anglaise obéissait à des usages immuables ? C'est faux : nous vécûmes, en effet, une seconde absolument inattendue : sur le balcon Charles et Diana s'embrassèrent avec la tendresse la plus vive...

Ici Londres ; c'était une émission de la BBC, reprise et commentée en Mondovision par l'équipe d'A2 (Claude Serillon et l'auteur de ce livre) sur le mariage de Leurs Altesses Royales le prince et la princesse de Galles. A vous, Paris.

1986 : la princesse et la duchesse

Six ans plus tard, en 1987, nouveau grand mariage à Londres ; le prince Andrew épouse Sarah Ferguson. Pour moi, ce reportage est capital, car il y a longtemps que la télévision n'a pas couvert d'événement de ce genre : aurai-je encore le tour de main ?

J'ai abandonné en 1982 mon contrat de collaborateur permanent. Le temps de la « télé au quotidien » est passé et je ne reviens au micro qu'à intervalles irréguliers ; on a trouvé de nouveaux présentateurs plus jeunes. Patrick Poivre d'Arvor possède maintes qualités et, sans doute, plus de gentillesse vraie — sur l'écran — que moi, une connaissance plus profonde des sujets qu'il traite. Christine Ockrent est la coqueluche du public, Bruno Masure, Jean-Claude Bourret, Jean-Claude Narcy, Daniel Bilalian, Hervé Claude : ils ont, tous, leurs qualités et tous plaisent au public.

Mais, pour les « grands reportages » et les cérémonies dites officielles, il semble qu'on ne m'ait pas encore cherché de successeur. Peut-être (je dis peut-être) de jeunes confrères ont-ils été pressentis, mais sans parvenir jusqu'au micro, parce que, dans ce domaine-là, le spectateur a encore l'habitude de penser à ma manière de faire. Surtout, je me sens encore parfaitement en mesure de mener comme il faut une de ces Eurovisions plantureuses et « populaires » que le public apprécie tant, et où je me sens capable de faire aussi bien que quiconque, peut-être mieux. Seulement, il faut que je puisse le démontrer. Depuis un moment, j'attendais l'occasion : la voilà.

La cérémonie est dans l'ensemble du même tonneau. Elle a cependant un caractère moins solennel. Le service nuptial se déroule à l'abbaye de Westminster — qu'on peut considérer comme une grandiose église de paroisse, celle de Buckingham — et non pas à la cathédrale Saint Paul, qui est la Notre-Dame de Londres.

Ce reportage, je le préparerai avec le plus grand soin. Je me terre à Marseille, au Sofitel du Vieux-Port, et me replonge avec plaisir dans ma documentation, relisant des livres français et anglais sur la famille royale et les prérogatives de chacun. J'arrive à Londres quatre jours pleins avant l'émission. Je suis heureux : la capitale n'a jamais cessé de m'attirer comme un aimant. Plus les années passent, plus je subis sa fascination : la dentelle ajourée de Westminster Abbey, les fripes de Carnaby Street, les jupes ultra-courtes des mômes branchées, les longues moustaches et la componction des chefs de rayon, les cris aigus des marchands de gazettes, le sérieux du commerçant que vous dérangez pour dix shillings et qui vous sert comme si vous lui apportiez la fortune...

Les écoliers de l'an 2100 apprendront dans leurs manuels d'histoire que Charles III avait pour femme la belle Diana, la reine Diana. A la même époque vivait un de ses frères cadets, Andrew, dont la femme était Sarah l'Épanouie, mais qui n'exerçait, ma foi, que des responsabilités limitées.

Elizabeth avait marié son fils aîné, en 1981, devant un parterre de rois. Elle marie son deuxième fils avec tout le décorum qu'un prince de Grande-Bretagne peut attendre, dans la sérénité familiale ; mais ça ne va pas plus loin.

En revanche, instinctivement, l'opinion publique ne peut pas s'empêcher de comparer Diana et Sarah. Il s'agit de deux Anglaises dans la splendeur de leur jeunesse, certes, mais il subsiste bien des différences.

En premier lieu, Diana est d'une beauté plus classique. Sarah a pour elle son flamboiement. On imagine Diana dans un salon, très distinguée, dans un décor confortable, douillet. On se représente Sarah plutôt en tenue de sport. Elle est pleine de vie et de fougue. Elle est aussi plus généreuse de formes, avec des épaules, un buste, un corps bien affirmés. Certains la trouvent même un peu replète, mais Andrew a clamé avec force : « Je l'aime comme elle est. »

Diana n'est pas aussi épanouie : plus tard, elle imposera un régime à toute la maisonnée. Elle a le regard et le sourire très doux ; les épaules un peu penchées en avant, à cause de sa grande taille. Sarah aime mener la conversation. Diana laisse parler les autres, s'arrête pour les écouter, obligée de prêter attention non pas seulement à ses paroles, mais aussi à ses silences : eux aussi sont interprétés, disséqués, critiqués. Sarah a, je pense, des explosions de feu, et aussi des foucades, des réactions plus vives que sa belle-sœur qui, par la force des choses, est contrainte de se freiner.

Elles ont eu — coïncidence — le même genre d'adolescence. Leurs parents ont divorcé. La mère de Diana vit en Australie, celle de Sarah en Argentine, l'une et l'autre, avec un second mari.

Différences : Diana atteignait ses vingt ans quand elle s'est mariée ; Sarah, en ce jour de noce, en a vingt-six. C'est une notion qui compte dans la vie d'une femme. Diana avait des copains et d'excellents amis, mais un quotidien sans grandes aventures sentimentales. Sarah, au contraire, connaît d'expérience la vie de couple.

Le père de Diana, Lord Spencer, possède une fortune considérable. Le père de Sarah, le major Ferguson « a de quoi », comme l'on dit, mais, autant que je puisse en juger, sensiblement moins que Spencer.

Au moment où je vous parle, il ne s'agit que de notations basées sur des images, des gestes, la lecture de quelques textes. Je puis me tromper du tout au tout. Par chance, les années qui vont suivre ne démentiront pas trop ces notations de première minute.

Au retour de la messe de mariage, vers Buckingham, la foule anglaise colossale rompt les barrages dans les larges avenues qui mènent au palais, et envahit littéralement l'écran : mais, comme nous sommes chez les Britanniques, tout se fait dans l'ordre, sans que la police ait à intervenir. Elle laisse les sujets de Sa Majesté crier tout leur saoul. « Vive la reine, Vive Andrew, Vive Sarah... »

Au micro, je délire un peu. Ces centaines de milliers de Londoniens qui foncent s'agglutiner près des grilles du palais, l'image est fort belle. Une prise de possession totale, par la foule, de l'espace télévisé. Je dis tout ce que cela m'inspire. A la fin, vers treize heures, je rends l'antenne à Paris. Je sais, sans erreur possible, pour l'une des très rares fois de ma vie, que j'ai bien fait mon métier.

A Cognacq-Jay, Yves Mourousi et Marie-Laure Augry ont repris l'antenne. Mourousi propose à Marie-Laure de se lever tous deux, pour me remercier et m'honorer ! C'est le genre de choses qui lèvent en moi des vagues d'une émotion contre laquelle je ne peux pas lutter. Le correspondant permanent de TF 1 à Londres, Stéphane Manier, qui a suivi tout le programme assis à mes côtés, me dira que je pleure. Enfin, que j'ai des larmes aux yeux. Je perds un peu la notion des choses ; et voilà qu'un garçon de la BBC qui tourne un reportage sur l' « envers du décor du mariage », me flanque, à bout portant, sa caméra dans le visage, rappelle que c'est bien la quinzième longue Eurovision que j'ai conduite de là-bas, me remercie de mon travail et me demande d'analyser les raisons de mon enthousiasme... A peine me suis-je rassis, pour téléphoner à ma femme et lui demander sa réaction, que voici une autre caméra de plein fouet : celle d'une télévision américaine.

— Monsieur le reporter français, pensez-vous qu'il faille, dans ces émissions, aller si loin au-delà de soi-même ? Ne faut-il pas prendre quelque distance avec l'événement ? Nous autres...

— ... Vous autres, mon cher confrère, vous faites comme vous voulez, et vous réussissez très bien d'habitude ; je me le dis chaque fois que je suis à New York et que je regarde mon écran. Mais, voyez-vous, quand j'ai commencé à la télé, personne ne m'a rien appris ; nous n'avons pas d'école de télécommentateurs. Le naturel, le tempérament personnel, l'idée que l'on se fait des choses : c'est tout cela que crée un ton. Pour moi, dans un reportage en direct, il faut prendre son cœur à deux mains et le laisser battre devant le micro. Il y a, certainement, d'autres styles : on ne me les a pas enseignés.

Lettre à Elizabeth

Il est rare qu'une Anglaise fleurisse avant la trentaine. Auparavant, elle reste un peu verte, comme aigrelette. C'est pourquoi je n'ai réellement aimé la reine Elizabeth que plus tard. Le jour de son couronnement, à vingt-sept ans — la grande première de l'Eurovision —, je ne vis qu'une jeune femme écrasée sous le manteau de Cour et la couronne de saint Édouard. Elle faisait surtout attention à ne pas marcher sur les pieds des archevêques qui papillonnaient, et des Lords à perruque poudrée, portant l'épée de côté et le sabre avalé tout raide. Au premier rang, je reconnaissais sa grand-mère, la reine douairière Mary, avec son chapeau comme une pièce montée, et qui venait de confier ses angoisses : « Pourvu que ma pauvre petite fille ne soit pas broyée, maintenant, par l'impitoyable machinerie des traditions. »

J'aurais voulu crier à Elizabeth : « Madame, attention... » Mais à quoi ?

Plus tard, à partir de 1960, lorsqu'on m'aura chargé de ces reportages, je voudrai à chaque fois m'adresser directement à elle, à travers la boîte aux images. Nous nous sommes « rencontrés » si souvent à des mariages, à des obsèques, ou lors de ses voyages officiels : ça crée des liens. Mais comment les nommer ? Peut-être faut-il dire que pendant cette longue série de reportages en commun — elle dans l'écran, moi à l'extérieur — je suis devenu un de ses fans. J'aime lire sur son visage.

Elizabeth avait la quarantaine paisible et ample, quand l'Angleterre, rassemblant tous les hommes qui comptaient sur la planète, célébra, vers la fin du janvier rigoureux de 1965, les obsèques de l'extraordinaire Churchill. Toute la Grande-Bretagne souffrait, et je sentais cette douleur. Je l'ai dit il y a quelques pages ; mais, comment allait être Elizabeth ?

La procession traversa la ville gigantesque ; la souveraine, petite silhouette en grand deuil, l'attendait sur le parvis de Saint Paul. J'essayais, au micro, de dire aux téléspectateurs qui avait été ce monsieur pour le repos duquel on entonnait des cantiques. Mais je rappelais que tous les combats qu'il avait gagnés, il les avait livrés avec l'aide et la confiance de son roi, George VI, le père d'Elizabeth.

Tenez, pendant qu'elle prie, elle semble songer à ce père qu'elle a tant aimé. J'ai envie d'interrompre mon commentaire pendant quelques secondes, et de murmurer à la reine Elizabeth : « Je prie Votre Majesté d'accepter mon condoléances très sincères. » Mais c'est impossible, techniquement, protocolairement et même humainement.

Puis, vingt chefs d'État, dont une dizaine d'empereurs et de rois, sortent sur le parvis, dominés par le képi du général de Gaulle. Regardez : il se penche, quelques secondes, vers Elizabeth et celle-ci lève la tête pour lui répondre. Que se sont-ils dit ? En tout cas, ils se sont parlé anglais. Il n'est pas convenable qu'en une telle circonstance de Gaulle se soit adressé à elle autrement. C'est bien la première fois de ma vie que de Gaulle parle anglais à la télévision...

Je tenais mon micro encore pour le fastueux *Trooping the Colours,* la présentation des couleurs aux troupes, qui a lieu en juin, lors de la célébration officielle de l'anniversaire d'Elizabeth. Certes, la souveraine est née en avril ; mais les Britanniques estiment — avec cet empirisme qui est un de leurs charmes — que l'on risque moins d'avoir la pluie en juin que deux mois plus tôt.

Elizabeth, ce matin-là, monte en amazone ; elle a le visage serein de ceux qui vont participer à l'une de ces fêtes que seuls savent imaginer nos voisins d'outre-Manche. Les rayons de l'été scintillent sur les cuirasses des Life Guards. Derrière la reine, dont le cheval marche au pas en empruntant la belle et verte avenue du Mall, non loin de laquelle Jacques Stuart et ses seigneurs jouaient au croquet, voilà son mari, Philip, premier gentleman du royaume, Charles, prince de Galles, et leur cousin, le duc de Kent. Ils portent, tous les trois, de longues tuniques rouges et le bonnet d'ours enfoncé jusqu'aux yeux ; si je n'avais pas les papiers fournis par le protocole, je distinguerais difficilement les trois princes l'un de l'autre.

Elizabeth arrive maintenant sur la large esplanade de Horse Guards Parade et le spectacle commence dans l'explosion des cuivres, des fifres et des tambours. Jadis, les armées des grandes nations comprenaient des milliers de mercenaires étrangers. On leur montrait donc, avant le combat, au grand jour, les « couleurs » des régiments aux côtés desquels ils allaient se battre.

La souveraine est gracieuse en ce matin tout chaud. Les bataillons des gardes gallois sont rangés au carré, devant des spectateurs enthousiastes. En ce jour du *Trooping the Colours,* j'ai parfois envie d'embrasser la reine. Je sens qu'elle s'amuse. Je voudrais m'amuser en même temps qu'elle, et murmurer : « Dieux vous protège, God save the Queen. » Mais les cuivres jouent si fort qu'elle ne m'entendrait pas.

La souveraine avait quarante-cinq ans lors du mariage d'Anne avec Mark Philips. Après l'office, elle était sortie sur le parvis de l'abbaye de Westminster avant les jeunes mariés. Elle portait un long manteau bleu roi et une toque de satin de même couleur. Elle observait, tendue ce jour-là, sa fille, et un gros plan sur l'écran nous livra ses yeux comme affolés.

En cette seconde, ce n'était plus le chef d'État ou le chef de l'Église anglicane, mais seulement la mère, qui se demandait, non sans une compréhensible angoisse, si sa fille, sa seule fille, serait heureuse avec son bel officier de cavalerie. Ah, madame, ce jour-là, vous avez oublié une seconde la caméra, les micros, l'assistance. Très vite, c'est vrai, vous vous êtes reprise, mais un milliard de spectateurs vous avaient vue. J'aurais voulu vous dire : « Madame, je crois que la princesse a bien choisi. Ne vous faites surtout pas de mouron : elle devrait être heureuse. »

Je vous aurais dit cela en ami, réellement.

Elizabeth était dans la pleine floraison de sa cinquantaine lorsque le Commonwealth tout entier célébra son Jubilé, ses noces d'argent avec la couronne : 1952-1977, vingt-cinq ans de règne. On se retrouvait, une fois encore, à Londres en été. La reine traversa sa capitale dans son carrosse d'or, si lourd que les chevaux gris clair qui le tirent doivent marcher au pas. La reine parut dans la nef de Saint-Paul, et les trompettes, là-haut dans les cintres, éclatèrent en une sorte de formidable bonheur. La caméra de la BBC passa en plan très large et, par mimétisme, je donnai à ma phrase plus d'ampleur.

La procession royale s'avançait, précédée des bedeaux, des chanoines, des archidiacres, des rois d'armes et des gardiens de la Tour. Le Lord-Maire, levant haut l'épée municipale emperlée, marchait devant Elizabeth et Philip, une Elizabeth resplendissante. Puis, venaient les premières dames de la garde-robe et six généraux, marchant mécaniquement et fort britanniquement. Elizabeth goûtait l'ambiance, et je faillis baisser la voix pour lui murmurer : « Bravo, madame. Je vous souhaite, du fond du cœur, un deuxième quart de siècle de règne, bien que ce ne soit pas moi, à l'époque, qui commenterai vos noces d'or avec la couronne. »

Je me rappelle à Chantilly, en 1975, un prix de Diane que remporta la pouliche d'Elizabeth, Highclere. C'était une journée de lumière, et la forêt de Sylvie, toute proche, sentait la pluie. Avant la réunion, nous avions déjeuné sur l'herbe, en regardant la cime des arbres dont les branches hautes dansaient sur fond de ciel. Le jockey de la reine portait casaque pourpre, manches amarante, brandebourgs d'or, et toque de velours noir à gland d'or.

Quand Highclere passa le poteau en vainqueur, une formidable ovation jaillit de toutes les tribunes. Elizabeth souriait aux anges et parlait très vite au manager de son écurie, Lord Porchester, que les journalistes surnomment Porchie. J'aurais bien aimé crier, par-dessus son micro : « J'ai joué votre pouliche, madame. Je vais toucher 5 contre 1... » Mais comment faire ? La télévision était en grève et il n'y avait pas d'émission en direct.

Je me souviens d'Elizabeth bouleversée de douleur, en septembre 1979, pour les funérailles de son oncle préféré, Lord Mountbatten, victime d'un attentat. Le prince Charles monta au maître-autel pour réciter la prière des marins morts. La reine remuait les lèvres : elle disait, probablement, la même prière. Une autre femme n'aurait sans doute pas su garder, en de telles minutes, l'attitude rigoureuse qui convenait à un souverain, même très profondément blessé. J'aurais voulu entourer ses épaules de mon bras, comme pour lui dire : « Le monde entier comprend et compatit. »

J'étais à mon micro, à Londres, en 1981, lorsque Charles épousa Diana et aussi en 1987, lorsque Andrew s'unit à Sarah. Mais ces deux jours-là, je n'ai pas lu, chez la reine, le même regard bouleversé que lors du mariage de leur sœur Anne. En ces deux occasions grandioses, elle m'apparut comme apaisée. Probablement, parce qu'il ne s'agissait que de la conclusion officielle d'événements privés déjà vieux de plusieurs mois. Une confirmation, en somme. Elizabeth, en arrivant, avait gracieusement incliné la tête à droite et à gauche pour saluer l'assistance, les rois, les présidents, les ministres et les ambassadeurs. Les téléspectateurs aussi, bien entendu. Je lisais en elle une sorte de gentillesse. Si j'avais pu lui dire quelque chose, c'eût été sur le mode familier : « Eh bien, madame, les voilà casés. Il ne feront plus de fredaines, et la descendance est assurée. Bravo, les Windsor ! »

Je ne l'ai pas fait, mais une occasion se présentera bien

quelque jour. J'ai trop de choses à lui dire et je ne pourrai pas les remettre éternellement.

J'ai été présenté à la reine par le président Pompidou, dans la Galerie des Glaces à Versailles, au cours de son voyage officiel de 1972 ; nous parlâmes, mais brièvement, des reportages en cours et des courses du lendemain. Elizabeth adore les courses. Elle nous dit :

— Si je ne craignais pas les foudres de mon archevêque de Canterbury, je viendrais à Longchamp à la belle saison tous les dimanches.

Le lendemain, dans une des pièces de l'appartement qu'elle occupait au Grand Trianon, la télé avait installé caméras, micros et câbles, pour placer un insert en direct dans le dernier journal télévisé. Or la reine et Philip entrèrent sans prévenir, sans savoir que nous étions là, et elle remarqua : « Il va falloir que je fasse du steeple-chase par-dessus vos câbles pour aller dans ma chambre prendre un manteau. Vous ne m'en voudrez pas, cher monsieur, d'employer des mots du vocabulaire hippique pour enjamber des obstacles. »

Je sais que le public, que le grand public croit dur comme fer que de présenter les Eurovisions dites « royales » me met de plain-pied avec le privé des reines et des rois. Quelle erreur ! A l'occasion d'un reportage « rapproché » filmé sur eux, on grapille par-ci, par-là, un dialogue de dix secondes et voilà tout. Une fois, pourtant...

C'était en 1979. J'avais obtenu du prince Philip de l'interviewer pendant qu'il s'entraînait pour le championnat du monde d'attelage à quatre qui devait se disputer en France. J'arrivai donc au château de Windsor, très tôt le matin, alors qu'il attelait lui-même ses chevaux. Il pleuvait, une pluie mouillante, bien de chez eux. Philip me prit à côté de lui, sur le siège, et nous plaçâmes, derrière nous, sur le marchepied où se tiennent, d'habitude, les valets de pied, notre cameraman et le preneur de son.

Philip m'offrit d'abord le tour du parc. La Tamise était grise, et des avions passaient au-dessus de nous en mugissant : c'est que l'aéroport de Londres se trouve assez près du château. J'avoue que de m'être fait promener par le prince consort d'Angleterre dans son parc personnel restera toujours pour moi un souvenir très vif. Il m'expliquait, en homme passionné de cheval, toutes les difficultés qui existent à mener simultanément quatre chevaux, et comment il fallait être psychologue pour prévoir leurs réactions individuelles. Philip parle bien le français, avec un léger accent. Nous longeâmes à un moment un terrain de golf. De jeunes hommes y jouaient. Philip me confia : « Un de mes fils est très bon. » Je le regardai, car je pensais qu'il me dirait lequel mais il rigola, comprenant mon interrogation muette : « Vous pensez, mon petit vieux *(my dear pal)*, que si j'avais voulu vous le dire, ce serait déjà fait. »

La caméra tournait. Les chevaux de Philip montraient leur maniabilité, leur assurance, leur parfait dressage, pasant des cours d'eau à gué, et slalomant entre les fûts vides et repeints en rouge et vert. Au bout d'une quarantaine de minutes, le prince dit : « C'est terminé, vous devez descendre, pour que je laisse la place à ma femme qui arrive. »

Je remerciai mon hôte ; et, pour descendre, choisis bêtement de sauter à terre. Or, je suis lourd, maladroit, et il y avait près de trois mètres entre le siège et le gazon. En sautant et reprenant contact avec le sol, je sentis une douleur extrêmement vive sous la cheville, si vive que, pendant un instant, je ne pus pas me relever. J'étais là, sur les fesses, le buste très en avant, la tête touchant presque le pied, essayant de reprendre mon souffle. La reine, qui voyait un homme complètement incliné, fut surprise. Bien entendu, dans ses voyages chez les Papous ou en Australie, elle avait dû voir souvent des sujets se prosterner devant elle, le front contre la terre ; mais en Europe, voilà qui devait fort l'étonner. En fait, je m'étais fêlé un os du pied, le calcanéum. Philip me conseilla :

— Je peux vous envoyer dans un hôpital à Londres mais avec le trafic, vous en avez pour près de deux heures. En revanche, l'aéroport de Heathrow est à trois minutes. Il y a régulièrement des avions pour Paris. Allez donc attraper le premier.

Il avait raison. Je saluai le couple royal et la voiture des techniciens m'emmena à l'avion ; je fus soigné chez moi, à Paris, puis j'allai déclarer mon accident du travail à la Sécurité sociale. L'employée (une dame de belle poitrine), me regardait avec quelque méfiance :

— Accident du travail ?

— Oui, madame.

— A l'étranger ?

— Oui, madame, près de Londres, en Angleterre.

— Je n'ai pas besoin de leçons de géographie.

— Pardonnez-moi. J'espère n'avoir pas offensé l'administration en votre personne. Puis-je m'asseoir : j'ai encore un peu mal ?

— Accident du travail à l'étranger, dites-vous : j'ai besoin du nom de deux témoins.

— Mais oui, madame : c'est la r...

Je m'interrompis. Terrorisé, je me rendais compte que si j'avouais avoir fait ma chute devant Elizabeth et Philip, tous les échotiers de la presse française prendraient cela pour une preuve de ma mégalomanie bien connue. Tout, Seigneur, plutôt que ça ! Je lançai donc les premiers noms qui me passèrent par la tête :

— MM. John Smith et Harry Jones, de la BBC.

— Leurs adresses ?

— Hélas, je ne les connais pas madame, sinon la BBC, qui est leur lieu de travail.

Je me sentais horriblement coupable et la dame aux jolis seins reprenait :

— Dans ces conditions, nous allons écrire à la BBC pour qu'on les leur demande. Repassez dans deux mois.

J'imagine l'effarement à la télé de Londres quand on y reçut la demande de renseignement de la Sécurité sociale. Smith et Jones sont les noms les plus répandus dans le pays. A ma connaissance, la Sécu n'obtint jamais de réponse. Le temps passant, et comme j'avais une réputation d'homme de bonne foi, on accepta ma demande. Je montrai mon pied à une commission spéciale, et obtins un pour cent d'IPP (indemnité permanente partielle), en somme, sur le témoignage fictif de MM. Smith et Jones. J'ai donc sciemment trompé la Sécu et touche mille francs par an sans être véritablement en règle. J'y repense toujours, mais sans remords, quand je vois sur un écran Elizabeth et Philip.

Mes rois et reines préférés

Grace

J'aimais beaucoup la princesse Grace. Elle était de ces femmes blondes qui m'émeuvent plus que les autres. Je débutais tout à fait à la télévision quand j'ai suivi sur les écrans son mariage avec le prince Rainier : le couple méritait mieux que ce qu'on lui a donné.

Était-il vraiment nécessaire que mon copain reporter alignât à la queue leu leu tous les titres de Rainier ? J'y avais vu une faute de goût, une sorte de provocation inutile, mais je ne connaissais rien au métier. Peut-être aurait-il été souhaitable, au-delà du conte de fées de la bergère qui épouse un prince, de dire tous les risques que prenait cette femme en changeant totalement de destinée, de cadre de vie, passant de l'Amérique hollywoodienne à la vieille Europe de la Méditerranée. Grace avait fait un pari ; elle le gagna, parce que c'était une femme de volonté et de charme, d'élégance et de raison.

Plus tard, elle nous reçut, ma femme et moi, chez elle, au palais ; je possède des photos où elle verse le thé à Laura. C'était à l'occasion d'un article de *Jours de France*, que j'ai écrit, qui s'est inexplicablement perdu, et n'a pas paru, ce que j'ai toujours regretté.

Deux ou trois fois, j'allais rencontrer à nouveau la princesse. Il y avait, entre nous, une sorte de jeu, ou plutôt une habitude : je lui parlais anglais ; elle me répondait en français. En général, j'abandonnais le premier. Mais ces quelques entrevues ne m'ont jamais valu de bien la connaître et cela aussi je l'ai regretté. Elle avait un charme fou que je subissais à chacune de ces brèves rencontres — « rencontre » est, d'ailleurs, un mot trop fort.

Deux ou trois fois aussi, on me demanda d'aller en Principauté présenter un gala. Quand la princesse présidait, il y avait, avant le dîner, un bref entretien avec elle, où elle nous précisait ses souhaits. Ensuite, monter sur la scène du Sporting, devant un millier d'invités très habillés, et m'adresser à la famille princière — moi, pataud, toujours un peu engoncé dans mes vêtements — c'était tout à la fois gênant et, d'une certaine manière, exaltant.

J'ai l'orgueil de penser que la princesse Grace m'avait à la bonne. Un mois avant le mariage du prince Charles, elle me présenta à lui dans les salons de l'ambassade de Grande-Bretagne à Paris, avec un mot flatteur, très flatteur, qui chatouilla agréablement ma vanité.

J'étais en Europe de l'Est lorsque, en septembre 1982, j'appris l'accident dont elle avait été victime. La télévision me fit savoir qu'il me fallait rentrer dare-dare à Paris, redescendre aussitôt à Monaco et y couvrir les obsèques. Je me suis rarement senti si mal à l'aise dans une Eurovision. Tout s'y mettait : un voyage fatigant dans un mauvais avion, la chaleur, la date. La veille, en effet, c'est l'anniversaire de Laura, et nous avions prévu à Paris un dîner avec toute la famille qu'il fallut décommander. Par-dessus tout, entre la nouvelle de l'accident mortel et le reportage, le délai fut extrêmement court.

Bref, je me trouvai à Monaco sans dossier, contrairement à toutes mes habitudes, rien qu'avec quelques notes et une machine à écrire que j'utilisai pendant deux nuits sans arrêt.

J'étais dans un état d'impréparation, donc d'énervement très prononcé. C'est que j'avais à travailler non seulement pour la télé française, mais aussi pour Télé-Monte-Carlo. Or, la population monégasque voue à ses Altesses Sérénissimes une affection très vive. De plus, elle respecte les usages, par exemple en donnant le titre sans se restreindre. En revanche, les spectateurs français n'apprécient guère cette manière de parler. Jusqu'où pouvais-je aller sans froisser les uns ou les autres ? J'ajoute que, pour la première fois, j'assurais des funérailles de quelqu'un que je connaissais personnellement, et, pour la première fois encore, je commentais le dernier repos d'une femme.

J'étais donc en bien petite forme, et j'avoue que les premières images, celles du prince régnant écrasé de douleur, soutenu par Albert et Caroline (Stéphanie était à l'hôpital), cet homme ravagé, cela m'impressionnait. Je choisis de faire un commentaire sensiblement plus simple que d'habitude. Je parlai peu. J'éprouvais trop de chagrin réel pour me lancer dans de longues phrases. Les images chargées d'émotion se comprenaient d'elles-mêmes, mais il y avait les uniformes et les rutilances, les assistants et la foule massée devant l'église : tout cela, il convenait, comme d'habitude, de le présenter, de l'expliquer. Encore et toujours, les caméras revenaient sur le visage bouleversé, et bouleversant, du prince Rainier. Chaque fois, comme tous les spectateurs, je recevais un coup au cœur.

Lorsque je rentrai à Paris, tout le monde me dit que j'avais « extraordinairement » peu parlé. Je savais bien que je n'avais pas été bavard mais, cet « extraordinairement peu » me troubla. Je mis un bon moment pour en comprendre la raison : dans une telle émission, le son qui part d'un endroit quelconque — en l'espèce, Monaco — est répété par des installations successives dans toutes les directions. Dans l'une d'elles, un technicien qui voulait mieux m'entendre, car je parlais bas, brancha une espèce de petit appareil de son invention, dans lequel passaient pour lui tous les sons, dont ma parole, mais au-delà duquel, plus loin sur la ligne, ce son s'évanouissait presque complètement. Des gens me dirent que cette discrétion devait être portée à mon crédit. J'étais tout à la fois heureux de l'apprendre et malheureux de savoir que, lorsque je parlais moins, le reportage était meilleur...

Juan Carlos et mon micro

Le roi d'Espagne, Juan Carlos, vient à Paris ; c'est sa première visite officielle. Nous sommes en 1974, peu de temps après la partition de l'ORTF où les chaînes se sont partagé les équipements. Pour interviewer le roi, je me rends juste après son déjeuner dans l'île Saint-Louis, en l'hôtel de Lauzun, une merveilleuse demeure d'il y a quatre siècles. La bouche en cœur, je m'approche, lui présente mes civilités et mes devoirs, tout ce qu'on voudra, sans oublier ma caméra.

— Je n'ai pas de micro, me dit le chargé du son.

— Attendez une seconde, Sire, on va arranger ça.

Mais le technicien se lance dans une explication :

— Je ne t'ai pas dit que j'avais oublié mon micro dans la voiture ; je t'ai dit et te répète que je n'ai *pas* de micro : lorsqu'on a partagé le matériel entre les chaînes, nous n'avons reçu que trente-cinq micros de reportage. Or, aujourd'hui, ils sont déjà tous en service. On t'a trouvé une caméra ; estime-toi heureux !

J'ai envie de l'étrangler, mais je me retiens. Le roi attend toujours. De bonne composition, il a toute la patience voulue pour ramener l'Espagne de l'état de dictature où l'avait plongée Franco, à celui de nation civilisée. Tâche écrasante. Que peut bien lui faire un micro absent ? Il sourit :

— Citron, pour l'interview, ce sera une autre fois. Je reste encore deux jours à Paris.

— Que Votre Majesté me laisse juste un moment pour me débrouiller...

— Je sais, Citron, que vous êtes un bon reporter ; ces messieurs autour de moi me l'ont dit, mais ça ne suffit pas pour créer un micro.

Juan Carlos rigole ; je ris aussi, mais plutôt jaune. Il a pitié de moi :

— Citron, je reçois ce soir à l'ambassade d'Espagne. Si vous venez avec un micro, je répondrai à vos questions. A tout à l'heure : mettez-vous en habit.

Il s'en va. Son programme est chargé. Je m'assure auprès de TF-1 d'un micro pour le soir, puis je passe un habit, ce qui n'est pas une chose simple quand on vient de grossir un peu. Le cou étranglé dans un faux-col dur, les chaussures vernies me comprimant les pieds, j'arrive à l'ambassade tout crotté car il tombe sur Paris une de ces averses formidables qui vous empêchent de respirer.

On m'indique un siège. J'attends en me massant les chevilles. Le roi arrive :

— Ami Citron, comme c'est gentil à vous d'être venu !

— J'ai un micro, Sire,

— Il ne servira à rien. J'ai trop de monde ici pour pouvoir vous donner le quart d'heure indispensable. Revenez demain matin. Au revoir.

— Mais, demain matin, vous recevez la presse espagnole et je n'en fais pas partie...

— Ne soyez pas esclave des règlements. Je vous recevrai parce que j'en ai décidé ainsi.

Ses yeux pétillent de malice. A-t-il réellement trop peu de temps ? Veut-il me rendre la monnaie de ma pièce ? Je me dis : « Quinze partout. »

Le lendemain matin, je suis à l'heure mais, en entrant, j'écrase presque une dame mince et pas très grande, la reine Sophie, qui sort faire des courses. Cette fois, tout le monde est là : Juan Carlos, la caméra, le micro et moi, les pieds presque reposés. Tout le grand salon résonne de discussions en espagnol.

Voilà le roi, en grande conversation avec des journalistes de son pays. Pour s'adresser à lui, chacun se nomme, donne le titre de son journal et pose sa question. Le roi est détendu, en pleine forme, jeune, ardent, et, ma foi, beau. On sent le meneur d'hommes. J'apprends aussi qu'il est amateur de bonne cuisine et adore nos grands crus.

Devant moi, un confrère espagnol voudrait tendre son propre micro, mais il tient une tasse de café à la main et ne sait plus où la fourrer.

— Aucune importance, s'esclaffe Juan Carlos, donne-la-moi, ta tasse ! Je te la tiendrai pendant que tu m'intervieweras.

Le roi tutoie tous les Espagnols. Sans doute cela le rapproche-t-il de son peuple. Au bout d'un moment, il se tourne, me saisit la main, la serre fort et semble satisfait de pouvoir enfin travailler. Il lance :

— Tiens ! Voilà Citron avec caméra et micro : une conjonction rare ! Vous n'êtes pas espagnol, me disiez-vous. Je vous fais espagnol pour une heure. Considérez-vous comme étant de notre presse et allons-y !

Il répondra à chaque question brièvement, mais sans en éluder aucune : les rapports franco-espagnols, les chances de la démocratie en Espagne, l'éducation qu'il donne à ses enfants, le prince héritier Felipe et les deux infantes. Il ajoute :

— Pour qui sera cette interview ?

— Pour le journal télévisé de 13 heures, que présente Yves Mourousi.

— Ah, je l'ai vu hier ! Il est très bon. Ravi d'y participer. Au revoir, Citron. Connaissez-vous l'Espagne ?

— J'ai une fille mariée avec un Espagnol.

— Je vous en félicite. Qu'elle me fasse des petits !

Il a tourné ses talons comme un valseur, il est parti rejoindre ses invités, souple et virevoltant.

Quelques années plus tard, je dîne à Majorque avec des amis espagnols lorsque se produit une tentative de putsch militaire à Madrid. Un groupe de l'armée a pénétré aux Cortès, la Chambre des députés, annonçant que toutes les places militaires du pays se sont soulevées contre le roi et son régime.

Mes amis sont blêmes de peur. Le repas s'éternise, personne n'a plus envie de manger ni de parler. A deux heures du matin, Juan Carlos paraît enfin sur l'écran de télévision. Il a pris contact, personnellement, avec des officiers de très haut rang dans tout le pays : ce sont ses camarades d'études dans les académies militaires. La révolte a été jugulée ! A ma table et aux tables voisines, on pousse des cris d'enthousiasme : « Vive le roi. » C'est de ce jour — il me semble — que date l'alliance profonde entre Juan Carlos et ceux qu'on aurait appelés, jadis, « ses sujets ».

Juliana et mes hommages

Après la reine d'Angleterre, ma reine préférée est Juliana des Pays-Bas, aujourd'hui redevenue princesse, après son adbication volontaire.

Vers 1975, peu avant son voyage officiel en France, j'allai chez elle, au château de Soestdijk, dans la petite ville de Baarn, pour filmer son portrait télévisé. Son mari, le prince Bernhardt, l'homme à l'éternel œillet blanc, avait téléphoné chez moi. J'étais absent. Ma femme demanda : « Bernard qui ? Mon mari en connaît beaucoup. » A l'autre bout du fil, la voix prit la chose en plaisantant : « Bernhardt, le mari de Juliana des Pays-Bas. Votre époux me connaît très bien. Dites-lui que je le recevrai lundi ou mardi à son choix ; ma femme est d'accord. » Bernhardt parle un français excellent car il a travaillé dans une banque parisienne avant son mariage.

Je pars donc pour Baarn avec le cameraman Christian Van Ryswick qui, depuis lors, est devenu commentateur sportif. Au château, Bernhardt nous reçoit aimablement :

— Ma femme est prête pour l'interview. Elle va descendre l'escalier, là-bas, au fond de la galerie. Vous vous approcherez d'elle et commencerez à tourner. Je vous présenterai.

Aussitôt dit, aussitôt fait. La reine descend lentement sans regarder la caméra, comme il convient, et s'arrête sur l'avant-dernière marche, presque surprise, jouant ainsi le jeu de l'improvisation. Son époux me présente :

— Ma chère amie, voici monsieur Zitrone.

Je lui dis, avec une touche de componction :

— Madame, je suis le serviteur de Votre Majesté.

— Mais, je n'ai pas besoin de serviteur, monsieur Zitrone. Dans la maison, j'ai tout ce qu'il me faut ; quant au parc, regardez : malgré les feuilles mortes qui tombent et envahissent les allées, mon jardinier abat tout l'ouvrage dont il est chargé, avec nos trois aides-jardiniers. Je n'ai plus de place pour vous.

Puis elle ajoute :

— Reprenons, et soyez moins cérémonieux. Nous ne sommes pas à Versailles chez Louis XIV.

— Mais comment puis-je vous accueillir au bas des marches, madame ? Je ne puis quand même pas me contenter de « mes hommages ». Les téléspectateurs seraient surpris. Nous mettons dans ces choses, nous républicains, plus de formes. Je vous dirai donc : « Madame, je présente mes respectueux hommages à Votre Majesté. »

— Mais je n'en veux pas, monsieur Zitrone. D'abord, oubliez mon titre. Il ne sert que dans les événements très officiels. Or, ici, je vous reçois, si j'ose dire, en famille.

— Mes respectueux hommages, alors, madame.

— Enlevez le mot respectueux : je me contenterai des seuls hommages.

— Eh bien, nous ferons comme il plaira à Votre Majesté.

Elle me lance un regard courroucé (« Décidément, vous êtes plus royaliste que la reine »), remonte de quelques marches pour la deuxième prise et redescend, lentement, comme la première fois. Elle ne regarde toujours pas la caméra. C'est un vrai plaisir de tourner avec elle. Je m'approche, à nouveau, avec le prince Bernhardt :

— Mes hommages, madame, mes hommages respectueux.

Je n'avais pas pu m'en empêcher ! La reine répond aimablement, presque complice. Je continue.

— D'où savez-vous aussi bien le français ?

— Je le parle depuis ma plus tendre enfance.

— Est-il vrai que vous vous promenez en vélo, encore maintenant, dans les rues de vos grandes villes ?

— Demandez la pellicule à la télévision néerlandaise, on vous en donnera tant que vous en voudrez. Mais, en ce moment, je ne souhaite pas monter à bicyclette, je suis un peu fatiguée par l'automne et les préparatifs de ma venue à Paris.

— D'où naît l'allégresse des gens quand ils viennent vous voir ?

— Ils sentent que je suis contente de les recevoir.

— Y a-t-il un lieu à Paris que vous souhaiterez voir, dans dix jours, et qui ne soit pas encore porté sur les projets officiels ?

— Étant néerlandaise, je suis aussi calviniste ; je me rendrai donc sur les lieux qui rappellent l'amiral de Coligny, le héros malheureux de la Saint-Barthélemy.

— Avez-vous un souhait à formuler avant d'arriver chez nous ?

— Dites aux dames « très bien » (dont vous connaissez un bon nombre, je le sais) qu'il ne faudra pas qu'elles fassent la révérence devant moi : ma cour n'est pas la cour d'Angleterre.

J'eus beau lancer l'avertissement dans mon « portrait », les dames « très bien », quand elles furent présentées à Juliana, s'accordèrent pourtant le vif plaisir de faire la révérence. C'est un exercice difficile : il faut s'y entraîner pendant des semaines. Comme elles l'avaient patiemment appris, elles ne voulurent pas passer leurs leçons de maintien par pertes et profits.

Juliana abdiqua en mai 1980. Je fus chargé du reportage, en direct d'Amsterdam. Elle présenta en souriant la nouvelle reine, Béatrix, sa fille, aux gens massés sur la place... « Criez fort : Vive notre reine », demanda-t-elle.

L'après-midi, nouveau direct : la prestation de serment de Béatrix au Parlement. En réponse, chaque député, chaque sénateur jura d'être fidèle à la couronne. Les parlementaires de droite juraient en invoquant Dieu, les socialistes en employant une autre formule. Au même moment, dans les rues, des jeunes manifestaient avec rage, notamment contre le coût des diverses cérémonies. Il y eut des bagarres violentes, des charges de policiers casqués. La télé néerlandaise ne les esquiva pas et montra les images aux spectateurs d'une douzaine de pays qui reprenaient en Eurovison. Je me demandais ce qu'on aurait fait en France en un tel cas. Tout dépend, je pense, de la conscience du réalisateur de service.

La caméra revenait à la prestation de serment. Au premier rang de l'assistance, Juliana, les yeux embués, prit à un moment la main de Bernhardt et la serra furtivement. Ils étaient heureux : leur fille avait « repris l'affaire de famille ». Mais cela n'empêchait pas les souvenirs.

Voyages

Comme on a déjà pu s'en rendre compte, je fais, surtout à l'étranger, une vingtaine de voyages par an. On m'envie. On a grand tort.

La majorité de ces voyages sont soudains et mon départ signifie pour ma femme des coups de fil innombrables, des rendez-vous à déplacer, des projets qui tombent à l'eau, des sorties à annuler : un chambardement total. Laura me fait comprendre, sur son doux visage, son regret de voir la télé, cette maîtresse exigeante et féroce, lui prendre son mari une nouvelle fois.

Mais quoi ! Je dois pouvoir quitter Paris sans préavis, et foncer. D'ailleurs, ma valise est toujours aux trois quarts prête, omniprésente, presque agressive. Ma femme la compose à merveille. C'est l'une de ses fiertés. Mes filles ont appris cet art-là dès l'enfance. Leurs maris, leurs enfants, profiteront donc de mes départs-fusées.

Voici Cologne. Si je me trouve en ce lieu ce n'est pas pour mon plaisir. Ce n'est *jamais* pour mon plaisir. Il y a congrès, il y a réunion politique, il y a championnat, il y a mariage, il y a obsèques... Je suis venu pour travailler. Dès ma tâche finie, je devrai me montrer strictement « respectueux des deniers de l'État comme s'ils étaient les miens propres » (dit le règlement) et ne pas prolonger mon séjour au-delà des nécessités du service. Traduisez : revenir par le premier avion. Comme je ne suis pas le seul à être venu pour l'événement que je couvre, je rencontrerai, où que j'aille, des confrères qui, comme moi, seront ici pour la même raison, et repartiront aussitôt après pour en couvrir un autre.

Les gens de presse, par nécessité et habitude, s'abattent sur une ville comme une nuée de moineaux affamés. Ils font du bruit, encombrent les rues, bouchent la circulation, bousculent les restaurants, y mettent le service sens dessus-dessous et prennent d'assaut les cabines téléphoniques, surchargeant sans pitié les circuits des PTT. Dois-je écrire : une « horde » ? Non, ce serait injuste, faux et malséant. Plutôt : une ruée. Le journaliste lui-même est emporté par ce tourbillon, car tout reportage d'actualité entraîne une certaine panique due au fait que chacun veut griller l'autre. A mon avis, ce n'est pas indispensable, mais les rédacteurs en chef sont exigeants.

Le jour se lève. J'ouvre un œil vague. Symphonie de rasoirs électriques, de glouglous de baignoires et de jurons dans toutes les langues. Je souhaiterais me promener, faire du lèche-vitrine, mais je ne suis pas officiellement reconnu comme lècheur de vitrine.

Par ailleurs, j'ai demandé au téléphone un correspondant à Paris en PCV. Mais la téléphoniste de l'hôtel où je me trouve a écorché mon nom. Au lieu de dire Zitrone, elle a dit Citron ou Dzitrov ou, en prononçant à l'anglaise, Zaïtroni : moyennant quoi la télé, à Paris, n'a pas reconnu mon nom et a refusé le PCV. Il va falloir encore que je me batte avec le gérant de l'hôtel pour lui expliquer que sa standardiste est une...

— ... ne vous donnez pas cette peine, monsieur. Voilà dix ans que je suis ici et que, vingt fois par an, cinquante journalistes me disent, dans toutes les langues, que la demoiselle du téléphone est une imbécile. En fait, devant l'afflux de travail que nous cause la presse, les demoiselles du téléphone nous quittent tous les six mois. Nous les remplaçons, mais nous manquons de chance : les nouvelles engagées — si j'en crois vos confrères de la presse internationale —, sont également des imbéciles. Conclusion, depuis dix ans, j'ai dû faire défiler à notre standard toutes les imbéciles de la ville. Inutile de brailler, vous voyez que vous ne m'apprendrez rien.

Connaissez-vous, à Cologne justement, le musée des Vierges en bois sculpté ancien ? Il est admirable. J'ai pu le visiter, lors d'un autre passage, en vingt-deux minutes. Il n'est pas loin de la gare ; j'avais une correspondance et trois quarts d'heure de battement. J'y ai donc fait un saut. Voyez : j'ai eu la chance de pouvoir donner une demi-minute de ma vie à chacune des vierges. Quand je reviendrai à Cologne, je me promets absolument... D'ailleurs, qu'importe... ce sera sans doute pour des obsèques nationales, et je trouverai les musées fermés.

Mais grâce au ciel, je ne me déplace pas seulement pour des obsèques ; parmi mes voyages les plus marquants, il y a tous ceux qui m'ont amené en URSS.

Messieurs les Russes

1959 : c'est le début d'une longue aventure. Un producteur de films m'offre le rôle du radio-reporter dans la première coproduction franco-soviétique, *Vingt mille lieues sur la Terre,* l'histoire d'un Français qui part retrouver un camarade de guerre, un prétexte habile pour montrer le pays. Il faudra passer trois mois en URSS. Dans un premier temps, je ne me sens guère emballé : qu'irais-je faire dans les steppes de l'Asie centrale ? Pourtant, les émoluments sont intéressants : cinquante mille nouveaux francs. J'hésite et, finalement, je signe. La télévision m'accorde sans aucune difficulté un congé sans solde.

Le 7 août, je pars. Mes partenaires seront Jean Rochefort, un garçons exquis mais à l'humour quelquefois glacé, Jean Gaven, qui deviendra très célèbre grâce au feuilleton « *Maurin des Maures* », et l'actrice soviétique en vogue, Tatiana Samoïlova, la vedette de *Quand passent les cigognes,* palme d'Or à Cannes la même année.

A notre arrivée, il fait effroyablement chaud. Les rues sont bourrées de monde. Les Moscovites déambulent en manche de chemise ou avec des polos fatigués et des pantalons tirebouchonnés. Aurais-je débarqué au pays des miséreux ? Le premier contact est donc désagréable ; je dois être snob.

Au même moment, se déroule à Moscou le Festival international du film. Parmi les comédiens invités, un couple très connu, Robert Hossein et Marina Vlady. On les a logés dans un hôtel dit chic ; en réalité, vieillot. Le surlendemain de notre arrivée, je passe leur dire bonjour. Les admirateurs remplissent déjà le salon, car Marina Vlady, Russe d'origine, est très populaire dans son pays natal. Soudain, on entend une effroyable scène de ménage. Hossein et Marina échangent des injures qu'on a peine à retranscrire.

Or, ils ne les crient pas en français mais en russe ! Ils ont pris cette habitude à Paris, car les gros mots sont plus sonores et portent mieux en russe. Robert Hossein, natif d'une province de l'Iran proche de la frontière soviétique, parle le russe convenablement, mais il le gueule encore mieux. Les époux ont oublié qu'ils n'étaient pas en France ; moyennant quoi, la foule, qui brandit ses carnets d'autographes, comprend, navrée, les abominations qu'ils profèrent. Pudiques et stupéfaits, les gens rougissent. La scène de ménage terminée, Marina et Robert paraissent, disent aimablement bonjour, mais sans se rendre compte de la froideur soudaine. Je l'explique à Marina. Elle sourit : « Eh bien, tant mieux. Comme cela, ils se sont rendu compte que je n'oubliais pas ma langue maternelle. »

Eh non ! ma chère, vous ne l'avez pas oubliée. Vous avez même un sacré vocabulaire !

Éprouvant, le tournage de *Vingt mille lieues sur la Terre* commence en extérieurs. Certains lieux où nous devions filmer deviennent brusquement inaccessibles. Le scénario change donc constamment et Michel Cournot, son auteur, doit réécrire les dialogues jour après jour. Le metteur en scène, Marcel Pagliero (l'ancien partenaire de Simone Signoret dans *Dédée d'Anvers*), boit beaucoup. A partir d'un certain degré d'ivresse, il nous raconte comment, travaillant à Rome comme assistant de Roberto Rosselini, il a entendu, chez lui, d'autres scènes de ménage furieuses, entre Rosselini et sa femme, Ingrid Bergman. Le portrait que Pagliero trace de la belle Suédoise n'est en rien conforme à la douceur de la légende. Selon lui, la star était une virago qui, déchaînée, se rendait proprement insupportable. Il va jusqu'à l'appeler la « patronne du coup de gueule ». Peut-être, après un demi-litre de vodka, Pagliero exagère-t-il un peu...

Les techniciens soviétiques du cinéma se fichent complètement des heures qui s'écoulent. Ils attendront ainsi des jours entiers au pied du métro aérien pour pouvoir filmer, dans un seul et même plan, une rame de métro passant sur fond de nuage blanc. Mais nous sommes en août et le ciel de Moscou reste obstinément bleu. Après soixante-douze heures d'attente, nous n'avons toujours pas tourné le moindre centimètre de pellicule. Je prends alors sur moi d'aller vivre ma vie autrement. Nul ne me suivra, et nul ne me demandera même où je passe mes journées.

Je me suis mis en tête, pour tromper l'ennui, de préparer pour la télévision française, un reportage sur les rues de Moscou. Avec obstination, je fais pour le moment le pied de grue, essayant de pénétrer à la télé soviétique pour obtenir une équipe de tournage, rue Chablovka, près du monastère Novodevitchi où Pierre le Grand, jadis, enferma les partisans de sa sœur et, pour le principe, en décapita quelques centaines. On y est quasiment au bout de la ville, entouré d'arbres et de jardins.

Devant l'entrée, je me heurte à une « baba » comme dans les contes, un fichu sur la tête et les pieds dans des bottes de feutre usées. C'est la gardienne qui décide souverainement si oui ou non elle peut faire entrer des gens non munis de laissez-passer. Pendant des heures et des heures, je ne parviens pas à lui faire comprendre que je suis journaliste à la télévision française (sait-elle seulement ce qu'est la France ?) et que je souhaiterais être reçu par quelqu'un — qu'importe son titre et son nom — qui pourrait me fournir une équipe de télévision. Elle me regarde par en dessous et refuse. Un refus entêté, qui dure toute une journée, puis une seconde.

— Laissez-moi entrer, citoyenne, voici mes papiers. Je vous les donne en garantie.

— Non, citoyen. Personne ne m'a indiqué votre nom.

— Je suis français ; nous avons été alliés pendant la guerre.

— Allez-vous-en !

Jusqu'à ce qu'un policier en tenue s'inquiète de voir le même civil planté depuis l'avant-veille devant la porte. Le deuxième soir, il me dit — oh, bonheur ! — de franchir la grille et de m'asseoir dans le petit salon d'attente d'un modeste pavillon, pendant qu'il ira « exposer mon cas aux autorités ».

Soudain, dans le salon d'attente, pénètre un directeur de la télévision. Ma tête, visiblement, ne lui revient pas. Tant pis. J'engage la conversation. L'homme est presque scandalisé de constater qu'un Occidental, qui n'a pas été invité à venir et qui n'est pas ici en mission officielle, soit parvenu jusque-là sans autorisation. Il m'interroge avec suspicion, mais sans animosité apparente.

« Comment vous appelez-vous ? Zitrone ? Votre nom ne me dit strictement rien. Une équipe de télé pour tourner dans la ville ? Comme vous y allez ! Mais il se trouve que je pars pour Londres demain, assister à une réunion plénière des directeurs des chaînes européennes. Je demanderai à mes collègues français qui vous êtes réellement. »

Rien ne se fera donc le soir même, ni le lendemain. L'URSS n'est pas une terre où les choses vont vite. De son côté, le film franco-soviétique est toujours arrêté. C'est baroque : je suis au milieu de deux arrêts !

Cinq jours plus tard, de retour d'Angleterre, le directeur me recevra avec une courtoisie un peu froide : « Effectivement : votre patron, Jean d'Arcy, m'a dit du bien de vous. »

Il me dira de venir pointer tous les matins. J'aurai donc deux pointages quotidiens ; l'un pour le grand film, l'autre ici, où l'on me donnera un cameraman et un preneur de son. On y adjoindra un « conseiller » pour me « guider » dans le choix des monuments à filmer. J'aurai, de plus, le droit d'aller déjeuner à leur cantine. Ce qu'on y sert est bon, copieux, bon marché, mais le personnel de la télé soviétique se trouve en fait composé de privilégiés qui travaillent directement pour l'État. Il ne cesse cependant de se plaindre de son sort, du ravitaillement impossible dans les quartiers de la périphérie, de l'incurie des magasins d'État. On se croirait, à peu de choses près, en Occident. Tout cela est dit librement, à voix haute ; personne ne déguise sa pensée.

Au dîner, j'irai dans une grande « salle à manger » près de là, ouverte à tous, sorte de restaurant populaire où l'on dévore, debout, une soupe à la saucisse et à la betterave, du gruau de sarrasin, appelé « kacha », et des gâteaux au fromage blanc sucré, des « vatrouchki ». C'est un self-service propre et bondé. Les dîneurs mangent silencieusement ; on n'entend aucune critique : nous ne sommes plus entre collègues de travail, mais dans un lieu public.

On m'y dévisage ; mes vêtements intriguent, mais personne ne me parle : je leur fais peur, je crois. Chacun s'observe, chacun s'épie. Dès que j'ai fini mon plat, je sors prendre mon tram. La nuit, Moscou sent bon. Je ne remarque, dans les rues, aucun incident, sinon des ivrognes qui se dandinent. Les femmes seules ne paraissent pas craindre les agressions.

Pour regagner mon hôtel, je fais un crochet par la place Rouge ; l'horloge de la grande tour y égrène calmement les quarts d'heure. Toutes les soixante minutes, on relève la garde ; un sergent et deux soldats frappent avec force le trottoir de leurs bottes et viennent mécaniquement remplacer, au pied du mausolée de porphyre rouge sombre de Lénine et Staline, ceux de la ronde précédente. Les ordres déchirent l'épaisseur du silence.

Au bout d'une semaine de reportages pour la télé — que j'aurai un mal fou à expédier à Paris —, je retourne chez les gens du cinéma. Ils ont enfin eu leur nuage, et l'on va pouvoir continuer à tourner *Vingt mille lieues sur la Terre*. Quand les passants s'approchent trop près de nous, on leur demande, assez rudement, de circuler et de refréner leur curiosité. Ils semblent particulièrement intéressés par les quatre voitures Simca, venues de Paris par la route, qui servent à nos transports. Partout, les gamins béent d'admiration devant les compteurs des Simca, gradués jusqu'à 180.

Après deux mois de Moscou, nous partons en Géorgie où, sous des portraits de Staline, on lampe du vin rouge par litre ; puis ce sera la Sibérie centrale. Là, par moins 35 °C, nous habiterons une isba, pompeusement dénommée hôtel. Nous tournons sur un formidable barrage d'hydroélectricité construit sur le lac Baïkal. Jean Rochefort, avec lequel je partage ma chambre, supporte mal la température et fait parfois des crises de tremblotte. Je ne cesse de me plaindre de notre éloignement. Bref, je l'assomme. Par politesse, il n'en laisse rien paraître.

Tatiana Samoïlova lutte contre le froid en avalant de

grands verres de vodka où l'on a fait macérer des piments rouges et une gousse d'ail. Ce breuvage est d'une violence rare ; il donne une haleine impossible. Jouer une scène avec une actrice qui exhale cette odeur est pénible. Aussi jolie que soit Tatiana, je détourne la tête. Le metteur en scène glapit mais le mari de Tatiana, venu nous rejoindre, n'en paraît nullement incommodé. Il est vrai qu'il boit lui-même avec entrain. Dès qu'il a perdu les pédales, il se lance dans de grandes apologies du système communiste. A jeun, pourtant, il n'aborde jamais le sujet.

Nous tournons tous les jours, sauf si les caméras se bloquent, gelées quand le thermomètre descend à moins 40 °C. Ces séquences en Sibérie illustrent mes retrouvailles avec le copain russe que j'ai connu dans un camp de prisonniers en Allemagne, et qui est devenu ingénieur en chef d'un barrage géant. Les cinéastes soviétiques utilisent ce prétexte pour montrer une de leurs réalisations mastodontes. Ce genre d'information patriotique prévaudra encore pendant de longues années. Ce qui m'épate le plus, en Sibérie, c'est que les petits enfants ne portent jamais de gants et n'en paraissent pas incommodés.

De retour à Moscou, plusieurs techniciens avec lesquels je me suis lié pendant le tournage m'invitent chez eux ; pour un Occidental c'est un privilège rarissime. Les Russes sont d'une hospitalité radieuse, mais ils n'ont pas grand-chose à offrir. On me montre comme un produit rare un saucisson et l'on m'en coupe deux rondelles. Comme je repars bientôt à Paris (pour revenir à Moscou quelques mois plus tard tourner d'autres séquences), toutes ces dames de la production me supplient de leur rapporter du linge de corps et, surtout, des bas. L'une d'elles ajoute : « Vous pourrez me les mettre vous-même. »

Il me faudra au total quatre voyages en URSS pour terminer *Vingt mille lieues sur la Terre*. Le film est amusant, mais on y montre une piscine de luxe, des restaurants élégants et des gadgets en or que je n'ai jamais aperçus là-bas dans la vie véritable.

Le bon monsieur K.

En novembre, je retrouve avec bonheur Paris, mes enfants grandis, la rue Cognacq-Jay, et un Pierre Sabbagh amical. Peu de temps après, en mars 1960, lorsque le Premier ministre soviétique, Nikita Khrouchtchev, vient en France en visite officielle, Pierre m'avise : « Vous lui collez aux fesses. Vous l'accompagnez partout, je vous dispense de tout autre travail. L'important est d'obtenir une interview du visiteur, mais non politique : je la veux " personnalisée ". Qu'on connaisse l'homme. »

Jusqu'alors, les rapports entre Moscou et la France ont été plutôt froids. La France savait que, lors du partage du monde à Yalta, en 1945, Staline n'avait pas fait grand cas de notre pays et n'avait consenti que du bout des lèvres à ce qu'il eût une zone d'occupation française en Allemagne vaincue. De Gaulle, avec sa réputation de réactionnaire, paraissait imbuvable à ce tzar rouge. D'ailleurs, Staline se prenait pour Dieu, et il admettait difficilement qu'un général français partageât le même rêve. Ses successeurs n'avaient rien tenté pour réchauffer l'atmosphère, jusqu'à cette année 1960, où Khrouchtchev arrive chez nous pour une dizaine de jours.

J'obéis aux instructions de Sabbagh et suis, pas à pas, le visiteur. Dans un premier temps, les costauds de sa garde rapprochée me tiennent à distance. Ils sont, chose curieuse, presque tous aussi chauves que lui, râblés, musclés, vêtus sans élégance. Le quatrième soir, monsieur K. est invité à l'Opéra pour écouter *Carmen*. En habit, je traîne dans les couloirs pendant le premier acte et tombe sur le chef du protocole, le baron Petiet, avec qui j'ai fait ma licence en droit.

« Voudriez-vous, Léon, venir dans la loge du général à l'entracte ? Je cherche de sa part des gens de confiance pour dire bonjour à ses invités. »

J'entre dans la loge présidentielle et sollicite de De Gaulle qu'il me présente à Khrouchtchev, ce qu'il fait avec gentillesse, mais en écartant au préalable, d'un ample geste du bras très gaullien, l'interprète du premier Soviétique. Celui-ci, un court instant, ne comprend pas : puis, de

Gaulle me prie de traduire ce qu'il vient de dire et qui est, à mon égard, flatteur. Je reste, en traduisant, en deçà des compliments, mais Khrouchtchev a parfaitement pigé. Quand il m'entend lui dire : « ... en répondant à M. Zitrone vous me ferez, Monsieur le Premier ministre, plaisir à moi-même... », je sais déjà que la partie est gagnée. Mais quand, et où l'interview pourrait-elle avoir lieu ?

— Demain, à l'aube, je pars pour Bordeaux, m'explique Khrouchtchev.

— Je viendrai avec vous.

— Bien, réplique-t-il, rieur. Alors, ne vous mettez pas du même côté que moi dans l'avion : nous risquerions, avec nos petits bedons, de déséquilibrer l'appareil.

Je sens que nous devenons copains. L'interview sera enregistrée dans la mairie de Bordeaux, chez Jacques Chaban-Delmas.

Khrouchtchev y joue au bon gros, plaisante, glisse par-ci, par-là, une évidence, et laisse voir ses gros sabots. Il rit à chacune de ses plaisanteries, mais il est sympathique, et il donne là, pour la première fois, une image plutôt rassurante de son pays.

J'aurai un deuxième entretien avec lui en Bourgogne, sur la plate-forme d'une des cinquante locomotives qu'il vient d'acheter à la France ; là il plaisante encore sur nos embonpoints. Je traduis, dans la foulée, d'une langue à l'autre, et je saurai très vite que les téléspectateurs en auront été agréablement surpris. Je tendrai encore mon micro à Khrouchtchev à l'ossuaire de Douaumont, où dorment les innombrables morts de Verdun, quand il sortira de la tranchée des baïonnettes, fort ému par sa visite au sanctuaire. Un peu plus tard, dans un discours à Reims, son appel à la paix résonnera d'une sincérité profonde ; les yeux des Soviétiques qui l'accompagnent et qui, naturellement, ont déjà entendu ce thème cent fois, en sont embués d'émotion. Khrouchtchev gagne vite mais un peu à bon marché ses galons de maître-orateur.

Me revient un souvenir cocasse : comme M. K. était en retard pour prendre place dans la voiture qui devait l'emmener à l'aéroport, on me demanda de monter à sa chambre de l'Hôtel Continental de Pau et de le presser : personne n'osait le faire. Je le trouvai dans sa baignoire, évidemment tout nu, avec une planche posée d'un bord à l'autre, dégustant son petit déjeuner en se pourléchant les doigts. Il m'offrit une pleine louche de caviar mais, le matin de bonne heure, c'est difficile à avaler.

Je reverrai monsieur K. quelques mois plus tard, à Paris, lors d'une « conférence à quatre » dont le monde attend beaucoup : France, Grande-Bretagne, États-Unis, URSS. Je dois y travailler pour notre télé, mais les problèmes politiques ne sont pas de mon ressort. On préfère que je couvre les à-côtés et les anecdotes. La veille de la première réunion plénière, le téléphone sonne chez moi :

— Monsieur Zitrone ? Ici, Kouznetzov, ministre plénipotentiaire à l'ambassade de l'URSS à Paris. Je suis près de M. Khrouchtchev, qui vient d'arriver de Moscou. Il vous transmet son bonjour et espère que vous vous souvenez de lui.

— Remerciez-le et dites-lui que j'apprécie vivement cette forme d'humour. Quel bon vent vous amène ?

— Notre Premier ministre prend la parole demain à la Conférence. Il voudrait que vous précisiez ensuite le sens profond de son intervention, en en commentant certains passages pour vos confrères journalistes de langues française et anglaise, afin que ce qu'il dira soit bien compris.

Certes, la demande m'honore, mais après avoir hésité une seconde, je réponds avec honnêteté :

— Monsieur, d'abord vous aurez sur place tous les interprètes professionnels possibles. Ensuite, sur le principe : je ne saurais « préciser » le point de vue officiel soviétique ; je suis français. Enfin, je pense avoir sur les grands problèmes mondiaux des avis qui diffèrent radicalement de ceux de votre patron. Dites-lui que je suis très sensible à son offre, mais que je crois devoir la décliner.

M. Kouznetzov transmet mon refus à son Premier ministre. Celui-ci dit alors, et je l'entends clairement dans mon téléphone :

— Puis-je, au moins, compter sur M. Zitrone pour effectuer le montage de mon discours pour les diverses émissions de la télé, car je suis persuadé qu'il ne s'emmêlera pas les pinceaux.

M. Khrouchtchev avait un langage fleuri ; il usait constamment d'expressions folkloriques et de dictons, ce qui, parfois, n'était pas simple à rendre dans une autre langue.

— Répondez à M. Khrouchtchev que, sur un plan strictement professionnel, il peut compter sur moi. J'extrairai pour nos émissions l'essentiel de son discours.

— Merci ; soyez attentif : il y aura des passages inattendus.

Ils furent, effectivement, inattendus ! Quelques jours plus tôt, un avion américain U-2, volant à 20 000 mètres d'altitude au-dessus du territoire soviétique, avait été abattu par la DCA comme « avion espion ». Monsieur K. en tira argument pour faire, en toute simplicité, capoter la Conférence. S'adressant au général Eisenhower, le Président des États-Unis, avec une extrême dureté, il le compara à un renard « entré subrepticement dans un poulailler pour égorger les volailles [...] Tout ce qu'il mérite c'est de grandes tapes sur son museau ».

En traduisant à mon micro pour nos divers montages des extraits de ce discours brutal, je ne cherchai pas à rendre son ton mi-indigné, mi-persifleur. J'ai beaucoup de respect pour les États-Unis. Je crois en eux ; l'insulte à Eisenhower me paraissait inutile et malvenue. Je suis certain que monsieur K. aurait pu les critiquer sur un ton plus diplomatique et sans vouloir, à tout prix, se montrer foncièrement désagréable. J'avais, moi, à traduire, à faire mon métier, en espérant que les téléspectateurs voudraient bien comprendre que ce que je leur disais n'était pas ma pensée propre, mais bien celle de Khrouchtchev. Seulement, comme toujours, il allait y avoir des gens qui confondraient l'information et l'informateur.

Après cela, qui reste un des plus grands fiascos diplomatiques de l'après-guerre, je ne revis M. Khrouchtchev que quatre ans plus tard, à Copenhague. Arrivé en bateau pour une visite chez les Danois, il eut une petite faiblesse cardiaque, après laquelle il annula son programme, et reçut, dans sa cabine, seulement quelques journalistes. J'en étais. Monsieur K. se laissa aller à des confidences : « Voyez-vous, mon cher, j'ai probablement présumé de mes forces en remplissant simultanément mes deux fonctions de Secrétaire général du PC et de chef de notre gouvernement. Si c'était à refaire, je choisirais d'occuper l'une ou l'autre, mais non pas les deux. Peut-être, d'ailleurs, vais-je avoir à y venir. Ne travaillez jamais trop, ce n'est pas bon. Au revoir, pensez quelquefois à moi. »

Trois mois après, le 14 octobre 1964, Khrouchtchev fut limogé par le Politburo, un limogeage qui fit un bruit considérable dans le monde, car l'homme avait su donner à croire qu'il était de bonne volonté, et qu'il avait vraiment cherché à ouvrir une fenêtre dans la vie de son pays. A l'époque, il y a vingt-cinq ans, ce n'était pas facile. Des délégations de plusieurs nations partirent d'ailleurs pour Moscou demander des explications sur cette disgrâce. Elles furent renvoyées à leurs chères études.

Khrouchtchev vécut encore quelques années d'une confortable retraite, dans une datcha des environs de Moscou, avec une voiture offerte par l'État ; sur le plan matériel, il ne fut nullement malheureux. Depuis un bon moment, déjà, on ne tuait plus en Union soviétique les dirigeants qui avaient cessé de plaire. J'ai songé plusieurs fois, le jour du limogeage et aussi plus tard, à ce qu'il m'avait dit à Copenhague : « Qui trop embrasse mal étreint ». Certes ; mais, « la fenêtre » qu'il avait ouverte ne s'est plus jamais refermée complètement.

En 1961, j'avais publié un livre sur ce que j'avais vu lors de mon premier séjour chez eux ; leur existence quotidienne, leurs manques, leurs espoirs. Je lus dans leurs journaux la note de lecture suivante : « L'auteur est un journaliste indubitablement bourgeois ; mais il a essayé, avec bonne volonté, de comprendre notre pays, nos mœurs, nos citoyens ; souvent, il y est parvenu. »

De Gaulle

En juin 1966, le général de Gaulle se rend, à son tour, en URSS. La conférence manquée de Paris avait encore une fois frigorifié les relations entre l'Est et l'Ouest. Peu à peu, cependant, apparaît le mot de « détente », un mot encore mal défini, et qui ne signifie certainement pas la même chose des deux côtés de l'Europe. De Gaulle décide donc que la glaciation a assez duré ; il programme alors une visite d'une semaine comme hôte de Brejnev, qui a succédé à Khrouchtchev comme Secrétaire général.

Le général partait un lundi matin. J'étais du groupe des journalistes désignés par l'ORTF pour couvrir son séjour, avec Georges Bortoli et Jean Lanzi. La presse devait quitter Paris dès l'avant-veille, samedi, et se trouver là-bas quarante-huit heures avant le Général. Or, en ce temps-là, j'étais amoureux d'une jument. Elle s'appelait Hyères III, courait à Auteuil, et avait déjà remporté deux années d'affilée le Grand Steeple-Chase de Paris. Je tenais absolument à commenter, en ce dimanche après-midi de juin 66, sa troisième victoire consécutive. Mais, le dimanche, après la fin de la réunion sur l'hippodrome, il n'y avait plus d'avion pour Moscou. Or, ne partir que le lundi par un avion de ligne normal me mettrait sensiblement en retard ; il ne restait qu'un seul moyen de couvrir Auteuil le dimanche et de Gaulle le lundi : c'était de demander au Général de me prendre à son bord. Je m'enhardis, et fis visite au directeur de son Cabinet, M. Galichon : pourrait-il me trouver un strapontin dans la Caravelle présidentielle ? Il présenta ma requête à de Gaulle qui voulut, plaisamment, savoir si je pesais plus ou moins de cent kilos. « Moins ! Juste un kilo ou deux de moins, mais moins. »

Je lui mentais horriblement ; le Général eut l'amabilité d'être dupe. Bref, le dimanche, Hyères III remporta effectivement, à nouveau, le Grand Steeple-Chase, et je m'enflammai pour elle en direct ; le lendemain matin, je montai le cœur léger dans l'avion présidentiel.

Nous volions depuis près de deux heures, lorsque le ministre des Affaires étrangères, Maurice Couve de Murville, s'approcha : le Général voulait me voir dans son compartiment spécial, à l'avant de l'appareil. J'entrai. Face à la porte, était assis le capitaine de vaisseau, Philippe de Gaulle, aujourd'hui amiral. Il ressemblait d'une manière hallucinante à son père, vingt-cinq ans plus tôt. C'en était presque déroutant.

Tandis que je le regardai fixement, le général, avec une courtoisie extrême, se leva pour m'accueillir. Je fis un grand mouvement pour l'en empêcher et le tirai par la manche vers le bas. Mais il parvint à déplier ses 192 centimètres et, de sa voix si particulière, aux intonations quelquefois caverneuses, il me présenta à sa femme : « Yvonne, voilà Zitrone. »

Puis, il me prit par l'épaule, me fit pivoter vers lui et me força à m'asseoir. On aurait dit une sorte de ballet. Je me trouvais, en tout cas, seul dans ce compartiment avec la famille de Gaulle. Curieuse impression.

— Alors, mon bon, fit le chef de famille ; il paraît que vous n'aimez pas beaucoup ma politique étrangère. C'est mon premier ministre, Pompidou, qui me l'a appris récemment.

— Vous dites les choses un peu abruptement, mon général, mais il est vrai que, sur certains points, je ne suis pas d'accord avec vous.

— C'est bien de parler avec cette franchise, car la franchise, voyez-vous, n'est pas le trait caractéristique de la plupart de ceux qui m'entourent. Cela étant, expliquez-moi ce qui, à votre avis, ne va pas dans mes choix.

J'expliquai : atlantiste convaincu, j'appréciais mal les distances prises par le Général avec les États-Unis. Il sourit :

— Merci, mon bon, mais voyez-vous, ça n'a aucune importance, car ce n'est pas vous qui conduisez la politique française mais moi. Cela dit, vous pourrez vous déplacer facilement à Moscou ; laissez donc traîner vos oreilles, et si vous entendez quelque chose d'intéressant, faites-le moi savoir.

— Par les voies officielles ?

— Ne soyez pas naïf : la meilleure voie, c'est mon fils, ici présent... Au besoin, approchez-le. A propos, mon bon, nous allons arriver à Moscou quand il sera treize heures à Paris et le journal télévisé commencera juste. Comment cela va-t-il se passer ?

— Une brève introduction de Bortoli ou Lanzi ; puis l'allocution de bienvenue de Brejnev qui vous accueille, sa traduction en français, et votre discours de réponse.

Le direct commence juste à l'arrivée de notre avion.

— Vous voulez dire : de mon avion ?

— Excusez-moi, mon général : de « votre » avion, en effet.

— Mais alors, quand j'aurai parlé en français, on arrêtera le reportage, car la traduction en russe de mon propre laïus (pour la compréhension des personnes présentes à l'aéroport) n'intéressera nullement le public français qui fermera son poste.

— Tout juste, mon général.

— Mais ça m'embête beaucoup ! J'ai préparé, tout spécialement, quelques mots en russe que je voulais lancer à l'honorable assistance soviétique tout à fait à la fin de la cérémonie : or, puisque, me dites-vous, on aura largement arrêté la diffusion avant ce moment-là, personne en France ne pourra m'entendre dire cette phrase. Je l'aurai apprise pour rien. Il faut donc que je la mette ailleurs. Par exemple, juste à la fin de mon discours en français. Vous avez eu là une bonne idée.

Je n'avais pas émis l'ombre d'une idée mais de Gaulle avait tout pigé en un clin d'œil. En plaçant sa phrase dans la foulée, en somme à l'issue de son speech en français, il serait entendu par la France entière, qui s'esbaudirait de l'effort accompli ! Quant à la phrase elle-même, quelque chose le turlupinait. Il prononça pour moi les mots qu'il avait en tête, et qui signifiaient : « Vive le peuple soviétique ». Voilà qui ne mangeait pas de pain mais demeurait un peu sec.

— Eh bien, Zitrone, remarquait maintenant le chef de l'État, il manque quelque chose que je vous demande de rétablir.

— La phrase est grammaticalement correcte, mais je suppose que, en plus, vos professeurs vous avaient appris soit un adverbe soit un adjectif, pour l'enrichir.

— Exact. Je souhaiterais dire : « Vive le grand peuple soviétique. » Comment dit-on « grand » ?

— *Veliki.*

— Où est-ce que vous placez ça ?

Le Général donnait l'impression de commander même aux mots. Ceux-ci devaient s'aligner par phrases à son commandement. Je lui dis de mettre l'adjectif avant le nom. Il s'exerça un bon moment à l'intégrer. Mais le mot « vive » est très difficile à prononcer : *Zdrasstvouïett* et de Gaulle y intervertissait les *z* et les *s*. Je remis sa phrase entière d'aplomb et demandai :

— Vous vous sortez très bien d'affaire, mon général. Est-ce que, par hasard, dans votre jeunesse, vous aviez appris à parler leur langue ?

— Non, mais étant prisonnier lors de la Première Guerre mondiale, je me trouvais en Pologne, et j'ai souvent lu, depuis lors, des journaux polonais.

Nous approchions de Moscou. Des avions de chasse MIG accompagnaient maintenant la Caravelle, à babord et à tribord. De Gaulle resta un moment pensif puis me posa une curieuse question :

— A votre avis, à combien sont-ils de notre appareil ?

L'atmosphère avait évolué. Cette fois, il avait dit, amicalement, « notre appareil ».

— Quinze ou vingt mètres, je présume.

— A 1000 à l'heure, les pilotes ont, je l'espère, de bons yeux. Moi, je ne le pourrais pas ; j'y vois de moins en moins clair, mais n'en faites pas état.

— Je garderai la confidence tant qu'il le faudra, mon général.

A mon admiration pour cet homme (d'autant plus pure que je n'étais pas gaulliste) se mêlait maintenant une légère touche — comment dire ? — de commisération. Il s'était replongé dans ses pensées ; or, l'appareil allait atterrir et j'avais laissé mon barda défait sur mon siège, dans le compartiment arrière. Comment se lever ? Comment prend-on congé d'un président de la République dans un avion ? Nous n'étions plus qu'à vingt mètres du sol. De Gaulle sortit de ses songes et me dit, froidement : « Mon bon, je vous laisse », ce qui voulait dire : « Repartez dans le fuselage, je vous ai assez vu. » Mais il me retint encore un instant : « Les bons rapports que vous entretenez avec les dirigeants de l'Union soviétique à la suite de vos nombreux “ trucs au micro ” sont précieux pour ceux qui mènent les affaires françaises. Il est toujours avantageux pour la France d'avoir des gens qui seront, éventuellement, en période difficile, en mesure de porter avec courtoisie un message important. Tant que moi-même, ou ceux qui me succéderont, ne vous aurons pas dit de faire autrement, conservez ces très bons rapports. »

L'avion s'était posé, il ralentissait. Je saluai le Général, sa femme et son fils. Jusqu'à présent, aucun président de la République française ne m'a demandé de modifier mon comportement.

La leçon de Kossyguine

Six mois plus tard, Alexis Kossyguine, le nouveau Premier ministre soviétique, effectue une visite en France. Brejnev, lui, est devenu Secrétaire général du Parti communiste : comme l'avait laissé entendre Khrouchtchev, les deux postes ne sont plus occupés par un seul et même homme. Kossyguine passe pour quelqu'un d'intelligent, mais d'un abord gourmé, un peut triste. A Paris, je ne parviens pas à l'approcher. Par chance, après la capitale, il se rend à Lyon. Devant la préfecture, des centaines de Lyonnais l'attendent avec sympathie ou curiosité. J'arrive de mon côté dans la voiture technique de la télé, à peu près en même temps que Georges Pompidou qui, premier ministre, accompagne Kossyguine dans son déplacement.

Or voilà que les gens applaudissent ! Qu'on veuille bien pardonner, à plus de vingt ans de distance, mon manque de modestie, mais je rapporte les faits tels qu'ils se sont produits : on applaudit dans ma direction. Kossyguine, surpris, demande à qui s'adressent ces marques d'allégresse. Pompidou, qui m'a à la bonne, lui répond que je suis un « journaliste populaire de la télévision ». Kossyguine s'arrête, me fait signe d'approcher, tandis que Pompidou lui dit, gentiment : « Voici Zitrone, qui sait bien faire son travail ; si vous l'aidez éventuellement, je vous en saurai gré. »

Kossyguine sourit :

— Me reconnaissez-vous ?

— Mais, Alexis Nikolaïevitch, vous êtes le Premier ministre de l'URSS !

— Nous nous connaissons depuis plus longtemps que

cela. Quand nous avons pris la Caravelle, en 1960, avec M. Khrouchtchev, je me trouvais au cinquième rang de l'avion ; je n'occupais, à l'époque, que les fonctions de président de la banque d'État. Je portais un imperméable vert olive, sensiblement moins bien coupé que mon pardessus de ce soir mais, voyez-vous, mon pays accomplit des progrès dans tous les domaines. Je comprends que vous ne vous souveniez pas de moi, mais moi, je me rappelle que vous m'avez marché sur le pied.

Je suis dans mes petits souliers. Que répondre ? Je choisis de plaisanter.

« Quelle chance que ce ne soit pas aujourd'hui, car je pèse dix kilos de plus. »

La glace est rompue. Kossyguine accepte le principe d'une longue interview pour le lendemain. Je vais la préparer avec lui dans ses appartements car il veut connaître mes questions. L'une est particulièrement provocatrice.

— Vous faisiez déjà partie du gouvernement de Staline. Sur la fameuse photo de son cercueil veillé par les hauts dignitaires de votre pays, on vous reconnaît très bien. C'était il y a quinze ans. Vous voilà chef du gouvernement. Comment expliquez-vous votre longévité ministérielle alors que tant de choses ont changé en URSS, notamment l'arrivée de la déstalinisation ?

— Cher monsieur, je ne peux pas prendre en compte des questions de cet ordre. Dans chaque région du monde, les mœurs politiques sont différentes. Mais comme vous m'êtes sympathique, je vais vous livrer le fond de ma pensée. Il y a deux manières d'exercer votre métier : ou bien vous me bombardez, à toute vitesse, de dix questions de plus en plus indiscrètes ; il arrivera sûrement un moment où je baisserai la garde et où je vous répondrai. Vous aurez ainsi obtenu neuf réponses mais, agacé, ennuyé, je ne vous recevrai plus jamais de ma vie. Le fruit de nos entretiens se soldera donc, au total, par neuf réponses. Mais si vous prenez le temps de réfléchir à la bienséance, si vous me soumettez, comme aujourd'hui, une liste convenable des dix questions que vous voulez poser, j'en refuserai sans doute trois, et ne répondrai qu'à sept d'entre elles. Seulement, à partir de là, je vous recevrai toujours très volontiers. Ainsi, faites une simple multiplication : si je vous reçois, par exemple, cinq fois, et à raison de sept réponses en chaque circonstances, cela vous fera, au total, trente-cinq réponses. Choisissez, cher monsieur. D'un côté, neuf, de l'autre trente-cinq. Vous voyez bien où est votre intérêt.

J'en pris bonne note. Sauf dans les cas d'improvisation totale, je cherche à ne jamais incommoder mes interlocuteurs. Les partisans de l'interview-agression, de l'interview sauvage, avec nœud coulant passé au cou de l'interlocuteur, ne me comptent pas dans leurs rangs. Il est arrivé qu'un patron me le reproche : mais au total, je pense qu'en me montrant courtois et en observant les règles du jeu, j'ai dû obtenir, sur le long terme, un maximum de réponses, et j'ai donc apporté aux téléspectateurs davantage d'informations que si je m'étais conduit en cowboy.

En 1967, la guerre fait rage entre Israël et les pays arabes. Au même moment, les choses empirent entre les États-Unis et le Viêt-nam. La tension internationale devient très vive. On craint le pire. Le Président américain, Lyndon Johnson, invite le Kremlin à envoyer aux États-Unis une personnalité de tout premier plan. C'est Kossyguine que l'on choisit. Il prend l'avion pour Glassborough, mais il offre à de Gaulle de faire escale à Paris et d'être reçu à l'Élysée. En plus du geste de courtoisie et de déférence à l'égard du Général, c'est un moyen, pour Kossyguine, de montrer qu'il n'obéit pas à une invite de Washington, mais qu'il a une « série d'entretiens internationaux ».

Ma chaîne m'envoie pour le reportage à l'Élysée. Je n'y suis pas le seul, loin de là. Sur les marches du palais, voici la foule, bourdonnante et bruyante, de tous les journalistes. L'entretien de Gaulle-Kossyguine se prolonge. Nous nous énervons un peu. Quand le visiteur prend congé et apparaît sur le perron, nous nous précipitons sur lui, au mépris de toute délicatesse à l'égard d'un homme qui a encore un bon bout de chemin à faire. Les micros, les caméras, les stylos se tendent, se battent. Kossyguine, après trois réponses, est déséquilibré ; il manque une marche et roule littéralement vers la portière ouverte de sa voiture ; je roule presque sur lui ; il a le temps de sourire :

« Écoutez, mon vieux, ça devient chez vous une manie de me marcher sur les pieds ou de me tomber dessus. Mais, de grâce, ne diffusez par les images de cette chute. Elles me desserviraient, et me montreraient dans une position ridicule ; de plus, elles ne vous aideraient en rien à résumer mes entretiens avec le Général. Je suis pressé, je m'en vais ; je n'ai pas le temps de vous répondre ; faites pour le mieux. »

Je jetterai naturellement au panier la pauvre pellicule qui a enregistré la dégringolade du perron. Le soir, au journal télévisé de 20 heures, je m'asseois aux côtés du présentateur et fais un compte rendu sobre : les événements internationaux sont suffisamment dramatiques par eux-mêmes. De Washington, où il était arrivé, Kossyguine avait dû téléphoner à son ambassadeur à Paris :

— Y a-t-il eu des images où je suis en posture ridicule ?

— Nous n'en avons pas vu.

Désormais, Kossyguine, lui aussi, m'a à la bonne. Lorsqu'après huit jours d'entretiens tendus, mais utiles, avec le président Johnson, à un moment où la paix du monde est en péril, et après avoir pris la parole à l'ONU, il s'en retourne à Moscou ; il s'arrête, une fois encore, chez nous. L'Élysée me téléphone :

« Êtes-vous de service ? Si oui, ne manquez pas de venir. M. Kossyguine aimerait que vous soyez le seul journaliste à l'approcher. Il se dit fatigué, désireux de rentrer chez lui au plus vite. Il veut bien mettre le Général au courant de ses entretiens mais non pas subir la même corrida que l'autre jour. Il souhaite que vous acceptiez, et nous le souhaitons aussi. »

Cette fois le cameraman et l'ingénieur du son semblent ravis de faire leur travail sans bousculade. Kossyguine me déclare :

— Aujourd'hui, mon cher, vous voudrez bien ne pas vous livrer à votre sport favori qui consiste à jongler avec les questions-réponses dans les deux langues. J'en ai plein les bottes. Avant de rentrer chez moi, il faut encore que je m'arrête en Allemagne; pour gagner quelques minutes, interviewez-moi seulement en russe ; vous traduirez plus tard pour vos téléspectateurs français.

— Mais, Alexis Nicolaïevitch, je peux commettre des fautes, alors que vous traiterez les sujets les plus importants.

— Si vous avez peur, demandez à quelqu'un de mon ambassade de vous aider à traduire...

Un sourire ironique lui plisse les yeux.

Je refuse à hauts cris et l'interview commence. Il répond à toutes mes questions : les rapports israélo-arabes, ce que pense Moscou des bombardements américains sur Hanoï, les rapports bilatéraux entre l'URSS et les États-Unis : « Aussi tendus soient-ils, me dit Kossyguine, ils ne mènent pas forcément à la guerre. J'ai bon espoir. »

Je m'enhardis et lui demande de me parler des rapports russo-chinois, alors que la querelle Moscou-Pékin est au plus fort. Il me renseigne sans faire de propagande, en exposant simplement son avis. Il y a, chez cet homme pourtant visiblement las, une sorte d'énergie de bon aloi : il me semble qu'on peut le croire. Son auto démarre tandis que mes confrères foncent sur moi :

— Que t'a-t-il dit ?

— Écoutez, les enfants : le journal télévisé, c'est seulement dans plusieurs heures. D'ici là, je ne chercherai pas à garder secrètes les déclarations du Premier ministre soviétique. S'il m'a choisi, c'est uniquement pour gagner du temps et non pas pour exclure quiconque de ses interviews intégrales ; écoutez-le tout votre saoul, renseignez vos auditeurs, vos lecteurs, vos fidèles. Allez-y. Informez !

Toute la presse va largement profiter de ma bande sonore. Je ne suis décidément pas un collectionneur de scoops ! Mon problème est ailleurs : rendre mot pour mot le sens de ce qu'on m'a confié, sans le concours des interprètes officiels. J'arrive, peu après, rue Cognacq-Jay ; je dis combien l'enregistrement est important, en cet instant où la paix de la planète paraît si fragile. Je n'obtiendrai pourtant pas toute la place que je sollicite dans le journal télévisé. L'un des responsables émet des réserves. « Quatre minutes, c'est trop long. Il faut faire plus court. »

J'ai failli lui envoyer ma bande à la figure. Cette affreuse manie de tout raccourcir, par principe, m'excède ! Ce jour-là, on a probablement besoin de place pour une grand-mère coupée en morceaux ou pour un match de foot... Quand je présente mes arguments, je m'entends répondre que je ne peux pas « être juge et partie ». En réalité, on trouve gênant, voire humiliant, de donner une large tranche d'antenne à Léon...

Devant tant d'imbécillité, je n'avais plus qu'à battre en retraite. Je mis tout mon soin, dès lors, à choisir les phrases les plus significatives de Kossyguine ; personne, au demeurant, ne me fit de remarque sur mon choix, ni sur ma traduction. Je fus, comme toujours, totalement libre. Quant à mes rapports avec Kossyguine, ils étaient devenus excellents. Il allait m'aider lors de mon voyage suivant à Moscou.

Brejnev en zigzag

Lorsque de Gaulle m'avait emmené à Moscou, je n'avais pas pu parler à Brejnev, car celui-ci était devenu sans conteste le numéro un de son pays ; pas moyen de parvenir jusqu'à lui. Il faudra attendre 1970. Georges Pompidou, notre nouveau président, se rend alors en URSS. La veille de son retour, il donne un déjeuner à l'ambassade de France, une maison laide de style rococo ayant appartenu, avant la Révolution, à un gros marchand de blé. On dit qu'il jouait aux cartes avec ses invités, en prenant pour tapis de table le ventre d'une danseuse nue étendue sur leurs genoux.

Ce jour-là, le président français a convié la « Troïka » : Brejnev, Secrétaire général du PC, Kossyguine, Premier ministre et Podgorny, président de la République en titre, mais qui n'a pas l'ombre d'un pouvoir. Il s'en console, dit-on, à la vodka. Il faut croire que ses collègues lui font beaucoup de misères, car il consomme énormément de vodka.

La Troïka arrive à bord d'une de ces formidables limousines qu'on appelle les *Zis*. Les trois hommes en sortent dans l'ordre inverse de leur importance : Podgorny le premier, Brejnev le dernier. Je me suis placé sur une marche du petit escalier extérieur de l'ambassade. En vertu du privilège d'exterritorialité, cet endroit est déjà considéré comme territoire français ; la police soviétique ne peut donc rien contre moi. Kossyguine, en passant, me reconnaît et me dit bonjour. Puis je tends mon micro à Brejnev qui n'a, jusqu'alors, jamais répondu directement à un journaliste de l'Ouest. Son premier réflexe est de m'écarter. C'est alors que Kossyguine me renvoie l'ascenseur ; il s'arrête et lance à Brejnev : « Tu peux y aller ». Ce dernier, un peu surpris, détend ses sourcils qu'il a fort épais, et répond aimablement à mes questions-bateaux. Nous n'allons évidemment pas refaire le monde dans la rue. J'ai pourtant le sentiment qu'il se rappellera désormais mon visage. Il ne me restera plus qu'à créer une véritable occasion.

L'année suivante, il allait effectuer un voyage en France ; on le logea au Grand Trianon de Versailles. Peut-être était-ce un peu excessif, mais il paraissait ravi d'échapper aux bruits et à l'agitation de Paris. Je m'attachai à ses pas. Cependant, j'avais beau chercher l'instant propice, je n'y parvenais pas, sa « protection » continuant à rendre impossible tout contact. Puis il partit pour Marseille, et je le suivis par un vol régulier.

Il y avait un déjeuner à la préfecture. Comme on ne pouvait pas me placer à la table des personnalités, le chef-cuistot m'invita au premier sous-sol, où la chère fut excellente. Parmi les convives, il y avait toute la Sûreté française que je connaissais bien et toute la Sûreté soviétique (que j'allais surprendre faisant un peu de cinéma c'est-à-dire en jonglant, exprès, avec de longues phrases en russe), le médecin personnel de Brejnev, un général de leur Corps de Santé. Ce fut un déjeuner utile. Les *G.Men* russes portaient tous, sur le haut du revers gauche du veston, une épingle à tête de couleur. Étaient-ils du KGB ? Probablement oui. Mais leur job était très précis : protéger Brejnev contre toute surprise, de quelque ordre qu'elle fût.

Ayant bien repéré leurs têtes, je remontai dans la

grande salle à manger, où le maire de Marseille, Gaston Defferre, me prévint :

— Léon, vous n'avez aucune chance ici, car Brejnev a un après-midi particulièrement chargé...

— Vous êtes homme de presse, cher monsieur le maire ; j'ai réellement besoin d'obtenir une interview de lui : quel est votre conseil ?

— Son avion de retour n'est pas plein. Allez vous y installer avec votre équipe de tournage. Pendant le vol, Brejnev ne pourra pas vous échapper. Pour le reste, je sens que vous vous débrouillerez.

— Mais la police de l'aéroport ne nous laissera jamais monter dans sa Caravelle !

— Comme je vous aime bien, Léon, je vais dire un mot au commissaire de l'aéroport et au commandant de bord.

— Avec un peu de chance, monsieur le maire, Dieu sera donc avec nous ?

— Dieu, peut-être, mais moi Defferre, sûrement. En la circonstance je pense vous être le plus utile des deux.

Nous fonçons vers Marignane où je m'installe dans l'appareil deux heures avant le décollage, à la condition expresse de ne plus sortir, pour ne pas nous faire remarquer. L'avion décollera finalement avec du retard, mais il est amusant d'observer, de l'intérieur de la Caravelle, les salamalecs dont la République accompagne le Secrétaire général du Parti communiste de l'URSS. Je constate par le hublot que la France est richement pourvue en échelons officiels ; il ne nous manque ni une casquette gansée d'or, ni un galon.

Au départ, Brejnev est assis au premier rang. Devant lui, un vide. A sa droite, se trouve le ministre d'État représentant M. Pompidou, François-Xavier Ortoli : mêmes sourcils que son hôte, fournis, broussailleux, mais en plus souriant. Il me cède sa place pour un quart d'heure. Quand je pense que mes petits copains de Cognacq-Jay craignent toujours que je ne leur vole la leur ! Gaston Defferre a sûrement touché deux mots à Brejnev : merci, Gaston ! L'interview commence. Peu à peu, je sens poindre un malaise : une forte odeur s'est répandue dans l'appareil. Qu'est-ce qui peut sentir l'ail dans une Caravelle ? Brejnev m'entend renifler et remarque négligemment.

— C'est ma bouillabaisse.

— Pardonnez-moi, je ne saisis pas bien.

— On m'avait toujours dit, cher monsieur, que le meilleur plat de Marseille était la bouillabaisse. Mais, pour ma visite, on ne m'en a pas servi ; alors, j'en ai fait acheter un demi-litre que l'hôtesse est en train de me réchauffer sur un petit réchaud à alcool. D'où l'odeur. Elle me plaît. Pas à vous ?

Tel fut mon premier échange sérieux avec le maître de l'URSS. Après quoi, l'entretien dura vingt minutes et porta sur lui, sur sa vie. Puis je rentrai chez moi avec le film, pour en faire le montage le lendemain.

— Bonne interview, mon chéri ? me demanda ma femme.

— Non, quelconque. Une bouillabaisse s'est mise en travers.

Le lendemain, à six heures du matin, le téléphone sonne. Furieux, car j'ai impérativement besoin de mon sommeil de l'aube, je vasouille en répondant ; c'est la standardiste de l'ORTF qui m'appelle :

— Zitrone ? Ici la télé. Le Secrétaire général veut vous parler.

— Dites au secrétaire général de l'ORTF que, même à cinq échelons au-dessus de moi, il n'a pas le droit de me tirer du sommeil aussi tôt. Mais le mal est fait, donnez-le-moi.

— Il appelle de chez lui. Je fais une manip' technique et je vous le passe.

Deux, trois secondes... Je suis perplexe. La maison brûle-t-elle ? Me met-on à la porte pour irrévérence à l'égard du préfet, du ministre, que sais-je ? Je ne me ressaisis pas vite.

— Allô, monsieur Zitrone ? Ici Versailles, le standard du Trianon. Vous êtes demandé par le Secrétaire général... du Parti communiste soviétique. Je vous passe M. Brejnev.

— J'espère que je ne vous réveille pas, mon cher. Moi, je me lève tôt. Comment avez-vous trouvé notre conversation dans l'avion ?

— A dire vrai, pas fameuse. Mais c'est vous, pour la première fois, « en longueur ». Elle sera à l'antenne ce soir et elle intéressera vivement le public.

— Justement : je vous appelle pour qu'elle ne passe pas. Je ne l'ai pas aimée : trop heurtée, trop rapide. Jetez-la au panier, comme l'autre fois, avec mon ami Kossyguine.

— Je ne peux pas me faire une spécialité de ne pas diffuser les interviews des dirigeants de votre pays.

— Je vous propose de vous en donner une autre. Demain samedi, je retourne à Moscou. Auparavant, je vais à l'Élysée prendre congé de M. Pompidou. Je vous recevrai ici, au Trianon, avant cette visite, à sept heures du matin.

Dormir tard est pour moi une nécessité absolue. Je ne saute donc pas de joie, mais que faire ?

— Vous êtes protégé par d'innombrables services d'ordre. Voudriez-vous leur donner des instructions précises pour que je puisse parvenir à vous sans encombre ?

Il me le promet. Le lendemain, levé avant l'aube, je fonce à Versailles dans ma petite voiture. Je franchis un barrage, un deuxième, un troisième, au milieu des pelouses admirablement vertes. J'arrive aux grilles de fer forgé et d'or, au-delà desquelles commence une symphonie de marbre rose : le péristyle de Trianon avec ses deux ailes à angle droit, soutenues par des pilastres également de marbre rose. Un gendarme vient à ma rencontre. Par chance, il me reconnaît et son visage s'éclaire d'un large sourire :

— Ah ! monsieur Zitrone, je suis un admirateur, je regarde toutes vos émissions : vous allez bien me donner un autographe.

— Voilà votre autographe. A tout à l'heure ; je dois entrer au Grand Trianon où j'ai rendez-vous.

— Mais, monsieur Zitrone, je n'ai pas eu d'instruction. Certes, on m'avait dit que la télévision viendrait et la voiture technique est d'ailleurs arrivée il y a déjà dix minutes ; mais personne ne m'avait donné votre nom.

— Eh, oui ! maréchal des logis, vous voyez : c'est moi qui viens interviewer Brejnev.

— Avez-vous votre laissez-passer ?

— Maréchal des logis, ne plaisantons pas : vous venez

de m'appeler par mon nom à plusieurs reprises, vous m'avez même demandé un autographe.

— Monsieur Zitrone, je vous connais « à titre privé » mais, tant que vous ne me montrez pas de papier vous autorisant à franchir les grilles, je n'ai pas le droit de vous connaître à titre professionnel.

Chacun sait que les gendarmes français sont les plus intelligents du monde. Il n'y eut jamais qu'une seule exception : il fallait que je tombe dessus. J'enrage. Par chance, de l'intérieur un Soviétique me hèle et me fait signe d'entrer : le gendarme doit capituler mais, au coup d'œil qu'il me lance, je comprends que si je franchissais un jour une ligne jaune devant lui, je me retrouverais immédiatement au bloc.

Brejnev m'attend, sur un canapé recouvert de fils d'or, sous un grand portrait de Louis XV. Le Bien-Aimé porte, en travers de la poitrine, le ruban moiré de la Toison d'or. Après les compliments d'usage, mon interlocuteur remarque :

— Cher monsieur, on dirait que vous n'êtes pas tout à fait dans votre assiette.

Je mens un peu.

— Leonide Ilitch, il fait frisquet.

— Qu'à cela ne tienne : prenez du thé de mon propre samovar, que j'ai emporté de chez moi.

Le chef de l'URSS me verse du thé.

— Un sucre ou deux ?

— Aucun s'il vous plaît, j'essaye de lutter contre l'embonpoint.

— Moi aussi, sourit Brejnev, mais j'exaspère mon médecin que vous connaissez et je ne lui obéis jamais.

Cette simple phrase créa des liens : nous avons, Brejnev et moi, les mêmes soucis de poids ; nous sommes frères en surcharge pondérale ; et, de surcroît, j'apprends que son médecin, avec qui j'avais effectivement déjeuné dans les sous-sols de la préfecture de Marseille, lui a fait son rapport sur moi. Je me sens enveloppé de sollicitude. Pardessus tout, j'apprécie le geste de Brejnev qui me verse coup sur coup deux tasses de thé avec courtoisie. Ça m'impressionne.

Après m'être réchauffé, je passai aux questions auxquelles il répondit sans jamais se départir de sa bonne humeur. Il est vrai que, quel que soit le régime de son pays, et sauf crise aiguë, aucun chef d'État ne s'exprime d'une manière déplaisante au micro. Peut-être, sur ce point, ai-je simplement eu de la chance. Mais tous ont été d'une politesse profonde, de Gaulle ou Kennedy, Brejnev ou le roi Juan Carlos. La difficulté est de se glisser jusqu'à eux ; une fois qu'on y est, on rencontre des hommes agréables.

Brejnev me parle de son institutrice de la communale, qui lui avait enseigné un peu de français. « J'ai même été amoureux d'elle, quand j'avais neuf ans. »

Nous sautons à ses lectures, à ses distractions.

« En dehors des journaux économiques, et des rapports des ministères, je n'ai pas le temps de lire de romans ni de livres d'histoire. Je vais au théâtre Bolchoï par obligation quand je reçois des personnalités étrangères ; et comme vous, je me délecte d'un beau match de hockey. Vous, vous adorez les commenter ; moi, je les regarde avec passion. Notre équipe nationale est la plus forte du monde, cela m'enchante. »

Je sentais son parti pris d'amabilité et son excellente connaissance du dossier qu'il avait dû se faire remettre sur moi.

Cet homme lourd, massif, champion de l'immobilisme, qui laisse peser une chape sur son pays, se met en frais d'amabilité ? J'en profite :

— Léonide Ilitch, parlez-moi de vos enfants, de vos petits-enfants.

Il prit un air débonnaire, insistant surtout sur sa petite-fille et son petit-fils, regrettant que « le dimanche, quand nous sommes à la datcha, en famille, ils disparaissent dans la nature, aussitôt après m'avoir embrassé. Je n'ai jamais réussi à savoir où ils allaient. Ils ne reparaissent que le soir, pour le souper, et là, ils dévorent. »

Je ne pense pas qu'il ait espéré que je croirais tous ces détails, mais sa manière de raconter était celle de tous les grands-pères aimants qui parlent de leurs petits-enfants. L'atmosphère restait bonne. Je continuai donc.

— Quel est votre souhait actuel, en tant que personne privée, monsieur Brejnev ?

— Parvenir à fumer sensiblement moins. Je grille

trente-cinq cigarettes par jour. Mais voyez cet instrument (et il sortit de sa poche une sorte de porte-cigarettes de la taille d'une petite cassette de magnéto) : c'est un appareil suisse que des amis m'ont rapporté de Berne ; il y a là un mécanisme qui bloque automatiquement l'ouverture dès qu'on a pris une cigarette, et ce, pendant trois quarts d'heure. Je ne puis donc attraper la cigarette suivante qu'après ce délai, et pas avant ; je suis arrivé, ainsi, à descendre en dessous de vingt par jour. Le capitalisme a du bon. Je compte diminuer encore.

Sur ces mots, il partit d'un rire satisfait. Quand il riait ainsi, son corps entier tressautait, son visage respirait la bonne humeur, mais ses sourcils restaient toujours aussi impressionnants. Il parlait avec une certaine application, plutôt lentement, et avec une touche d'accent ukrainien. La plupart des dirigeants soviétiques ne sont pas natifs de Moscou. Staline était géorgien et avait un parler guttural. Khrouchtchev venait d'Ukraine, avec une tendance à fermer ses voyelles ; Brejnev s'exprimait avec un fond de mollesse dans la voix et butait parfois sur les diphtongues ; en revanche, Kossyguine, qui était de Léningrad, parlait une langue pure.

Par petites touches, se dessinait un homme différent de celui que le monde connaissait et craignait. Il s'apprivoisait. Je ne cherchais, au micro, ni à le rendre sympathique, ni à le « contrer », car alors il se serait refermé. Je le laissais s'exprimer et me disais que j'avais bien de la chance d'être assis, sous le portrait de Louis XV, dans une maison somptueuse qui appartint au roi de France, et où j'écoutais Brejnev me raconter sa vie et ses manies, comme ses chasses à l'ours brun. Découvrir le caractère véritable d'un homme comme lui n'est-ce pas presque aussi important que de l'entendre parler de la guerre nucléaire ?

Pour preuve, lorsque Brejnev mourut en 1982, et que toutes les télévisions françaises diffusèrent le portrait du disparu, elles utilisèrent la séquence du porte-cigarettes telle que je l'avais filmée à Versailles.

J'ai rencontré Brejnev en plusieurs autres circonstances. Par exemple à Minsk, en Biélorussie, deux ou trois ans plus tard, quand le président Pompidou lui rendit visite. L'avion venu de Paris avait atterri sur un terrain militaire ; c'est là qu'aboutissaient les circuits télé, c'est donc là que les reporters eurent à faire leur travail : mais j'étais passé au micro le dernier, et la file des voitures ne m'avait pas attendu pour repartir vers le centre ville ; on m'avait oublié sur le terrain, par moins 25 °C. Je voulus, à mon tour, m'en aller. Seulement, entre-temps, les soldats de garde avaient changé. La nuit était presque tombée et on ne distinguait plus grand-chose. C'est pourquoi le sergent-chef soviétique, apercevant la silhouette d'un civil marchant sur la glace qui recouvrait les pistes, sans trop savoir où aller, me mit d'abord en joue : sous la menace de son arme, je dus lui expliquer ce que je faisais là. Sans doute, pour lui, étais-je un espion. Un mot de travers, un geste : il pouvait être tenté de tirer. On me conduisit au poste, on m'y donna une boisson chaude, mais il fallut une bonne quinzaine de coups de fils dans toutes les directions pour que l'officier de service acceptât de me libérer. Je pensais cependant que si j'avais été pris dans certains pays occidentaux, errant sur un aérodrome militaire, je ne m'en serais pas tiré à si bon compte.

Le lendemain, toute la presse attendait sagement que la première séance plénière eût pris fin. Manquant de placidité, je partis me balader dans les couloirs du vaste bâtiment où avait lieu la rencontre. Formidable surprise, nul ne m'arrêta dans ma promenade le long des couloirs. Coup de chance, par une porte mal fermée donnant sur la salle même où les conseillers de M. Brejnev recevaient ceux de M. Pompidou, je vis qu'on discutait de la guerre du Viêt-nam. Brejnev, à un moment, saisi par l'émotion, ôta son veston, apparut en grosses bretelles, éleva la voix et tapa fort du poing sur la table. Il en avait après les Chinois.

Les rapports entre Moscou et Pékin demeuraient extrêmement tendus. Mais je n'attendais vraiment pas que le plus haut dirigeant soviétique traitât la Chine avec cette dureté. En une seconde, je fus convaincu que l'URSS ne songerait jamais à attaquer l'Occident tant que les rapports sino-soviétiques resteraient en l'état. J'avais connu, à Versailles, un Brejnev débonnaire ; je voyais là, par cette porte entrebâillée, un tout autre homme.

Les « sommets » franco-soviétiques devinrent annuels. A Rambouillet, lorsque le président Pompidou l'eut raccompagné à sa voiture, j'allai vers le chef de l'État :

— Comment se sont passés vos entretiens, monsieur le président ?

— Zitrone, dites-moi d'abord bonjour. C'est curieux, depuis que je suis président de la République, les gens ne me disent plus bonjour ; ils abordent immédiatement les problèmes et lancent leurs questions. Peut-être ont-ils peur de me faire perdre quelques secondes, mais c'est au détriment de la politesse.

Une autre année, au Kremlin, Brejnev me lança : « Mon vieil ami de la télé française. » Croyant faire plaisir à la presse française, il me prit par les épaules. Nous restâmes, un instant, ventre à ventre ; le lendemain, en rentrant à Paris, je vis dans nos journaux la photo avec ce titre : « Les couples célèbres : Léonide et Léon. »

Je revis aussi M. Brejnev à Pitsunda, une station balnéaire sur la mer Noire. Il attendait la visite de M. Pompidou : c'était en mars 1969. Pitsunda était fort mal équipée pour la transmission d'images ; il n'y avait aucune liaison technique directe avec Paris, il fallait transiter par Moscou. Je m'enquis auprès de Brejnev : pourquoi avait-il choisi d'aller si loin de sa capitale, à près de 3 000 kilomètres au sud ?

— Mais, selon l'Élysée, c'est M. Pompidou qui a souhaité venir dans un endroit ensoleillé. Votre président est malade. N'en faites pas état, mais sachez-le.

Depuis des mois, en effet, des rumeurs alarmantes couraient en France sur la santé de Pompidou. Les versions les plus rocambolesques circulaient. On avait vu, disait-on, d'énormes bombes à cobalt livrées à la présidence. Sur les écrans, son visage devenait, au fil des semaines, de plus en plus bouffi. En fait, on ne savait rien de précis, et voilà que, par Brejnev, j'obtenais une confirmation ! Je me dis que les services de l'Élysée auraient pu le faire à sa place mais, en fait, c'est l'épouse du président qui s'y serait, dira-t-on plus tard, opposée.

A Pitsunda, la « rencontre » fut étonnante. Pompidou se sentait si mal qu'il annula, au fil des après-midi, les séances de travail successives. Lorsque les journalistes sollicitèrent du chef de l'État de venir leur parler, on me délégua pour lui en faire la demande. Il me reçut sur sa terrasse, portant, bien que la température fût très clémente, un lourd pardessus de ratine beige. Surprenant mon regard étonné, il me fit :

— Ne trouvez-vous pas, cher monsieur, que le fond de l'air est froid ?

Le fond de l'air n'était pas froid, au contraire, mais cela confirmait absolument sa mauvaise santé. Je me souvenais de ce que m'avait confié Brejnev. Georges Pompidou accepta de venir pour une brève déclaration devant les micros mais il me prévint : « ... que l'on ne me pose pas de questions. Je ne suis pas disposé à répondre. »

L'instant d'après, il repartit pour Paris. On l'emmena en hélicoptère jusqu'à l'aéroport. Partis un peu avant lui, Jean-Pierre Elkabbach pour la deuxième chaîne et moi-même pour la première, nous parvînmes à l'aéroport presque en même temps que l'hélico : notre chauffeur avait roulé comme un fou sur la côte très escarpée ! Nous stopâmes dans un grand crissement de pneus. Je sortis par la portière de droite... et tombai sur la police soviétique qui m'interdit formellement d'aller plus loin. Elkabbach avait eu la chance de choisir la portière de gauche et nul ne l'arrêta dans sa progression vers le Boeing.

J'essayai de m'arracher des mains de la police soviétique. Pour plus de sûreté, elle me plaqua à terre, tandis que je voyais, malheureux comme un chien perdu, Elkabbach qui parvenait jusqu'au président. Je lâchai alors une effroyable bordée d'injures russes. La flicaille, médusée, me demanda d'où me venait ce savoir. Je les injuriai à nouveau. Puis, tandis que l'avion de Pompidou décollait, nous allâmes tous au bar de l'aéroport, où le conseiller de Brejnev en politique étrangère, le vif, le petit, l'intelligent M. Alexandrov, m'accueillit avec ironie.

— Entrez, entrez, cher ami. Je vais vous faire remettre la médaille de l'amitié franco-soviétique, pour laquelle vous venez de faire beaucoup...

Il eut un rire joyeux. Je n'avais rien fait du tout et je fulminais de rage ; mais je dus me contraindre à me requinquer le moral au mousseux soviétique, baptisé « champagne de Crimée ».

La dernière fois que je vis Brejnev, ce fut à Bonn. Il était malade. Depuis deux ans, on disait qu'il avait un cancer de la mâchoire. La police allemande avait reçu l'ordre de ne laisser aucun homme de presse s'entretenir avec lui. Le visage parcheminé, strié de profondes fissures rouges, il marchait comme un automate, mais parvenait encore à parler. Tout au plus, traînait-il sur les mots plus que jamais, principalement sur les voyelles : il butait, aussi, sur certaines sifflantes, mais l'ensemble restait parfaitement audible.

Je connais nombre de polices dont le rôle est de garder les hommes d'État. Les « protecteurs » français sont souvent nerveux mais, quand on parvient à leur expliquer les choses, il leur arrive de vous laisser travailler. Les Britanniques se montrent d'une infinie politesse, jusqu'au moment où, brusquement, ils deviennent d'une dureté d'enragés. Je l'ai encore vérifié, à la fin de 1988, lors de la visite à Paris du prince Charles et de Diana. Les policiers soviétiques ne s'embarrassent pas de vaines paroles, mais on peut les dérider en leur en racontant une bien bonne, ce qui, je le sais, n'est pas toujours facile. Quant aux policiers allemands que j'ai vus à Bonn, ils m'apparurent farouchement habités par le sens du devoir. Ils tracent par terre une sorte de ligne fictive que vous ne devez pas dépasser, sinon, menacent-ils, ils tireront ; donc vous vous tenez à carreau. C'est ce qui arriva pendant ces deux journées de piétinement et d'impatience : nous n'avions aucun contact avec quiconque d'informé.

Le dernier soir, j'ai cru pendant une seconde à ma bonne étoile. Je me tenais à la porte vitrée du building par où Brejnev allait passer pour monter en voiture. Entre la porte et le véhicule, il y avait quelques mètres. Je n'y étais pas le seul, loin de là, mais enfin, j'y étais.

A l'heure dite, le chancelier Kohl raccompagne son hôte. Il lui serre la main, tandis que l'on fait glisser la porte de verre pour laisser sortir le visiteur. Il marche par saccades, soutenu, à son bras droit, par son médecin personnel, le général galonné de rouge dont j'avais fait la connaissance à Marseille.

Brejnev me reconnaît-il ? Suis-je présomptueux ? J'esquisse un geste ; je veux tendre un micro. Je ne serai jamais sûr, d'ailleurs, que Brejnev ait compris ce que je voulais faire. Sans doute cet homme eut-il un réflexe, un souvenir fugitif de nos rencontres précédentes. A l'instant précis où j'allais tendre mon micro, je rencontrai le regard du général-médecin, et ce regard contenait une prière. Je suis sûr de ce que j'avance. Je n'ose pas écrire une « supplication » mais j'en ai bien envie. Le médecin, en me fixant, semblait vouloir dire : « Brejnev est hors du coup. Il s'est tenu sur ses gardes pendant la rencontre, mais là, s'il vous parle, il va dérailler. En une demi-phrase, il ruinera tous nos efforts pour faire croire qu'il est encore en possession de ses moyens. Abstenez-vous de lui poser des questions, au nom... »

... au nom de quoi ? Je ne lui devais rien, ni à lui ni à son patron. En approchant celui-ci, à maintes reprises, je n'ai jamais fait que mon travail. Moi, mon patron, c'est la télévision française. Elle me paye pour aller chercher des informations. Là, devant cette porte vitrée qui s'était refermée — Kohl observait la scène de l'intérieur — sous les projecteurs de toutes les télévisions du monde, et après avoir, en quelque sorte, arrêté la marche de Brejnev, je devais me décider. Devais-je faire mon métier ou céder au regard du général ? Je choisis de me conduire d'après ma conscience ; elle me dictait de ne pas approcher mon micro, de ne pas faire ce croche-pied à l'homme d'État que ravageait la maladie. Je me souvins très vite d'un verset du Coran : « Le prophète permet au juste de placer, s'il le faut, la pitié avant le devoir. »

J'ai rengainé mon micro et avalé mes questions. M. Brejnev passa. Il mourut deux ou trois ans plus tard. Je passais mes vacances auprès de ma fille en Espagne. A la nouvelle de son décès, la télé m'appela pour le reportage de ses obsèques. Je revins donc à Paris par le premier vol. Des dizaines et des dizaines de demandes de visas pour Moscou avaient été adressées au consulat. Elles furent, toutes sans exception, refusées : les ressources hôtelières de la ville ne permettaient effectivement pas de loger les journalistes du monde entier dans de bonnes conditions. La télé dut donc se résoudre à me faire commenter de Paris, sur un récepteur installé dans le studio de la rue Cognacq-Jay, les images qui nous parviendraient de Moscou.

La veille des obsèques, je reçus un coup de téléphone de l'ambassadeur, M. Tchervenenko :

— Il est un usage constant dans la vie diplomatique internationale : l'ambassadeur a le droit d'accorder chaque année quelques visas par-dessus la tête de son consul général. Comme vous entreteniez avec M. Brejnev des relations personnelles excellentes, je vous accorde le vôtre.

— Je vous remercie, Excellence, de cette exception que vous consentez pour moi. Mais, je suis journaliste français, je ne vois pas pourquoi je profiterais d'avantages que mes confrères n'auront pas. La courtoisie à leur égard me commande de ne pas accepter votre offre. Je ferai, comme prévu, mon reportage de Paris. Je connais bien votre capitale ; je ne me tromperai pas.

— Je le regrette, mais je le comprends.

Deux ans plus tard encore, j'allais enterrer sur l'antenne M. Andropov, qui n'avait pas eu le temps de se créer la même renommée internationale que son prédécesseur. Puis, après deux nouvelles années je fus chargé des obsèques de M. Tchernenko. L'un et l'autre étaient devenus, à leur tour, Secrétaires généraux du Parti. Les images de ces vieux messieurs du Kremlin, mourant l'un après l'autre, ces images d'une nation puissante, mais gouvernée, en apparence du moins, par des croulants, étaient plutôt pénibles.

Puis M. Gorbatchev devint le patron du Parti communiste de l'URSS. L'occasion ne s'est pas encore trouvée, pour moi, d'aller l'interviewer. J'ai cependant bavardé quelques minutes avec lui, à Paris. Il était l'invité du président Mitterrand à l'Élysée, un soir écrasant de chaleur de septembre 1987. Les assistants, c'est l'usage dans ces cas-là, sont tous nommés aux hôtes en l'honneur desquels on donne le dîner. En serrant la main de M. Gorbatchev, je lui dis « enchanté » en russe. Il me lança un regard plein de curiosité ; l'instant d'après, je disais à Mme Gorbatchev : « Je comprends que vous ayez séduit l'opinion publique dans les pays où l'on vous a vue. » Gorbatchev avait entendu ce compliment.

Lorsque, après le dîner, M. Mitterrand convia quelques personnes à la terrasse qui donne sur les jardins, il me présenta à Gorbatchev. Nous discutâmes un petit moment de la télé, mais en vérité cet entretien n'eut pas grande densité.

Je pense que Gorbatchev a beaucoup de travail devant lui pour faire admettre les impératifs de sa Perestroïka. Le mot signifie « construction à nouveau » ce qui laisse penser qu'il faudrait abattre avant de reconstruire. Quant à sa politique étrangère, le seul pays qui l'intéresse vraiment demeure les États-Unis. Je crois qu'il doit se réjouir de voir, à la Maison-Blanche, le Président Bush, ancien patron de la CIA, alors que lui, Gorbatchev, a restructuré de fond en comble le KGB. Si jamais je vais à Moscou ou s'il venait à Paris, je tenterais, évidemment, une fois encore, de faire mon métier. Mais nous avons désormais Anne Sinclair dont la séduction passe admirablement l'écran... et les barrages.

Politiques

Placards, suspensions... la grève !

La grève de 1968 a sans doute constitué un moment-charnière de la vie de la télévision et de ses rapports avec le pays. L'événement a été décrit et analysé maintes fois. Je ne vais pas recommencer.

J'essayerai, plus simplement, de rappeler quelques-uns des faits qui ont mené à cette révolte, et comment je l'ai personnellement ressentie. N'étant pas historien, je ne prétends pas à l'exactitude ; comme depuis le début de ce livre, je me borne à raconter mes souvenirs, mes impressions, peut-être inexacts.

Très tôt dans l'existence de la télévision, le pouvoir s'était aperçu quel impact la boîte à images pourrait avoir sur le public, c'est-à-dire sur l'opinion publique et donc sur les électeurs. Jean d'Arcy, le premier directeur de la télévision que j'ai connu, venait du cabinet d'un ministre de l'Information, François Mitterrand, qui avait détenu ce portefeuille à trois reprises. Je ne crois pas, d'ailleurs, que d'Arcy fut un homme de gauche : en tout cas, il laissa chacun s'épanouir sans lui chercher de crosses sur le plan politique, à condition, bien entendu, de garder ses goûts pour soi et de ne pas les clamer sur l'antenne. Il faut bien comprendre que la télévision (excroissance de la radio, elle-même née du ministère des PTT) était un service public et, comme tel, dans la compréhension française, devait avoir à sa tête une personnalité venant soit de la Haute Administration soit du monde politique. Cela nous paraissait d'autant plus acceptable que nous avions parfois le vertige de nous prendre pour des « grands commis de l'État ». Surtout, c'était la seule télé existante. Nul ne parlait encore de chaîne privée.

La première fois qu'on envisagea d'accepter la publicité, un industriel connu jeta son poste du haut de la tour Eiffel : « Je proteste parce que notre TV est la meilleure du monde et la publicité la ravalerait au niveau américain. » Bref, que la RTF fût assimilée à la SNCF, à l'EDF ou à la Banque de France ne choquait pas la plupart de ses « agents ».

En 1956, Guy Mollet, président du Conseil, apparaissait régulièrement dans des « causeries au coin du feu » interviewé par Pierre Sabbagh, sans que l'opposition d'alors fût invitée à répondre. En mai 1958, au moment de l'Exposition internationale de Bruxelles, où j'étais envoyé spécial permanent (une des premières marches que j'avais montées), je reçus un coup de fil de Paris me demandant de ne pas faire la part trop belle au commissaire général du pavillon français, Pierre de Gaulle, frère du Général. Le retour de celui-ci aux affaires n'allait pas tarder, mais on n'en était pas encore là. Paris craignait, je pense, qu'en montrant son frère à l'écran, on n'ajoutât aux chances du Général. Mais c'était exprimé comme un conseil amical et non comme un ordre.

Pourtant, très vite, la pression des milieux politiques sur la télévision devint forte. Après mai 1958 et l'arrivée du Général au pouvoir, nous eûmes successivement deux de ses fidèles à la tête de l'actualité télévisée : Louis Terrenoire, homme politique, puis Albert Olivier, ancien grand résistant et merveilleux écrivain et historien. Parfois, quand on leur montrait, au milieu de l'après-midi, le plan prévu pour le journal télévisé du soir (et que nous appelons le « conducteur »), ils observaient que telle ou telle information leur « paraissait devoir » être à développer et telle autre à raccourcir. Terrenoire était plus interventionniste qu'Olivier. On ne l'aimait pas spécialement. Un an ou deux plus tard, il devint ministre de l'Information.

Je ne vois pas au nom de quel principe les journalistes pouvaient refuser de leur présenter ce « conducteur » : dans la presse écrite, le rédacteur en chef et, *a fortiori*, le directeur, peuvent toujours corriger, raccourcir ou faire sauter tel ou tel papier. La notion de l'indépendance de la plume — ou de la voix — est une chose ; la science infuse en est une autre.

Il faut être extraordinairement fort et rudement bien informé de tous les secrets pour prétendre que l'on connaît le sujet qu'on s'apprête à traiter mieux que les principaux intéressés ou que les décideurs : un journaliste scientifique en sait-il toujours autant sur les sciences que le savant dont il va présenter la découverte ? Un journaliste sportif, autant sur les états d'âme — et les muscles — d'un coureur cycliste que le coureur lui-même ? De même, un journaliste politique n'est pas forcément au courant de toutes les raisons qui ont conduit le pouvoir à choisir telle voie plutôt qu'une autre. J'admets, sinon volontiers du moins par raison, que le « responsable » puisse être mieux informé que moi.

Par ailleurs, je ne saisis pas pourquoi il faudrait refuser dédaigneusement des informations quand elles viennent « d'en haut ». Naturellement, il faut discerner entre le renseignement utile qu'on vous fournit et la « nouvelle qu'on vous sera reconnaissant de développer ». Bref, c'est fait avec plus ou moins d'habileté, ou même de nécessité, car quatre-vingt-quinze fois sur cent, le journaliste consciencieux sait parfaitement de quoi il en retourne, et ce qu'il compte dire.

A partir de 1959-1960, un autre phénomène, nous l'avons dit, était apparu : de Gaulle avait appris à se servir de la télévision. Cet homme qui, les premières fois, refusait de se faire maquiller avant l'enregistrement, alors que la chose est absolument indispensable pour la lumière, cet homme, qui lisait son texte en prenant des attitudes trop soulignées, devint en peu de temps un maître de l'image, un virtuose sachant admirablement exposer son point de vue et ses décisions. De plus, sa phrase était si claire, si précise, que sa force de frappe sur l'opinion allait être, pendant six ou sept ans, tout à la fois intelligente, habile et même un peu rouée.

Ses partisans, sa cour, ses inconditionnels en conclurent que, puisque de Gaulle était le champion incontesté de la télévision et que celle-ci était un service d'État, elle devait, avant toute chose, réserver en tous domaines une ample place aux idées du « patron ».

Il se constitua un service de liaisons inter-ministérielles de l'information, le SLII qui fit beaucoup de mal. En principe, il devait faire connaître au ministère de l'Information le point de vue des autres ministères. En réalité, il devint vite un organe de censure envers les rédactions de l'ORTF. Selon Jacques Thibau, qui fut un bon moment le directeur de la deuxième chaîne, et qu'on renvoya pour cause d'indépendance d'esprit, le SLII dressa tous les matins la liste des sujets « à surtout ne pas traiter » et celle des inaugurations officielles qu'il faudrait « absolument développer ». Comme les journaux télévisés s'avéraient techniquement et professionnellement excellents, et qu'ils étaient devenus très rapidement une habitude indispensable aux citoyens, le pouvoir exerçait une action directe sur l'information.

Il est certain qu'aux États-Unis, où toutes les grandes chaînes sont privées, il en allait autrement; en Grande-Bretagne, le respect de l'opinion de chacun est bien plus fort qu'en France, et l'indépendance des patrons de la BBC envers le gouvernement est sensiblement plus marquée que chez nous. Mais, comment pouvait-on empêcher, en France, une personnalité nommée à la tête de la télévision par le ministère de l'Information de refuser à ce ministère, de quelque bord qu'il fût, d'être « très attentif » à ce qu'il vous aura demandé au téléphone ? Une anecdote souligne les différences entre les Britanniques et nous : un jour, à Londres, le ministre du Commerce, furieux de ce qu'on venait d'annoncer à la BBC, fonce vers le bureau du patron de celle-ci et clame au garçon de bureau : « Je veux voir immédiatement votre directeur. Dites-lui que je suis le ministre du Commerce. » Le planton revient au bout d'un instant et déclare : « Le directeur vous fait dire que vous n'êtes pas marqué sur la liste de ses rendez-vous d'aujourd'hui et qu'il faut donc que vous preniez contact avec sa secrétaire pour demander à le voir. » Aurait-on pu imaginer, vers les années 1960-1968, une réponse semblable à la télévision française ?

L'habitude fut bientôt prise, dans les cabinets ministériels, de téléphoner directement au journaliste « pour gagner du temps ». On lui suggérait, avec insistance, de donner de la place à telle nouvelle favorable aux pouvoirs publics et de mettre telle autre dépêche d'agence sous le coude pendant un jour ou deux : elle perdrait de son venin.

Par chance, avec ma solide réputation d'ignorant complet en politique, si je recevais des indications (et j'en recevais, bien sûr), elles me venaient de mon rédacteur en chef, ou du directeur adjoint de l'information qui prenaient des gants, et ne transmettaient pas un ordre mais une proposition courtoise (faites-le, cher Léon, si, bien entendu, vous êtes d'accord). Journaliste lui-même, il savait parfaitement que ce n'était pas plaisant. On mettait donc des formes

Un jour, cependant, je reçus un coup de fil personnel et savoureux du directeur de la campagne électorale d'un homme politique fort connu. Celui-ci me parla quelques instants pour me faire reconnaître sa voix et authentifier la communication, puis son « directeur de campagne » reprit l'appareil.

— Cher monsieur Zitrone, dans les déclarations publiques faites aujourd'hui par nos amis politiques, quelle dépêche retenez-vous pour exposer la position de notre parti et notre avis sur les événements ?

— Le discours de M. S. devant les chambres d'Agriculture. J'en prends huit lignes.

— M. S. ne joue qu'un faible rôle dans nos instances dirigeantes. Donnez donc la préférence aux déclarations de mon patron. Elles sont importantes.

— Je n'en n'ai pas eu connaissance ! Les agences de presse n'en n'ont pas encore fait mention. Je n'ai rien vu sur les téléscripteurs.

— Si vous permettez, et pour vous faciliter la besogne, je vais vous donner, en cinq lignes, l'essentiel de ce qu'il a déclaré. Cela vous « évitera d'attendre la publication de la dépêche ».

— Écoutez, cher monsieur, je ne peux, en aucun cas, donner deux déclarations de votre formation politique, mais une seule, comme pour tous les autres partis. Au nom de quoi choisirais-je votre patron plutôt que M. S. ?

— Au pifomètre, parce que vous connaissez mon patron personnellement, parce que je vous le demande.

On ne me promettait rien ; il n'était pas question de me renvoyer un jour l'ascenseur : le ton était sérieux, la phrase brève, l'impression forte. J'hésitai quelques instants et, au pifomètre en effet, fis sauter de mon texte la citation de M. S. pour la remplacer par celle de la personnalité qui m'avait appelé et dont je connaissais l'honnêteté et le sérieux. Bien m'en a pris. S. devint secrétaire d'État, et l'autre devint Premier ministre. On ne peut pas dire qu'il m'ait ensuite favorisé et, d'ailleurs, je ne demandais rien. J'avais fait le bon choix, pratiquement au hasard.

Mais il n'y a pas, dans les milieux politiques, que des gens sérieux et intelligents. Un jour (c'était il y a longtemps) ma jolie camarade Micheline Sandrel commentait un sujet de mondanités au 20 Heures. A peine était-elle revenue dans la salle de rédaction qu'elle recevait un coup de téléphone furieux :

— Vous ne m'avez pas cité. C'est très dommage. Je suis M. Joannès-Dupraz, ancien ministre de la Marine. Le sujet repasse-t-il à l'édition de 23 heures ?

— Oui.

— Citez-moi.

Les gens adorent qu'on les cite. Ils estiment que c'est un droit garanti par la Constitution. Comme le reportage ne comportait rien qui put arrêter la terre de tourner, Micheline Sandrel voulut faire plaisir à ce monsieur et dit, à l'édition de 23 heures :

— On remarquait, parmi les assistants, et quatrième à partir de la gauche de l'écran, l'ancien ministre de la Marine, Joannès-Dupraz.

L'âme en paix, elle remonte dans la salle de rédaction pour mettre son manteau et s'en aller. Nouveau coup de téléphone, et la voix de l'ancien ministre qui tonne au bout du fil :

— Pourquoi, madame, avez-vous dit que j'étais le quatrième à partir de la gauche ?

— Mais, monsieur, parce que tout à l'heure vous m'avez demandé de vous citer.

— Effectivement de me citer, mais non pas de me

« situer » sur l'écran. Vous auriez du dire au public que j'étais là, mais ne pas indiquer l'endroit précis, de manière à donner aux téléspectateurs le plaisir de me chercher et de me découvrir.

Lorsque, en 1968, la télévision se jeta dans la grève, l'une des raisons majeures en était l'ingérence de plus en plus fréquente des entourages ministériels dans les émissions d'information. Mais cette ingérence ne consistait pas seulement en coups de téléphone. Il existait une autre plaie permanente : on supprimait des émissions déjà programmées parce qu'elles avaient déplu, lors de la projection technique préalable en salle de montage, au représentant d'un ministre, d'une administration ou... à leurs amis. Ces censeurs n'étaient pas tous « dans le droit fil » de la politique générale de la France, mais chaque formation, chaque personnalité haut placée, étaient persuadées que la télévision devait se conformer à leurs goûts propres, à l'idée qu'ils avaient de la bienséance, de la pudeur, de l'intérêt général. Bien des émissions ou des reportages furent ainsi mis au panier « au nom de la morale, ou du secret de la Défense ».

Peut-on, doit-on, tout passer à l'écran ? Certes, non. Le poste de télé est installé en pleine salle à manger, ou dans une chambre à laquelle les enfants ont accès : il faut éviter de les traumatiser. Publierez-vous à la une du *Figaro,* de *Libé,* de l'*Huma,* un couple en plein coït ? Ou le gros plan d'un supplice ? Je ne le crois pas. Mais il faut de la délicatesse, du jugement et surtout de l'honnêteté quand on veut voiler le poste. Or, on en manquait ; non pas chez nous, mais dans les allées du pouvoir.

En 1960, paraît le manifeste des 121. Cent vingt et un intellectuels ont signé une protestation contre la politique française en Algérie. Il devint aussitôt interdit de les inviter dans un programme. Lorsque, quelques mois plus tard, François Chalais veut interviewer Simone Signoret (l'une des 121), on le lui interdit. Il claque la porte. Un grand reportage sur le racisme est envoyé aux oubliettes. On prie l'excellente émission *Faire Face* de changer son style. Un *Gros Plan sur Salvador Dali,* tourné par Pierre Cardinal, est supprimé. Le film de Claude Autant-Lara, *Le Blé en herbe,* est déprogrammé. Quel que soit le vocabulaire utilisé, selon les cas, et les subtiles nuances, il s'agit en fait toujours de censure, alors même que la majorité politique et sociale de l'époque reproche au Premier ministre, le merveilleux Michel Debré, de se montrer trop tolérant...

Un beau jour, on nomme au poste de directeur de l'information à la radio et à la télévision un certain André Gérard. Intellectuellement estimable, c'est, dans ses convictions, une sorte de colonel de la répression des idées. Il aurait fait une superbe carrière au Chili, chez Pinochet. Sous prétexte de restructurer le journal télévisé, il se mit en devoir de faire disparaître les « vedettes » sans comprendre que le lien direct entre la télévision et le public vient, d'abord, de l'amitié que les Français portent à ses vedettes : c'est le public qui les a faites ; elles sont sa création, sa chose et il ne veut pas qu'on y touche.

Un jour, j'ai à commenter un sujet difficile : les manifestations d'une foule de six cent mille personnes contre l'OAS et son action en Algérie. Au métro Charonne, près du Père-Lachaise, huit jeunes gens périssent étouffés ou écrasés. Je dis au micro : « Quelle que soit l'idée qu'on défende, le but qu'on poursuive et le désir de ne pas laisser dégénérer en émeute une manifestation de masse, rien ne vaut de les payer par la mort de huit jeunes Français. »

A peine suis-je remonté de la cabine que le rédacteur en chef adjoint, Jacques Anjubault, me déclare qu'il est navré mais que je ne commenterai pas le sujet à l'édition suivante. André Gérard lui en a donné l'ordre. Pour se prémunir contre une récidive de ma part, on ne me ferait plus présenter le journal télévisé, ni même y commenter des reportages !

Mais comment justifier la sanction ainsi appliquée, alors que la France vivait sous le régime de la liberté d'expression ? Le directeur attendit un jour ou deux, puis il trouva le prétexte : le magazine *Télé-Poche* publiait, ce mois-là, en bandes dessinées, les aventures imaginaires de héros ressemblant aux têtes connues de l'écran. J'y apparaissais, comme plusieurs de mes confrères. C'était anodin et assez drôle. André Gérard m'accusa d'avoir été trop complaisant à l'égard des auteurs de BD ; selon lui, le fait de n'avoir pas intenté de procès à *Télé-Poche* prouvait ma complaisance. C'était idiot et maladroit, la publication appartenant à un homme aux amitiés considérables, Cino del Duca.

Je fis du foin. Je savais que la BD n'était qu'un prétexte et que la vraie raison était Charonne : en effet, six des victimes appartenaient au Parti communiste. Je ne suis certainement pas communiste, mais j'avais trouvé ces morts affreuses. Ma suspension (soyons précis : mon éviction du 20 Heures) créa beaucoup de bruit. De fait, il n'y avait à l'époque qu'une seule chaîne et le nombre de têtes connues n'était pas tellement élevé. Les gens nous aimaient déjà beaucoup.

La direction générale dut publier un communiqué affirmant que je n'étais nullement suspendu mais — en substance — qu'on manquait de bras dans d'autres services et qu'il fallait que j'aille illico les renforcer. Le ministère de l'Information ne mit pas d'eau dans son vin l'année suivante : il renvoya Raoul Ergmann, directeur général adjoint de la télévision, considéré comme trop coulant. Par solidarité, le directeur général, Raymond Janot, pourtant très en cour à l'Élysée, va démissionner.

C'est à la même époque, à peu près, que mon ami Joseph Pasteur, l'un des présentateurs les plus fins, allait être mis au placard parce qu'un ministre important jugeait que, en annonçant certaines nouvelles, il « mettait trop d'ironie dans son regard ».

Ce n'était pas, loin de là, les premières suspensions. Quelques années auparavant, notre correspondant à Londres, Jacques Sallebert, avait interviewé en direct un député travailliste à propos de la guerre de Suez : Maurice Edelman. Celui-ci avait estimé qu'une prise de position de Guy Mollet (à l'époque Premier ministre socialiste en France) constituait une « trahison envers les grands principes » du socialisme. Sallebert n'était en rien responsable des propos de son interlocuteur, lequel, étant britannique, ne pouvait pas deviner que, parlant à la télévision française, il lui fallait se mettre une muselière. Bref, Cognacq-Jay téléphone à Sallebert à Londres :

— Rentrez, quittez l'Angleterre immédiatement.

Remettez les clés de votre bureau à votre successeur. Vous êtes suspendu de vos fonctions.

— Que vous me suspendiez, répondit le journaliste, est une chose ; mais vous n'aurez ni mon bureau ni les clés.

— Veuillez vider les lieux.

— Taratata !

— Nous allons commencer une procédure contre vous pour détournement de clés et de locaux.

— Faites ce que vous voulez, mais je vous préviens que le tribunal anglais va vous donner du bâton ; mon bureau n'est pas celui de la RTF ; je le paye avec d'autres fonds. Je suis par exemple le correspondant à Londres de *Paris-Match* et de *Télé-7-Jours*. Certes, je réalise aussi des séquences pour la télé que vous m'interdisez maintenant de poursuivre, mais le bureau et tout ce qui s'y trouve, continuent à être à moi. Allez vous faire voir.

Comme l'on sait encore rire en France, Sallebert eut les rieurs de son côté, et les censeurs durent bientôt annuler la sanction prévue. Ils s'étaient rendu compte que, pour créer et ouvrir un nouveau bureau de la RTF à Londres, il faudrait des semaines et des semaines. Mieux valait, même en se ridiculisant, garder Sallebert.

L'un des ministres de l'Information que nous collectionnions, Alain Peyrefitte, disait avec justesse : « La RTF, c'est l'archaïsme et le désordre. Elle ne satisfait ni le public, ni la majorité politique, ni l'opposition, ni le gouvernement. »

Il aurait voulu changer beaucoup de choses, mais les habitudes étaient déjà enracinées. Cependant, ce bouillonnement eut, en 1964, un résultat : nous changeâmes d'appellation. La Radiodiffusion Télévision française devenait l'Office de Radiodiffusion Télévision française. Voilà qui créa des difficultés pour les reportages en Eurovision.

En effet, on dut changer les petites pancartes qui indiquent, sur les lieux des reportages collectifs en Eurovision, la cabine réservée à la télévision française.

Jusque-là, chacune des télévisions nationales étaient désignées par trois lettres : RTF pour la France, BBC pour la Grande-Bretagne, RAI pour l'Italie. C'était simple, facile à comprendre, et les fonctionnaires de l'Eurovision aimaient bien ce système d'abréviation qui leur donnait le sentiment de travailler vite ; et voilà que nous étions passés à quatre initiales au lieu de trois ; ORTF au lieu RTF. Une fois de plus, la France faisait cavalier seul. Nos collègues des autres pays nous accusèrent de faire le jeu de l'impérialisme national-gaulliste et anti-européen.

En 1964, Jacques Martin débute à l'écran. Plein d'esprit, il présente, avec Jean Yanne, un sketch sur les troupes de Napoléon disputant, dans un tour d'Europe cycliste, l'étape Wagram-Waterloo. Le public éclate de rire ; il est ravi ; découvrir Jacques Martin, c'est formidable. Mais un avoué de Toulouse assigne en justice la télévision et son ministre de tutelle. Motif : « On a insulté Napoléon, la Grande Armée, les maréchaux. Avoir représenté l'Empereur en coureur cycliste, c'est attenter à l'histoire de la France. »

D'ingérence en ingérence, de foucade en foucade, l'atmosphère devient, parfois, difficile à supporter. Nous sommes alors en 1968.

A partir du début mai, l'agitation s'empare du monde étudiant, puis la fièvre monte. Surviennent l'occupation des facultés, bientôt les bagarres entre les forces de l'ordre et la jeunesse. Or, nos caméras ne traitent pas ces sujets-là ou si peu ! Les interdictions pleuvent, souvent contradictoires : la politique du ministre de l'Éducation nationale, Alain Peyrefitte, celle du ministre de l'Intérieur, Christian Fouchet, celle de Matignon, celle de l'Élysée, divergent grandement sur de nombreux points. Le ministre de l'Information, Georges Gorse qui, dans le privé, est un homme exquis, paraît constamment dépassé ou, peut-être, impuissant à cause d'autres instances.

Alors que la police est entrée à la Sorbonne, le journal télévisé diffuse, un soir, des images muettes : pourtant, ici le son est primordial. Un autre soir, une longue interview d'Alain Peyrefitte, sur un ton qui se veut apaisant, occupe toute l'édition du 20 Heures ; elle est menée par Yves Mourousi qui débute à l'écran ; il connaît bien les problèmes universitaires dont il était, jusque-là, le spécialiste à la radio.

En fait, Paris a commencé à brûler ; la télé va l'ignorer le plus longtemps possible. Le directeur de l'actualité télévisée, Édouard Sablier, le rédacteur en chef, Jean-Louis Guillaud, ne peuvent que subir les directives ; certes, ils ne cachent, ni l'un ni l'autre, leurs opinions « majoritaires » mais ils préféreraient néanmoins qu'on ne les empêche pas d'exercer leur métier de journaliste.

Sablier est un spécialiste du Moyen-Orient ; on dit que ses avis dans ce domaine influencent souvent l'Élysée. Guillaud vient des services de la délégation générale en Algérie ; c'est un excellent connaisseur de la chose militaire, et il a produit une magnifique série d'émissions, les *Grandes Batailles*, documentées, impartiales, reconstituées sur les lieux, en interrogeant les généraux et les soldats qui en ont été les combattants.

Les raisons d'une grève des journalistes à l'ORTF existent donc, mais faut-il y participer ? Le mouvement arrive en effet un peu comme le dernier-né d'une longue succession de conflits sociaux et va apparaître, dès lors, à la traîne. Rien là de glorieux ni même d'enthousiasmant.

Seul le monde étudiant est à l'origine de cette agitation, et il est en plein déséquilibre : voilà des adolescents à qui l'on va donner le droit de voter, mais qui ne sont pas encore considérés par papa-maman comme réellement adultes. Pendant plusieurs années, sans pouvoir gagner leur pitance, ils resteront dans le cocon familial ; mais cette situation les braque ; ils sont en manque de quelque chose qu'ils ne savent définir et qui est, probablement, l'indépendance vraie, celle qui vient du gagne-pain. Ils se consument d'impatience, et mettent alors le feu aux poudres. Les voilà qui se révoltent ; le monde ouvrier, les fonctionnaires, les agents des services publics, les socio-professionnels suivent, à la queue leu leu, cette explosion. Déjà, en soi, cet enchaînement est très inhabituel dans l'histoire sociale française, et voilà que nous, à l'ORTF allons devoir y adhérer ? accrocher notre wagon au train de grèves qui passe ? Je pense, sans doute naïvement, qu'on pourrait discuter de nos problèmes avec l'État d'une autre manière et qu'il faut certes changer les choses dans l'audiovisuel. Du reste, la prise de conscience est générale. Par ailleurs, nous sommes à l'orée de l'été; si nous ne gagnons pas très vite, la grève va s'enliser et nous serons alors dans la période des vacances où, en dehors du Tour de france, il ne se passe jamais rien d'important. Peut-être, d'ailleurs, écrivant ce livre vingt ans après les faits, j'amalgame les raisons de jadis avec les analyses logiques postérieures. Mais le fait est là : en mai 68, je n'aime pas l'idée d'arrêter le travail.

26 mai, donc : ce soir à 20 heures cela va être à nouveau mon tour de présenter le journal télévisé. Je sais que, pris en étau entre les communiqués de l'Intersyndicale des personnels de l'ORTF et les « directives » de la hiérarchie, je ne vais pas être à la fête. Dehors, il fait très beau : j'aurais envie d'aller à la campagne. Je m'étire paresseusement. Vers 10 heures, je reçois un long, un très long coup de fil, chez moi, place Clichy, de mon confrère Maurice Werther, chef du service de politique étrangère, qui me demande de ne pas travailler ce soir. Il me parle « au nom de tous ». Pourquoi lui? Probablement parce que les syndicalistes ont pensé que son appartenance à la « politique étrangère » allait moins me hérisser que s'il s'agissait du représentant d'un autre service. Seulement, il est assez tôt dans la matinée, et je ne me mets à carburer sainement qu'aux approches de midi : c'est une de mes très grandes faiblesses. Bref, je ne sais pas bien ou j'en suis. Longtemps, je réponds négativement à Werther, mais plus par réaction épidermique que par logique. Il insiste : sa demande amicale se transforme pas à pas en instante prière ; puis le ton monte.

Depuis plusieurs jours, un fort pourcentage de ce qu'on peut appeler l'intelligentsia télévisée est en grève : grands producteurs, réalisateurs illustres tels Desgraupes, Dumayet, Bluwal, Santelli, Barrère, d'autres aussi. Un organisme est devenu très puissant : l'Intersyndicale de l'ORTF. En fait, en ce qui me concerne et pour résumer les choses, elle veut qu'une « tête très connue » arrête le boulot : ce serait le symbole que tout le monde s'y est mis. Jusque-là, les journalistes continuaient de travailler, tant bien que mal : maintenant ils vont cesser. A l'époque, je puis parfaitement passer pour être cette tête très connue. De plus, des camarades de la valeur de François de Closets, Maurice Seveno, Emmanuel de la Taille, penchent pour la grève. Comme me dira ce dernier beaucoup plus tard : « Il vaut mieux passer pour un rouge que pour un jaune. »

De guerre lasse, je finis par accepter de ne pas aller à Cognacq-Jay ce soir-là, et j'en préviens les responsables.

Je me suis souvent demandé ce qui m'avait fait céder. Sans doute la solidarité avec des confrères dont le talent m'en imposait, et aussi le sentiment confus que nous allions, peut-être, changer un état de choses déplorable. Bref, je me rends devant l'assemblée plénière des syndicats de l'ORTF disant : « Je préférerais pouvoir continuer à travailler, mais je vais finalement agir comme vous le déciderez ; sachez cependant que le public va détester qu'on s'arrête ; mille personnes me l'ont prédit. »

On me fait sortir de la salle un instant, puis on me réintroduit : la grève a été votée. Je me conformerai à la décision prise.

La télévision était un service public, et je pense toujours que nous nous devions à lui ; mais, sans doute, dans l'atmosphère enfiévrée de ce mois de mai 68, fallait-il faire les choses autrement. Aujourd'hui, je ne plaide pas ; je ne comparais devant aucune juridiction ; je ne pourrais même pas jurer de dire toute la vérité car elle m'a échappé à l'époque et, *a fortiori*, continue à le faire maintenant. Je raconte les sentiments divers, souvent troublés, qui m'ont agité. Par-dessus tout, sans doute, la sensation — combien fausse — que tout cela n'était pas aussi important que certains le prétendaient.

Je m'étonne, vingt ans après, de mon erreur. Je croyais que notre responsabilité s'arrêtait à la fin de notre émission. Or, c'est faux, elle va beaucoup plus loin : les gens ruminent ce que nous leur avons dit et le digèrent à leur manière.

Pourtant bien conscient de la place que le petit écran avait pris dans l'existence des Français, je ne la pensais pas essentielle ; je ne réalisais donc pas vraiment que tout le pays allait être secoué par notre grève. Probablement n'ai-je jamais mesuré à sa juste valeur le véritable impact de la télé. Plus humblement, je dirai que je ne me suis jamais pris pour quelqu'un d'important. Je fais mon métier le mieux possible, un métier moderne, à même la vie. Dans mon esprit, cela ne va pas plus loin. Inclure la notion d'une importance personnelle dans le cours des événements est une démarche intellectuelle qui ne correspond pas, mais pas du tout, à ce que je pense de moi-même.

Des journalistes non grévistes assurèrent convenablement mais sans éclat une sorte de service minimum, bien que l'expression n'eût pas encore été inventée. Les soirées sur l'écran étaient mornes, compassées et, au début, faites de bric et de broc.

Une huitaine de jours plus tard, j'obtenais rendez-vous au ministère de l'Information, pour présenter un projet d'apaisement. J'y définissais ce que pourrait être la reprise du travail, mais je n'étais mandaté par personne. J'avais mon idée, et je ne la défendrais, disais-je, auprès de mes collègues que s'il y avait des chances réelles pour qu'elle fût acceptée d'abord par l' « autorité de tutelle ».

En descendant du premier étage, je vis en bas dans le hall d'entrée, une forte délégation de mes confrères non grévistes. En m'apercevant, ils se mirent à crier : « A Moscou, à Moscou ! »

C'était d'autant plus risible qu'il y avait parmi eux Édouard Sablier, directeur de l'information, qui savait parfaitement que Moscou n'était pas un lieu où je me rendais volontiers. Descendre le large escalier de marbre sous leurs ricanements fut une épreuve qui me donne encore la nausée vingt ans après. J'étais un homme de bonne volonté : on me prenait pour un agitateur.

Je ne reçus jamais de réponse à mon projet. Les jeux étaient-ils faits ? Probablement oui, en faveur de l'intransigeance. A l'ORTF, le comité des Dix, qui dirigeait la tactique de la grève, avait durci sa position. Le pouvoir était, en vérité, content de faire peur aux bourgeois. L'Assemblée nationale allait être dissoute, et l'on comptait sur la peur qu'inspiraient les grévistes et les trublions divers pour que les nouvelles élections fussent « dans le bon sens ». Or, je fus averti que ma visite au ministère de l'Information était considérée comme un prélude à ma candidature aux élections. Je téléphonai à Matignon et laissai un message à un attaché : « Je n'ai pas l'idée de me présenter où que ce soit. Je participe à un mouvement d'ordre professionnel ; je n'ai ni les moyens financiers ni l'envie de profiter de ma notoriété, moins encore de prendre la grève pour une rampe de lancement. »

A l'autre bout du fil, on parut surpris et content ; on me remercia avec chaleur. Qu'avaient-ils donc pensé ?

Je passai plusieurs après-midi aux courses, pour calmer mon impatience. Dans ma vie, chaque fois que j'ai buté sur un problème important, elles m'ont servi de dérivatif. Oublier les tracas de l'existence et chercher, avec application, sur quel cheval mettre vingt francs, c'est un exercice amusant et qui ne coûte pas cher. Tous les téléspectateurs, sans exception, que je croisais dans la journée (tels les locataires de ma maison, le boucher et la boulangère, le pompiste qui faisait mon plein, le public anonyme) me disaient la même chose :

— Monsieur Léon, vous nous privez de vraies distractions ; on se sent lésés ; arrêtez la grève, reprenez le boulot, nous payons notre taxe, nous voulons des programmes complets ! Venez purger l'écran de quelques incompétents qui s'y sont glissés grâce à votre absence.

La grève était franchement impopulaire, mais il y avait, évidemment, d'autres intérêts que les siens à défendre ; et, nous l'espérions encore, une indépendance à conquérir. Mais, trop vite, le mouvement revendicatif devint une sorte de routine ; nous ne savions pas comment le poursuivre ni, le cas échéant, comment l'arrêter ; nous n'étions pas des syndicalistes avertis. Le matin, ceux qui aimaient marcher et croyaient dur comme fer qu'ils avaient raison, tournaient autour de la Maison de la Radio, en brandissant des slogans sur des pancartes. Je reconnaissais, parmi eux, des gens d'une totale sincérité, des hommes et des femmes infiniment respectables, et qui luttaient soit pour des principes, soit pour une amélioration, matérielle et morale, de leurs droits et de leur dignité de travailleurs. Tant de bonne volonté aurait mérité un autre sort.

Pour ma part, je restais fidèle à la position que j'avais prise. Quand Jean-Louis Guillaud me demanda, vers la mi-juin, d'aller à Chantilly couvrir le prix du Jockey-Club, je refusai, mais je me sentis malheureux de dire « non ». En fait, je m'embêtais. J'aurais été ravi de partager l'enthousiasme de nombre de mes confrères très connus : Maurice Séveno, Roger Couderc, Robert Chapatte, Emmanuel de la Taille, François de Closets ou Brigitte Friang, rosette de la Résistance. Préoccupé par des problèmes privés (mes filles arrivaient à un âge difficile), je décidai d'emmener ma famille en vacances, chez ma belle-mère, sur la côte atlantique. Je dis à Cognacq-Jay que je prenais mon congé légal. On me répondit : « En rentrant, pointez-vous au bureau. » Dans l'ensemble, les relations personnelles entre grévistes et non-grévistes étaient plutôt bonnes.

Avant de partir, je présentai, à titre tout à fait indépendant, une manifestation littéraire au bois de Boulogne. J'y vis arriver le ministre de la Défense, Pierre Messmer, qui me demanda pourquoi je faisais la grève. J'expliquai que l'une des raisons était le poids des interventions des cabinets ministériels.

— Qu'est-ce que vous leur répondez, quand ils vous téléphonent ?

— On prend note.

— N'avez-vous jamais, cher Zitrone, essayé de leur dire merde ?

— Cela ne m'est pas venu à l'esprit.

— Faites-le ; ils ne moufteront pas et vous pourrez alors n'en faire qu'à votre propre jugement. Dites-moi, seulement, que mon cabinet à moi ne vous téléphone pas.

— Effectivement, il n'est pas interventionniste.

Messmer parut ravi et, en tout cas, fort amusé.

La courte majorité de l'Assemblée nationale précédente revint, dans la nouvelle, considérablement renforcée. Les électeurs avaient été fort impressionnés par les mouvements sociaux. C'était une « Chambre introuvable » que l'on comparait, avec raison, à la Chambre bleu horizon qui avait suivi la guerre 1914-1918. Nous sentions que la télévision allait être « reprise en main » avec fermeté. Le nouveau ministre de l'Information s'appelait

Yves Guéna, un homme froid, peu souriant, et qui ne paraissait pas très disposé à passer l'éponge sur les « méfaits » des grévistes.

Vers la fin juillet, le nombre de journalistes qui poursuivaient le mouvement s'était considérablement réduit. Par groupes de trois ou quatre, nombre d'entre nous s'étaient résolus à aller dire à Cognacq-Jay qu'ils étaient prêts à reprendre le collier. Un beau jour, je fis de même ; nous étions, je crois, cinq. En arrivant dans le bureau de Guillaud, je n'eus pas l'impression d'aller à Canossa. Il n'eut envers notre groupuscule de repentis aucun sourire sardonique, aucun ricanement. Il avait fait, et continuerait de faire de son mieux pour éviter les coups de guillotine, mais il recevait des notes du nouveau directeur général, Jean-Jacques de Bresson, et avait à les appliquer. En fait, il se sentait ravi quand Bresson lui annonçait : « Vous pouvez reprendre celui-ci ou celui-là. » Il nous dit, simplement, qu'il était heureux de nous revoir.

Cependant, nous savions maintenant que des listes de proscrits circulaient, établies avec soin. A quel échelon, mystère ! Mais, l'importance des sanctions qui devaient nous être infligées différait selon les tuyaux que nous recevions. Nous tentâmes, tout naturellement, d'obtenir par des chemins personnels un allègement aux punitions qui allaient fondre sur nos têtes.

J'allai voir le propriétaire du plus grand élevage français de pur-sang, l'industriel Marcel Boussac, qui avait une petite obligation à mon égard depuis le jour où, vers 1965, la BBC lui avait demandé de venir à Londres donner son avis sur la dévaluation de la livre sterling. Il m'avait prié de m'y rendre avec lui et, comme il ne parlait pas un mot d'anglais, de développer ses idées à sa place. Boussac m'avait promis qu'il serait heureux de m'aider si un jour j'avais besoin de lui. Dès que je lui eus exposé ma situation, il décrocha sur-le-champ le téléphone et appela Jacques Chaban-Delmas, président de la nouvelle Assemblée.

— J'ignore, lui dit-il, ce que le pouvoir a l'intention de faire de Léon Zitrone, mais en ma qualité de président de la Fédération nationale des courses, je ne voudrais pas le perdre comme reporter.

— Vous avez raison de m'alerter, dit Chaban, le vent « qui souffle sur la grève » est mauvais.

La répression, en effet, allait être dure. Elle se compliqua d'une compression de personnel, brusquement décidée et, bien entendu, de petites vengeances privées. Ainsi, la jeune Martine C., fort charmante, fut punie parce qu'elle n'avait pas voulu céder à un chef de service. Aujourd'hui, c'est une des grandes dames de Paris. François Loncle, considéré comme trop engagé politiquement, fut remercié. Il a réussi, depuis lors, sa carrière : député socialiste de l'Eure et maire de Brionne. Maurice Séveno, qui avait été très en pointe comme membre du Comité des Dix, fut également remercié. Après avoir travaillé à Télé-Monte-Carlo, il se tourna lui aussi vers la politique, mit en place le service de communication du PS et y resta de nombreuses années avant de revenir à la télévision, via FR 3.

En vérité, les instances guillotinantes furent particulièrement sévères avec ceux qui, en mai et juin, avaient réellement fait acte d'engagement politique, ou s'étaient rendus à la Sorbonne prendre part à des meetings. La liste portant les noms des « plus grosses têtes », sans doute établie par la direction générale, fut montrée à de Gaulle. Aurait-elle été exactement la même si Georges Pompidou avait continué d'être Premier ministre et n'avait pas été remplacé par Couve de Murville ? On peut se poser la question.

Selon Emmanuel de la Taille, « pendant les événements de mai-juin 68, les rapports habituels de la hiérarchie de l'État étaient bouleversés ». Au sommet, il y avait une différence de point de vue entre de Gaulle et Pompidou, et par voie de conséquence entre tous les circuits internes de l'ORTF. Ceux-ci s'appuyaient essentiellement, avant mai, sur Pompidou ; ils avaient donc été pris de court par le changement de Premier ministre ; Couve de Murville n'avait jamais eu aucun rapport réel avec la gestion de la télévision avant d'accéder à son nouveau poste, et il n'avait probablement pas d'opinion très arrêtée sur les jugements à rendre.

Donc, la liste des proscrits remonta la filière, palier par palier, jusqu'à l'Élysée. Ce n'est pas le Général qui prit sa plume pour indiquer les sanctions à prendre ; il n'avait pas à intervenir dans un conflit de cet ordre, théoriquement subalterne. La théorie aboutissait, d'ailleurs, à de simples compressions d'effectifs ; il n'y avait pas, en apparence, de motif politique !

Bref, le Général, en présence d'André Malraux, se pencha sur la liste de ceux que l'on se proposait de vider. Chapatte raconte :

« De Gaulle vit le nom de Brigitte Friang, la seule femme sur la liste, grande résistante, et présidente du Comité de soutien à l'action du Général. Il fit : " On ne peut pas être gaulliste sans de Gaulle. Je n'admets pas qu'elle ait fait grève. "

« Puis, prenant les noms un par un : " François de Closets ? Il m'a permis de comprendre l'ère atomique, ce dont aucun de mes ministres n'avait été capable. Ma déception est vive ; tant pis pour lui. Il partira. Emmanuel de la Taille ? Grâce à lui, le Marché commun m'est devenu très clair, mais quand on s'appelle de la Taille, on n'a pas le droit de me trahir. Roger Couderc a toujours assuré ma distraction du samedi après-midi où j'aimais l'entendre durant les matches de l'équipe de France de rugby. Lui non plus n'avait pas le droit de me faire cela. Chapatte ? J'arrête souvent mon travail les après-midi de juillet pour l'écouter au Tour de France ; lui non plus ne pouvait faire grève... " »

Chapatte et Couderc allèrent à Europe I où ils continuèrent leur brillante carrière, sans avoir besoin du secours de l'image. Ils revinrent à la télévision au bout de six ans, lorsque Marcel Jullian prit la présidence d'Antenne 2. Leur popularité n'avait pas baissé et le public leur fit fête en les retrouvant.

Après une brouille entre 1968 et 1974, Chapatte et moi sommes devenus très amis et je lui dois une de ces belles amitiés d'hommes qui sont une des joies de l'âge mûr. De Closets et de la Taille revinrent aussi rue Cognacq-Jay. Ils ont animé, pendant longtemps, *L'Enjeu,* que regardaient, notamment, tous ceux qui s'intéressent à la vie économique et financière du pays. Aujourd'hui, de la Taille est président du Press-Club et présente, tous les samedis matin, sur TF 1, *Le Club de l'Enjeu*. Il y reçoit les grands patrons, les jeunes créateurs, des gens de tous horizons, en une sorte de mélange convivial. De Closets produit *Médiations* ; il demeure l'une des personnalités les plus écoutées par la nouvelle hiérarchie de TF 1, celle de Francis Bouygues et de Patrick Le Lay.

L'intervention de Marcel Boussac, l'aide que m'apportèrent Edgar Faure, Michel d'Ornano, Chaban-Delmas, me furent précieuses. Certes, de Gaulle m'en voulait : « Ce Zitrone, quand même, que j'avais invité à bord de mon avion pour aller à Moscou... » Puis, il se borna à conclure : « Qu'il revienne, mais à cheval. » Traduction : que je reprenne mes activités, mais aux sports.

Le chef de ce service, Raymond Marcillac, qui pourtant ne m'aimait pas beaucoup, me reçut cordialement. Son unité avait été très touchée par les sanctions ; il avait perdu, notamment, Darget, Roland, Chapatte, Couderc ; ce n'était plus un service mais un trou d'obus. Marcillac me demanda de couvrir un autre sport, en supplément de ceux que je connaissais ; je choisis le basket-ball, que j'allais suivre, effectivement, pendant quelques mois. Mais ma tête restait proscrite ; j'étais interdit d'écran, j'avais le droit d'y faire entendre ma voix, non d'y paraître.

Au bout de trois semaines, le 15 août, sur l'hippodrome de Deauville, il y eut un incident au cours d'un tiercé ; la presse avait annoncé que le cheval Superstar serait monté par un jeune apprenti. Au dernier moment, on changea la monte et ce fut le champion jockey australien Williamson qui se mit en selle, dans son style caractéristique des cavaliers qui montent long, parce qu'ils ont les jambes longues et doivent descendre les étriers au maximum. Son Superstar gagna ; les turfistes flairèrent une affaire louche, et faillirent incendier le champ de courses ; on me téléphona de venir à Cognacq-Jay pour éclairer les choses : était-ce un « coup » préparé d'avance ?

— Certes, dis-je, il est possible de l'expliquer, mais on ne peut pas le faire sur les images elles-mêmes de la course ni celles des incidents. Elles retiendront si vivement l'attention des spectateurs que ceux-ci n'écouteront pas mes explications.

— Que désires-tu ? demande Pierre Loctin, chef adjoint des sports.

— Venir sur l'écran et expliquer le fond de l'affaire.

— Mais, tu es interdit !

— Va dire au directeur de la télé, André François, que c'est le seul moyen pour que le public comprenne les chahuts de Deauville.

Loctin, qui était un ami, obtint pour moi « trente secondes de plateau, pas une de plus ». Je pris un risque calculé en restant à l'écran pendant une minute et demie. Mon explication fut jugée claire (c'était facile) et la direction ne me chicana pas pour la minute supplémentaire. Je sentais que ma période de pénitence allait se terminer.

André François venait du ministère de l'Intérieur. Je suppose qu'il avait dû, aussi, rester longtemps dans l'armée, parce qu'au début de sa présence rue Cognacq-Jay, ses décisions, ses instructions, ses notes de service relevaient du style militaire. Quant au directeur général de l'ORTF, il s'appelait maintenant, Jean-Jacques de Bresson. Ancien procureur général, il n'élevait jamais la voix, mais appliquait totalement les décisions des autorités. Nous avions été des trublions ? Il fallait nous le faire comprendre et nous infliger, à tout le moins, un purgatoire. Il avait le teint rougeaud, la suspicion toujours présente. La première fois que j'allai le voir, il me dit, d'une voix calme : « Je viens de recevoir une lettre à votre propos, cher monsieur. Elle est anonyme, mais intéressante. Écoutez : “ *Monsieur le directeur : votre collaborateur Léon Zitrone, qui veut se faire passer pour un brave homme, est en vérité un saligaud. On le voit souvent dans la petite rue Forest, près de la place Clichy (pleine d'hôtels de passe), bras dessus, bras dessous, avec deux jeunes personnes de dix-huit ans, peut-être même dix-sept ; il fait preuve, envers elles, d'une affection sauvage, les embrassant à bouche que veux-tu. Comme vous avez été nommé pour rétablir la discipline, vous devriez vous intéresser à lui. Sa conduite est un scandale.* ” »

Le directeur général leva sur moi un regard inquiet.

— Cette rue Forest, avec ses hôtels de passe, est-ce que c'est vrai ?

— Oui, monsieur.

— Vous voit-on réellement avec ces jeunes dames ?

— Oui, monsieur.

— Attendez, Zitrone : vous n'êtes pas obligé d'avouer sans réfléchir ! Prenez un moment avant de répondre... Est-il vrai que vous ayez des attitudes tendres avec elles ?

— Oui, monsieur.

Il devenait plus rouge mais, en homme du monde, gardait parfaitement la maîtrise de ses réactions.

— Vous rendez-vous compte qu'il s'agit de mineures ?

— Oui, monsieur.

— Qui sont donc ces jeunes femmes avec lesquelles, si je comprends bien, vous vous donnez en spectacle ?

— Mes deux filles, monsieur le directeur.

Je le sentais dérouté, perdu, peut-être frustré.

— Mais que faites-vous, Seigneur, dans une telle rue ?

— C'est à deux pas de mon domicile ; j'y ai mon garage, je vais y prendre ma voiture pour conduire mes filles ou les chercher à leur lycée. Nous allons donc du garage à chez nous, ou vice-versa.

J'avais eu tort de jouer à cache-cache. Jean-Jacques de Bresson n'était pas un méchant homme mais un haut fonctionnaire qui avait accepté une tâche difficile. Plus tard, la vie passant, lui et André François seront pris par le souffle de la création télévisée et aimeront leurs nouvelles fonctions. Venus pour mater les fortes têtes, ils prendront goût à l'image et accepteront de croire que les saltimbanques que nous sommes ne sont pas autant de suspects à surveiller, ni d'esprits forts à mettre au gnouf. Je les « sentais » mieux que le ministre de l'Information suivant, Joël le Theule, qui me souriait aimablement quand il me rencontrait dans le monde, mais n'accepta jamais de faire quoi que ce fût pour m'aider. Il sera plus tard un bon ministre des Armées.

Je reste donc aux sports un petit moment. Le 31 décembre, nous prenons le pot de l'amitié dans un bistro proche de Cognacq-Jay. Passe André François :

— Je vous cherche, Léon. Sophia Loren vient d'accoucher.

— Hélas ! je n'y suis pour rien.

— Filez à Genève ; je sais que vous êtes très bien avec elle ; tournez-moi un reportage de quatre minutes. Vous aurez une équipe de la télévision suisse-romande ; vous ferez le montage là-bas et vous me l'enverrez, de Genève à Paris, par le réseau interne habituel. Je ne m'oppose pas à ce qu'on vous voie à l'image, mais attention : ce n'est pas vous qui avez accouché ! Donc, une apparition brève.

Je saute dans un train, avec en poche même pas de quoi me payer un chocolat chaud au changement de Lausanne. Dur moment : le matin, le chocolat suisse a un parfum à vous tourner la tête. A Genève, il sera sept heures. Je suis hâve, mal rasé, mon estomac grince. Je prends néanmoins un taxi vers l'Hôtel Intercontinental, où je vais trouver Carlo Ponti, le mari de l'actrice.

— Te voilà, Léon. Que désires-tu ?

— Te féliciter, avant tout. Mais aussi te demander de me prêter cent francs suisses, et d'intervenir auprès de Sophia pour que je puisse l'interviewer avant sa conférence de presse.

— Tu pourras même interviewer mon fils, qui a déjà deux jours.

On arrive à la maternité, juste comme Sophia et le bébé allaient descendre vers le grand amphithéâtre. J'ai dit, maintes fois, que j'aimais Mlle Loren : elle est belle, humaine, sensible. Avec cela, un charme violent. Mon reportage, avec son sourire, les cris du bébé, les ronronnements fiers du papa, sera monté dans les studios genevois, transmis à Paris par circuit interne, et diffusé le soir à 20 heures en sujet d'ouverture du journal, puis revendu à d'innombrables télévisions étrangères. Mes mois de pénitence ont pris fin. Francis Élion, rédacteur en chef adjoint non gréviste, mais homme de cœur, me l'annonce dès qu'il le sait. Merci, ami Élion.

J'eus cependant quelques moments difficiles. Les non-grévistes me regardaient quelquefois méchamment, mais, par chance, ils ne disaient rien. Sauf une fois : je porte ce matin-là plusieurs boîtes de film pour procéder à leur montage. J'entre, tout naturellement et sans songer à mal, dans la cabine du monteur : or, il y a là une assistante qui n'avait pas fait la grève. Je veux poser les bobines, assez lourdes, sur une table. La dame aboie :

— Quand on est bien élevé, on frappe avant d'entrer.

— Certes, mais je n'y ai pas pensé.

— Reprenez vos bobines, sortez dans le couloir, frappez à la porte, et je vous dirai d'entrer. Il va falloir que nous vous enseignions les bonnes manières ; vous auriez dû, d'ailleurs, les apprendre vous-même pendant votre grève, alors que vous ne fichiez rien, et que nous, nous travaillions.

— N'en faites pas un plat. C'est ridicule.

— Ridicule ou non, sortez avant de revenir.

En nous réintégrant, on nous avait recommandé d'« éviter les incidents ». Devais-je en créer un à cause de cette imbécile ? J'aurais dû la traiter de garce et lui flanquer deux paires de claques, mais je n'ai jamais levé la main sur une femme.

Fallait-il faire la grève ? J'ai longtemps cru que non, et, sur le moment, j'en ai été bien malheureux. Avec le recul, j'ai tendance à changer d'avis : peut-être la grève était-elle nécessaire, en cette période où le gaullisme était déjà en pleine mutation. La libéralisation de l'information vint de là. Lorsque de Gaulle aura quitté le pouvoir, lorsque sa haute et grande silhouette arpentera, silencieuse, les plages de la mer d'Irlande, suivie d'une Mme de Gaulle trotte-menu, lorsque les bouleversements nés de sa démission auront commencé à s'apaiser, que Georges Pompidou sera entré à l'Élysée, que Chaban-Delmas sera devenu Premier ministre, que Pierre Lazareff, PDG du groupe France-Soir, et premier journaliste de France, les aura convaincus, sans trop de mal d'ailleurs, qu'il ne fallait plus d'intervention des cabinets ministériels à la télévision, cette libéralisation passera dans les faits.

Chaban casse le principe, valable jusqu'alors, d'une seule unité de l'actualité télévisée. Il en crée deux, une sur chaque chaîne. Pierre Desgraupes, Jacqueline Baudrier et Jacques Alexandre veilleront à l'application quotidienne du souffle de liberté. Chaban et son conseiller technique, Jacques Delors, ne cesseront de lutter pour elle, même si Georges Pompidou déclarera, un jour, que les journalistes de la télé sont la « voix de la France ».

En ce qui me concerne, et sur l'avis de Pierre Lazareff, ami intime de Pompidou, je serai chargé de la présentation du journal télévisé en alternance avec de Caunes. A ce moment-là — coup de balancier et nouvelle injustice — ceux qui n'ont pas fait la grève seront plus ou moins mis à l'écart. Pas tous, mais un bon nombre. Bref, par un beau soir de 1969, je présenterai à nouveau le 20 Heures. L'un des directeurs techniques de la télé est sur le plateau.

— Vous ne m'avez pas paru saignant comme jadis, Léon : auriez-vous le trac ?

— Je ne l'ai jamais eu et vous le savez parfaitement. Mais il est impossible, en effectuant sa rentrée après une absence de dix mois, de retrouver d'emblée la cadence. Donnez-moi trois jours et je serai redevenu « saignant ».

A partir de cette date, j'allais présenter le journal pendant douze années ininterrompues jusqu'en 1981. Je précise : février 1981, c'est-à-dire que mon départ n'a rien à voir avec le changement de majorité. J'aurais pu continuer encore pendant un an ou deux, mais j'avais pris des kilos et avais besoin de repos. Une attachée de presse, légère, voyant que je quittais le 20 Heures, déclara aux journaux que je prenais ma retraite. Il me fallut des années pour prouver qu'il n'en était rien : simplement, je fais tout autre chose. Notamment les longs « en-direct ». L'investiture du président Mitterrand en 1981, le « Sommet des Six » à Versailles en 1983, le mariage du prince Charles avec Diana, celui d'Andrew avec Sarah Ferguson en 1987, la remise des Oscars du Cinéma à Hollywood en avril 1988... Je ne vais pas infliger aux lecteurs mon palmarès.

Je croise, assez souvent, ceux de mes confrères qui avaient fait la grève de toute leur âme : Séveno est revenu en 1981 comme patron de l'actualité à FR3. Puis il est reparti vers la politique ; dommage, il connaissait son métier ; la manière dont il présenta en 1963 l'assassinat de Kennedy, moins de cinq minutes après le drame, fut d'une sensibilité rare ; Couderc, rentré en grâce après plusieurs années, recommença à chanter le rugby. Sa mort a appauvri la maison et le sport lui-même. Je regrette un peu que nous n'ayons été que collègues, et jamais vraiment amis. Son accent, ses enthousiasmes, ses envolées sur l'antenne, sa gouaille, autant de qualités inoubliables, ne me touchaient pas profondément. J'ai déjà parlé de Chapatte, qui dirigea pendant plus de dix ans le service des sports d'Antenne 2, un patron humain, connaissant parfaitement les problèmes, jamais injuste, la porte toujours ouverte mais adorant bouger. Il a été démis de son poste en 1985, et n'a jamais su pourquoi. On le bombarda conseiller personnel du président de la chaîne : c'était un placard doré. Par chance, il passe encore à l'antenne.

Emmanuel de la Taille continue à promener à l'écran et dans la vie son scepticisme élégant, sa virtuosité verbale, son humour et sa particule. François de Closets, qui avait commencé par les émissions sur l'atome, le cosmos et les fusées, dossiers qui lui ont enseigné l'exactitude, demeure l'une des vedettes de TF1. Il fourmille d'idées. Ses livres sont des best-sellers. Thierry Roland est revenu aussi, éternel jeune homme, parfois un peu loubard sur les bords, mais qui reprend tout son volume quand on lui case un cigare entre les dents. Finalement, la vie nous a malaxés les uns et les autres. Quant aux grèves à la télévision, elles durent maintenant moins longtemps qu'en 1968.

Parenthèse sur la politique

C'est de propos délibéré que je suis resté éloigné de la politique. Comme me le disait encore, en avril 1989, le président Antoine Pinay, « le monde politique est en général sans cœur ». Or, j'en ai un, et particulièrement friable.

En 1966, pourtant, certains voulurent faire de moi le maire de Nice. Raymond Marcillac organisa une rencontre au restaurant Chez Francis, place de l'Alma, à laquelle étaient présents Dominique Pado, sénateur de la Seine, l'un des vice-présidents de l'Assemblée nationale, Pierre Pasquini, et Paul Augier, de Nice, le propriétaire de l'hôtel le plus luxueux de la ville, le célèbre Négresco.

Ces messieurs tentèrent, avec bonne grâce, de me démontrer que si je me présentais aux élections municipales dans la cinquième ville de France, je serais élu haut la main : l'électorat des retraités, auprès duquel j'étais très populaire, disaient-ils, voterait pour moi. Une fois élu conseiller municipal, me disait-on, et « après quelques bagarres » entre les candidats possibles à la direction de la mairie, un « large accord » se ferait sur mon nom : étant apolitique, je ne gênerais ni les uns ni les autres. Il y avait là une sorte d'arithmétique électorale qui me faisait sourire.

Je refusai. Tout d'abord, parce que Nice passait pour être une ville où les luttes de clans étaient fréquentes et jouaient un grand rôle. Ensuite parce que je ne voyais pas comment partager ma vie entre Paris et Nice : il faudrait soit voyager de nuit plusieurs fois par semaine, soit prendre l'avion — ce que je déteste. De plus, le maire d'une si grande cité doit, le dimanche, se lever de très bonne heure pour pouvoir assister à toutes les manifestations auxquelles il est convié. Enfin, pour faire de la politique, même municipale, il faut savoir boire le coup, ne serait-ce que sur le zinc, et j'ai horreur de ça ! Tout cela ne m'a jamais empêché d'aimer particulièrement Nice où je me rends avec plaisir bien qu'on y mange une cuisine aillée qui ne me convient guère.

Vers 1970, je pensai un court moment que je pouvais, moi aussi, tâter de la politique, et me présenter aux législatives. La circonscription ne devait pas être trop loin de Paris, et la ville jolie. Bref, mon choix se porta sur Fontainebleau, où j'avais été élève-officier et où mon fils allait, un peu plus tard, faire ses études dans une célèbre *Business School :* l'INSEAD.

Comment y accueillerait-on ma candidature ? Le préfet de Seine-et-Marne, l'excellent Charles Ryckard, était un fonctionnaire sympathique que je connaissais bien ; j'allai le voir à la préfecture de Melun. Il m'écouta et, bien entendu, ne me découragea pas. Au bout d'une demi-heure, je pris congé et croisai alors Marc Jacquet qui était — je crois me le rappeler — président du groupe UNR à l'Assemblée. Il me demanda : « Quel bon vent... ? » A peine avais-je commencé de répondre par une ou deux généralités, qu'il avait compris : je songeais à me présenter. « Oui, dis-je. Mais d'abord, j'en étudie la possibilité. »

L'homme se mit en colère. Probablement pensait-il que je mordrais sur son propre électorat. Il fit la grosse voix, me peignant tous les coups auxquels j'allais m'exposer. Comme je déteste les coups et que j'aime qu'on m'aime, je compris sur-le-champ que je ne serais jamais candidat. Mais Jacquet continuait, faisant valoir que Fontainebleau était une ville conservatrice, très vieille France, et que les électeurs me reprocheraient mes origines non françaises. C'était la première fois, depuis trente ans et l'incident de la cravache, que j'entendais ce type de reproches. Je me sentis verdir, accusant mal le coup. Quand Jacquet me laissa pour entrer à son tour à la préfecture, j'avais envie de vomir et me traitais de fou pour n'avoir pas compris que la politique était pleine de coups bas. Je n'ai pas changé d'avis.

Georges et Claude Pompidou

J'aimais beaucoup le président Pompidou. J'admirais en lui l'agrégé de lettres venu d'une famille très modeste, et qui avait été pendant de longues années, avec finesse et énergie, Premier ministre du Général.

En 1965, le premier dimanche de l'élection présidentielle, de Gaulle fut mis en ballotage par François Mitterrand. Le Général se laissa alors convaincre que l'une des raisons de cette demi-défaite était qu'il n'avait pas voulu mener de campagne électorale, ni paraître à la télévision, laissant, par orgueil ou excès de confiance, le petit écran à ses adversaires, dont l'apparition fit « boum » : on ne les avait pas souvent vus jusque-là !

Il accepte donc l'idée d'avoir, avant le second tour, trois entretiens télévisés que mènerait Michel Droit ; c'est là que de Gaulle, paraissant danser sur sa chaise comme un cavalier dans sa selle, cria presque, à plusieurs reprises : « Europe, Europe, Europe... » avec des mimiques qui ne laissaient aucun doute sur ses sentiments profonds.

Or, peu avant ces interviews, étant à Stockholm pour les prix Nobel, je reçus un appel de Claude Contamine, mon directeur : « J'annule votre reportage dans le Grand Nord. Rentrez à Paris par le premier avion, c'est important. » A Orly, mal rasé, de mauvais poil parce que levé trop tôt, je fus happé par Olivier Guichard, directeur du cabinet de Pompidou, qui m'emmena à Matignon dans le bureau de celui-ci.

« Vous savez, me dit-il, que chacun des candidats doit passer à trois reprises sur l'écran avant le second tour. Or, il est possible que la commission de contrôle, récemment créée, demande à M. Mitterrand de se faire remplacer l'une des fois par un de ses amis politiques et, au Général, de se faire remplacer par moi. Si c'est le cas, voulez-vous être celui qui m'interviewera, en vous demandant d'être plus incisif que l'autre jour avec M. Lecanuet ? »

J'acceptai, sensible à l'honneur qui m'était proposé. Je commençai à m'y préparer, puis la commission annula le principe du remplacement. M. Pompidou me fit donc téléphoner par Olivier Guichard : « Ça ne se fera pas, mais M. Pompidou me charge de vous remercier vivement : il vous le revaudra. »

J'attendis quelque temps, puis j'oubliai la promesse. Mais Pompidou ne l'oubliait pas. Lorsqu'il fut élu, en 1969, à l'Élysée, il partit rencontrer le Président des États-Unis, Richard Nixon, aux Açores : le dollar était menacé et il fallait trouver les bases d'un nouvel équilibre économique international. Peu de jours après, en me rendant à la Maison de la Radio pour la remise de la Légion d'honneur de Jacqueline Baudrier, à l'époque grand patron de ladite radio, je rencontrai Denis Baudouin, directeur de l'information à l'Élysée :

— Que faites-vous mercredi prochain, cher Léon ?

— Je donne une conférence bien payée en Auvergne.

— Le président le regrettera.

— Pourquoi diable s'intéresserait-il à mes déplacements privés ?

— Parce qu'il pensait que vous accepteriez de l'interviewer mercredi sur sa rencontre avec Nixon, et les nouveaux accords sur les monnaies.

— Vous savez bien que je n'y connais rien.

— Justement : le président cherche un non-spécialiste. Il veut qu'on lui pose les questions que se posent les Français moyens.

— J'annule ma conférence, Baudouin, et je vais à l'Élysée.

— Tant mieux, mais contrairement à votre conférence, ce n'est pas payé.

Le soir même, j'étais dans le bureau de Baudouin. Nous parlâmes des thèmes que j'allais aborder avec le chef de l'État. Il n'y eut ni formulation, ni directive ; il me faudrait poser les questions avec mes propres mots : on ne me contraignait à rien.

— Quand aurai-je une audience avec le président pour lui montrer mes questions ?

— Jamais. Il a horreur de cela ; mercredi, vous viendrez, vous vous assoirez en face de lui et l'entretien commencera ; vous le mènerez comme il vous plaira.

Je pris conseil à la télé auprès de quelques spécialistes des questions économiques : Emmanuel de la Taille, Alain Weiller et Patrice Duhamel, l'actuel directeur de la Cinq, qui m'indiquèrent les articles à lire pour me documenter. Je partis pour ma campagne : Laura fit le vide autour de moi ; nul ne parvint à m'importuner. Au jour fixé, je me rendis à l'Élysée. Le président ne me fit pas trop attendre ; les caméras étaient prêtes. Je lui demandai :

— Monsieur le président, si je me trompe dans mes questions, que fera-t-on ?

— Je vous répondrai que vous êtes, effectivement, moins calé dans le domaine des finances internationales qu'à Longchamp, si vous permettez cette mise en boîte.

— Bien sûr. Cela étant, que puis-je faire pour vous être agréable ?

— Vous l'avez déjà été, Zitrone, en vous taisant sur mon projet d'interview ; vous n'avez pas cru devoir vous répandre dans les journaux pour annoncer que je vous avais choisi, et je vous en remercie. Je vous demanderai seulement de ne pas poser de questions trop longues pour que le spectateur ne perde pas pied, et de terminer par une question d'ordre général, pour que je puisse résumer la situation.

L'interview se passa sans difficultés. Je fis de mon mieux pour formuler des questions sensées et l'on me dit plus tard que j'y étais parvenu. Le chef de l'État fut très clair, exposant bien les problèmes : il n'y aurait que les analphabètes pour ne pas comprendre ce qu'il avait dit. Je me sentais tendu. Nous « relûmes » l'enregistrement sur les écrans de contrôle : c'était bon ; mais en recommençant, on ferait mieux encore. « Vous n'y pensez pas ! Je n'ai jamais recommencé ce genre de choses. Merci d'être venu : je vous avais promis de vous revaloir l'entretien annulé de 1965. »

Je ne suis pas sûr que le président ait eu raison de s'adresser à moi, mais il m'avait fait, c'est vrai, infiniment plaisir en me choisissant. J'appris plus tard que, le matin même de notre entretien, il s'était fait arracher une molaire car il souffrait des dents. Or, je n'avais pas noté le moindre signe qui aurait pu me le faire supposer. Il avait été totalement maître de lui. Pourtant, quand la narcose se dissipe, ça fait mal.

Ce serait un mensonge de dire que je connaissais bien « les Pompidou ». Je n'ai pas eu la chance de Christian Bernadac qui, arrivé un matin pour interviewer Georges Pompidou pendant sa traversée du désert, en 1968-1969, allait devenir, quai de Béthune, un ami de la maison, venant chez eux préparer la tambouille à la cuisine. Je les ai pourtant rencontrés à maintes reprises. D'autre part, ma femme et moi étions amis avec les Castex, leurs sœur et beau-frère. J'eus confirmation, par eux, qu'après le désaccord entre Georges Pompidou et le général de Gaulle, l'ex-Premier ministre s'était senti malheureux, et encore plus surpris que malheureux.

Voyageant un jour avec Claude Pompidou dans un avion Paris-Toulouse, je lui dis :

— La prochaine fois que je vous verrai, vous serez devenue la première dame de France.

— Oh non, se récria-t-elle, heureusement, c'est loin d'être fait, et si ça devait arriver, comme je m'ennuierais !

Une autre fois, nous nous sommes trouvés chez un ami commun, un cavalier de classe internationale, Paul Chantrel, qui me plaça à côté d'elle. Elle remarqua :

— Qu'est-ce que vous lui avez passé, à Georges, hier soir au journal télévisé.

J'avais, en effet, repris à l'antenne un jugement très sévère contre sa politique, venant d'un membre de l'opposition d'alors.

— Madame, quelles réflexions votre époux a-t-il faites en m'entendant ?

— Il a dit : « Voilà un monsieur qui fait rudement bien son métier. »

— Vous le remercierez. Ne m'en a-t-il pas voulu ?

— Pas le moins du monde, il est trop large d'esprit.

— Dites-lui aussi que je viens de lire un *Britannicus* de Racine dans une édition pour étudiants, annoté et commenté par « Georges Pompidou, agrégé de l'université ». C'est ma pièce favorite et ses commentaires sont passionnants.

Elle parut surprise, et je me suis demandé un instant si elle connaissait ce travail de présentation réalisé par son mari avant d'entrer dans la vie publique. Mme Pompidou est une femme très charmante, d'une simplicité extrême, presque « nature » et elle ne changea pas du tout pendant ses années à l'Élysée ; elle demeurait amicale envers tout le monde, faisant attention à ne jamais blesser quiconque par ses paroles. Au contraire, elle-même fut ravagée quand on associa, par méchanceté, par calomnie, son nom à une affaire de mœurs, et qu'une certaine partie de la presse se déchaîna contre le ménage.

Il y a, en Claude Pompidou, une courtoisie innée, mais sans aucun goût du décorum. Elle écoute ce qu'on lui dit et, de sa haute taille, elle se penche un peu, quelquefois, vers son interlocuteur, lui laissant en définitive une impression de douceur. Sa tendresse conjugale a souvent été soulignée. Lors d'un voyage du président à Moscou, où elle l'accompagnait, je les ai vus se promener un bon moment à la campagne en se tenant par la main, sans souci du protocole, des caméras, ni des sourires entendus.

Le loupé de 74

Le 2 avril 1974 me laissa l'un des souvenirs exécrables de mes trente ans de carrière. Georges Pompidou décéda en fin d'après-midi, mais l'écran resta vide, désespérément vide, pendant une heure pleine, ce qui parut un siècle aux innombrables Français qui se précipitèrent pour suivre les nouvelles.

J'appris le drame à 22 heures, chez des amis, non loin

de Cognacq-Jay. J'avais terminé mon service à 20 h 30 et lorsque je revins très vite (le premier, je crois) au studio, je me trouvai devant une situation doublement affreuse : au drame de la mort soudaine s'ajoutait l'obligation d'évoquer le disparu sans avoir le moindre film à projeter. Certes, l'essentiel était la situation créée par la disparition du président, mais au-delà restaient nos obligations professionnelles ; jamais je n'ai ressenti, à un tel degré, la différence colossale entre la radio et la télévision.

Deux minutes après l'annonce de l'information, mes confrères de la radio lisaient déjà au micro leurs papiers — biographie, souvenirs, analyses de fond — qu'ils venaient de taper à la machine dans leur bureau. Nous, en revanche, à Cognacq-Jay, face au public et sous ses yeux, nous ne pouvions pas lire le texte ! C'eût été incongru. Mais avec la toute-puissance de l'écran, comment en un tel moment improviserait-on ? J'étais conscient que la moindre erreur de date ou de circonstance pouvait avoir un effet déplorable et un retentissement sans doute excessif, mais néanmoins certain.

J'attendais, vous attendiez tous, les premières images, sur la vie et la carrière du chef de l'État mais, avant qu'elles parvinssent aux machines de projection, nous avions à nous contenter uniquement des dépêches d'agences qui, imprimées sur des papiers pelure très fins, et avec des caractères serrés, sont incommodes à déchiffrer sous l'éclairage violent d'un plateau. On m'apporta aussi un *Who's Who,* dictionnaire biographique des gens célèbres. Au paragraphe « Pompidou », je trouvai trente lignes, elles aussi trop denses.

Bien que bousculé, gêné, j'avais à réfléchir aussi à d'autres possibilités : un homme politique viendrait-il de lui-même au studio nous apporter le secours de ses connaissances sur la vie et l'œuvre du président ? Mais non, nul ne vint ! Toute notre équipe qui, très vite, reçut du renfort, essayait de trouver des films d'archives sur M. Pompidou. Soudain, sans me prévenir, on me « balança » littéralement sur l'écran, un résumé de deux minutes sur son dernier voyage officiel, celui de Pitsunda, en URSS, où je venais par chance de l'accompagner ; tout était frais dans ma mémoire. Retrouvant l'image, la bonne et sûre image, je pus enfin faire mon métier proprement, mais bien du temps avait déjà passé.

En effet, l'ORTF n'est pas une maison riche. Il n'y a pas de permanence vingt-quatre heures sur vingt-quatre dans le service des « archives anciennes ». Les archivistes sont donc partis depuis longtemps. Peut-être pourrait-on leur téléphoner et les faire revenir pour ouvrir leur bureau, leurs armoires à films ? Encore faudrait-il connaître leur nom, leur adresse, surtout leur numéro de téléphone, s'ils en ont un. Malheureusement, ces détails personnels ne nous sont pas connus. Qui appeler ? Où appeler ? Au besoin, quelles armoires démolir ?

Au bout d'une heure — une éternité —, on trouve cependant, dans les archives mêmes du journal télévisé, de courts sujets récents sur le président ; ils vont être immédiatement diffusés ; la télévision reprend ses droits. Mais les textes de la Constitution française ne font pas partie de la documentation permanente des présentateurs ! Or, comment dire des choses sensées sur ce qui est prévu pour la succession, sur l'application des institutions nationales, sur le rôle précis du président Poher, sans se référer expressément aux articles de 1958 ? Heureusement, nous mettons la main sur le texte de la Constitution : notre directeur Jacques Alexandre, notre rédacteur en chef Michel Péricard le possèdent, mais ils habitent tous deux hors de Paris et ils auront besoin d'une grande demi-heure pour revenir.

De minute en minute, tous nos camarades allaient converger vers Cognacq-Jay. A 22 h 35, on put enfin diffuser un fort beau reportage sur la cérémonie d'investiture de M. Pompidou en 1969. Nous revenions à l'exercice complet de notre métier. Il y avait aussi quelque part, je le savais, un long film documentaire sur toute la vie de Georges Pompidou : nous le cherchions. En réalité, la télévision japonaise nous l'avait emprunté, car le président devait justement effectuer à Tokyo un voyage officiel, que seul son état de santé avait fait remettre. Cette épaisse bobine de film nous sera renvoyée du Japon à Paris par le premier avion, c'est-à-dire... le lendemain.

Qu'y pouvions-nous, le soir même du 2 avril ? Rien ! Subir ! Pourquoi ne pas en avoir fait une copie ? Je l'ignore.

Je ne suis pas dans le secret des dieux. En revanche, à la radio, les réactions nationales et internationales pleuvent ! La radio fait son métier et le fait bien. Il suffit d'un coup de fil à un homme politique pour résumer au micro ce qu'il pense sans qu'il y ait à le déranger. Nous, techniquement, nous sommes cloués sur place. Les liaisons techniques sont encore loin de valoir celles de 1989 !

Il est facile de conclure (et la critique ne s'en est pas privée) que les gens de la télévision auraient dû prévoir le décès ; pour parer à toute éventualité, ils auraient dû enregistrer ce qu'on appelle une nécrologie de M. Pompidou, diffusable instantanément, une émission toute prête de vingt ou trente minutes.

Dans l'absolu, et surtout *a posteriori*, on a raison de le dire. Seulement, je demande que l'on se place, par exemple, en février ou mars 1974. Tout le monde parlait, certes, d'une maladie dont le président aurait été atteint mais, officiellement, l'Élysée l'avait toujours niée.

Un journaliste de radio ou de presse écrite pouvait avoir, dans le silence de son bureau, rédigé et fignolé des articles à utiliser immédiatement en cas de malheur. A la télévision, c'était strictement impossible. Pour réaliser un film de montage de vingt minutes, dans l'esprit d'une nécrologie, c'est-à-dire en évoquant *au passé* un homme encore vivant, il faut plusieurs collaborateurs : celui qui cherche et trie les sujets de reportages déjà diffusés, celui qui en fait effectuer la copie au laboratoire ; le chef des monteurs et le monteur qu'il désignera, le projectionniste qui va montrer au rédacteur en chef, au commentateur, à l'illustrateur sonore, à la script-girl, le film-nécrologie une fois qu'il sera prêt, l'archiviste, qui mettra la bobine soigneusement de côté. Ajoutez-y une ou deux personnes auprès desquelles il faut retenir un studio d'enregistrement, en indiquant le titre exact du travail à effectuer, une dactylo, sans compter ceux qui passent dans le couloir et qui, entendant la voix du président, entreront dans la cellule technique, poussés par la simple curiosité : en somme, dix ou douze personnes qui « savent ». Or, dix ou douze, cela fait bientôt mille et, aussitôt, toute la France.

Imaginez les titres des journaux : « La télévision a préparé la nécrologie de Georges Pompidou... »

... Affolement. Répercussions dans les milieux économiques et financiers. Panique, peut-être. Une opinion publique bouleversée : « C'était donc vrai ce qu'on racontait sous le manteau ?... Notre président est malade et on voulait nous le cacher ! »

Pour toutes ces raisons, nous n'avions donc pas préparé de nécrologie filmée de M. Pompidou. Je suis d'ailleurs enclin à penser que s'il avait appris que nous en préparions une, il en aurait détesté l'idée. Certes, le journalisme est parfois un métier cruel, mais jusqu'où peut-on aller ?

Sans film, en tout cas, sans la déesse image, il n'y a pas de télévision... Il paraît qu'à la fin de la soirée mon émotion transparaissait intensément et toucha le public. Je ne le regrette en rien. Si je ne perdais pas en certaines circonstances le contrôle de mes réactions, je ne serais qu'une machine...

Quoi qu'il en soit, vers minuit, un directeur de programmes, revenu à Cognacq-Jay, prit une barre de fer et fractura une armoire métallique où il trouva des rouleaux de pellicule sur le disparu.

Valéry Giscard d'Estaing

Les rapports des journalistes (même de l'audiovisuel) avec les puissants de ce monde sont extrêmement divers. François-Henri de Virieu, qui produit *L'Heure de Vérité*, ou la chère Anne Sinclair, se meuvent avec une aisance infinie dans les hautes sphères politiques, avec lesquelles leurs contacts sont quasi quotidiens. Les miens ne sont guère plus qu'anecdotiques. Il s'agit bien davantage, pour moi, de recueillir auprès d'une personnalité les impressions d'un moment, que d'interviews proprement dites. Je conte, dans ce livre, mon entretien avec le général de Gaulle dans un avion pour Moscou, et celui, plus tard, avec M. Pompidou sur les problèmes monétaires. Mais il s'agit là de deux exceptions.

Je n'ai jamais réellement interviewé Giscard, pour

lequel j'éprouve cependant de l'admiration. La première fois que nous avons bavardé ensemble, il était encore ministre des Finances, et il venait participer à une émission sur les impôts à Cognacq-Jay. Je l'ai salué. Il m'a demandé :

— Quel pourcentage de vos revenus déclarez-vous en fin d'année au fisc ?

— Je suis un bon contribuable : 95 %.

— Ah, soupira-t-il, si tous les Français étaient comme vous, je n'aurais pas de gros problèmes de budget.

Un jour, (il était toujours ministre des Finances), j'attendais sur les marches de la rue de Rivoli la fin de ses entretiens avec M. Gromyko, à l'époque ministre des Affaires étrangères de l'URSS. Les deux hommes sortirent apparemment détendus, et je tendis mon micro à Gromyko : son pays était, ce jour-là, demandeur d'une aide sur le plan technique. Gromyko me parla quarante secondes ; je traduisis son laïus, puis posai une autre question : « Qu'avez-vous résolu pour la chambre à bulles Isabelle (une installation technique fort complexe) que l'on construit près de Moscou ? »

Gromyko n'eut pas l'air d'aimer mon interrogation. Passant brusquement du russe à l'anglais, il déclara : « *When I have finished, the conversation is over.* » En somme : le chapitre est clos, abstenez-vous de toute curiosité supplémentaire. Je ne savais comment relever cette déclaration péremptoire. Giscard me prit alors le micro des mains et, retenant Gromyko par le bras, lui dit, également en anglais : « André, je vais répondre à votre place à Zitrone. » Les deux hommes se connaissaient bien et s'appelaient par leurs prénoms. Bref, VGE, repassant au français, fit une brillante improvisation sur leurs entretiens, sur la chambre à bulles et les rapports Paris-Moscou. Je buvais du petit lait.

Quand il eut terminé, il me rendit mon micro, salua Gromyko : « Au revoir, André », « *Good bye, Valery...* » Le visiteur soviétique enfonça son chapeau sur la tête et descendit les marches tandis que Giscard me retenait : « Restez donc un moment ; je vais vous donner d'autres détails. » Gromyko l'avait entendu. Quand il eut passé le perron, Giscard me fit : « Je n'ai rien de spécial à vous confier, mais je puis vous assurer que, désormais, mon éminent collègue russe ne sera plus jamais aussi bourru avec vous. »

Puis, il me posa quelques questions personnelles, probablement par politesse. En tout cas, il avait raison : j'ai revu ensuite M. Gromyko à maintes reprises ; il s'est toujours montré plus agréable et j'en vins même un jour à lui demander de m'accueillir chez lui pour filmer son portrait. Sa femme me dit, le lendemain : « Mon petit Andréi vous a à la bonne et il vous recevra avec plaisir un de ces jours. »

Puis Giscard fut élu président. Un 13 juillet, veille du jour où j'allais avoir à commenter en direct les cérémonies de la fête nationale, mon téléphone sonna à 19 h 30 rue Cognacq-Jay : « C'est vous, Zitrone ?... Ici le Président. Je voudrais vous parler de votre reportage de demain. Il y aura un moment délicat, lorsque mon command-car tournera à l'angle des boulevards Soult et Davout. (C'est là que devait avoir lieu le traditionnel défilé : Giscard essayait de rompre avec l'habitude des Champs-Élysées.) Où seront les caméras ? A votre avis, de quel côté dois-je me tourner pour conserver le contact avec le téléspectateur... ? »

Je répondis au chef de l'État qu'il devait appeler Pierre Sabbagh, le réalisateur du reportage du lendemain, et je lui suggérai de noter son téléphone. Pour ma part, je le priais de m'excuser : l'heure du journal approchait très vite, et je devais filer à la salle de maquillage avant d'aller sur le plateau. En somme j'abandonnais le président pour une question de poudre ! Je le sentis un peu surpris mais, le lendemain, il regardait la bonne caméra. Le souci du détail, la courtoisie envers le public font partie de son métier.

Lors d'un 11 novembre, il y avait eu deux reportages : le premier à l'Étoile, le deuxième auprès de la statue de Clemenceau, dans le bas des Champs-Élysées, après une interruption d'environ une heure. Lorsque je descendis à petits pas vers la statue du Tigre, je tombai sur Giscard, qui venait présider la seconde manifestation. Il vint vers moi, de son pas toujours rapide, long et cadencé : « J'ai eu le temps de regarder le début de la vidéo de la cérémonie de tout à l'heure. Merci d'avoir parlé de ma femme comme vous l'avez fait. »

J'ai pour habitude de donner des détails biographiques sur les personnalités que suivent les caméras, et j'avais rappelé que le père de Mme Giscard d'Estaing, grand résistant, avait trouvé la mort en déportation. A mon avis, c'était normal de ma part. Giscard, qui me sembla être un homme sensible, avait été touché, et il me le disait le plus simplement du monde.

Un jour où je partais interviewer Brejnev à Moscou sur la course aux armements atomiques, je sollicitai une brève audience avec VGE, car je ne voulais pas patauger dans tel ou tel domaine où je risquais d'agacer Brejnev, et donc de provoquer chez lui une réaction déplaisante pour les rapports Paris-Moscou : les journalistes de la télévision étant là-bas des personnages très officiels (du moins, dans ces années-là), les Soviétiques pouvaient donc croire que, comme chez eux, les téléreporters français véhiculaient la pensée de leur gouvernement ! Bref, j'avais demandé cinq minutes à Giscard pour qu'il m'indiquât les points trop critiques. En arrivant, je téléphonai des bureaux du service de presse pour m'annoncer. Il eut une réponse pleine d'humour. « Comment, cher ami, vous, à l'Élysée ? Vous aussi ? »

J'allai à son cabinet de travail. Il fut, comme toujours, d'une courtoisie extrême, me répondit clairement, et conclut que j'avais bien fait de venir le voir, « ... parce que, disait-il, il arrive parfois aux journalistes de ne pas en savoir assez sur ceux qu'ils vont interroger ». Il me montra l'article, à la une d'un quotidien fameux, consacré au nouveau Premier ministre israélien, M. Begin, que l'on présentait avec sévérité. Giscard, en m'accompagnant jusqu'à la porte du bureau, ajoutait : « S'ils avaient pris, par exemple, la peine de me téléphoner, car l'on sait que je connais bien Begin, je leur aurais donné des renseignements qui feraient apparaître cet homme sous un tout autre éclairage. »

Je tournais il y a quelques années un reportage sur l'histoire du drapeau français. VGE devait inaugurer les nouvelles salles du musée des Invalides. Je lui demandai comment lui, chef de l'État, percevait la signification du drapeau tricolore. Sa réponse fut empreinte d'une émotion non feinte sur le thème : « Moi aussi, comme tous mes compatriotes, je sers ce drapeau. » Engagé volontaire à dix-sept ans dans les troupes de la Libération, l'ex-brigadier-chef de cavalerie motorisée Giscard d'Estaing m'a toujours paru aimer l'armée.

Couloirs et coulisses

Ma vie à Cognacq-Jay

La rue Cognacq-Jay se trouve dans le VIIe arrondissement, juste de l'autre côté du pont de l'Alma, aux abords de la tour Eiffel. Elle est bordée d'immeubles de grand standing. Au bout de la rue, la moitié d'un immeuble est occupée par des Ismaéliens, les corréligionnaires de Karim Aga Khan, polis, noirauds, dévoués ; leur préoccupation principale est d'essayer de savoir si le prince va aller à Longchamp dimanche prochain. Si oui, ils iront l'attendre au pied de l'escalier qui dessert la tribune où il a sa loge, pour le saluer de leurs révérences sorties des anciens temps. C'est sympa.

Devant le numéro 15, une portion de trottoir est protégée par des barrières métalliques qui servent à réserver le petit espace où les « grands » de notre maison pourront garer leur voiture. En vingt-cinq ans, je n'ai été admis que deux fois, tard le soir, à y mettre la mienne ; c'est que je ne suis rien aux yeux de ceux qui protègent le trottoir. Plusieurs générations de plantons et de gardiens se sont succédé, toujours scandalisés si j'essayais de me garer là. De fait, les téléspectateurs nous tiennent, parfois, pour des personnalités ; à l'intérieur de cette maison, et même deux mètres avant les portes d'entrée, nous ne sommes plus grand-chose !

A la porte même, il y a, le plus souvent, un agent de la sécurité. Son rôle est d'interdire l'entrée aux personnes qu'il peut soupçonner de quelque mauvais dessein. Longtemps, ces agents de la surveillance ont été des malabars proches de la retraite. Aujourd'hui, à cause du chômage, on trouve parmi eux beaucoup de jeunes, dévoués, stricts, indispensables, mais plus froids que leurs aînés. Aux époques de crise, ils contrôlent réellement les papiers d'identité du visiteur. Pas toujours avec le discernement nécessaire. Ainsi, au plus fort de la guerre d'Algérie, un de mes camarades, pour faire une blague, a présenté une carte verte du FLN : on l'a laissé entrer. En revanche, j'ai vu deux ministres en exercice, Edmond Michelet, de la Défense nationale, et Alain Savary, de l'Éducation, s'entendre énergiquement refuser l'entrée pour ne pas posséder de laissez-passer ! Nous qui passions par là, nous avions dû nous porter garants de leur moralité.

A droite de la porte, il y a toujours, depuis 1976, une ou deux charmantes hôtesses, qui savent diriger les visiteurs, une fois, naturellement, qu'elles les ont admis dans les locaux.

Les ascenseurs tombent fréquemment en panne. Je n'ai jamais vu un immeuble où ils fussent en panne si souvent. Mais si vous parvenez à monter au huitième, vous êtes à la cantine, un self-service. On prend un plateau, quelquefois encore tout chaud de la plonge, et on va se servir. Quand je suis arrivé ici le premier jour, la nourriture était abominable. Puis elle resta longtemps très médiocre. Aujourd'hui, cela s'est sensiblement amélioré. Si le plat du jour ne vous tente pas, faites-vous griller un steak. Le service va plutôt vite mais il faut éviter 13 h 30 et 20 h 30, car ceux qui viennent de participer au journal arrivent par groupes compacts, en soupirant bien fort sur tous les pépins qu'il viennent d'avoir.

Les tables, fréquemment essuyées, restent à peu près propres, mais en fait je ne connais pas de cantine d'entreprise où elles le soient toujours et vraiment. Autour de petites tables pour 4 ou 6 personnes, on est un peu les uns sur les autres, mais il règne là une égalité absolue, ce qui est reposant. Bien des télédrames ont été évités parce que les adversaires se retrouvaient côte à côte à la cantine, et qu'on n'a jamais admis que les soucis professionnels soient débattus pendant les repas. Ici, on parle d'autre chose.

Je vais encore manger, de temps à autre, à la cantine dont les avantages l'emportent nettement sur les inconvénients. Le plus grand avantage est de pouvoir redescendre (à condition que l'ascenseur marche encore) vers les bureaux, les studios, les salles de projection sans perdre de temps.

Le personnel de Cognacq-Jay est extrêmement varié : cadreurs (le mot cameramam, jugé trop anglais, n'est plus usité), ingénieurs du son, garçons de bureau, décorateurs, conducteurs de voitures, éclairagistes, techniciens du magnétoscope, pompiers, monteurs, journalistes, ingénieurs, parfois patrons... La plupart aiment leur métier, la Maison et ne sont pas chiches de leur besogne. Certains restent largement au-delà de leur horaire théorique. On sent une sorte d'esprit de corps, et une bonne volonté.

Parmi les demoiselles qui jacassent et les messieurs qui semblent regarder les choses d'assez haut, subsiste un fort pourcentage d'administratifs. Je l'ai déjà dit : ils me donnent la gratouille. Oui, j'ai tort, je le sais, mais comme aucun d'eux n'a jamais pris la peine de m'expliquer ce qu'il faisait, je ne le sais toujours pas. Je suis surpris lorsque l'un d'eux, ayant vingt ans de moins que moi et montant dans un ascenseur où je me trouvais avant lui, n'estime pas utile de me dire bonjour, et attend — peut-être me trompé-je — que je le salue. Je me rappelle l'époque où j'étais militaire. C'était effectivement à moi de saluer mes supérieurs, mais je ne parviens pas à me convaincre que les administratifs, justement, soient mes supérieurs !

Peut-on parler à leur propos de parasites ? A l'origine, je crois que oui. Aujourd'hui, avec le travail colossal qu'il y a à abattre pour assurer la préparation des programmes et calculer leurs coûts, tous ces collègues doivent accomplir forcément quelque chose d'essentiel. Mais quoi ?

Pendant longtemps, j'ai été ce qu'on appelait un « pigiste permanent ». Les deux vocables accolés sonnent bizarrement car un pigiste est quelqu'un qu'on emploie au coup par coup. Mais, quand ce « coup par coup », cette intermittence théorique devient habitude, puis travail régulier débouchant sur des droits sociaux, il faut bien appeler ces collaborateurs d'une manière ou d'une autre. L'administration (eh oui !) a trouvé « pigiste permanent ».

Je le suis resté pendant une dizaine d'années. Je n'avais ni grade, ni existence hiérarchique, ni couverture sociale. Vers 1961, on établit un classement, comme on l'avait fait en 1852 pour les vins de Bordeaux. Je fus mis à l'échelon six. J'étais content ; désormais je pouvais signer mes notes internes : « Zitrone, journaliste sixième échelon. » Hélas, je n'ai jamais trouvé la moindre raison d'envoyer des notes...

Mon sixième échelon ne me donnait droit à aucune secrétaire. S'il m'arrivait d'utiliser l'une d'elles, c'est que mon chef de service l'avait mise à ma disposition pendant un temps limité, deux heures, parfois trois.

Il me fallut attendre une douzaine d'années pour recevoir ma première promotion. Je passais, grâce à Jacqueline Baudrier, à l'échelon sept : j'étais assimilé à un rédacteur en chef, mais à titre strictement personnel. Mettons un colonel haut le pied. Je n'avais toujours pas droit au bureau ni à la secrétaire, mais Jacqueline ne pouvait pas faire davantage.

Je ne pouvais toujours pas louer de ma propre autorité une voiture pour les besoins d'un reportage à l'étranger. Si je m'étais trouvé, inopinément, dans les montagnes Rocheuses ou en plein désert du Soudan, je devais, pour obtenir un cheval ou un chameau, d'abord « me mettre en rapport » avec Cognacq-Jay. La règle est formelle : sans autorisation préalable, pas de chameau.

En novembre 1988, le prince Charles et sa femme Diana visitaient la France. Je devais couvrir leur visite et leur dîner au château de Chambord. Les horaires des trains ne convenant pas, j'avais pensé prendre un taxi, aller et retour. Je dus monter au bureau de l'administration financière et faire la preuve que, sans taxi, je ne pouvais pas couvrir le prince Charles. Il y en a eu pour 2000 francs. Deux mois après le reportage, j'étais déjà remboursé. Je dois avouer que toutes ces questions financières s'arrangent sensiblement mieux depuis que TF1 est devenue une chaîne privée ! Il y a moins de paperasseries. Quelle chance !

Bilan chiffré de ma « carrière » : j'ai donc bénéficié, depuis 1960, d'un « classement administratif » et d'une promotion ; une seule ! jamais je n'ai osé en espérer une deuxième. Elle aurait signifié que je devenais directeur-adjoint. La bonne blague : quel directeur aurait voulu pour adjoint cet olibrius-là ?

Une chose me frappe, lorsque j'entre à la RTF : les émissions doivent passer sur l'antenne exactement à l'heure ; le public se montre à ce sujet d'une rare exigence. Plus ça ira, moins il supportera les retards. Quand il prend le train, il ne dira rien s'il y a dix minutes supplémentaires à attendre ; mais devant son écran, une poignée de secondes le fait bouillir. Sauf exception, les chaînes tiennent bien leurs horaires de direct, mais plus difficilement les séances d'enregistrements.

En Angleterre, en Allemagne, quand vous avez rendez-vous dans un studio pour enregistrer à 16 heures, cela signifie que vous pouvez venir à cette heure-là, et que tous les préparatifs techniques seront prêts. En France, « à 16 heures » veut dire que c'est à cette heure-là que commencera la mise au point de l'appareillage dont vous allez avoir besoin. Nos visiteurs, nos invités étrangers, dont le temps est compté, s'en agacent. En fait, dans ce domaine où nos hommes comptent parmi les plus compétents du monde, on leur demande tant de travail qu'ils doivent réaliser des prodiges pour être dans les délais. Ils n'y parviennent pas toujours.

Un journal télévisé et un grand reportage se mettent en place de façons très différentes. Pour moi, préparer un grand reportage, c'est d'abord rester à la maison, faire le vide, couper le téléphone, m'asseoir à ma table de travail, trier les dépêches qu'on m'aura données à Cognacq-Jay, les mettre en forme, en choisir des extraits, les copier sur carton, les faire coller par ma femme, les numéroter et les « visualiser » : ce terme peu élégant signifie que je tente de « m'imaginer l'image » sur laquelle, au jour J, je pourrai prononcer telle phrase qui me paraît importante.

Je vais donc d'abord essayer de retenir cette phrase. Il

va me falloir en dire les mots dans plusieurs sens, plusieurs ordres, pour décider le moins lourd. Quand j'avais ma maison à la campagne, j'y criais les mots en changeant plusieurs fois leur place. Il me semblait que la Marne paisible m'aidait à mettre mes idées en forme. Le jour du reportage, pas question de faire suivre un adverbe long d'un autre, similaire, un adjectif à cinq syllabes par un autre aussi massif. Il faut pour cela que je me récite cinq fois, dix fois, à voix très haute, mes éléments de commentaire, afin de retenir pour le direct un certain ton, un certain style.

Au contraire, quand on présente un journal télévisé, le plus sûr est de rester sans bouger à Cognacq-Jay. En arrivant, vers 8 heures et demie, j'ai déjà lu la presse : tout au long de sa journée, le présentateur vivra dans un monde où déferlent les dépêches d'agences (près de deux mille par jour) qu'il faut toutes avoir lues pour retenir, après un premier choix, celles qu'on utilisera pour dicter le texte de ses « plateaux », c'est-à-dire ses apparitions à l'écran entre les séquences filmées.

Je ne parle pas de la lecture des journaux de l'après-midi et du soir, les innombrables coups de téléphone pour contrôler les informations, les conférences de rédaction où toute l'équipe se rassemble, discute, lance des idées, choisit les titres, définit la longueur des sujets et les personnes à inviter en studio ; il y aura encore à naviguer parmi les informations-chocs, les démentis, les prises de position, le choix des photos, le chronométrage précis de ce que l'on compte dire, avec le réalisateur et ses assistants* : tout cela ne laisse pas la possibilité de respirer. La tension artérielle s'en donne à cœur joie. Le pouls se déchaîne.

Il y a trois éditions quotidiennes du journal (plus, aujourd'hui) et donc un bon millier par an, soit, depuis 1960, quelque trente mille éditions, rien que sur la première chaîne. J'en ai présenté environ quatre mille. J'ai vécu leur préparation, et je m'étonne d'être encore de ce monde. Quand on s'assied — quand je m'asseyais — devant le bureau d'où l'on présente le journal télévisé, et

---

* Voir page 206.

juste avant qu'éclate l'indicatif, cette musiquette qui vous tord le ventre, j'ai toujours pensé la même chose. Je voudrais m'éclipser, disparaître, m'évanouir et ne pas me trouver, dans dix secondes, dans cinq secondes, dans deux secondes, devant le public, ce tribunal de juges sévères et âpres, tapis dans le fauteuil de leur salon, et qui vont suivre, sans indulgence aucune mes manquements, mes faiblesses, mes dérapages incontrôlés sur l'antenne.

Quinze millions de paires d'yeux vont m'observer, juger mon complet, ma cravate, ma pochette, mes lunettes, mes gestes, jusqu'à mes petits tics (oui, je tapote le bureau avec mon stylo, oui, je tourne quelquefois mon alliance !). Il faut qu'avant de commencer je leur octroie deux secondes de réflexion, que je diffère l'annonce de la première nouvelle de ce très court laps de temps qui leur est indispensable pour enclencher le rythme de leur pensée, et ne pas, contrairement à d'autres, la leur flanquer à la tête : informer n'est pas un combat ; mais, Seigneur, que je ne tarde pas trop à démarrer, sinon ils vont me prendre pour un hésitant, pour un ignorant, quelques-uns pour un demeuré.

Dès mes premiers mois rue Cognacq-Jay, j'apprends que le public est impitoyable. De plus, une bonne part ne comprend pas ce qu'on lui dit, ou comprend de travers, ou ne veut pas comprendre. Sans parler des intentions, politiques ou autres, que le spectateur prête au présentateur, de l'ironie qu'il croit saisir dans ses paroles, des arrière-pensées qu'il pense découvrir. Pourtant la télévision est avant tout un dialogue qui s'établit entre le public et vous, une confiance qui prend corps, une amitié qui se noue, même si elle n'est qu'à sens unique.

Tout cela paraît paradoxal ? Je l'admets. Mais j'ai passionnément aimé mon métier, fasciné d'emblée que j'étais par un phénomène pour moi inexplicable : je m'asseyais devant une table, supportant, difficilement d'ailleurs, une lumière qui me lacérait le visage, je parlais, et ce visage devenait « public ». On me reconnaissait dans la rue, on m'arrêtait, on me prenait pour un ami, on me faisait des confidences, on m'écrivait ; souvent en me livrant des détails personnels intimes ; on me proposait des invitations en week-end et des aventures amoureuses.

Je savais donc que j'avais retenu, d'une manière ou d'une autre, l'attention de ces spectateurs, que ma silhouette, ma voix, mes attitudes, mes mains, leur étaient devenues familières ; que je n'avais plus aucune existence personnelle ou du moins que celle-ci ne comptait plus ; que je devais me conformer aux existences qu'ils me prêtaient dans leur imaginaire ; et si, par corollaire, quand ils m'aborderaient dans la rue, je ne correspondais pas à l'idée qu'ils avaient de moi, je les décevrais, parfois je les vexerais. Tout dialogue improvisé avec un télespectateur peut vite se transformer en querelle.

Drucker se trompe

Michel Drucker dit souvent que je l'ai aidé à réussir. Vous êtes gentil tout plein, cher Michel, mais c'est parfaitement faux. Vous êtes arrivé au succès parce que vous possédez du talent à revendre, et avez beaucoup travaillé. Si vous n'aviez pas su le faire, votre épouse, Dany Saval, vous l'aurait enseigné. Ce n'est pas une dame à se rouler les pouces.

Michel était venu à nous à la sortie de son service militaire. Il n'avait aucune relation au sein de la maison, mais se paya de culot, poussa la porte et fut pris au service des sports par le patron d'alors, Raymond Marcillac.

Sur le plan professionnel, c'était un patron exigeant qui menait son monde à la baguette, souvent injuste, parfois inutilement coléreux, mais qui connaissait son métier, le faisait bien, et qui le faisait bien faire à ceux qu'il employait.

La tête de Drucker lui plut. Aujourd'hui, cette tête plaît à trente millions de téléspectateurs, mais en 1964, Marcillac fut le premier à la trouver sympa. Il engagea le jeune homme comme stagiaire. Michel montra vite ses profondes qualités. Tout le service le prit rapidement en amitié et, un jour, on lui fit faire sa première apparition sur l'écran.

Roger Couderc et moi le présentâmes avec chaleur au public de *Sport-Dimanche,* déclarant qu'il était le dernier petit canard de la couvée, et remarquant, avec le sourire, qu'il paraissait fort ému. Il l'était ! Au vrai, il tremblait de tous ses membres. La tête lui tournait si fort qu'il mélangea tout, même les résultats de football, son sport favori. Michel devait devenir, d'ailleurs, l'un des tout meilleurs commentateurs de foot.

Ce soir-là, en sortant du studio, il avait les larmes aux yeux. « J'ai tout emmêlé ; j'ai été très mauvais ; je n'oserai plus sortir dans la rue. »

Sachant pertinemment qu'il allait passer une soirée affreuse, je l'invitai à venir manger un morceau à la maison, mais il refusa, pour ne pas nous infliger, disait-il, le spectacle de son malheur. Il exagérait. Pour nous, c'était un ami proche ; mes enfants le tutoient depuis toujours ; nous l'aurions consolé s'il n'avait pas été inconsolable. Bref, je le laissai devant chez lui.

Le lendemain, il devait partir en reportage. Croyant que la France entière se ficherait de lui dès qu'elle le verrait, il demanda par téléphone à Marcillac de le libérer de sa tâche. Il n'obtint pas gain de cause. L'autre, en apprenant la raison de la dérobade, rit à gorge déployée et insista, au contraire, pour que Michel prît le premier train. Or, dès que les voyageurs l'aperçurent, ils lui témoignèrent la plus grande sympathie.

— C'est vous, hier soir, qui trembliez tellement sur l'écran, dans *Sport-Dimanche ?*

— Oui, répondait-il, tout malheureux.

— Il n'y a aucune raison valable à cette mine contrite, mon cher garçon. Vous étiez d'une gentillesse désarmante. Certes, vous trembliez, mais tout un chacun aurait eu les chocottes à votre place.

Pendant son voyage, les gens vinrent de tous les wagons du train pour l'encourager, lui taper sur l'épaule, lui serrer la main, ou simplement, comme souvent, juste pour le toucher. Sa tremblote de la veille lui avait valu instantanément l'amitié du public. Les filles remarquèrent qu'il avait de beaux yeux ; les parents, qu'il ferait un gendre très convenable ; les dames avec du tempérament sentirent qu'elles le consoleraient volontiers. Les messieurs avaient été touchés par sa fraîcheur et sa bonne volonté. Bref, Michel, en cinq minutes de bafouillis, était devenu très populaire.

La hiérarchie comprit qu'il apportait quelque chose d'unique à l'équipe des sports. Sans être un spécialiste, il connaissait bien plusieurs disciplines, avait de la mémoire et de l'entregent. Le football aidant, Drucker monta les échelons ; le petit canard devint vite un petit jeune homme, puis un jeune journaliste très prometteur, puis un reporter accompli. Au bout de deux ans, il avait acquis une belle renommée.

De surcroît, comme il avait l'esprit fin, il se rendit bientôt compte qu'il était maintenant parvenu à un haut niveau, mais que les choses commenceraient bientôt à stagner, alors qu'il voulait naturellement aller plus loin et plus haut. Il vint me demander conseil. Pourquoi moi ? Il affirme que ce fut par admiration. Je ne le crois qu'à moitié. La raison est autre. En fait, nous étions voisins place Clichy. Il habitait chez sa mère, sur la place, juste en face du lycée Jules-Ferry que fréquentaient mes filles. J'avais donc des renseignements de première main sur les sentiments qu'il inspirait à la population féminine de douze à dix-huit ans, ainsi qu'aux femmes professeurs et aux commerçants du quartier. Voilà qui créait entre nous un lien. Quand j'entrais dans une boutique, à la banque, à la poste, on me demandait : « Comment va votre Michel ? » De plus, nous l'accompagnions parfois en Normandie où il allait voir son père, car la sœur cadette de ma femme habite non loin de Vire.

Je revois encore la conversation que nous eûmes et qui devait peser lourdement dans sa carrière. Adossé à un petit bureau, je me penchais un peu vers Michel qui, de son côté, baissait la voix pour me parler. Nous avions l'air de deux conspirateurs. « Léon, me disait-il, je sens que j'ai atteint une sorte de plafond. A votre avis, que puis-je faire, que dois-je faire pour continuer à progresser ? »

Il n'y avait dans sa voix aucune angoisse du lendemain. Il savait qu'il avait conquis sa place et que personne ne la lui prendrait. A l'inverse, il n'éprouvait aucune envie de faucher le travail de quiconque. Cet homme donnait une impression de franchise assez rare dans nos milieux. Je n'hésitai pas longtemps pour lui répondre, car j'avais déjà pensé à toutes ces choses et, pour une fois, j'étais sûr de mon fait.

— Michel, pour aller plus loin, abandonnez le service des sports.

Il eut un haut-le-corps.

— Comment puis-je ? On m'y a accueilli, et donné ma chance ; je ne peux pas faire ça.

— Vous savez, nul ne vous accusera d'ingratitude. Ceux qui vous aiment comprendront que vous jouiez votre chance ; les autres seront ravis de vous voir partir, car en vous en allant, vous libérerez une place de choix.

— Comment, comment, vous voulez vraiment que je parte ?

— Michel, je ne connais pas beaucoup d'exemples de journalistes de sports qui réussissent une carrière — comment dire ? — nationale. Les sports n'intéressent pas tout le monde, loin de là. C'est peut-être injuste, mais je me borne à constater un fait ; regardez un journal télévisé, n'importe quel soir. Sauf s'il s'agit de la finale de la Coupe de France, ou de l'arrivée du Tour, la séquence sportive sera toujours rejetée à la fin de l'édition, parce que le public non sportif abandonne son poste dès qu'arrive cette page. Exceptés Robert Chapatte, qui avec le Tour de France transforme le cyclisme en un des beaux-arts, et Roger Couderc, qui fait frémir la France en érigeant le rugby en épopée, il n'y a pas un seul de nos confrères spécialisés qui soit devenu l'un des favoris du public.

— Vous, Marcillac, de Caunes...

— Moi ? Grâce au ciel, je ne commente les sports que lorsque j'ai du temps. Marcillac est le patron ; ça le passionne, mais je ne suis pas sûr qu'il passionne les spectateurs. De Caunes doit sa renommée à tout autre chose : son séjour avec son chien dans une île du Pacifique, Eiao ; son esprit, sa nonchalance mesurée. Les sports ne l'ont pas lancé. Le reportage sportif seul mène à un gentil niveau, mais pas au-delà. Or, vous avez des qualités personnelles que vous employeriez mieux en dehors de ce contexte.

Drucker ne fut pas immédiatement convaincu, mais

j'étais intimement persuadé que tant de dons ne pouvaient pas servir à chanter seulement tel pénalty ou telle descente du terrain la balle au pied.

Deux ou trois jours plus tard, il revint.

— On me propose de présenter *Tilt-Magazine*. Est-ce une bonne émission ?

— Je ne regarde pas assez l'écran pour vous répondre. Si vous pensez qu'un programme de variétés peut vous convenir, sautez dessus. A mon avis, il y faut de l'aisance, de l'esprit, un beau sourire ; il faut plaire aux dames, car ce sont elles, principalement, qui accordent la gloire aux chanteurs et assurent la popularité des messieurs de notre métier. Vous possédez tous ces atouts. Apprenez également l'anglais, car dans le domaine des variétés on ne peut plus s'en passer. Vous deviendrez vite une vedette. Vous tournerez les têtes, vous briserez les cœurs. Mais ne prenez jamais un gramme, car on ne vous le pardonnerait pas. Soyez toujours bien habillé, mais sans recherche excessive. Parlez à tous les hommes comme si vous aviez pour eux de la considération et à chaque femme comme si vous étiez prêt à vous laisser aimer immédiatement. Conservez une touche de sérieux pour qu'on ne vous prenne pas pour un rigolo. Soignez vos liaisons — je parle de grammaire, car, pour les liaisons d'un autre genre, je n'ai aucun conseil à vous donner. Les camarades de mes filles et les dames de petite vertu des environs de la place Clichy, qui vous ont à la bonne, ont largement contribué à établir votre réputation. Vous n'êtes pas marié, vous êtes libre comme le vent, vous êtes un bon journaliste : je joue Drucker gagnant et j'arrête là mes conseils.

Drucker resta pensif un moment, puis reprit :

— Je vous fais confiance. Je vais accepter de présenter *Tilt*. L'émission est produite par une femme de qualité, Michèle Arnaud.

— Eh bien ! elle vous lancera vers les sommets.

L'avenir me donna raison. Drucker jouit d'une immense popularité. Les jeunes filles des lycées continuent à aimer ses yeux, les mères à rêver de lui comme gendre, mais il ne peut plus leur donner d'espoir : il s'est marié, avec Dany Saval qui a du cœur, de la volonté, et sait le conseiller. Là aussi, il a fait le bon choix.

Un jour, Drucker, que je n'avais pas vu depuis un moment, me raconta quelque chose qui me surprit. Je ne parvins pas, pendant un long moment, à m'expliquer mon étonnement. Soudain, le déclic : mon petit pote me parlait anglais. Il l'avait appris dans un laboratoire de langues, et avec l'aide de sa femme qui avait passé plusieurs années aux États-Unis.

Michel maniait maintenant cette langue avec aisance. Ce bourreau de travail, qui étudie ses présentations image par image et enregistre toutes ses émissions pour les revoir aussitôt après au magnétoscope (dont il est un adepte enragé), ce garçon qui peut mener de front, certaines saisons, une longue émission de radio le matin et son *Champs-Élysées* hebdomadaire, a donc su prendre sur son sommeil, sur sa vie privée, sur ses sorties, pour apprendre l'anglais, en partant pratiquement de zéro.

Michel n'avait pas été, dans son adolescence, un très bon élève au lycée ; je dirais même le contraire ; il avait débuté avec un petit accent parigot traînant et des bouffées de timidité dans la voix. Il a maîtrisé sa pensée, son élocution, son comportement à l'écran. Au-delà de l'affection que j'ai pour lui, j'éprouve une bonne dose d'admiration. Peut-être, après tout, me le rend-il. J'ajoute que ma femme Laura qui, en général, n'aime pas les gens de télé, l'apprécie beaucoup.

Une mort par le mépris

Par certains côtés, la télévision est une chose terrible. Quand on y réussit, c'est merveilleux. Mais si le public croit à votre échec, il se montre féroce.

Ceux qui suivaient les programmes vers les années 1960 connaissent Loys Van Lee. Il s'était acquis une bonne réputation à la radio, en commentant l'athlétisme et le football. Puis il vint à Cognacq-Jay, où on lui donna à couvrir le foot de temps à autre. Je ne peux pas juger s'il était bon ou mauvais, mais il y mettait du cœur, sa connaissance du sport, une grande impartialité et quelque passion. Le public parut le suivre pendant un moment.

Un jour, en direct, Van Lee fit un mauvais commentaire. Les critiques, qui ne sont pas toujours justes, furent très durs. On avait l'impression que mon camarade avait commis un sacrilège. Peut-être avait-il trop parlé (habitude prise à la radio), peut-être avait-il confondu les noms de deux joueurs, ou même avait-il crié « penalty » au lieu de « coup franc ». Bref, il s'était trompé. Il le sentit sur-le-champ. Dérouté, il commit encore deux ou trois erreurs.

Le lendemain, dans les journaux, il lut sur son compte des lignes très violentes. On le traitait d'incapable, et on estimait qu'il ferait mieux de laisser sa place à un autre. Loys Van Lee en fut outré, malheureux, et plus encore lorsque sa femme rentra à la maison. Elle lui confia que, toute la journée, des personnes, qui paraissaient la veille l'avoir à la bonne parce qu'elle était l'épouse d'un reporter apprécié, affirmaient avec force que son mari était un ignorant, un piètre sire, qu'il méritait d'être lourdé... Mme Van Lee en avait les larmes aux yeux. La disproportion entre la faute et les reproches lui sciait le cœur. Bientôt, Loys m'avouait : « Tu sais : elle n'ose plus aller au marché. Les gens me traînent dans la boue ; on dirait que j'ai commis un crime. »

Ce garçon sensible fut très atteint. Même quand tout ce bruit s'apaisa — très vite, car les télé-tempêtes ne durent pas longtemps — il en garda des traces. « La brûlure ne disparaît pas, me disait-il. J'ai eu trop de peine. Je ne parviens pas à m'en remettre. »

A quelque temps de là, il s'affaissa au volant ; il n'avait pas pu supporter les reproches. C'est une forme d'assassinat peu connue, mais qui existe.

La une ou la deux ?

1974, le monolithique ORTF disparaît, scindé en divers organismes : trois chaînes de télévision, la radio appelée Radio-France, la SFP dont les vastes studios permettent de réaliser des programmes, et enfin TDF, Télédiffusion de France, qui fera marcher l'antenne.

Le président de la 2, Marcel Jullian, me fixe un rendez-vous. Il me plairait de faire partie de son équipe : le personnage est généreux, un peu visionnaire, royaliste, idéaliste. J'abrège donc mes vacances, mais à peine ai-je poussé la porte de chez moi que le téléphone sonne : Jean-Louis Guillaud, l'homme fort de la première chaîne, me demande de passer le voir d'urgence, chez lui, à Montparnasse.

Guillaud est entré à la télévision comme rédacteur en chef. Il est assez vite monté en grade. En 1970, il sera membre du service de presse du président Pompidou, un poste mérité. En 1973, il a préparé le lancement de la troisième chaîne. En homme énergique qui sait ce qu'il veut, il n'aime ni les chichis ni les mamours. Certains lui reprochent même de se conduire comme un adjudant : cela vient, au premier chef, de son crâne rasé, et aussi de sa grande exigence professionnelle auprès de ses collaborateurs. De plus, sa voix exprime rarement des accents de tendresse. Mais il a le respect du public, il sait donc contrôler ses informations, et « couvre » toujours ses journalistes, prenant seul le grain en cas de tempête. J'aime travailler avec lui, ce qui fut le cas pendant plusieurs années. C'est un chef né. La grève de 1968 ne nous a pas éloignés, sur le plan privé, l'un de l'autre.

— Léon, j'ai besoin d'un chef des sports. Ce service mérite d'être repris en mains. Prenez-le.

— J'ai offert à Jullian d'aller avec lui.

— Si rien n'est signé, il faut vous dédire et venir avec moi.

— Je ne crois pas avoir l'allant d'un chef.

— Vous le deviendrez vite ; épargnez-moi vos états d'âme. J'ai confiance en vous. Vous connaissez bien la maison ; vous me serez précieux.

Me voilà pris dans un étau. L'offre est flatteuse ; peut-être, en effet, le temps est-il venu d'accepter des responsabilités. Sinon, pendant combien de temps encore vais-je demeurer un « homme de terrain » ? Je demande une semaine pour réfléchir. Guillaud me l'accorde sans plaisir. De l'autre côté, Marcel Jullian, qui fourmille de projets, a pris, pour directeur de l'information, Jacques Sallebert, qui a présenté le journal en même temps que moi de 1960 à 1965 et m'a toujours impressionné par son aisance et sa décontraction.

Le choix n'est pas simple. Au bout de trois jours, cette longue hésitation énerve Laura.

« Tu ferais un très mauvais patron. Tu es désordonné, distrait, tu oublies tes rendez-vous ! Or, la télévision est un bordel perpétuel ! Rien ne s'y réalise qu'après mille palabres. Tant que tu n'es responsable que de toi-même, j'accepte de m'en accommoder. Mais je ne supporterai pas que tu me ramènes à la maison « toute » la télévision. Tu te débattras, toute l'année, au milieu des demandes d'augmentations et de congés de maternité, tu t'embourberas dans tes dossiers. Bref, tu m'assommeras. »

Une autre pensée m'assaille. Si j'accepte les sports, il va me falloir rester en contact avec trente-cinq fédérations sportives. Si je rencontre, pour déjeuner, seulement une fois par an le président de chacune d'elles, et une fois le secrétaire général, cela me fera quelque soixante-dix mangeailles. Je deviendrai dingue.

Par-dessus tout, le sport favori du public demeure le football. Or, ce jeu m'exaspère. Cette omniprésence du football sur l'écran, la nécessité d'en donner le maximum au téléspectateur — donc contre mon goût propre — voilà ce qui va faire pencher la balance. En réalité, je n'aime que peu de sports : le patinage et le hockey sur glace, le cyclisme, surtout la piste, les courses de chevaux et les concours hippiques. Je n'irai pas chez Guillaud sur la première chaîne, pour ne pas avoir à m'occuper de ballon rond. Il est navré, je le mets dans l'embarras.

— Trouvez-moi, dit-il, avant demain midi, quelqu'un qui pourrait tenir votre place.

— Je pense à Georges de Caunes. Il connaît, lui aussi, la maison, dont une partie est sensible à son humour.

— Retrouvez-le-moi.

Depuis trois ans, de Caunes a disparu de l'écran, à cause d'une publicité. Alors qu'il présentait, en alternance avec moi, le journal télévisé de 20 heures, il s'était laissé aller à « poser pour une pub » d'une marque de pantalon. Sa silhouette avait été placardée sur tous les murs de France, dans un pantalon seyant à sa ligne mince d'éternel jeune homme. Tempête à la direction de l'ORTF : « On ne peut pas, glapissait-elle, faire de la réclame pour un pantalon et traiter, le soir sur l'écran, des principaux problèmes du monde. De Caunes, dehors ! » Il était donc parti à La Rochelle, où il vivait heureux et à peu près caché. Mais cet éloignement lui pesait, et je le savais. Je l'appelai. « Veux-tu diriger les sports ? Réponds-moi immédiatement : si c'est oui, la place est à toi. »

De Caunes comprit sa chance, accepta d'emblée et arriva dare-dare. Il sut, très vite, régler les querelles d'hommes, établir un budget et diriger son monde. Guillaud l'aimait bien. Deux ans plus tard, en 1977, je quittais Antenne 2, et me trouvais libre. J'allai vers Georges. Je pouvais espérer que, lui ayant apporté les sports sur un plateau, je pourrais bénéficier dans son service d'un certain crédit, par exemple pour mes idées de reportages. Je me trompais.

Je dus attendre, comme tous les autres, qu'il ouvrît sa porte. Or il ne travaillait pas vite. Je n'ai jamais senti à mon égard, chez cet excellent confrère, d'intonation spécialement aimable. Je n'étais qu'un de ses collaborateurs, qui posait problème par sa personnalité, et que l'on ne pouvait pas, hélas ! envoyer n'importe où. Bref, on m'appela assez régulièrement pour couvrir des sports que je connaissais, et ce fut tout. J'aurais été sensible à un élan d'amitié plus vive.

En fait, c'est là une règle absolue : chaque fois qu'un homme devient patron à la télé, et même un petit patron, il est submergé par tant de tâches, de problèmes administratifs et humains, de difficultés de production et de programmation, que son caractère perd toute bonhomie. La télévision déshumanise le plus souvent ceux qui la dirigent. Ce ne fut pas le cas de Guillaud, mais aller le voir pour lui parler de l' « atmosphère », il m'aurait répondu par la réplique célèbre d'Arletty.

Le temps et la durée

Entré à la télévision peu avant 1960, j'y travaille encore en 1989, trente ans après. Cette longévité est inférieure à celle d'un Pierre Tchernia, qui vient de fêter ses quarante ans de présence, ou que celle d'un Pierre Desgraupes qui, avant d'être le P-DG d'Antenne 2, avait à son actif une longue carrière de journaliste et de producteur : *Paris vous parle, Lectures pour tous, Cinq Colonnes à la Une,* les *Médicales.*

Bien entendu, je n'ai pas poursuivi pendant trente ans toutes les activités que j'ai eues à tel ou tel moment. Ainsi, depuis 1981, je ne présente plus le journal télévisé, mais il m'arrive encore d'y commenter un sujet. Je couvre le patinage, mais non le Tour de France cycliste que j'avais suivi, micro en main, à de nombreuses reprises, et qui nécessite d'effectuer 4000 kilomètres juché sur le tan-sad d'une moto, avec le risque permanent d'une chute peut-être mortelle. Mais le fait est là : je continue.

Les téléspectateurs me demandent souvent comment je m'y suis pris pour « durer » ; ils le font, d'ailleurs, plutôt gentiment, comme pour me complimenter d'être encore à la tâche. Du moins, est-ce ainsi que je le ressens.

Première raison : les gros inspirent confiance. Le langage populaire parle des « bons gros », il n'est jamais question de « méchants gros », ni de « bons maigres ». Jules César raconte, quelque part, qu'après sa victoire sur les Gaulois, le Sénat romain lui demanda d'amener ceux-ci à collaborer avec les troupes d'occupation. L'histoire se répète éternellement. César répondit aux sénateurs : « Alors, donnez-moi une douzaine de conseillers assez copieux ; il y a, dans un deuxième menton, quelque chose de rassurant. »

L'embonpoint est un avantage certain, surtout en début de carrière, quand on cherche à s'imposer. Les hommes trop anguleux ont plus de mal à s'installer.

En outre, lorsque j'ai commencé à faire de la télévision d'une manière permanente, nous étions encore très peu nombreux à défricher des terres vierges. Quelles étaient les règles pour réussir un reportage ? Pour ajuster son commentaire à l'image ? Quand fallait-il parler ou se taire ? Tout cela, j'ai eu la chance de le piger d'instinct — encore que, dans les premiers temps, je fusse trop enclin au calembour. Un jour, alors que nous quittions le micro, Pierre Dumayet me dit, presque en colère : « Tu devrais te borner à deux calembours par mois. Je te le demande au nom des spectateurs. Tu les crispes. »

Peu à peu, ma phrase a évolué vers plus de rigueur ; je parle plus « court » que jadis bien que, dans les Eurovision, cette phrase ait la fâcheuse tendance d'envahir de nouveau l'espace sonore.

Au début, étant en nombre restreint, nous ne pouvions pas nous permettre le luxe de spécialiser chacun dans une rubrique exclusive. Chaque journaliste devait être capable de soutenir n'importe quel sujet d'images. Ceux de mes camarades qui eurent le nez de ne pas trop se disperser ont acquis, dans leur domaine respectif, de belles réputations de spécialistes. Certains se sont dirigés vers une carrière de patron. Disons que je me suis au contraire intéressé à un grand nombre d'activités, ce qui a permis à mes rédacteurs en chef successifs de savoir qu'ils avaient toujours sous la main un journaliste en mesure de traiter de thèmes très différents. Cette polyvalence fut à la base de ma « permanence ».

Puis, comme notre petite équipe resta un bon moment sans recevoir de renfort, nos têtes devinrent familières au public. Il nous adopta. Nous nous fîmes donc notre place. Dès lors, la percée étant réussie, pourquoi partir ? Autant durer.

L'un de mes atouts a été de ne pas me « situer » politiquement. J'en ai déjà parlé.

En 1965, les candidats à l'élection présidentielle avaient le droit de se faire interviewer par le journaliste de leur choix. De Caunes interrogea François Mitterrand. Michel Droit, le général de Gaulle. Je fus demandé au premier tour par Jean Lecanuet. Je fis son interview, médiocrement. J'avais perdu toute « présence » ; je fus un ectoplasme.

Or, au premier tour, M. Lecanuet obtint 3 700 000 voix. Ce n'était pas suffisant pour être qualifié pour le second dimanche ; mais, en analysant les résultats de ce premier vote, un hebdomadaire sérieux écrivait que, sur les 3 700 000 voix, M. Lecanuet m'en était redevable de 700 000, parce que certains électeurs avaient cru que je « cautionnais » la politique du maire de Rouen. Chiffre vrai ou faux, mais que la naïveté du téléspectateur moyen était grande ! Il n'était pas juste que la gueule d'un téléjournaliste eût un tel impact. Je n'ai plus jamais interviewé personne avant une élection.

Une autre raison de ma durée est sans doute que je n'ai jamais exercé de responsabilités. Donc que je ne me suis pas fait d'ennemis, ni à l'extérieur de la maison, ni à l'intérieur. Un responsable dans une entreprise comme la nôtre doit souvent trancher, influer directement sur le destin de ses collaborateurs et parfois leur causer de la peine, ce que je n'aurais pas su faire. Déplacer quelqu'un, retenir, pour faute professionnelle, une part de son salaire, le prier de s'en aller... Rien que l'idée m'est insupportable. J'imagine l'accueil réservé au « sanctionné » par sa femme ou ses enfants, et ma conscience s'en trouve taraudée. Bref, si j'ai pu quelquefois m'attraper très fort avec tel ou tel, voire me colleter avec lui, je ne pense pas avoir suscité de haine autour de moi. Des critiques, certes. Des jalousies, évidemment, mais ce n'est pas allé plus loin.

Je n'ai pas été le meilleur commentateur sportif, ni le meilleur présentateur du journal télévisé. J'ai tenu mon rang — j'espère mieux qu'honorablement —, dans le peloton de tête, mais pas davantage. En revanche, j'ai souvent réussi de « grands reportages », ces longs « en direct » qu'il m'arrive encore aujourd'hui de couvrir. Ces émissions ont toujours demandé une somme écrasante de travail. Il faut aimer cela. Il faut aussi avoir le temps et, avant un tel labeur, je sais consentir à bien des sacrifices. Il est bon également de savoir raconter une histoire ; ces longs reportages sont comme des contes modernes. Il y eut ceux de Perrault, ceux d'Andersen ; maintenant, il y a les contes de Dame Télé. Je parle au spectateur comme à un pré-adolescent.

Il me semble que j'ai su donner un style à ces reportages. D'autres en ont couvert bien entendu : Darget, Sallebert, de Caunes, Jean Lanzi, Maurice Séveno, et plus près de nous, Patrick Lecocq, Daniel Bilalian, Claude Sérillon, Bernard Rapp, PPDA, Frédéric Mitterrand. Mais sur la longue durée, les candidats n'ont pas été nombreux. Peut-être — et c'est dommage — certains de mes jeunes confrères auraient-ils voulu s'essayer à ce genre, mais ils ont sans doute choisi de s'abstenir, par peur d'une comparaison. Voilà une affreuse injustice. De ces jeunots, j'en aurais volontiers formé, mais à notre échelon, l'ambiance est telle que nous ne pouvons pas diriger de classes d'enseignement, ni même donner de conseils. Apprendre aux autres à parler, à écrire, à se montrer : la maison — et les échotiers — prendraient cela pour de l'interventionnisme, voire de la dictature intellectuelle...

Impartial, honnête, avec parfois, je l'espère, une touche d'humour, tel j'étais, tel je n'ai pas cessé d'être. On ne me balance donc pas par-dessus bord, je peux servir. D'ailleurs, je sers. Je contrôle ma voix, je l'enregistre pour des articles plusieurs fois par semaine et n'écorche pas trop la grammaire.

« On vous accuse de trop bien parler le français. » Telle fut, vers 1975, la phrase d'attaque de l'émission *Aujourd'hui Madame,* dont j'étais l'invité. Je sursautai : est-ce là un chef d'accusation ? Nous nous adressons à des dizaines de millions d'individus. Ils nous écoutent, se rappellent ce que nous avons dit, s'y réfèrent de temps à autre. Ils ont même une certaine propension à nous copier. Comment, dans ces conditions, est-il possible que l'on assimile presque à un délit le fait de parler une langue correcte, voire châtiée ? Bien entendu, nous n'avons pas à utiliser un imparfait du subjonctif à chaque coin de phrase mais il s'agit d'être clair, simple, de ne pas avaler ses mots et de ne pas torturer la musicalité du français.

Le rythme du français, quand vous utilisez un adverbe comme « personnellement », impose d'appuyer sur le « ment » et non sur la première syllabe. En hongrois, c'est, au contraire, la première que l'on met en valeur ; en polonais, l'avant-dernière ; dans les autres idiomes ça change selon les mots. Nombre de présentateurs actuels, pour donner plus d'impact à ce qu'ils vont dire, préfèrent mettre l'accent tonique sur cette première syllabe. Je ne parle même pas des phrases ahurissantes, qui nous mettent les nerfs en pelote. Ainsi, sur une de nos meilleures chaînes, lors d'un match de rugby Irlande-Écosse, où les Écossais menaient d'une dizaine de points, j'entendis mon confrère crier : « Maintenant, les Irlandais vont tenter de récupérer le retard qu'ils ont acquisitionné envers les Écossais. »

Bien entendu, dans un « direct » où vous suivez une action rapide, vos mots peuvent se bousculer, vous pouvez glisser une cascade de « que », et ne pas accorder le verbe ; vous n'êtes pas à l'abri d'une faute de français. Mais, puisque vous exercez ce métier de commentateur public, par pitié ne commettez pas trois fautes d'affilée dans une si courte phrase.

Pour expliquer ma « longévité », je dirai également que j'ai eu la chance d'avoir plusieurs publics. Le public sportif, certes, dans mes commentaires sur les sports de glace ou le concours hippique. Peut-être un peu moins, et je l'ai regretté, en cyclisme. Mais il faut le passer par pertes et profits ; le public des courses, ce qui représente de nos jours 7 millions de turfistes ou de gourmands du tiercé. J'ai également plu au Français moyen par ma façon de présenter le journal où, je l'ai dit, j'ai toujours tendu vers la simplicité, m'astreignant à un effort de limpidité pour le spectateur. Cet effort, je n'ai jamais jugé indigne d'y consentir, au contraire.

J'ai encore eu la sympathie du public « progressiste » en ne cherchant jamais à noircir la situation quand je menais un reportage dans les pays de l'Est. J'étais conscient de leurs difficultés à vivre, à survivre. Il valait mieux ne pas les traîner plus bas que terre.

J'ai acquis l'amitié des amateurs d'histoire parce que souvent il m'est arrivé de dire des choses exactes sur tel ou tel événement du passé. Encore une fois, je n'ai aucun mérite : j'aime l'histoire, et lis des livres. Enfin, j'ai encore un autre public, celui des royalistes, disons plutôt d'une tranche de la noblesse. Je pense qu'ils m'ont été reconnaissants des « mariages princiers » que j'ai commentés au micro, car j'y présentais les rois non pas comme des demeurés, échappés des anciens temps, mais comme des êtres humains et, souvent, fort modernes.

Dans toutes les circonstances, j'ai tâché d'être courtois avec mes confrères. C'est par hasard que j'ai bénéficié, pendant trente ans, de cette lentille grossissante qu'est l'écran. Il fallait donc me faire pardonner ma chance, sans cependant implorer de pardon : il faut le mériter.

C'est pourquoi j'ai toujours été confraternel. Quand j'ai à parler d'un journal, je choisis une formule agréable. Ce n'est pas parce qu'un journal est d'un bord différent du mien qu'il faut que j'en profite pour lui faire un croche-pied ; et nombre de journalistes travaillent dans des organes de presse contraires à leurs opinions personnelles : il faut gagner son pain. Tout cela explique que je n'ai pas d'adversaires farouches dans les journaux, même si certains critiques ne m'ont jamais, au grand jamais, fait de cadeau.

Quand je me rappelle Kerdaniel, du *Télégramme* de Brest, Clément Ledoux, du *Canard enchaîné,* je puis dire qu'ils m'ont souvent tapé dessus, avec véhémence, mais jamais avec méchanceté. La critique du *Monde,* Claude Sarraute, qui m'a souvent « assaisonné », est d'ailleurs devenue de par la grâce des *Grosses Têtes* de RTL une camarade de travail. Elle réussit bien dans l'audiovisuel ; en plus des *Grosses Têtes,* Jacques Martin l'a prise pour ses émissions du *Dimanche Martin* sur Antenne 2, consacrées à la cuisine. Sarraute m'a confié, un jour : « Si j'avais su que c'était ça, ton métier, qu'il fût aussi difficile, je ne t'aurais pas, régulièrement, traîné dans la crotte. »

Claude est agréable, avec un seul défaut, pour moi majeur : elle tutoie tout le monde. Nous règlerons un jour notre différend dans le privé.

Alain Chermann, de l'*Équipe,* m'a parfois fait souffrir. Je me souviens qu'en 1976, aux jeux Olympiques de Montréal où je commentais l'athlétisme, le favori du 3 000 m Steeple fit « plouf » dans la rivière. Emporté par mon habitude de l'hippodrome d'Auteuil j'ai alors crié : « Il est tombé dans la rivière des tribunes. » Le lendemain, *L'Équipe* — du moins, Chermann — me roulait dans la farine. Je téléphonai du Canada à Paris pour lui hurler ma rage. J'en eus pour 100 dollars ; le coup de téléphone le plus cher de ma vie ! Mais je pense être en excellents termes avec mes confrères de ce journal dont je suis, d'ailleurs, et depuis toujours, un lecteur assidu. C'est important, à notre époque, de ne pas avoir systématiquement la presse écrite contre soi.

Chacun de ces éléments a contribué à ma durée. Peut-être aussi ai-je su, sauf en 1968, ne pas entrer en conflit avec la hiérarchie de l'audiovisuel. Il est des hommes dont la vocation est de commander ; ce n'est pas la mienne. Je suis toujours resté un homme de terrain. Mais nombre de mes camarades de promotion ont accédé aux jobs les plus élevés. Grand bien leur fasse. Ils sont restés, avant tout, des copains — à la condition qu'ils le fussent déjà avant leurs diverses promotions. Comme leur métier était désormais de prendre des décisions, je ne vois pas pourquoi j'aurais traîné les pieds. Je pense, sincèrement, que plus on est haut placé dans une entreprise, mieux on en voit la situation d'ensemble.

Je ne dispose pour ma part que d'un petit bout de la lorgnette : ce que je dis ou fais dire aux autres, devant un micro. J'admets donc que le patron puisse me donner des directives. S'il le fait avec courtoisie, je tâcherai, de toute ma volonté, d'agir dans le sens qu'il souhaite. Le contraire serait une sorte de forfaiture morale. L'honnêteté consiste à ne pas le prendre à contrepied, ou alors on n'est pas d'accord et l'on s'en va.

Cela étant, ai-je, au total, été plutôt mauvais ou plutôt bon ? En 1985, le magazine *Télépoche* a mené une enquête auprès de ses lecteurs. Question : « Qui, à votre avis, a représenté le mieux l'idée que vous avez de la télévision ? » J'ai eu l'honneur d'être classé premier, devançant, quoique de peu, Mourousi, Drucker et Sabbagh.

En 1987, l'hebdomadaire *Paris-Match* a mené une autre enquête : « Quels sont, dans différents domaines des activités françaises, ceux qui vous semblent avoir le mieux correspondu à leur temps ? » Dans la rubrique télévision, c'est moi qu'on a bien voulu mettre en tête. Je n'estime donc pas outrecuidant de dire qu'en général j'ai bien travaillé, avec naturellement, par-ci par-là, de mauvaises émissions. Peut-être est-ce là qu'il faut chercher la raison principale de ma longévité.

J'oubliais : sauf une chute dans une fosse d'orchestre à Menton en 1962, je n'ai jamais pris un seul jour de congé de maladie. Je passais mes grippes et mes angines debout. On pouvait m'appeler à toute heure. On peut encore.

Un autre exemple de longévité : Intervilles, 1963-1989

En 1962, je suis au placard : André Gérard, directeur de la télé, m'a enlevé la responsabilité de la présentation du journal télévisé parce que j'avais été « trop impartial » dans l'affaire de Charonne, où périrent six jeunes Français. Le Festival du cinéma de Cannes demande alors à la RTF de me « prêter » pendant une quinzaine pour présenter les soirées.

C'est ainsi que je connaîtrai Sophia Loren, qui devint une amie, Romy Schneider, avec laquelle je ne m'entendrai jamais, Alain Delon, avec qui je suis pote, et que je retrouverai, plus tard, lorsqu'il possédera des chevaux, Deborah Kerr, à laquelle je subtiliserai le prénom pour le donner à l'aînée de mes petites-filles, Cary Grant, qui use d'un anglais brillantissime, Mélina Mercouri, avec laquelle ça n'accroche pas vraiment, Michèle Morgan, dont je suis l'admirateur fidèle.

Un jour, chez Félix, sur la Croisette, un producteur m'offre un café. C'est Guy Lux.

« J'ai vu, à la télévision italienne, une émission marrante et mouvementée, *Campanile Sera :* deux villes s'affrontent dans des compétitions certes simplettes mais fortes et drôles. Puisque vous ne faites rien, venez ne rien faire avec moi à Vintimille. On va regarder le programme. »

Ce Lux me paraît sympa. Nous traversons la frontière ; *Campanile Sera* me plaît aussitôt : on lance des œufs le plus loin possible, on saute en sacs, on glisse, on tombe, on se cogne, on se plaint en direct au spectateur, on chante, on joue de la mandoline ; c'est sans queue ni tête mais rigolo. Guy Lux perfectionnera l'idée du match d'une ville contre une autre, chacune envoyant chez sa concurrente une partie de son équipe. Lux a ainsi inventé *Intervilles* qui démarrera sur l'antenne l'année suivante.

La première semaine, pour Saint-Amand contre Armentières, ça vasouille. La deuxième c'est Dax-Bayonne, trop long. La troisième, je suis à Béziers, qui joue contre Narbonne ; les Biterrois mécontents m'envoient des pierres à la tête. Je me sauve dès le générique de fin et fonce attraper le train de nuit. Le contrôleur demande : « J'ai dû prendre mon service dans cette rame avant la fin d'*Intervilles,* c'était très bien, qui a gagné ? »

Voilà la preuve que nous avons accroché l'intérêt du grand public. Le lendemain, déjeunant chez mes parents à Paris, j'entre en conflit avec mon père qui me fait, agacé : « Comment peux-tu participer à cette émission-là ? »

Depuis lors, chaque fois que Lux a repris *Intervilles,* on n'a cessé de poser la question : « Comment pouvez-vous faire ça ? »

Les censeurs me reprochent de présenter un jour le journal télévisé, le lendemain du patinage, et le surlendemain, *Intervilles*. Sans doute seraient-ils encore plus sévères s'ils savaient qu'il m'arrive, l'été, d'aller donner une série de conférences sur l'histoire dans un collège américain et de signer, dans un journal suisse, des articles de fond — d'ailleurs sous un nom d'emprunt. Le mélange des genres est insupportable à certains esprits français. Ils veulent pouvoir cataloguer ceux qu'ils voient ou écoutent dans un style immuable. Roger Massip, éditorialiste au *Figaro,* me prend par le revers du veston, et déclare, sévèrement : « Je ne comprends pas votre carrière. Vous mélangez les rubriques. D'ailleurs, le rire, ce n'est pas sérieux. »

Curieux pays ! La France honore, déifie Molière, qui a écrit les pièces les plus drôles de notre littérature et a allègrement mélangé tous les styles : La Jalousie du Barbouillé, ce n'est pas Tartuffe, et les aventures de Sganarelle ne sont pas celles d'Alceste. On nous a appris à l'adorer dès le collège. Mais, une fois cet hommage rendu à Molière l'éternel, l'opinion interdirait volontiers à tous ceux qui paraissent en public de changer de registre d'un soir à l'autre. Si on « mélange », on dérange. On devient inclassable, ce que la logique cartésienne ne permet pas.

Pourtant, *Intervilles* obtiendra rapidement un succès considérable. Le jour où le maire de Carpentras m'arrache le micro des mains pour crier en direct à Guy Lux, qui se trouve dans l'autre ville, à Cavaillon, et dont la décision l'a mécontenté : « Guy Lux, je vous dis merde... » ... la télé s'est enrichie de quelque chose qu'elle ne possédait pas encore : la surprise permanente, imprévisible, dérangeante du direct. Jeanne Moreau dira un peu plus tard (à propos des dramatiques) : « Le direct, c'est de la folie. » Mais nous, on ne marche que comme ça.

Le direct a des vertus irremplaçables, c'est la vie, l'erreur humaine ingommable, l'authenticité au plus haut niveau. Bref, d'année en année, *Intervilles* sera l'émission la plus regardée de l'été. On la reprendra en 1964, 1965, 1970, 1971, et puis encore en 1975 et, après dix années d'intervalle, en 1985, 1986, 1987, 1988, 1989 ! Il est vrai qu'entre-temps le rire a conquis droit de cité sur l'antenne, et que les irrédentistes de la culture emmerdante braillent moins fort. L'émission, certains soirs, atteint 40 % d'audience.

La raison en est simple, c'est un spectacle bon enfant — quelquefois, c'est vrai, un peu simplet — mais où l'on paraît s'amuser, où en effet l'on s'amuse, et ce, de génération en génération. Aujourd'hui, en 1989, les enfants de dix ou douze ans, qui ne m'ont jamais vu présenter un journal télévisé, continuent à me reconnaître dans la rue, à me héler par mon nom, pour venir me parler d'*Intervilles*.

Parfois, l'émission propose des images admirables : des funambules escaladent la façade de la cathédrale de Lodève, des fusées déferlent du sommet des tours de la cathédrale de Troyes, des incendies artificiels illuminent Digne : c'est épatant. Sans doute, les courses de saucissons de Parthenay ou de Petit-Couronne, près de Rouen, est-ce moins beau. Mais c'est encore plus drôle ! Parfois, *Intervilles* fait intervenir des personnalités comme Michel Debré, ce qui fut le cas à Amboise, en 1988, ou Jack Lang. Mais, encore et toujours, l'intelligentsia française crache sur *Intervilles,* sans se préoccuper de son divorce avec le public ; et des voix continuent à s'élever : « Léon, vous ne devriez pas faire ça, ou alors vous ne devriez faire que ça. » Provoquer le rire, est-ce donc un délit ?

Cela ne me dérange pas. En 1987, par exemple, j'ai présenté un *Intervilles* près de Marseille. Nous étions vendredi. Le mercredi suivant, je mariais en Eurovision et en Angleterre, le prince Andrew et l'opulente Sarah ; le jeudi, je me retrouvais à Lunel, dans l'Hérault, pour la répétition technique de l'*Intervilles* suivant. Je n'en ai jamais éprouvé la moindre difficulté. Même entre 1965 et 1980, quand je présentais les journaux télévisés du week-end, et *Intervilles* pendant la semaine.

Dans la Maison, les grandes gueules font la fine bouche, comme ailleurs. Certains s'étonnent de cette pluralité de styles. Est-il convenable, est-il admissible de confier le mariage du roi de Suède et le portrait de la reine du Danemark, à un homme qui va éclater de rire, après-demain, à Dax, à Montbéliard, à Aurillac, parce que le conducteur d'une énorme benne métallique aura écrasé une flûte de champagne en tentant d'y introduire un œuf frais ?

La télévision, c'est la vie. Il suffit d'être sincère pour respecter le public. Quand j'ai présenté, hier soir, la tornade au Mexique, mon cœur saignait pour les malheureuses victimes. Est-ce que cela m'empêche d'aller demain à Longchamp commenter les courses, et après-demain d'éclater de rire devant les batailles de saucissons ?

En tout cas, jamais aucun directeur de l'ORTF, aucun président de chaîne ne me demandera de choisir entre « les styles ». A cela, il doit bien y avoir une raison...

Chemin faisant, Guy est devenu un ami très cher, et souvent admiré. J'aime aussi son obstination devant les innombrables difficultés de la mise en place de ses émissions ; *Intervilles* mêle, constamment, les professionnels du micro que nous sommes, avec les amateurs, citoyens anonymes choisis pour les jeux par les municipalités. Moi, j'enrage quand ces amateurs ne pigent pas ce que j'essaie d'obtenir ; Lux, au contraire, s'impose par l'ampleur de ses projets et la clarté de leur mise en route.

Au-delà du professionnel, c'est l'homme que j'aime et d'abord son art, extrêmement rare, de renvoyer l'ascenseur et de ne jamais créer de difficultés inutiles à ses coéquipiers. En plus de vingt-cinq ans de collaboration, — où, souvent, le public nous a opposés — il ne m'a jamais fait le moindre croche-pied. Quand on a besoin de lui, il répond présent. Certes, il le fait avec un petit temps de retard puisqu'il passe sa vie dans les avions, toujours en train de préparer une émission, une fête, un spectacle, qu'il aime profiter de sa maison sur la Côte-d'Azur, qu'il aime la vie, les courses, faire un million de choses à la fois. Mais quel cœur violent, tendre, affectueux et indulgent bat sous cette carapace d'éternel coureur !

Il commet parfois au micro des impropriétés de langage, certains disent des pataquès ? Mais peu m'importe : son amitié n'en commettra pas. Je l'embrasse comme du bon pain : c'est le vent, d'ailleurs, que j'embrasse. Car déjà Lux a filé.

Troisième partie

La relève

La télé d'aujourd'hui et de demain

Libéralisation

En 1969, on avait libéralisé l'Information. Depuis lors, nous en avons constamment ressenti les effets. Certes, le degré de libéralisation varie selon les moments. En période d'élections, il faut toujours faire attention aux mots que l'on prononce, et il n'est pas inutile de se concerter avec ses rédacteurs en chef pour savoir ce qu'il faut tamiser. Mais, par chance, les grandes émissions politiques sont proposées par des journalistes d'opinions si différentes, et dans des formes de présentation si variées, que tout le gratin de la politique s'y montre, s'y pavane à l'occasion, et peut s'y faire entendre. Les bavures ne sont donc pas graves.

Bien entendu, aux époques où la gauche est au pouvoir, la droite affirme que la télévision est de gauche ; vice-versa, dans les années où la droite est aux affaires, c'est la gauche qui crie que nous sommes vendus à la droite. Au bout du compte, nous n'irons en enfer, pour cause de partialité évidente, ni les uns ni les autres. L'opinion publique est d'ailleurs toujours sur le qui-vive, et il n'est pas possible de lui faire prendre des vessies pour des lanternes.

Aujourd'hui, à TF 1, pour qui je travaille en exclusivité et que je connais donc mieux que les autres chaînes, si vous prenez les huit journalistes qui présentent les émissions les plus suivies, vous trouverez, parmi eux, un large éventail d'opinions personnelles. Au cours de leurs programmes, ils ne montrent pas pour quelle chapelle ils prient. Certains ne prient même pour personne !

Quant à déterminer si les dirigeants actuels des services les plus importants de TF 1 sont d'un bord ou de l'autre, je ferais sans doute plusieurs erreurs en m'y essayant, car les conversations professionnelles que je puis avoir avec eux ne m'éclairent pas assez sur leurs préférences. Certes, chacun d'eux ne réussit pas toujours à cacher ce qu'il pense, mais ses opinions ne jouent aucun rôle apparent dans la manière dont il dirige son effectif. Quel considérable progrès sur 1965, ou, plus encore, sur 1981 et 1982, où il valait mieux ne pas dévier du sillon officiellement tracé !

Je crois en outre qu'une télévision privée est plus libre encore qu'une chaîne publique, dont les attaches avec l'État demeurent plus fortes.

Payer les stars

Lorsque la télévision privée apparut en France, le public ne la ressentit d'abord que comme une foire aux vedettes : quel serait le « salaire des stars » ? Combien TF 1 avait-elle offert à Mourousi ; combien la Cinq donnerait-elle à Collaro et à Bouvard pour qu'ils passent chez elle ? Combien toucherait Anne Sinclair ? Le public se scandalisait des « formidables émoluments »...

Certains animateurs que l'on aimait beaucoup perdirent leur popularité parce qu'ils gagnèrent plus d'argent qu'auparavant. Bientôt, on cessa de les aimer ; et des lettres de lecteurs allèrent jusqu'à les vomir. Puis, tout ce bruit se calma et chacun put travailler normalement. Soudain, en septembre 1988, les flammes jaillirent à nouveau ; on accusa Christine Ockrent de percevoir des mensualités « abominablement élevées ». L'affaire s'envenima jusqu'à la grève. C'était en pleins Jeux Olympiques de Séoul et cette grève d'Antenne 2 permit à TF 1 d'augmenter sensiblement son audience.

Je ne reviens pas sur les faits ni sur les causes, mais sur le principe. Doit-on payer des salaires élevés aux stars de la télévision ? Pour moi, la réponse est claire : non seulement on le peut mais on le doit.

Aux États-Unis, un très bon présentateur de journal télévisé touche 10 à 12 millions de francs nouveaux par an, soit au moins un milliard de « centimes », donc quatre ou cinq fois plus que le présentateur le mieux payé de France. Pourtant, le coût de la vie est à peu près le même qu'ici. Mes confrères Dan Rather ou Barbara Walters sont des personnages extrêmement importants pour l'Américain moyen. En fait, leurs homologues français le sont aussi, mais l'opinion publique, tout en l'admettant, refuse l'idée même du très haut salaire.

Pierre Salinger, journaliste américain, ancien chef des services de presse du Président Kennedy, qui a habité quinze ans chez nous, vient d'être nommé, à Londres, à la tête du bureau « Europe » de la chaîne new-yorkaise ABC. Il répondait, dans une interview au *Figaro* : « Je ne suis que directeur du bureau ; Christine Ockrent, elle, présente, et rudement bien, le journal de 20 heures. Sa responsabilité, à l'égard de millions de gens, est donc nettement plus grande que la mienne. Malgré cela, je gagne sensiblement plus que Christine. En Occident, nous vivons en régime capitaliste ; c'est donc la loi de l'offre et de la demande qui règle les rapports de travail dès qu'apparaît la notion d'argent. Si une chaîne estime avoir besoin de s'assurer les services d'un très bon présentateur pour pouvoir vendre ses crénaux de publicité au tarif fort, elle doit le payer le juste prix, et ce prix peut être élevé. »

Autre argument : les chanteurs célèbres, Michel Sardou, Yves Montand, Charles Aznavour, Gilbert Bécaud, perçoivent des cachets de 150 000 à 200 000 francs par gala. Je ne sache pas que quiconque, dans le public, ait jamais protesté. Il est vrai qu'ils doivent, là-dessus, payer leurs musiciens.

Quant aux grands acteurs de cinéma, Alain Delon, Jean-Paul Belmondo, Gérard Depardieu, Catherine Deneuve, Isabelle Adjani, ils obtiennent des millions de francs par film. Qui a jamais prétendu qu'ils fussent surpayés, ou que leur donner tant d'argent fût un scandale ?

Or, le travail accompli par PPDA, Ockrent, Mourousi, Hervé Claude, Bilalian, Bourret, Durand, Gildas, Masure, Narcy, Leulliot, Bromberger, d'autres encore, est au moins aussi important que celui des vedettes du show-biz ou du cinéma. Dès lors, pourquoi serait-il scandaleux de les payer ce qu'ils valent ?

Malheureusement, le public fait entrer, dans son raisonnement, une notion « d'appartenance » : ces têtes de la télévision appartiennent à son univers quotidien. Les télévedettes sont de sa famille. Elles doivent donc se conformer strictement au standing familial. Qu'elles gagnent raisonnablement leur vie, c'est parfait, mais qu'elles ne viennent surtout pas nous éclabousser avec des mille et des cents !

Cette jalousie interfamiliale est la plus féroce, et aussi la plus injuste. Le spectateur a décrété qu'il y avait une sorte de cordon ombilical entre lui et la télé-vedette, et il veut lui imposer des interdictions.

Mes télé-potes

Telle était la télévision que j'ai faite, et que je continue à aimer de faire. Je ne m'en défends pas : j'aime l'antenne, même si je peux m'en passer. Elle est une joie mais non une drogue.

Derrière ceux de mon époque, une, et même deux générations sont déjà en place et donnent à la télé un style et un rythme nouveaux : voici des interviews de certaines têtes que vous rencontrez dans les lucarnes, ainsi que de rapides portraits. Nous terminerons par un regard sur l'avenir, avec le P-DG de TF 1, Patrick Le Lay, que je ne connaissais presque pas et que j'ai découvert à l'occasion d'un entretien.

Naturellement, comme la place me manque et que l'éditeur crie que je lui mange des pages, je n'ai jamais parlé de ceux que je n'aime pas. J'ai choisi seulement ceux avec lesquels j'ai, ou je voudrais avoir, des liens d'amitié personnels.

Parmi ceux-là, j'en ai oublié une bonne quinzaine. Ils m'en voudront peut-être : par avance, je leur en demande pardon. Ils m'accrocheront dans les couloirs et me feront d'amicaux reproches. Ce n'est pas la peine. Sachez que je prépare un prochain tome et que vous en êtes. On commencera même par vous. Nous disons donc : Bruno, Henri, Guillaume, William... Je prends les inscriptions.

Michèle Cotta : Un extrême bien-être

1981. Elle venait tout juste d'apprendre qu'elle était nommée P-DG de Radio-France. Nous étions dans un couloir de RTL. Je la voyais perplexe, presque déroutée.

« Léon, vous qui connaissez ce métier, à qui, selon vous, dois-je m'adresser pour signer mon contrat ?

Sa nomination l'avait surprise, elle qui se sentait avant tout journaliste.

Un autre jour, elle m'avait confié :

— La plus formidable sensation, c'est d'annoncer une nouvelle avant les autres. Quand je lance mon scoop, fût-ce seulement trente secondes plus tôt que les confrères, j'éprouve une volupté physique ; il me vient un extrême bien-être.

— *Qui dure... ?*

— Jusqu'à l'information suivante.

Elle reste un instant songeuse, comme béate, puis elle replonge dans la vie. D'où vient son charme qui opère chaque fois qu'elle vous parle ? De la mobilité de ses yeux ? De la toute petite pointe d'accent niçois qui parfume sa phrase ? Du goût profond qu'elle a pour la vie, laquelle, pourtant, n'a pas toujours été tendre avec elle ?

Cotta est niçoise. Son père fut le maire de la ville avant Jean Médecin. Les plats qu'elle réussit le mieux viennent de Nice ou d'Italie. A vrai dire, je ne l'imagine pas facilement aux fournaux, mais j'ai tort.

Les grands moments de sa vie professionnelle furent nombreux. D'abord, en 1963, *L'Express* :

— On *faisait* réellement l'actualité ; on *faisait* l'information. A l'époque, la télévision avait moins d'importance qu'aujourd'hui, et elle était moins libre que la presse écrite. Ce travail-là était donc un vrai et grand bonheur. Plus tard — je saute des années — j'ai couvert la politique intérieure à RTL ; puis je fus P-DG de Radio-France ; ensuite, président de la Haute Autorité de l'Audiovisuel, où j'étais la seule femme. Dans une institution de ce genre, masculine, une femme ne menaçait pas leur *ego*. Bref, il est plus facile d'être une femme parmi les hommes et j'ai donc été nommée président parce que, sans cela, peut-être, les rivalités entre eux auraient-elles pu aller très loin. Cela étant, c'est une situation où l'on ne se fait pas d'amis puisque la mission consiste à résister justement à tout le monde, aux adversaires comme aux copains. A la fin, je me suis donc dit que c'était un jeu de dupes, et qu'il valait mieux reprendre le métier de journaliste, mais à l'endroit précis où je l'avais quitté. J'ai donc recommencé en tant que journaliste-pigiste, comme l'on a dit aimablement. Après, ça a changé et j'ai été nommée directeur de l'Information à TF1.

Elle continue donc son métier. Tantôt, son petit déjeuner politique à l'aube, tantôt à *7 sur 7*, tantôt de grandes interviews, tantôt les soirées d'élections.

— *Comme directeur, à combien de gens commandez-vous, Michèle, et à quoi les faites-vous marcher; à l'autorité, au professionnalisme, au charme?*

— Il y a 250 personnes, et ce n'est pas une question de charme: la gestion des journalistes a toujours été plus compliquée que celle des postiers, encore qu'en ce moment, ce ne soit plus si sûr. Naturellement, quand il y a 250 personnes, on ne peut pas les traiter comme s'il n'y en avait que dix. Gérer des journalistes, cela veut dire qu'on possède un minimum d'autorité professionnelle. J'ajoute que, surtout, j'aime bien ce métier et que j'aime ces gens. J'aime aussi l'actualité elle-même: c'est une matière qui bouge à toute allure; tout est actualité, le plus profond et le superficiel. Enfin, j'ai vingt-cinq ans de plus que la plupart de mes reporters. Vingt-cinq ans, soit plus d'une génération. Même si, comme je l'espère, ça ne se voit pas trop, c'est là.

— *Comment expliquez-vous la place de plus en plus grande des femmes à la télévision?*

— Ce n'est pas seulement à la télévision; c'est dans tout le journalisme qu'elles ont réussi, en quelques années, une percée foudroyante. Aujourd'hui, si je considère l'ensemble des rubriques politiques de l'audiovisuel et de la presse, elles sont, à 80 %, tenues par des femmes. Le journalisme est un métier d'observation, de curiosité et de liberté. Or, regardez la vie actuelle des femmes: il y a, parmi elles, beaucoup plus de célibataires que chez les hommes, au moins jusqu'à trente ans. Or, les impératifs de notre métier, où il faut une grande liberté de manœuvre, conviennent mieux à la vie d'un certain nombre de ces femmes. Ce ne sont pas des amazones, mais elles conçoivent d'abord la vie seules et ont des enfants par la suite; or, cette liberté, c'est un élément fondamental quand il s'agit de couvrir le domaine politique.

— *Je reviens à vous. Vous vous levez, au moins un jour sur deux, vers 6 heures et demie. Vous n'arrêterez plus jusqu'à 21 heures; votre porte reste ouverte à vos collaborateurs. Quand on vous demande un rendez-vous, on l'obtient plus facilement que chez d'autres. Comment réussissez-vous à tenir le coup?*

— Je dors; je dors partout : dans les voitures, ici au bureau, entre deux travaux, et je récupère assez bien quand je dors.

— *Avez-vous le temps de regarder la télé pour vous délasser?*

— Le plus possible. Certes, quand je quitte Cognacq-Jay, il faut bien que je mange un morceau mais, après 22 heures, je consomme n'importe quoi; j'emploie l'expression à dessein.

— *Quel est l'avenir de la télé?*

— Colossal. Je vois, tout à la fois, une progression des chaînes généralistes et des chaînes thématiques. L'audience ira en augmentant, et c'est un domaine, la télé, où l'emploi sera pendant longtemps en expansion. Elle va continuer à bouleverser complètement les rapports humains; les choses ne peuvent plus être comme elles l'étaient avant le petit écran. Celui-ci non seulement est entré dans nos mœurs, mais il reste encore un marché inépuisable.

Moi, Cotta m'épate : je ne comprends pas comment elle peut caser tant d'activités dans un espace de vingt-quatre heures. Par bonheur, elle a une garde rapprochée — Jean-Claude Paris, par exemple, avec qui elle s'entend très bien — et elle sait déléguer. Je la regarde, en prenant congé, amicale et libérale, alors que j'ai vu, dans ce même bureau, des incapables, des foutriquets, des dictateurs et même un cochon : il demandait aux visiteuses de s'asseoir dans un fauteuil à bascule qui se rejetait en arrière, et les dames, alors, pour se maintenir en équilibre, devaient agiter les jambes dans tous les sens! C'est une mauvaise pensée qui m'est venue là. Par chance, Cotta ne peut pas la deviner. D'ailleurs, elle rirait plutôt si je la lui racontais, car elle a de l'esprit. Pas fréquent chez les dames de l'écran.

Monseigneur Chancel

Il y a bien entendu, le Chancel que vous connaissez : cheveux gris très clair, visage rose bonbon, le geste onctueux comme un prélat. Son Excellence, Mgr Chancel, évêque de *l'Échiquier !* Et puis il y a mon Chancel à moi. Quand il débuta à la télé, et que son style était encore un peu rugueux, je lui disais : « Jacques, je vais gagner beaucoup d'argent : je vais éditer un dictionnaire Chancel-français, pour que les gens comprennent bien ce que tu leurs dis. J'en vendrai des milliers. »

Il se lançait alors dans des invectives bruyantes. Chancel c'est l'homme qui m'a redonné, un jour, le courage de continuer : j'étais dans un des placards que j'ai contés dans les chapitres précédents ; lui, il dirigeait, à l'époque, *Paris-Jour,* le journal de Cino del Duca. Chancel fit prendre une photo où nous arrivions, mon fils, douze ans, et moi au théâtre. Il la passa en pied, le lendemain, en première page sur quatre colonnes, titrant : « *C'est le meilleur de la télévision, lorsqu'on lui permet d'en faire.* »

Voilà qui m'a drôlement remonté le moral : pensez donc, la photo était tellement belle et tellement grande qu'on la voyait de mon placard. Aujourd'hui c'est un monsieur très aimé du public, et qui produit des émissions passionnantes.

— *Toi, Jacques, à vrai dire, tu n'es arrivé dans le milieu qu'après nous ?*

— Pour une bonne et simple raison : de seize à vingt-trois ans, j'ai voyagé dans le Sud-Est asiatique. Quand je suis revenu, il y a eu, ensemble ou successivement, la Radiodiffusion française, *Paris-Match, Télé-Magazine* (première publication consacrée exclusivement à la télé), ensuite *Paris-Jour* avec Cino del Duca, puis j'ai mis les deux pieds dans la télévision.

— *A la radio, ta* Radioscopie *quotidienne sur France-*

Inter, l'émission des auditeurs intelligents, fait un tabac depuis une vingtaine d'années. Pourquoi l'avais-tu interrompue entre 1982 et 1988?

— Il faut faire des poses dans la vie, mais, quand Ève Ruggieri est devenue la patronne de France-Inter, elle m'a demandé de reprendre *Radioscopie* dont elle avait été, un temps, l'assistante.

— *A la télé, tu as conçu et présenté* L'Invité du Dimanche *qui durait cinq heures, mais avec un film; puis, est venu le* Grand Amphi, *qui s'est transformé en* Grand Échiquier *vers 1972. Dis-moi l'histoire vraie de l'*Échiquier?

— Ma seule ambition était de permettre la diffusion de la grande musique. Mais, si tu programmes uniquement un concert à la meilleure heure, à 20 h 30, tu ne rassembles que 1 % du public. Oui, cela fait près de 500 000 téléspectateurs. Moi, je voulais beaucoup plus. Il a donc fallu mettre sur pied, construire, une rampe de lancement. Hélas! les plus grands orchestres du monde, les plus grands solistes du monde n'auraient pas, par eux-mêmes, fabriqué l'outil nécessaire. C'est pourquoi, j'ai imaginé un détour par la chanson; j'ai appelé Jacques Brel, Brassens, Ferré, Montand, Bécaud, Aznavour; ils ont fait le renom de mon émission. J'ai invité Joan Baez, Barbara Streisand mais, en même temps, un pianiste, un violoniste. Peu à peu, la place de la grande musique devenait plus grande, et il y avait pour la suivre un nombre croissant de téléspectateurs. Je me sentais m'épanouir. Vois-tu, je ne peux vivre, je n'ai vécu qu'avec la musique, et maintenant, nous atteignons 23 %. Cela fait, à chaque *Échiquier,* 9 000 000 de téléspectateurs malgré les films qu'on nous lance dans les gencives sur l'autre antenne, qui ont mordu, qui mordent sur la belle musique: malgré tous les affrontements, malgré la guerre des chaînes, nous ne descendons jamais au-dessous de 6 000 000. Le but est atteint. Le tournant a été la venue, en direct, de Karajan.

— *Dis-moi, toi qui fais de la radio et de la télé, es-tu d'avis que pour devenir bon à la télé, il faille passer par la radio? C'est une opinion couramment répandue; je pense, bêtement, que c'est la bonne.*

— Il faut avoir travaillé dans la presse écrite; il faut avoir eu l'âme journalistique, avoir été au contact d'événements importants, il faut avoir su et savoir encore regarder. En Indochine, au Japon, aux Indes, en Chine, j'ai beaucoup vu et beaucoup appris. Je repartirais, d'ailleurs, avec enthousiasme pour où l'on voudra, à tout moment ; je n'ai pas de belle-mère à l'agonie, pas d'enfants qui pourraient avoir les oreillons. Annonce-moi « on part » et je pars avec toi. Pour *Le Grand Échiquier* que j'ai produit, en mars 1989, de Moscou, j'ai pris l'avion quatre fois pour aller là-bas. Entre-temps, j'ai eu rendez-vous avec le roi du Maroc à Rabat. Je suis allé à New York et au Japon parce que je pensais à quelque chose, et je devais me rendre une semaine plus tard en Chine. Je suis toujours à la recherche de quelque chose, avec folie, mais cette folie je la revendique totalement. Partout, j'apprends, et apprendre me permet de continuer à vivre. Tu te rappelles la parole de Lao-Tseu : « La façade d'une maison n'appartient pas à celui qui la possède ; elle appartient toujours à celui qui la regarde. » Moi, c'est fou tout ce que je puis ainsi posséder, car j'ai toujours cette curiosité.

Pour répondre à ta question, il n'est pas nécessaire d'être journaliste pour faire de la télévision, mais ceux qui sont passés par le journalisme ont un « plus » ; et puis, il y a l'écriture ; j'ai toujours continué à écrire, j'ai publié trois tomes du journal que je tiens depuis l'âge de quatroze ans, dont un de correspondance avec Marcel Jullian. En fait, on ne peut pas produire de l'image sans posséder une écriture.

— *A propos d'images, où va la télé actuelle ?*

— Je l'ignore, elle est en pleine recherche. On est au point zéro, au point où Lumière a inventé le cinéma. Tout commence aujourd'hui, mais peut-être pas pour le meilleur, peut-être pour le pire. Parfois, les « intérêts » nous piègent, nous rendent prisonniers.

— *Les pourcentages d'écoute t'impressionnent-ils ?*

— Je ne les aime pas. Tu remarqueras qu'on ne dit plus jamais que telle émission est bonne, et telle autre, mauvaise ; on dit qu'elle a « fait » tant à l'Audimat, et qu'elle correspond à telle part de marché. L'émission la plus brillante ne sera jamais considérée comme brillante par le président de chaîne, si elle n'a pas réalisé un grand indice d'écoute. Je vais plus loin : si elle est brillante mais qu'elle a un mauvais sondage, jamais on ne dira qu'elle était brillante. En revanche, une émission mauvaise, mais qui atteint une grosse écoute fera dire : « c'est formidable ; as-tu vu combien tu as fait ? » C'est purement scandaleux.

— *Jacques, tu as cinquante-huit ans et tu en es encore à t'étonner des hommes ?*

— Oui, et le jour où je ne m'étonnerai plus, je partirai. Le temps sera venu.

— *Je termine par un coq à l'âne, mais n'y vois aucune allusion personnelle. Un gars qui a réussi à la télé peut-il aller faire de la radio, et y réussir également ?*

— Il y a des exemples, mais ils sont très rares ; en revanche, il y a des gens de télé qu'on a payés très cher pour venir animer une émission de radio et qui se sont cassé la gueule. C'est même un phénomène curieux : ils étaient très efficaces sur un écran mais, privés d'image, ils devenaient comme négatifs au micro.

Cela ne vous arrivera pas, monseigneur Chancel. Comme Votre Grandeur parle bien.

Patrick Sébastien, un paysan de la Corrèze

— Je me suis marié à dix-sept ans, avec une dispense du président de la République, comme la loi l'exige. Pompidou me l'a envoyée du Fort de Brégançon. J'ai eu un fils. Je l'ai appelé Sébastien : d'où mon pseudonyme.

Je suis moi-même né à Brive, fils d'une ouvrière d'usine et d'un père inconnu. Mon grand-père était boulanger à Juillac, petit village de pleine Corrèze. A part cela, toutes mes ascendances sont paysannes et je me sens profondément paysan.

Vie scolaire simple : communale, études secondaires ; j'ai passé mon bac sans faire de terminale, grâce à un prof parfois ivre mais fabuleux, qui revenait de Paris pour m'enseigner la philo au bistro, en affirmant qu'il en avait appris davantage en lisant les mémoires de Maurice Chevalier que chez Kant ou Spinoza.

Ensuite, j'ai passé le concours d'inspecteur de police que j'ai raté d'un point. Quelle veine ! Sur quoi, j'ai fait trois ans de faculté. Comme j'étais père de famille et qu'il fallait gagner ma vie, j'ai été, successivement, boulanger, peintre en bâtiment, déménageur et caricaturiste. Je dessinais les gosses à la sortie des écoles, je faisais agrandir le dessin et ça ne se vendait pas mal. J'ai poursuivi dans la vie en vendant des encyclopédies dans les fermes. Une horreur. Certes, quand j'avais fait une vente, je touchais une belle commission, 220 francs, mais il fallait parvenir à placer les volumes.

— *Faisiez-vous rire vos éventuels clients ?*

— Non. Je ne suis pas un comique, mais j'avais, comme atout, nos affinités de paysan.

— *Comment en êtes-vous sorti ?*

— Pas très facilement. Je me séparais, peu à peu, de ma femme et j'avais, dans ma vie, une autre petite qui, pendant que je jouais au rugby avec passion, sortait avec un musicien, ce dont je ne me suis rendu compte qu'en rentrant d'une tournée en Afrique du Sud. Là, je me suis dit que s'il fallait monter sur scène pour avoir des gonzesses, eh bien ! j'y monterais. Un beau jour, Annick Beauchamps est venue à Brive animer un *Radio-Crochet*. Il y avait là beaucoup de journalistes et c'est sur leurs conseils que j'ai pensé à faire rire. Ils m'ont dit de monter à Paris. Là, en sortant de la gare d'Austerlitz, j'ai acheté le *Pariscope,* j'ai traversé le boulevard de l'Hôpital et, d'un café, j'ai appelé au téléphone tous les cabarets pour proposer mes talents. J'ai essuyé des dizaines de refus, mais le jour de mes vingt et un ans, un directeur me dit « oui ». C'est un point commun avec Serge Lama, qui a obtenu son premier engagement le même jour. Mon grand truc, c'était d'imiter Bourvil ; je gagnais 30 francs. Donc, pour bouffer, il fallait encore courir se produire chaque soir dans cinq ou six autres cabarets. Mais j'ai eu du bol : j'arrivais à l'époque-charnière, où le cabaret n'était pas encore mort.

— *Quand avez-vous senti que, d'artiste, vous deveniez un prince du show-biz ?*

— Pas d'un seul coup ; ce fut une suite d'enchaînements : je montais de petites estrades en petites estrades ; en 1979, je me suis retrouvé à l'Olympia. Depuis lors j'y suis passé en vedette à neuf reprises, toujours pendant un mois, et dans une salle pleine à craquer.

— *Comment faites-vous rire les gens ?*

— Je vous l'ai dit, je ne suis pas un comique. Sim l'est ; Coluche l'était. Je suis plutôt un humoriste, qui se cache derrière toute une série de trucs. En fait, l'imitation est une manière comme une autre de s'exprimer, et je me suis aperçu que c'était un bon moyen de faire passer, dans le public, les choses que je voulais dire et la bonne humeur que je voulais transmettre.

— *Vous-même, riez-vous ?*

— J'adore rire et je suis client pour tout ce qui est comique. Le rire est un merveilleux réflexe. Il n'y a pas de rire noble et de rire commun, seul le résultat compte mais, pour faire rire, la qualité la plus nécessaire c'est d'avoir envie de donner quelque chose au public, dont on attend qu'il « vous réponde » à chaque instant. C'est différent des chanteurs, par exemple : eux, ils ont un applaudissement à la fin de chaque chanson. Nous, on a besoin d'avoir, sans arrêt, un retour de la salle, un écho. Pour cela, nous devons être très généreux et aussi fort indulgents avec le public. Si l'on est pingre de ses efforts, on ne provoque pas le rire.

— *En somme, le rire c'est sérieux.*

— C'est un vieux débat qui n'a pas beaucoup évolué depuis Molière. C'en est presque dramatique. Il y a toujours le même amour du petit peuple pour le rire et le même mépris, envers lui, de tous ceux qui se prennent pour des têtes pensantes, alors que parvenir à provoquer le rire est une entreprise extrêmement difficile, sinon nous serions beaucoup plus nombreux à le faire naître ! Pour moi, c'est toujours une question de générosité.

— *Parlez-moi de télévision.*

— Ne me faites pas rire.

Papa Patrick est minuté

Patrick Sabatier est l'une des deux ou trois vedettes les plus suivies par les téléspectateurs. Je l'ai connu dans un avion. J'allais à Amsterdam pour l'Eurovision de la Chanson. Il m'a dit bonjour, ajoutant : « Je vais là-bas pour faire la même chose que vous. »

Voilà qui me rendit pensif : comment pouvait-on faire la même chose que moi si l'on n'était pas moi ? Comme mon interlocuteur paraissait agréable et ouvert, j'osai lui demander :

— Qui êtes-vous donc, cher monsieur ?

— Patrick Sabatier.

— Ah oui, fis-je...

Je demeurais perplexe ; mes connaissances des programmes audiovisuels, vous le savez, ne vont pas loin. Je dis, suavement :

— Qu'allons-nous donc faire ensemble chez les Néerlandais ?

— Pas ensemble, me répondit-il, séparément ; vous pour la télé, moi pour la radio.

Je ne sais pas si un courant de sympathie avait passé entre nous, mais je sentis bien que ce jeune homme ferait un bon bout de chemin dans le métier.

Depuis l'avion, nous nous sommes rencontrés bien des fois et nous avons présenté avec quelques autres les 50 ans de la télé sur Canal plus, le réveillon de 1987 sur Antenne 2, sans compter les invitations qu'il m'a faites dans deux ou trois de ses programmes.

C'est après son émission quotidienne à RTL que je le rencontre. Je le trouve concret, clair et beaucoup moins « guimauve » qu'on le prétend.

— *Patrick, vos nom, âge, qualité, situation de famille, emploi du temps ?*

— J'aurai trente-six ans en novembre 1989. Marié, une fille, Margot, qui a treize mois au moment où nous parlons.

— *Votre fille vous regarde-t-elle sur l'écran ?*

— Oh non, pas encore, mais elle voit son papa tous les jours. Je n'ai pas de journée type. En général, je me lève entre 6 heures et demi et 7 heures ; petit déjeuner, toilette, j'embrasse ma fille et ma femme, et j'arrive à RTL vers 7 h 45. C'est tôt, mais d'abord, c'est moins tôt que vous, Léon, quand vous meniez les journaux du matin à RTL, et puis, on acquiert vite l'habitude de travailler de bonne heure. Cela me gêne sensiblement moins qu'il y a dix ans. Je reste sur l'antenne radio jusqu'à 10 heures et demie, puis je fonce à la maison. De 11 h 30 à 14 heures, quoi qu'il advienne, je suis chez moi, avec « elles ». Je ne déjeune jamais en ville. A 14 heures, commence une deuxième journée, celle de la télé : répétition, enregistrements, et tous les jours, de 18 h 50 à 19 heures, l'annonce d'*Avis de recherche* en direct. Je rentre aussitôt après ; je m'offre une coupure, aussi courte soit-elle. Je revois les dames de ma vie et, s'il le faut, je ressors, après un rapide dîner. Le vendredi, c'est *Avis de Recherche ;* le jeudi soir, mon émission sur le cinéma, *La Séance de 22 heures*. Après quoi, à la maison. Je ne baguenaude pas.

— *Vous êtes un modèle d'organisation. Mais vous vous déplacez beaucoup ; conduisez-vous vous-même ?*

— Oui ; j'y trouve plus de liberté, d'indépendance et je n'ai à dire à personne où je vais ni qui je vois. Cela ne regarde pas les curieux.

— *Vous sentez-vous un homme mûr ?*

— Je suis mûr depuis seulement hier... Voyez-vous : on en apprend tous les jours ; on a la sensation de mûrir à chaque jour qui passe. Ce qui a contribué à ma maturité, c'est les échecs, et j'en ai connu. Notamment, en déviant de la trajectoire, en allant sur la Cinq en 1987.

— *Pourquoi, à votre avis, le public ne vous a-t-il pas « suivi » ?*

— Il y a eu, d'abord, une raison, mettons, technique, puisque l'on ne pouvait pas nous obtenir sur la totalité du territoire. Mais la vraie raison est psychologique : nous devons être très modestes ; un animateur ne fait pas une chaîne, c'est la chaîne qui fait l'animateur. Le public est habitué à TF 1, ou à Antenne 2 ; déjà moins aux autres chaînes. Avant qu'il accepte de modifier ses habitudes, il va se passer des mois, des années, qui sont, pour certains d'entre nous, supportables, mais pour d'autre non. Moi, je suis un animateur qui a été monté aux nues par le public ; je ne peux pas m'en passer ; le style d'émissions que je présente a réellement un rapport étroit avec le spectateur. Mais n'importe quel autre animateur, ou à peu près, qui serait allé sur la nouvelle chaîne aurait échoué. On le voit bien, maintenant que la Cinq a deux années d'âge : son audience a commencé à grimper.

— *Rappelez-moi les chiffres.*

— En septembre 1987, aussitôt après ma première émission sur la Cinq, j'ai réuni mon équipe et j'ai demandé quel était le sondage. Certes, il ne faut pas être obsédé, mais se tenir au courant. Eh bien ! mon émission, *Dix sur Dix*, n'avait atteint que 4,4 %. Or, sur la Une, j'étais à 30 %.

J'ai demandé les autres sondages, Collaro, Sébastien, les films : que ce fût Robert Redford ou Patrick Sébastien, cela se situait entre 3 et 6 %. Je me sentis alors déculpabilisé, mais j'ai demandé à Robert Hersant, qui l'a parfaitement compris, de pouvoir me séparer de lui, parce que je m'étais trompé. On peut comparer mon aller-retour à l'histoire d'un homme marié, qui a un coup de foudre pour une jolie femme, mais qui s'aperçoit, au bout d'une ou deux nuits, que « ce n'est pas ça ». Bref, je suis toujours resté en très bons termes avec Hersant et Berlusconi, tout en ayant les meilleurs rapports avec les patrons de la Une.

— *Quelles sont, de toutes vos qualités, celles qui agissent le plus sur le public ?*

— Je veux bien être jugé par mes patrons, par la critique, par le public, mais je ne me juge pas moi-même. La seule chose que je puis dire c'est que je fais la télévision que j'aurais envie de regarder si j'étais simple spectateur. Cela dit, quand on est face à la caméra, elle retire de vous ce que vous ne connaissez peut-être pas de vous-même ; cela ne vous appartient plus. Dès que vous vous donnez en pâture au spectateur, et quel que soit votre métier, les gens ne vont trouver que ce qu'ils veulent trouver. Le reste, ils le rejetteront. Ce n'est pas vous qui décidez puisque votre image ne vous appartient plus.

— *Je connais ce mystère, Patrick. J'ai vécu toute ma vie avec lui, et ça reste un mystère... Autre chose : vous êtes l'un des très rares qui ont commencé par la télévision avant de faire de la radio.*

— Eh oui ! en 1976, ce fut *Les Visiteurs du Mercredi*, pour les enfants, et c'est en me voyant sur l'écran que la direction de RTL m'a proposé de venir... pour un mois.

— *Êtes-vous un homme heureux ?*

— Il suffit de deux ou trois minutes de bonheur et de rire dans la journée ; mais ça, ce n'est qu'une formule. Je suis très heureux car je possède déjà un peu d'expérience et suffisamment de jeunesse encore pour avoir, tout à la fois, le recul et le dynamisme ; je suis à un carrefour. Sans doute, cela ne peut-il durer. Je me dis qu'il y a plusieurs bonheurs dans la vie ; les uns sont passagers ; il n'y en a qu'un d'essentiel, celui du cœur.

Un jeune philosophe souriant ? Un homme qui sait où il va, et qui s'y conduit lui-même ? Un athlète complet du micro ?

PPDA

Quatre initiales et trois rides qui lui barrent le front, voilà le plus cool des présentateurs depuis Joseph Pasteur. Il réussit à être tout à la fois — sur l'écran du moins — détendu et sérieux : c'est très difficile. Il y en a qui n'y sont jamais parvenus : moi, par exemple. PPDA sait prendre du recul à l'égard d'un événement et, en même temps, le présenter en paraissant croire complètement à son importance immédiate. Dans un entretien, il ne parle pas pour rien. Il ne fait pas de phrases. Concret, positif, il est néanmoins comme traversé par des battements de cœur.

— *Tu as quarante et un ans, plusieurs enfants, dont l'aînée, une fille, t'est venue alors que tu étais encore adolescent.*

— J'avais seize ans moins le quart.

— *Quels sont vos rapports ?*

— Ça a été formidable, parce qu'il y avait une sorte d'enthousiasme des deux côtés ; puis, j'ai senti un petit déchirement quand elle est partie de chez nous, il y a cinq ans. Elle m'a manqué ! Maintenant, je la marie en juin 1989 ; je vais donc la perdre une deuxième fois. Au total, des rapports très proches, parce qu'il n'y a que seize ans de différence entre nous.

— *Tu es un voyageur boulimique ; dès que tu disparais de l'écran tu es déjà loin. Je me rappelle qu'à l'époque où nous présentions le 20 Heures d'Antenne 2 en alternance, ou à peu près, on ne pouvait pas faire de réunion de critique le vendredi aussitôt après le journal (celle où nous nous disons les pires vacheries) la plus utile, puisque nous nous jugeons les uns les autres, parce que tu filais déjà vers Orly sauter dans l'avion de Saint-Brieuc. Tu allais te gaver d'air marin à Trégastel. En 1971, tu avais été propulsé dans le monde audiovisuel grâce à ton sens des voyages.*

— J'avais gagné en effet un concours organisé par France-Inter, « Envoyé spécial ». Deux à trois mille candidats, une première sélection de trente-quatre, qui ont fait le tour du monde. Là, France-Inter a diffusé nos reportages et on a qualifié quatre d'entre nous pour un second tour du monde. On a cherché un vainqueur, et c'est tombé sur moi. Après un passage à Inter, je suis entré à Antenne 2, où je t'ai retrouvé ; j'aimais cette équipe constituée par Marcel Jullian car elle était dynamique, insolente, et elle apportait quelque chose de frais dans le paysage. J'ai commencé à présenter le 20 Heures en 1976.

— *Peu de temps après 1981, un différend t'oppose à Christine Ockrent. Tu quittes la chaîne.*

— Mes rapports personnels avec Christine étaient bons, mais Pierre Desgraupes, qui présidait alors Antenne 2, avait tout fait pour me marginaliser. De plus, je n'étais pas en odeur de sainteté sur le plan politique ; c'était une époque de relative intolérance, ce qui a changé, heureusement, depuis lors. En fait, personne ne m'a obligé à m'en aller mais on m'a balisé le chemin de la sortie et on m'avait même montré comment ça pourrait se dérouler. J'ai préféré le départ à un placard. J'ai eu ainsi trois ou quatre ans de liberté totale, travaillant aussitôt au *Journal du Dimanche,* avec un « portrait » par semaine ; depuis lors, je n'ai pas arrêté. Je suis resté également trois ans et demi à *Match* ! et surtout, j'ai écrit quatre livres. J'ai également joué dans un film de Lelouch, *Vingt ans déjà,* avec Anouk Aimée et Jean-Louis Trintignant. J'ai animé une émission de service, *A nous deux,* et une tranche en clair sur Canal Plus, celle que présente aujourd'hui Philippe Gildas.

— *Quand je pense, cher Patrick, qu'on me reproche de faire trop de choses... Comment te juges-tu sur l'écran ?*

— Encore trop impatient. En fait, j'aime obtenir tout de suite ce que je désire dans mon travail : je suis exigeant, précis, et donc peut-être trop tatillon...

— *Je t'ai entendu crier à pleins couloirs : « Une virgule est une virgule ; ne me déplacez pas les miennes. »*

— Bref, je suis parfois un peu pénible à supporter !

— *Les dames de ma famille trouvent que tes fameuses rides doivent peut-être traduire tes angoisses intérieures.*

— Je ne le vis pas comme un défaut, mais, ces

angoisses, j'essaye de ne pas les montrer aux téléspectateurs. L'homme de télévision est saisi par une image plate, il n'y a pas de relief sur l'écran. Je voudrais dire aux gens : « Je ne suis pas que cela, cette image que vous voyez. Je ne suis cela qu'*un peu.* Ne me réduisez pas à cette seule image. J'ai une dimension personnelle. » En fait, cette image est entretenue par tous nos confrères de la presse écrite, soit en pensant nous faire du bien, soit en espérant nous faire du mal. C'est pour le moins agaçant.

— *Souffres-tu de ta notoriété ?*

— Au début, j'avais pas mal de difficulté à la vivre. Il me paraissait absurde qu'on s'intéresse de si près à un journaliste. Pour un artiste, pour un président, je comprends qu'on le fasse, mais à l'égard d'un journaliste, c'est ridicule. Au début, je refusais de signer des autographes, ce qui a été fort mal perçu. Mais il y a, par ailleurs, des avantages, comme tu le sais. De toute manière, il y a un minimum de précautions personnelles à prendre. Par exemple, je n'ai jamais montré mes bébés, mes enfants (donc, ceux-là sont déjà sous cloche) ; ni mes joies et mes peines personnelles. J'ajoute qu'il n'est pas indispensable de se retrouver dans tous les endroits publics où l'on sait qu'il y aura des photographes. Tertio, bien se dire que ça zigzague. J'ai connu une période où j'étais très haut dans l'échelle de la notoriété, puis il y eut une parenthèse ; à nouveau je suis monté haut mais ça peut redescendre. Tout ceci n'est pas très important et, en aucun cas, l'essentiel.

— *Qu'est-ce qui est essentiel ?*

— L'enthousiasme ; ne jamais être blasé. Ne jamais accomplir les choses qu'on vous impose. Savoir tenir bon et se tenir bien.

— *Ton émission,* Ex-libris, *marche très fort.*

— C'est en effet le dernier en date de mes bonheurs à la télé. C'était un sacré pari que d'imposer une émission littéraire sur une chaîne commerciale. Je crois qu'on est en passe de le réussir.

Christine Ockrent

C'était, il y a quelques années, sur Antenne 2. On fêtait, dans une émission, mon anniversaire. Christine, bien qu'elle eût ce jour-là à présenter un journal de 20 heures bourré d'événements, tint par amitié à descendre, à peine une heure avant, sur mon plateau, pour couper, devant les caméras, un énorme gâteau, et en servir une tranche à chacun.

J'ai un autre souvenir personnel : en 1984, le chef de la campagne électorale du Président Reagan vint passer trois jours de ce côté-ci de l'Atlantique. Il demanda à rencontrer trois personnes, une par jour : le roi Juan Carlos en Espagne, le président de l'Égypte Moubarak, et en France Christine Ockrent ! L'ambassade américaine me demanda d'arranger le déjeuner, mais je dus insister auprès de Christine qui n'aime pas trop ce genre de festivités.

J'ajouterai que, pour moi, le plus agréable est de l'écouter parler, sans qu'elle ait l'obligation de s'arrêter pour « lancer » des images. A mon avis, sa séduction vient, pour une bonne part, de sa manière de s'exprimer, en un français châtié et musical.

— *Où étiez-vous avant de vous imposer dans l'audiovisuel ?*

— D'abord, j'ai fait Sciences-Po à Paris. Puis, du porte à porte pour trouver un job. Je fus prise comme documentaliste dans le bureau parisien de la chaîne américaine NBC, pour un reportage de cinquante-deux minutes sur la manière dont de Gaulle avait bouté l'OTAN hors de France. Ensuite, je suis passée à la chaîne CBS, au bureau de Londres, pour un magazine d'actualité célèbre, *Sixty Minutes*. Là, je devins assistant-réalisateur, ce qui me faisait aller souvent à New York, afin d'y terminer le montage de ce programme et de préparer le commentaire qu'allait dire la « star ». *Sixty Minutes* a un succès considérable qui repose sur quelques journalistes-vedettes, dont Mike Wallace pour qui je travaillais de façon passionnée et obscure. Peu à peu, on me fit écrire des commentaires directement en anglais.

— *Je vous ai entendue plusieurs fois : vous êtes totalement bilingue.*

— Moins maintenant. En tout cas, je fus amenée à faire de l'antenne en anglais, dans un autre magazine ; il est rarissime, vous le savez, qu'une télé de là-bas emploie quelqu'un qui ne soit pas anglo-saxon. Tel est, Léon, le « détail » de ce qu'on appelle, ici, ma « formation à l'école américaine ».

— *Avez-vous le sentiment d'être, dans notre métier, quelqu'un d'exceptionnel ?*

— Sûrement pas. Simplement, j'ai eu la chance de suivre un parcours pas comme les autres ; je dirais « atypique ». Ainsi, je n'ai pas passé plusieurs années à la radio à Paris. Je ne fais pas partie des anciens de l'ORTF. Je n'ai pas profité de toutes sortes de réseaux de camaraderie, de toutes sortes de complicités, très puissantes dans ce milieu, comme dans tous les milieux. Il a pu m'arriver d'en payer le prix. Vers 1974, j'étais revenue en France. Le président Contamine lançait, sur FR3, le magazine *Vendredi,* où je pris en charge les reportages internationaux. Mon étape suivante allait être le journal du matin, le 8 Heures, sur Europe I, avec lever à 4 heures, une année très pénible physiquement.

— *Vous êtes passée du grand reportage de télévision au journalisme quotidien.*

— Ce ne fut pas simple. En Amérique, il n'est pas d'usage de se balader d'une forme de journalisme à une autre ; en France, c'est au contraire de pratique courante, alors que les aptitudes nécessaires sont différentes, pour ne pas parler de talents.

— *Quelles aptitudes, selon vous, faut-il posséder pour bien présenter le journal télévisé ?*

— Il faut d'abord avoir de la bouteille et l'acquérir avant de se montrer à l'écran. Savoir de quoi vous parlez, où se situent les pays, les gens, les faits. Le spectateur le sent. Ensuite, avoir une attitude de sincérité, que le même spectateur perçoit parfaitement. Éviter, comme la peste, tout ce qui peut nous rapprocher de l'histrion ou de l'acteur qui joue son rôle, et qui a étudié, devant une glace, ses mimiques, ses demi-sourires, ses gestes des mains. Troisième point : il faut avoir une écriture très spécifique, qui n'est pas une écriture de reportage ni de journal imprimé, mais une forme extraordinairement condensée pour donner une nouvelle le plus brièvement possible ; cette écriture existe, mais elle ne doit même pas se faire sentir.

J'ajouterai ne pas s'écrier, dans les interviews données aux publications de télévision : « Moi, j'ai besoin qu'on m'aime, regardez-moi, je suis tout à vous mon cher public, etc. » Ne pas se laisser griser. Ne pas se dire « la télévision, sans moi, n'existe plus ». S'efforcer dans sa vie, personnelle comme professionnelle, de garder cette espèce de discipline. J'espère y avoir réussi.

— Ensuite, vient votre époque de très grande gloire : vous présentez le journal télévisé sur Antenne 2, vous êtes l'idole des téléspectateurs, puis, en 1985, vous partez. Pourquoi ?

— J'estimais que le président d'Antenne 2 m'enlevait une bonne partie de mes responsabilités éditoriales sur le contenu des journaux dont j'avais la charge. J'en ai tiré les conséquences : j'ai claqué la porte, mais on ne l'a pas bien compris, parce qu'en France on n'a pas l'habitude de tels gestes : ici, le télé-journaliste est, en général, au « statut », au contrat de longue durée : donc, il doit « encaisser », attendre, aller au placard, en ressortir. Moi, au contraire, je n'ai pas été habituée à cela.

— Vous revenez, en 1987, à TF1 privatisée. Est-ce un faux pas ?

— J'ai fait au moins deux faux pas. Poussée par le besoin d'exercer à nouveau mon métier, que j'avais quitté depuis deux ans, j'avais envie de télévision. J'ai hésité un bon moment et je suis allée finalement, sur la Une, mais ce n'était pas tout à fait ma manière de sentir les choses. Ma seconde erreur fut d'accepter la double casquette qu'on m'offrait et que, d'ailleurs, je n'avais pas demandée : tout à la fois antenne et participation à la direction générale. Là, j'étais entrée dans un univers où les règles de comportement étaient tout autres que ce que j'avais connu.

— On vous retrouve, en 1988, à Antenne 2, et l'opinion s'étonne de vos émoluments quand on porte l'affaire sur la place publique ; là, les réactions ne vous sont pas spécialement favorables.

— Je l'ai ressenti de plusieurs manières, un peu contradictoires. J'ai parfaitement compris, et je l'ai beaucoup dit, l'étonnement, sinon l'indignation de l'opinion devant les écarts de salaires. Ce que j'ai moins bien compris, c'est, de la part de la presse écrite, une désinvolture complète vis-à-vis de la réalité. Quelle est-elle ? Je ne fais pas partie du service public ; je ne suis pas au statut : je n'ai qu'un contrat temporaire de deux ans. Second fait : ces émoluments, je ne les ai pas arrachés à la direction générale d'Antenne 2 à la pointe d'une épée ou d'une mitraillette. Ils m'ont été proposés par la chaîne, qui était certaine de les faire accepter par le contrôleur d'État. Bien évidemment, Antenne 2 se basait sur des salaires qu'elle payait déjà à d'autres personnes de chez elle. Tertio, ce que j'ai trouvé paradoxal, et donc injuste, et qui m'a amenée à souffrir un peu sinon beaucoup, c'est qu'on me reprochait de gagner de l'argent au moment précis où je quittais, de ma propre volonté, TF1, où j'en gagnais sensiblement plus. Nos confrères n'ont pas cru devoir expliquer toute la situation à des lecteurs qui, de leur côté, ne comprennent pas qu'à la télévision certaines personnes gagnent des sommes appréciables. La télévision est devenue une industrie, où un spot de publicité vaut des fortunes, et où les salaires ont été multipliés de façon, parfois, peut-être excessive. Ensuite, il a fallu six mois pour qu'on découvre que d'autres confrères présentateurs pouvaient gagner quatre fois plus que moi. Bien sûr, il y a des salaires plus élevés que le mien sur ma chaîne, sans compter les disparités au sein de la rédaction. Au total, une indignation qu'expliquait une ignorance totale de ce que sont devenus, aujourd'hui, les mécanismes de la télévision.

Enfin, j'ai subi une sorte de retour du balancier : ayant eu droit, et c'était ma grande chance, à beaucoup de compliments à une certaine époque, j'ai eu droit à l'excès inverse ; mais on vit beaucoup moins bien l'opprobre que les compliments ! Ceci étant, j'avais d'abord, et dans toute la mesure du possible, à continuer mon boulot puisque j'étais là pour ça. Il y eut des soirs, dans un tel climat, où ce n'était pas très drôle. Tout cela rejoint un problème beaucoup plus général en France, celui d'un pays où il y a énormément de fonctionnaires mal rémunérés, un pays qui comprend donc mal les problèmes de l'argent, qui s'en accommode mal, et où l'on entretient, à l'égard de l'argent, des relations ambiguës. Aux États-Unis, en revanche, plus on gagne, plus on est considéré, on affiche donc hautement son salaire; ainsi, notre consœur américaine, Diane Sawyer, vient de passer en mars 1989 à la chaîne ABC avec un contrat de 800 000 francs par mois : ça ne fait pas un scandale national.

— *Aimeriez-vous repartir travailler aux États-Unis ?*

— Non. Mes attaches familiales sont ici; ici est ma culture et j'ai déjà vécu trop longtemps cette espèce de schizophrénie culturelle, où vous ne savez plus très bien où sont vos racines. Je tiens aussi à contribuer, à mon petit niveau, à ce qui pourrait devenir une télévision européenne, face à l'omniprésence des télévisions américaines et japonaises. C'est, pour l'Europe, une question de survie culturelle, un enjeu important; bref, il y a beaucoup de choses à faire sur notre continent en matière de télévision.

Bouvard

Je connais Philippe Bouvard depuis très longtemps. Je m'inspirais déjà de ses articles du *Figaro* en 1960, quand je préparais l'Eurovision du mariage du roi des Belges Baudouin avec Fabiola. Bouvard avait des tuyaux sur ce qui se passait chez les invités du Palais Royal, par exemple que Juan Carlos couchait sous les combles mais je n'ai jamais su par quels moyens il se les procurait... Plus tard, nous allions faire, parfois, de la télévision ensemble ; il m'invitait à venir, et me posait, comme à tout le monde, des questions que je trouvais diaboliques, perverses; une fois, il me poussa dans le fauteuil d'un dentiste ; une autre fois, dans un box d'écurie, avec de la paille sur le sol et du foin au râtelier : je faillis lui mettre mon poing dans sa figure joufflue. Bref, nous sommes devenus très amis, et je suis heureux d'être du peloton de ses invités fréquents dans les *Grosses Têtes,* l'émission phare de RTL, d'un RTL que Philippe Labro mène tambour battant et avec adresse.

Nous sommes à table, Bouvard et moi. Il mange peu et boit moins encore.

— *D'abord, ton âge.*

— Je suis dans ma soixantième année. Je n'ai pas eu le temps de m'en apercevoir, mais l'état civil s'en charge, et nos contemporains encore davantage.

— *Tu es gravement atteint par la maladie de l'hyperactivité : billet quotidien dans* France-soir, Paris-Match, Figaro-Magazine, *RTL chaque jour, et, en télé, la Cinq pour* Boulevard-Bouvard. *Comment tiens-tu le coup ?*

— Je considère le travail comme un sport, mon unique sport et je pense que la suractivité, pour ne pas dire le surmenage, est une bonne chose, à condition qu'on se soit habitué à un rythme infernal, que l'organisme l'ait accepté. C'est aussi une question de tempérament.

— *Pendant un temps, tu as été très caustique à la télé, pour ne pas dire méchant. Maintenant, tu as totalement changé de style.*

— Au fond, j'aime bien me payer la tête des gens, parce que, n'ayant pas de fortune personnelle, c'est la seule chose que je puisse m'offrir. Cela dit, ma causticité était liée à des formules d'émission qui ont évolué ; d'ailleurs, lorsqu'il s'agissait dans les émissions du samedi soir d'agresser un peu les gens, je ne faisais que les égratigner et ne leur causais pas beaucoup de mal. Puis, j'ai présenté des émissions basées sinon sur la gentillesse, du moins sur une certaine complicité intellectuelle avec mon invité et la causticité y eût été complètement déplacée. Elle revient de temps à autre, Dieu merci, dans les *Grosses Têtes,* où on peut encore se défouler, dire des choses énormes, qu'on regrettera trente seconde après, mais qui, sur le moment, font rire.

— *A quoi tient le succès colossal des* Grosses Têtes *depuis douze ans ?*

— Au fait qu'on se défoule et que nous acceptions, tous, que nos partenaires de l'émission se moquent de nous. C'est l'arroseur arrosé. De plus, c'est une des rares émissions de conversation ; on improvise, on ne sait pas où l'on va mais on y va gaiement. Il y a aussi l'alibi culturel qui retient les auditeurs que la gaudriole ne suffirait pas à fixer. Quand je compose mon quatuor d'invités pour une *Grosse Tête,* il y a plusieurs emplois à pourvoir, qui sont toujours pourvus. Un « comique », responsable des gros rires et, comme un comique ne peut pas travailler seul, il a, à ses côtés, un aide comique ; ensuite, il y a un « culturel » qui répondra à suffisamment de questions pour que RTL ne fasse pas faillite, puisque la station donne 1 000 francs à l'auteur d'une question chaque fois que vous n'avez pas trouvé la réponse ; et, enfin, ce que j'appelle un « pittoresque », un personnage auquel on ne demande que d'être lui-même, Alice Sapritch, Castelli, ou toi, mon cher Léon.

— *Revenons à la télé. Comment la vois-tu dans dix ans ?*

— Pas comme quelque chose de très exaltant ; plus on va multiplier les chaînes et moins le public les regardera. Quand il n'y avait qu'une seule chaîne ou deux, je me délectais de plusieurs programmes, j'enregistrais certains d'entre eux en les ayant choisis d'avance. Aujourd'hui, avec six chaînes, et parfois six films, je zappe et donc je ne regarde rien vraiment. En fait, j'enregistre des films que je mets de côté et que finalement je ne regarde jamais. L'abondance de biens nuit, non pas aux professionnels parce qu'elle multiplie les débouchés, mais au consommateur, qui ne sait plus vers quel produit aller.

— *Penses-tu qu'on se dirige vers une télévision de plus en plus américanisée ?*

— Oui. Les Américains fabriquent de bonnes images, et qui sont compétitives par leurs prix.

— *Et chez nous, en France, mettons, en Europe ?*

— On va fabriquer de plus en plus d'émissions à un moment où on a de moins en moins d'idées. J'ai l'impression qu'en trente ans, les gens de télé ont fait complètement le tour des problèmes. Il y a même un paradoxe : la radio ne paraît pas du tout être à court d'idées, la télévision, si. Nous allons probablement vers une télé interactive ou l'on placera une caméra chez le spectateur pour qu'il bavarde avec le présentateur. Bref, j'ai la nostalgie de la télé des pionniers, de l'âge d'or.

— *Que préconises-tu ?*

— Que nous prenions des leçons chez les Américains, mais sur le seul plan de l'information ; que nous couvrions les grands événements en direct, en ayant des caméras un peu partout en France et dans le monde, pour que nous puissions réagir, illico, avec des envoyés spéciaux, à chaud. Mais serons-nous assez riches pour cela ? Quant aux variétés, c'est tout autre chose ; comment les concevoir ? J'ai l'impression qu'on a déjà tout fait et qu'on sera donc condamnés à la répétition. Mais ne ponctuons pas, aujourd'hui, dans le noir, car, à mon sens, il reste encore bien des choses à faire dans le domaine de l'humour.

C'était un déjeuner. Le dessert pris, Bouvard me fit monter dans sa célèbre 604 modèle char d'assaut — studio ambulant, où nous regardâmes la télévision et où nous fîmes marcher un magnétoscope. Pendant que l'on rembobinait la bande, nous pûmes écouter, simultanément, deux stations de radio ; la voiture de mon ami est équipée de façon telle que, grâce au ciel, l'on ne s'y repose pas un instant. Puis il pressa quelques boutons, arrêta paroles et images, et partit, comme un obus, sauter dans un avion.

Étienne Mougeotte

Étienne, sur TF1, c'est le grand patron. Presque tout dépend de lui. Comment en parler ? En bien ? En mal ? Je dirai, très simplement, les souvenirs qui m'attachent à lui.

Il est arrivé au journal télévisé vêtu d'un élégant complet croisé bleu marine, le plus beau complet que j'aie jamais vu sur un présentateur. Il menait bien le journal, ainsi qu'une émission, *Procès,* produite par Éliane Victor. Je l'y ai remplacé un jour qu'il était grippé mais l'on m'a dit aussitôt après qu'il était irremplacable. On continue à le dire, probablement parce que c'est vrai.

Pendant longtemps, je lui ai expliqué que comme il était le fils et le neveu de deux officiers que j'avais connus pendant la guerre, je me sentais des liens privilégiés avec lui. En vérité, je me trompais de lettres : les deux militaires s'appelaient Mougeolle et non Mougeotte ! Dommage ; cela m'aurait permis quelques déclarations du genre fraternel.

Après Cognacq-Jay, il fit encore un long chemin par le *Journal du Dimanche,* par Europe I, par *Télé 7 Jours* (le plus fort tirage, et de loin, de la presse française). C'est là qu'Étienne Mougeotte, je pense, a su le mieux comprendre ce que souhaitait le public de l'écran. Quand il est venu à

TF1, après son acquisition par l'équipe de Francis Bouygues, il savait donc vers quoi il orienterait les programmes.

Comme il a rencontré le très grand succès, et que le succès ne pardonne pas, on tire sur lui à boulets rouges. Pourtant, rappelons-nous ici encore Molière : « La première règle est de plaire. »

Au travail comme dans sa vie privée, Étienne est un homme courageux. Quelles que soient les circonstances, il est à son bureau (paysagé, selon la mode) de très bonne heure. Il mène sa barque professionnelle en montrant une qualité que j'ai rarement rencontrée chez les directeurs généraux qui l'ont précédé, celle de rester constamment « sur les coups ». Il va se rendre compte, sur le terrain, *de visu,* de la manière dont travaillent ses équipes, et comment avancent les répétitions. Puis il vous dit, avec une grande économie de mots, ce qu'il en pense, et dans quelle direction — peut-être — infléchir votre effort. Une voix grave, le goût de l'écriture, Mougeotte marquera sans doute l'histoire de l'audiovisuel.

Je ne l'ai pas vu depuis longtemps car le rencontrer n'est pas une chose simple ! Comme le dit son propre patron, Patrick Le Lay : « C'est l'homme le plus occupé de Paris. » En tout cas, le plus sollicité.

Monsieur Mourousi

Il a commencé à la télévision au mois de mai 1968, en pleine bagarre, en pleine révolte dans un journal de 20 heures que je présentais. Il interviewait le ministre de l'Éducation nationale, Alain Peyrefitte, avec tant de brio, que de Gaulle reprocha, dit-on, à Peyrefitte d'être tombé dans un traquenard. En réalité, comme le sujet était infiniment brûlant, le ministre et le journaliste s'étaient concertés auparavant.

Pendant vingt ans, Mourousi donna à la télévision une dimension nouvelle. Il la fit sortir de ses studios, au sens propre du mot. Nous étions confinés dans la poussière des couloirs et des plateaux. Mourousi déclara : « C'est irrespirable, allons nous promener au-dehors »... et il nous promena.

Je me souviens, entre autres, d'un direct à Moscou, sur

la place Rouge, où Mourousi se paya, dans la même séquence, Brejnev et le président Giscard d'Estaing : c'était fantastique.

Yves a une grande facilité naturelle. Il prépare ses émissions avec son instinct mais il déteste rédiger des textes et improvise constamment sur l'antenne. Il a quitté TF1 au début de 1989. Nous venions de faire une émission très critiquée par la presse sur le procès de Louis XVI. Je connais bien l'affaire : j'y tenais le rôle du président des débats.

L'idée était excellente, comme toujours chez Mourousi ; il s'agissait de mélanger sur l'antenne les rôles appris par cœur, et l'improvisation. Ce mariage ne donna pas tout à fait les résultats escomptés. Mais nous avions tous mis énormément d'énergie à préparer ce programme. Puis vint la déception. « C'est la vie », dira-t-on.

Mourousi est un hommme charmant, mais vous aurez peut-être quelque difficulté à le lui dire, car une fois qu'il est lancé sur un sujet, il n'est pas facile — tout comme moi du reste — à interrompre. Au-delà de ses qualités d'homme de télévision, il a celles d'un organisateur ; il a mis en scène, par exemple, un spectacle de prestige : « Ce soir, l'Armée... » Je l'ai vu commander à 2 000 hommes et à 10 généraux. Il est vrai qu'à l'origine Mourousi était chef d'orchestre.

Yves s'est marié assez tard, la quarantaine passée. TF1 avait pensé faire le reportage en direct et je préparais l'émission quand il me téléphona de Pékin : « Laissez tomber. Je ne veux pas faire de mon mariage un spectacle. Je ne veux pas me donner en pâture. J'épouse une femme que j'aime et qui m'aime. » On s'en tira avec un reportage filmé de dix-sept minutes, que je commentai sur Canal plus... Mourousi est un homme d'une exceptionnelle générosité, dans « tous les compartiments du jeu ».

Cavada

Jean-Marie Cavada est l'un des professionnels les plus intelligents que je connaisse. Il fourmille d'idées, et sait les concrétiser. Son émission *C'est-à-dire,* sur Antenne 2, produite avec Jean-Claude Paris, apportait une notion nouvelle en télévision avec sa séquence « Grand Témoin » : une personnalité-témoin pouvait prendre la place centrale et quasiment mener le débat.

Parfait camarade, ce qui n'est pas si fréquent dans nos milieux, il rend les services qu'on lui demande s'il est à même de le faire et ne complique jamais les choses, sachant rester, en toute occasion, simple, courtois, profondément humain.

Vers les années 1977-78, il me succéda aux journaux parlés du matin à RTL. J'avais passé vingt mois abominables car le fait de me lever tôt me gênait beaucoup, et j'avais rendu mon tablier. Cavada prit le job. Quand je le rencontrais dans Paris, je ne pouvais m'empêcher de lui envier sa fraîcheur, même en fin de journée. Il avait réussi à inverser le rythme d'une vie normale pour pouvoir se lever très tôt, renonçant à toute « vie parisienne » le soir. Un vrai monsieur. Son émission actuelle sur Antenne 2, *La Marche du Siècle,* produite avec Norbert Balit, est l'une des rares qui traitent des grands problèmes du monde. Elle accroche et fait réfléchir. Le numéro « Enfants mal aimés » sur l'inceste paternel a obtenu le 7 d'or spécial en 1988.

Philippe Labro

S'il y avait un classement général dans notre métier, comme dans le Tour de France, il est vraisemblable que le vainqueur serait Labro, l'actuel directeur général de RTL, la maison du président Rigaud.

Il sait tout faire. Journaliste enthousiaste, professionnel du cinéma — puisqu'il est, quand l'envie lui en prend, metteur en scène : *L'Héritier* avec Belmondo, c'est Labro, *La Crime,* c'est encore Labro —, il a également présenté le journal télévisé de 13 heures, pendant plus d'un an, avec une décontraction anglo-saxonne, et un sens aigu du détail intéressant. Il est aussi romancier. Son *Étudiant étranger* a été remarquablement accueilli, qui raconte l'histoire d'un boursier français dans une université américaine, avec ses mœurs, ses usages, ses tics, ses conformismes, ses libertés, sa manière de préparer les jeunes à être hommes. *Un été dans l'Ouest,* dont on parla pour le prix Goncourt, traite un sujet jamais abordé encore : la lutte, dans le Colorado, contre les insectes dévoreurs d'arbres. Un monde fascinant, une histoire étrange et bien contée.

Je l'observe, et je me demande : comment peut-on avoir tous ces talents ? Je jalouse peu d'hommes ; mais Labro est de ceux-là.

Hervé Claude

Hervé Claude réussit, depuis janvier 1989, des scores superbes à la présentation du journal d'Antenne 2. C'est un garçon mince, d'une courtoisie raffinée, d'une voix qui, dans le privé, est douce, et qui, sur l'antenne, résonne bien. Il ne donne jamais l'impression d'imposer son point de vue. Très légèrement en arrière de la main, comme diraient les cavaliers, il vous livre l'information en s'adressant à votre sensibilité plus qu'à votre intelligence. « Il faut savoir sentir les choses », dirait-il, si, surmontant sa réserve naturelle, il donnait, par exemple, une conférence ou une série de cours.

C'est un travailleur infatigable, et sans doute l'homme qui dans ce milieu résiste le mieux aux surcharges de travail.

Il tint pendant longtemps ce qu'on appellerait au théâtre les seconds rôles. A Hollywood, il aurait obtenu un Oscar dans ce domaine. Il présentait les éditions du 13 Heures, du 23 Heures, et remplaçait parfois les titulaires au 20 Heures. Puis, on lui donna ce dernier. Ce ne fut que justice. Il a de l'expérience et sait vous « dire » l'actualité sans vous la jeter au visage. Les dames qui m'entourent disent que si, un jour, Hervé avait besoin de consolation, elles s'en chargeraient volontiers.

Jean-Claude Narcy

Grand, mince, c'est l'homme en permanence le mieux habillé de la profession ; il change de complet tous les jours, et d'émission de temps à autre. Il fut un adjoint essentiel au 20 Heures de Roger Gicquel, à l'époque glorieuse de celui-ci. Quand TF1 privatisée confia à Narcy le journal de petit matin, on m'y donna — par erreur — en 1988, la rubrique des horoscopes. C'était imprévisible et osé. Malheureusement, nous n'eûmes pas les moyens d'illustrer la séquence, et j'avais beau m'agiter dans tous les sens, cela ne remplaçait pas les images. Narcy, imperturbable, tirait sur son barreau de chaise, et m'appelait : « Mon maître... » en y mettant une nuance affectueuse. Voilà qui ne se refuse pas.

Narcy est cordial et vous offre toujours d'entrer dans son bureau pour vous reposer un instant, dans la fumée de ses cigares. Il est spirituel, gourmet, et il présente son émission, dont le rédacteur en chef est Jean-Pierre Quittard, avec ce que les Américains appellent « beaucoup de distinction ».

Jean-Michel Leulliot

Longtemps patron des sports sur la Une, spécialiste du cyclisme (une quinzaine de Tours de France), Jean-Michel m'a été, il y a vingt ans, amené par son père, Jean Leulliot, dans ma cabine de présentateur : « Prends le petit et forme-le. »

Jean-Michel s'assit. Sur l'écran, on donnait le départ des 500 miles automobiles d'Indianapolis ; je venais juste de lui passer le micro, lorsqu'une des voitures se retourna ; accident spectaculaire, et qui, au début d'une course, fut impressionnant. Jean-Michel, sans se démonter, expliqua le pourquoi, le comment, les suites possibles et il nous souffla par sa connaissance profonde du sport automobile. Puis, tout au long de sa carrière, il montra des accélérations foudroyantes, et son goût des grandes carrosseries féminines.

Fin 1988, il choisit d'aller présenter le journal de 23 heures, ce qu'il fait aux week-ends. Il a une sobriété innée, et n'estime pas indispensable de gigoter pour appuyer les messages qu'il voudrait faire éventuellement passer. Ni mimiques inutiles, ni explications. Il exerce son métier ; il le fait avec aisance.

Claude Serillon

Ce fut, d'abord, un joli garçon à la belle denture ; les filles qui le regardaient rêvèrent qu'il les mordait. En somme, il pouvait mordre la vie à pleines dents. Il préféra travailler.

Il présenta sur Antenne 2 le journal télévisé de 23 heures, puis tâta du grand reportage ; je l'emmenai au mariage de Charles et Diana ; il plut, et il le méritait. Comme il est sensible aux liens qui unissent le reporter et l'écran, il considéra longtemps Diana de Galles comme une amie personnelle. C'était charmant.

Puis, Sérillon, en toute justice, accéda à l'échelon supérieur, le 20 Heures. Il y connut des audiences flatteuses. Si flatteuses que des personnes très haut placées lui en voulurent, c'est-à-dire voulurent son départ. On se battit autour de lui. Le ton monta. Pendant un temps, la chasse aux sorcières le prit dans ses tumultes. Claude se débattit, mais il succomba. L'épisode ne fut pas joli, joli.

Aujourd'hui, il est revenu au premier plan, et il est à nouveau en pleines turbulences.

Daniel Bilalian

Daniel n'a pas à craindre de placard pour le proche avenir, car il y est déjà resté trop longtemps.

Plein de bonne humeur, de sérieux mêlé d'humour, c'est un grand spécialiste des bateaux de guerre. Une année, à Portsmouth, pour une revue navale exceptionnelle de la Royal Navy, il souffla quelques officiers de Sa Majesté britannique en jonglant avec les caractéristiques des bateaux. Il savait tout, le diamètre des canons, leur cadence, la puissance des machines, la vitesse du bâtiment, l'âge — mais oui — du capitaine. Daniel Bilalian, s'il avait été Britannique, sillonnerait les océans micro en main.

Un jour que nous revenions d'Angleterre ensemble, il fut accroché, à l'aéroport de Heathrow, par une longue file de moines tibétains, crânes rasés, queue de cheval dansant entre les épaules. Ils reconnurent mon camarade qu'ils avaient vu, trois jours auparavant, sur les écrans français. Ils l'entourèrent de petits gloussements de joie et lui firent des quantités de saluts câlins, en se courbant à angle droit, voire davantage. Bilalian discuta longuement avec eux, et nous faillîmes rater notre propre avion. Sur quoi, le visage radieux, il me fit : « N'est-ce pas, Léon, que ces Tibétains sont charmants... »

Je me demande où il a bien pu apprendre leur langue ! Probablement avec une Tibétaine.

Le moteur du journal : Pierre Géraud

Dans une émission il y a, au-delà des visages connus, des hommes-clés, ceux qui la « font tenir ». Ainsi, Pierre Géraud, rédacteur en chef actuel du 20 Heures.

Il est entré à la télé au *desk*, la salle où arrivent les dépêches des agences de presse, et il allait les distribuer de bureau en bureau. Pour un homme qui possède une maîtrise de lettres, ça n'était pas très exaltant, mais Géraud fonçait. Il avait raison.

Il fut bientôt chef d'édition, c'est-à-dire qu'il s'occupait de tous les petits détails techniques du journal. Pierre passa rédacteur en chef du journal de 13 heures de Mourousi, dont il canalisait les ardeurs professionnelles. Il est aujourd'hui au 20 Heures. C'est lui qui dirige la première conférence de rédaction du matin, où l'on harponne l'actualité en lançant sur elle des commandos reporter-cadreur-preneur de son-éclairagiste. Il y aura une seconde conférence vers 16 heures. C'est le rédacteur en chef qui sait, à tout moment, où se trouvent ses équipes, ce qu'elles tournent, ce qu'elles rapportent et, à chaque demi-heure qui passe, il a en tête un nouveau profil du programme.

« Par rapport aux années passées, me dit Géraud, les jeunes journalistes entre vingt-cinq et trente ans ont depuis un vrai style, une vision très personnelle des choses, une façon peut-être plus profonde de sentir et de rendre l'événement. Michèle Cotta et Jean-Claude Paris, directeur de l'actualité et directeur de la rédaction, aiment que chacun exprime son tempérament, sa manière de voir les choses, qu'il jette un regard non aseptisé sur les événements. Il n'y a pas d'idées toutes faites, la rédaction est une entité palpitante et un monde passionnant. »

Les quatre de la Cinq

Je n'ai guère de contact avec la Cinq, bien que j'habite à 360 mètres de chez elle. J'y compte, cependant, de jeunes camarades de qualité, tels Patrick de Karolys, qui est passé facilement du rôle de journaliste sur TF1 à celui de responsable des magazines, ou Jacques Hébert, spécialiste de politique intérieure et qui fut, vers 1982, à TF1, soudain prié de vider les lieux — motif pris d'un montage qui n'avait pas été parfait, sans qu'on ait pu prouver la responsabilité du journaliste. J'ai rarement vu un règlement de comptes aussi brutal.

Leur patron est Patrice Duhamel, au visage d'archange et qui arriva un jour à Cognacq-Jay, avant son service militaire, nanti d'un joli brin de plume et d'une aura Sciences-Po. Ayant humé l'air de nos couloirs, il partit porter l'uniforme. Son frère, Alain, est un politologue convaincu, convaincant et pédalant ; vous voyez ce monsieur qui fonce à bicyclette vers le micro ? C'est Alain.

Patrice, lui, était donc tombé amoureux de la télévision comme on peut avoir le coup de foudre pour une dame et il nous revint. C'est le journaliste que j'aurais le plus volontiers choisi comme ami, dans sa génération, mais nous n'eûmes pas le temps. Je le regrette maintenant encore.

Un jour, à l'époque où il coiffait le service de politique intérieure, sur TF1, et où j'étais chargé pour ma part de constituer une équipe pour suivre le Tour de France cycliste, je vins lui demander de me prêter l'un des journalistes qui travaillaient pour lui. Il hésita, puis refusa : « Cela ne paraîtrait pas sérieux si, ensuite, après avoir suivi le Tour, il reprenait le boulot dans le domaine politique. »

L'homme pour qui nous croisions sinon le fer du moins le micro était Pierre Douglas, le chansonnier, l'imitateur ; il avait été en effet, pendant des années, un journaliste calé et rieur qui m'avait chaudement accueilli à RTL, quand la station m'engagea pour rédiger et dire les journaux parlés des petites heures. Je m'y sustentais de viandes froides, de petits pains au chocolat, de l'amitié de Douglas, auquel j'apprenais à m'imiter, mais il faisait rire davantage avec Georges Marchais.

Bref, angélique et vif argent, Patrice Duhamel — j'y reviens — occupe une grande place sur la Cinq. Elle grandira encore, bien qu'il n'ait pas que des amis dans les « milieux dirigeants » parce qu'il a pris, avec courage, des positions politiques précises et n'a jamais caché ses préférences.

Je suis fort bien avec Jean-Claude Bourret, dit monsieur Ovni ; en dehors de nos relations professionnelles, nous avons un souvenir commun. C'était à l'aéroport de Tunis ; un groupe d'une soixantaine de journalistes français revenait d'un voyage de *farniente*. Bourret s'amusa à me mettre en boîte. Il le fit avec un art consommé de l'imitation, et les formidables éclats de rire de nos confrères secouaient l'aéroport. Il fallait prévenir par radio les pilotes au moment de l'atterrissage : « Attention, commandant ! Jean-Claude Bourret raconte des histoires drôles et la terre en tremble de joie. »

Quand on annoncera une conférence de Bourret dans votre ville, foncez !

Jean-Claude Dassier

Peut-on parler d'un « inconnu dans la maison » ? Non, me semble-t-il, puisque Jean-Claude débuta à France-Inter ; il a occupé des fonctions importantes à Europe 1, entre autres à l'époque où la station était dirigée par Étienne Mougeotte. Il est venu tout naturellement à TF1 et, au début, nous ne le « pigions » pas bien. Cet homme de communication n'est pas, dans le privé, un communicatif. Pendant longtemps, nous le crûmes distant.

En réalité, il n'en est rien. Sa porte, dans les locaux de TF1 à Montparnasse, n'est jamais fermée, et quand il reçoit quelqu'un, il ne pousse pas de verrou. Il est partout où il doit être. Notamment, et comme Mougeotte, « sur tous les coups ». Il a la responsabilité des émissions spéciales, des programmes exceptionnels des sports et de nombreuses heures d'antenne. Les Jeux Olympiques de 1988, à Calgary et à Séoul, sur TF1, c'était lui ; les émissions sur le Bicentenaire, c'est lui, avec Xavier Couture ; les spéciales sur le Grand Nord canadien, c'est encore lui.

Il est donc obligé de se rendre sur les lieux de l'action. Il y part volontiers ! Il m'est arrivé de lui téléphoner à Séoul en pleine nuit, le réveillant, mais il ne montra aucune contrariété, alors qu'en général nous sommes assez susceptibles sur cette question, estimant que nous avons déjà assez de tracas dans la journée pour que notre temps de repos nous soit volé.

Si le déjeuner que vous lui proposez est utile au travail, il l'acceptera mais je ne l'ai jamais vu baguenauder de restaurant en restaurant pour le seul plaisir de la gourmandise.

Offrez-lui une idée qui ait l'apparence de tenir debout : il vous écoutera d'une oreille, si j'ose dire, positive. Contrairement à d'autres, il ne se débarrassera pas de vous d'une promesse pour ensuite jeter votre projet au panier.

Hervé Duthu

Probablement, un futur grand du métier, Hervé Duthu est venu, il y a une petite dizaine d'années, à Antenne 2, timide mais sachant regarder autour de lui, et discerner quels exemples suivre.

Il était au service des sports, que dirigeait alors Robert Chapatte, et il s'y imposa bientôt comme le reporter attitré du tennis. Il savait parler et expliquer, sans noyer le spectateur sous d'incessants bavardages. On lui sut gré de ses silences. Sa parole ne doublonnait pas avec l'image : un plaisir double pour le spectateur.

Duthu est sérieux dans ce qu'il fait. Maintenant qu'il a des responsabilités au service des sports de TF1, il sait choisir — ce n'est pas simple — les séquences à retenir et le montage à réaliser. Il fignole les détails en faisant clairement connaître ses choix et ses instructions ; avec lui, on ne nage pas.

Hervé est quelquefois un peu sévère d'apparence. En fait, c'est de la concentration. Puis, il va à l'écran avec sa mèche d'étudiant et ses chemises largement rayées et le spectateur sourit avec lui. Peut-être est-ce cela qu'on appelle l'alchimie, pour employer le mot de Patrick Le Lay.

Les jugements de Paris

Chaque chaîne est organisée à sa manière, il n'y a pas d'uniformité. On peut donc espérer que l'ennui n'y viendra jamais. A TF1, la chaîne que je connais évidemment le mieux, puisque j'y travaille en exclusivité, Michèle Cotta a autour d'elle son état-major. Elle l'appelle sa « garde prétorienne ». Ainsi, tout près d'elle, partageant son bureau, Jean-Claude Paris, directeur de la rédaction depuis mai 1987.

Je l'ai remarqué pour la première fois il y a vingt ans. Il courait dans la rue parce qu'il avait appris que son fils n'allait pas bien. Je vis, sur les traits du jeune père, une inquiétude qui lui tordait le visage. Selon la Bible, l'inquiétude amène la vieillesse avant son temps. C'est possible, mais comment l'éloigner ? Voilà bien une des rares choses qu'un homme ne parvient jamais à réussir.

Bref, Jean-Claude Paris, après Radio Monte-Carlo et Europe 1, était entré à la deuxième chaîne et il s'était très vite fait remarquer dans *C'est-à-dire* de Jean-Marie Cavada. Plus tard, il accomplira le tour de l'audiovisuel : France-Inter, FR3 dont il sera rédacteur en chef, TF1 comme correspondant permanent à Bonn. Il reviendra à Antenne 2 en qualité de rédacteur en chef des journaux de la mi-journée, puis repartira comme correspondant permanent aux États-Unis. Il parle l'anglais et l'allemand. En vérité, il parle peu mais voit vite et juge rapidement. La Rochefoucauld disait : « On est quelquefois sot avec de l'esprit, mais on ne l'est jamais avec du jugement. »

Paris ne fait pas de vent et ne prend pas ses bras pour les ailes d'un moulin. Il mène, avec une douceur autoritaire, le magazine du samedi, *Reportages*. On y traite des sujets les plus divers et, au bout de l'année, le spectateur y fait plusieurs fois le tour du monde. Jean-Claude Paris considère tout cela d'un œil calme, un peu ironique, et il vous donne tranquillement les solutions de vos problèmes. Il est l'un de ceux, peu nombreux, qui savent, en quatre ou cinq mots, tout dire.

Jean-Pierre, l'aimé des taxis

Je connais nos différences. Il aime la mer, que je ne supporte pas ; il aime aussi follement l'avion, et le prend tous les vendredis pour porter des madeleines et autres produits de première nécessité à sa tante, qui habite Marseille. Quand les chauffeurs de taxi marseillais passent non loin de sa maison, ils murmurent fièrement : « C'est par là qu'habite Jean-Pierre. » Ils ne disent pas son nom : comment pourrait-il y avoir un autre Jean-Pierre que Foucault ?

Quant à lui, il est probablement déjà sur son bateau, à essayer de noyer dans la mer tous les ennuis que la télé lui a causés. Il déteste sa popularité, il a mal quand on le critique et est déchiré quand un ami ne se montre pas à la hauteur.

Vous connaissez le Foucault souriant, menant *Sacrée Soirée* jusqu'aux cimes de l'Audimat ; il y a l'autre, le secret, celui qui encaisse mal les coups, qui voudrait être aimé de tout le monde, et qui ne comprend pas pourquoi les gens, sans le connaître, sans jamais l'avoir approché, peuvent ne pas l'aimer, encore qu'ils soient rarissimes. « Peut-on s'en prendre à une image ? » se lamente-t-il.

Il vit presque exclusivement entouré de femmes : sa compagne, leurs deux filles ; c'est son havre de grâce et de paix. La porte qu'on referme sur les tumultes de l'extérieur. Nous avons fait, une vingtaine de fois sur Antenne 2, vers 1986-1987, *L'Académie des Neuf,* qu'il animait sur un rythme du feu de Dieu. Mais peut-on connaître un camarade de travail uniquement par le travail ? J'aime sa franchise et sa poignée de main. D'autre part, on m'assure qu'il se repose un jour par mois, pas davantage ! J'en profite pour rappeler aux envieux qu'à moins de cent heures de travail hebdomadaires, on ne réussit pas dans ce métier.

Question : pourquoi ce succès formidable en si peu de temps ?

Réponse : parce que Foucault est très bon.

Saint Bernard

Bernard est un homme rond. Plus je le regarde, plus je l'envie. Il a su ne rester qu'enveloppé. A la fin de la saison, vers juin-juillet, ayant trop travaillé, il commence à maigrir. Suivez-le sur l'écran, vous verrez.

Bernard aime le bon vin, il a raison. Chez lui, au cours de ses dîners, sa femme et lui vous parlent tout autant de vieilles bouteilles que de bonnes lectures. C'est agréable, car ça ne donne pas une ambiance « métier ». Bernard s'enflamme pour un Château-Margaux autant que pour un bon roman. En vérité, je ne sais pas lequel des deux il préfère.

Bernard est un manieur de mots. Un jour, lors d'un gala du Tout-Paris, donné pour la lutte anti-Sida, il se mit à jongler avec eux. Ce fut un triomphe. Dieu sait pourtant que les mots sont un instrument difficile à manier : il faut les mâcher plus qu'un morceau de pain. Bernard a fait paraître, voici peu, un jeu de l'oie à sa façon, qu'il appela « Le Jeu du PAF », le paysage audiovisuel français. Je ne peux pas m'en plaindre, au contraire, puisque toutes les neuf cases, on tombait sur moi. Au biberon, à ma première émission, à ma première rencontre avec la reine d'Angleterre, à mon premier cheval, etc. J'ai porté ce jeu à mes petits-enfants, qui fréquentent en Espagne une école française. Le jeu du PAF y fit la joie des maîtres, des élèves de tous âges et des familles. Il nous propulsa ainsi au rang de vedettes aux Baléares.

Un jour, tous les libraires et éditeurs de France se réunirent pour se choisir un saint patron. Leur choix se porta sur saint Bernard. Non pas du tout à cause des croisades qu'il prêcha, mais parce que Bernard, c'est Pivot. Le monsieur à lunettes qui a inventé et anime, chaque semaine, une émission dont il est interdit de parler dans un livre, pour les raisons, justement, auxquelles vous pensez...

Bochko, qui nous nourrit

Bochko M. Givadinovitch, vice-président-directeur général de TF1, en est une des personnalités les plus marquantes. Ce n'est pas un usurpateur de titres, mais un chef-né. Sa réussite préalable, à la télévision au Liban, à RTL, entre autres, laissait bien supposer qu'il atteindrait des résultats flatteurs à la télé. Les choses se passèrent bien ainsi. Arrivé au temps du service public, il comprit très vite de quoi seraient faits les après-demain privatisés, et fut, en 1987 (lors de l'achat de la chaîne par l'équipe Bouygues) l'homme-clé, l'homme providentiel qui savait fixer aux sponsors leur juste prix, ni trop, ni, surtout, trop peu.

Son boulot consiste aujourd'hui à nous vendre, nous, nos têtes et notre sueur, à tous ceux qui veulent bien comprendre quel formidable atout est la télé... Publicité bien comprise. Bref, le collecteur, lui, y en a avoir des sous.

C'est un travailleur forcené. Je sais qu'en 1988, il n'a pas pris de vacances ; même pas de longs week-ends ; juste quelques *middle-weeks* prolongés non loin de Paris. « Bien faire et le laisser savoir », comme le disait la devise de la célèbre Manufacture d'armes et de cycles de Saint-Étienne. Bochko sait faire bien, et il ne voit aucun inconvénient que cela se sache, puisque c'est ainsi que les caisses vont se remplir.

Je me suis lié avec lui du temps où nous étions sur RTL. Je devais aller pour la télé à Belgrade enterrer Tito. Or, Givadinovitch est serbe d'origine. Il y a fait une guerre brillante, avant de devenir colonel dans l'armée française. Il me disséqua tout, me prépara tout, m'obtint des atlas, des renseignements confidentiels sur les arrivées des ténors de la politique, et m'abreuva d'une foule de détails précis sur les cérémonies. Au bout de huit jours de préparation, je lisais le serbo-croate dans le texte. Bochko souriait, et corrigeait mes contresens. Après quoi, il négocia mon entrée à TF1. Je lui dois beaucoup. Je ne suis pas le seul qu'il ait aidé : ce géant, cette masse, cet officier supérieur qui s'est couvert de gloire, crée des amitiés, et sait rester fidèle à toutes celles qui sont nées de lui.

Première partie de soirée : Dominique Cantien

La plus coûteuse des dépenses, c'est la perte de temps, affirmait Diogène Laërce. Or, à TF1, on ne fait pas de dépenses inutiles. On a donc découpé le temps en tranches, en belles tranches solides. Une bonne partie du temps d'antenne appartient à l' « unité » de Dominique Cantien. Je l'ai connue débutant à RTL ; un peu plus tard, elle est devenue productrice à Antenne 2 *(C'est encore mieux l'après-midi)* où je venais, deux minutes tous les lundis, réciter des vers.

La grande vedette de ce show — qui eut beaucoup de succès — fut Christophe Dechavanne. Dominique, elle, était partout. Sur le plateau, derrière l'œil de la caméra, en régie, dans les coulisses, omniprésente mais non papillonnante, car elle est de tempérament sérieux. Elle me fit, un jour, à la sortie de la salle de maquillage, une confidence sur un ton bas mais passionné : « On me propose la direction des Variétés... »

Je passe les méandres des rappports inter-chaînes. Dominique est aujourd'hui la patronne — le mot n'est pas trop fort — d'une bonne partie des émissions qui passent avant 22 heures. De l'idée, de l'envergure et, hélas ! pour elle, pas beaucoup d'heures à consacrer à la vie. Elle est prise dans les rêts du temps. Mais c'est une victime consentante.

Dame Pascale Breugnot

Directrice de la Création fictions, des magazines de deuxième partie de soirée et documentaires, Pascale Breugnot est une grande personne mince, smart, avec de l'abattage et de l'énergie, qui navigue avec savoir-faire entre les écueils.

A sa place, on aurait été tenté, pour complaire à l'ogre Audimat, de programmer uniquement des *Olé-Olé* et de la fesse jusqu'où vous savez. Mais il n'eut pas été bien de flatter ce qu'on appelle les « instincts ». En revanche, après 22 heures, quand les enfants sont couchés, quand le calme est revenu, c'est le moment de demander aux spectateurs de consentir un petit effort pour apprendre, et pour cela de hisser le poste de télévision plus haut que la boîte aux images. C'est de cette tâche qu'est chargée Pascale Breugnot.

L'une des difficultés à créer des programmes pour la seconde partie, c'est qu'on s'adresse à des gens qui, par principe, feignent de mépriser la télévision, qu'ils accusent d'anti-culture. Fausse querelle ! A neuf et cinq ans, mes petites-filles, qui sont des téléspectatrices assidues, en connaissent quatre ou cinq fois plus que moi au même âge. La télé, forcément, est une source de culture, mais celle-ci ne procède pas de ce qu'on désignait par ce mot dans la première partie du siècle. Si la télévision est une révolution, c'est bien là. A Pascale de faire avec.

Canal Plus

Canal + est une maison que je connais peu. C'est de la télé ultra-détendue, une maison dans le ton, à la bonne franquette, qui plaît à beaucoup de gens.

Mais Jean-Louis Burgat, Eric Gilbert et leur complice Fred sont sérieux. C'est eux qui créèrent, voici quelques années, sur TF1, *7 sur 7*. Dieu me pardonne, mais il me semble avoir été leur premier invité. C'est eux qui m'ont demandé un jour — mais c'était dans la salle de rédaction — d'enregistrer le commentaire de mes propres obsèques. On me faisait valoir que personne, en effet, ne s'y prendrait avec autant de détails vrais. Je le fis immédiatement, sur une bande de radio que, d'ailleurs, l'on n'a jamais retrouvée : « Mesdames et messieurs, bonjour ! Si je suis ici, c'est que je ne suis plus là... »

Le directeur de Canal + se nomme Pierre Lescure. Nous avons, il y a une dizaine d'années, présenté tous les deux le journal de 20 heures, par roulement, sur Antenne 2. Puis Lescure me demanda de faire la présentation de la première des *Enfants du Rock*. Curieuse idée, en vérité. il me fit tourner dans un studio complètement blanc et rond, où rien n'accrochait le regard, et où, les cheveux coiffés à la rocker, les favoris bien descendus sur les deux joues, je vins parler aux téléspectateurs de choses que je ne connaissais absolument pas. L'émission eut du succès. Je n'en suis toujours pas revenu. Mais j'aime, comme cela, donner un coup de main aux copains.

Pierre lescure a décidé, il y a quatre ans, de prendre des fonctions directoriales. Je pense qu'il a réussi, si j'en juge par la vogue de sa station. Il a pour premier complice Philippe Gildas, qui fut, lui aussi, un excellent présentateur du 20 Heures, vers les années 1975. Gildas a un don exceptionnel d'improvisation ; avec lui, les nouvelles coulent de source ; tout paraît simple, même la vie. Il a trouvé un style, une manière d'être, une façon de parler, un look. De temps à autre, il lance une nouvelle mode pour donner les informations et il gagne à tous les coups. C'est très fort. Je vous en parlerais volontiers davantage, mais lui et moi nous ne nous rencontrons guère. Voilà : on peut faire le même métier depuis vingt ans et, pratiquement, ne pas se connaître.

Anne Sinclair

Anne Sinclair vint un jour dans ma maison de campagne, et y tourna mon portrait télévisé. Comme je suivais un régime, elle me demanda de manger des œufs durs et de la salade, à l'intérieur de ma petite voiture, en homme très pressé. Sur quoi, elle dit : « C'est vrai, votre truc, ou bien vous faites semblant, pour moi ? » C'était vrai, chère Anne. Là-dessus, elle commença son commentaire, sur l'antenne, en disant : « Zitrone, encore Zitrone, pourquoi Zitrone ? Pourquoi toujours Zitrone ? »

Je ne retins, de cette belle période oratoire, que le plaisir d'entendre mon nom quatre fois en cinq secondes. Je recommencerais volontiers.

Anne est une amie agréable. Elle a accepté, un jour, d'aller avec moi dans les souterrains des Halles, pour présenter un de mes livres. Devant les questions quelquefois acerbes du public, je perdais pied et contenance. Anne Sinclair restait souriante, impavide, adorable.

Ce n'est pas seulement une « Madame-je-souris-et-je-séduis ». Je l'ai vue, un jour où je commentais le 14 Juillet, entrer au cours des répétitions dans le car de reportage à la Concorde pour voir « comment on faisait ». Nous n'étions pas sur la même chaîne. « Cela ne fait rien, dit-elle. Je viens me rendre compte de la manière dont travaille la concurrence... »

Aujourd'hui, son émission *7 sur 7* attire devant le poste la totalité de ceux qui s'intéressent à la vie politique du pays et ils sont encore très nombreux. De temps en temps, elle choisit son invité en dehors du monde politique, et c'est, peut-être, encore plus passionnant. Puis elle revient à son milieu préféré dans ses *Questions à domicile*. Bref, à TF1, la politique, c'est Anne Sinclair.

Jolie femme, très jolie femme, ses yeux peuvent lancer des éclairs. Regardez-la aussi quand elle se penche vers son interlocuteur pour lui arracher toutes ses confidences : Anne chasseresse. Dans le civil, c'est Mme Ivan Levaï. Celui-ci, après avoir été pendant deux ans patron du *Provençal,* à Marseille, vient de revenir à Paris comme directeur de l'information à Radio-France. Un poste d'une rare importance pour un professionnel sensible et sensé, qui sait ne pas cacher sa pensée. La dernière fois que je l'ai vue, ils avaient deux enfants. Je ne suis pas sûr qu'avec la vie professionnelle qu'ils mènent l'un et l'autre, ils aient un jour le temps d'en préparer un troisième.

Stéphane Collaro

1965 : au restaurant de l'hippodrome de Vincennes, un jeune homme aux cheveux bouclés m'aborde :

— Je connais très bien les courses de trot, la natation et l'automobile. Je voudrais entrer au service des sports. Parlez de moi à Marcillac.

Collaro réussit vite. Il a une voix de gorge, il pige et il sait prendre des risques. Bientôt, il se spécialise dans les reportages automobiles, derrière Roger Couderc. Enfin, il mord à la glace et, aux Jeux Olympiques de Grenoble, en 1968, je l'emmène comme adjoint.

Cette année-là, je ne couvre pas le patinage mais le hockey sur glace. Marcillac a programmé une trentaine de matches qui durent deux heures et demie chacun. Je peux en présenter deux par jour, c'est-à-dire parler pendant cinq heures d'horloge, mais aller au-delà n'est ni facile ni souhaitable. Collaro prend le relais, et je le présente soit comme Collarof, de l'équipe russe, soit Collaren, de l'équipe finlandaise, Collarsson de chez les Suédois, ou encore comme le Tchécoslovaque Collarovitch. Il est un peu mon souffre-douleur mais son nom commence à être connu.

Éclate la grève de 1968 ; il y est pris entre deux feux, comme bien des jeunes. Il s'en tire, finalement, mieux que nombre d'entre nous, et entre dans l'équipe de Jacques Martin pour son grand show de midi, là où *La Pêche aux Moules* devient un chant national.

Il a réussi dans un domaine qui n'est pas le journalisme... On crache donc sur ce journaliste qui a suivi un chemin de traverse. En 1972, Guillaud me demande de former une équipe pour les sports. Je ne peux pas. Le service va à Georges de Caunes. Collaro perd, un peu plus tard, sa place.

Il cherche, ne trouve rien, puis vient me voir :

— Léon : donnez-moi un certificat selon lequel, si vous aviez pris les sports, vous m'y auriez intégré.

— C'est la vérité, Stéphane, mais je ne suis plus rien, puisque j'ai refusé.

— Écrivez quand même ; ça ne peut pas faire de mal.

Je m'exécute. Je ne sais pas comment il s'y prendra avec l'administration, mais il parvient, en brandissant ma lettre, à se faire allouer une petite indemnité de licenciement sur laquelle il vivra, chichement d'ailleurs, deux ou trois mois. Nous sommes, depuis lors, très amis.

Puis, il reprend du poil de la bête avec cet animal de Martin. Je suis ravi d'avoir pu aider ce charmant jeune confrère, qui, plus tard, connaîtra la prodigieuse réussite que vous savez.

Christian Dutoit

Jadis, je l'ai vu arriver ; c'est aujourd'hui un personnage considérable, directeur adjoint de TF1, en charge des programmes et de la production. Cela signifie — je pense — qu'en dehors de l'actualité télévisée, rien ne passe sur les antennes de TF1 que Dutoit n'ait trouvé bon, ou, à tout le moins, adopté.

Après la guerre d'Algérie, il entra à l'ORTF comme responsable du desk, autrement dit la salle des dépêches où aboutissent les téléscripteurs, et ou, d'ailleurs, d'autres que lui, comme Michel Drucker ou Pierre Géraud, connurent leurs premières expériences.

Après la grève de 1968, il dut aller exercer ses talents dans le privé ; puis, de retour à l'ORTF, il s'occupa longtemps de la formation professionnelle des journalistes. C'est là une tâche difficile, mais indispensable.

Après quoi, Dutoit gravit les échelons supérieurs à Antenne 2, étant pendant plus de deux ans le bras droit de Pierre Desgraupes, le P-DG. On parla même de lui pour occuper le sommet de la hiérarchie. Dutoit passa ensuite par la Cinq, puis il vint sur TF1 où il est un décideur de très haut niveau.

Il a de l'humour, de l'entregent, de la volonté. Il est à l'aise — c'est l'un des rares — dans les questions d'argent, qu'il traite le plus simplement du monde. Vous pensez donc bien que c'est un gentilhomme à ménager. Si ce chapitre-là ne lui plaît pas, vous pouvez me considérer comme allant redevenir très vite libre pour tous travaux que vous voudriez me confier.

Le gentleman polyglotte

Il y a quelques gentlemen dans nos milieux, mais pas un grand nombre. C'est que la concurrence est âpre ; il s'agit de griller le voisin chaque fois qu'on le peut, et de vivre au chrono d'un bout de l'année à l'autre. Ladislas de Hoyos, lui, est sûrement un gentleman. Grand, une touche de calvitie, un nom illustre : il y avait un Hoyos à Mayerling lorsque moururent — suicide ou assassinat ? — l'archiduc Rodolphe et Marie Vetsera. Une très grande famille de la monarchie austro-hongroise.

Ladislas est, en ce moment, au poste de correspondant permanent de TF1 à Londres, après avoir été reporter tout-terrain, puis spécialiste des questions de justice (c'est lui qui a fait « se couper » Klaus Barbie quand celui-ci résidait sous un nom d'emprunt en Bolivie), et présentateur de diverses éditions du journal. Il parle superbement français, anglais, allemand, espagnol, peut-être hongrois, joue au golf en France, paraît s'amuser au micro et possède un beau brin de plume, qu'il doit à *France-Soir*, où il fit ses premières armes. Il ira loin avec ses grandes enjambées, qui couvrent un terrain considérable, de golfeur invétéré.

L'homme au petit bedon

Diable ! Pour quelle raison ai-je écrit le « bedon » ? Il y en avait un, certes, mais il a fondu comme beurre sur la poêle. D'ailleurs, vous le voyez tous les dimanches : Jacques Martin n'a plus de bedon. Par un effort héroïque — et je pèse mes mots — il l'a perdu en peu de mois. J'enviais déjà ses talents divers ; j'envie, maintenant, le ventre qu'il n'a plus. Ce qui ne l'a pas empêché d'écrire, avec son fils David, *Le Bonheur à table,* où il se comporte en Lyonnais de bonne souche, et vous gave de recettes dont il chiffre le coût.

Martin surgit dans notre ciel télévisé en 1964 et, d'emblée, ce fut une étoile. L'étonnant c'est que, depuis lors, son succès n'a jamais baissé, quels qu'aient été les virages politiques et les changements de P-DG. Depuis une dizaine d'années, son *Dimanche Martin,* si j'ose dire, ne désemplit pas. Rares sont les hommes de l'audiovisuel qui peuvent se targuer d'une telle continuité dans les sondages. Constatons-le, car c'est justice ; essayons de faire mieux, car c'est notre devoir. Mais sachons qu'il y a risque de se casser le cou.

Jacques et moi, nous travaillons souvent ensemble pour *Les Grosses Têtes* de Bouvard. Parfois, nos discussions, toutes amicales, font « clic-clac », mais il va toujours un peu plus loin que moi : il a toujours un mot d'esprit en supplément, ou un refrain nouveau à entonner ; car Martin a de la voix, une belle voix, et, de temps à autres, il nous quitte pour aller chanter un Opéra. Ou jouer un rôle ; peut-être d'un instrument... Tous les talents, vous disais-je.

Homme-orchestre ? Non, l'expression ne lui rend pas son dû. Tous les dons ? Probablement. Quand on écrira l'histoire de la télévision, ce ne pourra pas être sans Martin. Il le sait d'ailleurs fort bien.

Le Picard qui monte

Il monte vite. Il avait commencé par descendre d'Amiens, (où il jouissait d'une jolie notoriété régionale) à Paris, où son allure discrète plut dès l'abord. Puis, elle plut moins, sans que l'on ait jamais su pourquoi.

Ce jeune homme, bien sous tous les rapports, c'est Jean-Pierre Pernaut. A l'époque de son effacement relatif, quand je le rencontrais dans les couloirs, je lui disais de ne pas désespérer ; en tout cas, de ne pas jeter le manche après la cognée, car il avait des qualités professionnelles qui, un jour, seraient reconnues à la face de toute la France téléspectatrice.

Vers 1987-1988, en effet, elles l'ont été. Jean-Pierre Pernaut recommença à présenter des éditions de journaux et, lorsque Yves Mourousi quitta le 13 Heures, il le remplaça. C'était un autre style, à base de sobriété, moins spectaculaire, mais sérieux sans être strict. Il lui fallut quelques semaines pour s'imposer, puis dans une conférence de presse ensoleillée du début de 1988, Étienne Mougeotte confirma que Pernaut « avait réussi » et que nul ne songeait à lui octroyer de très longues vacances.

Depuis lors, Jean-Pierre a encore assuré ses positions ; maintenant, il flirte — il fait plus que de flirter, d'ailleurs — avec le 20 Heures. On doit être fier à Amiens. Quand les jeunes dames qui le suivent sur leur poste me parlent de lui, elles chantonnent son nom : « Pernaut, oh ! oh ! » De quoi rêver. Dans *Les Plaideurs,* Racine fait dire à Petit-Jean : « On m'avait fait venir d'Amiens pour être Suisse. » Jean-Pierre, lui, est venu pour être star, mais il ne le savait pas, et ce fut une chance pour lui.

Les grands patrons

Un simple journaliste a peu de contacts avec les P-DG. Mais, lorsque ceux-ci « sortent du rang », et qu'ils ont exercé, auparavant, le même métier que moi, je les connais depuis un bon bout de temps. J'ai parlé plus haut de Sabbagh, de Guillaud, de Desgraupes, de Jacqueline Baudrier qui, après la « libéralisation », joua un grand rôle dans ma carrière.

J'ai, par la force des choses, moins de souvenirs personnels sur d'autres. Claude Contamine, P-DG d'Antenne 2, et dont on parle pour un autre haut poste, n'a jamais pu ni voulu oublier les joies de l'audiovisuel depuis qu'il a été happé par lui et, chaque fois, il nous est revenu. Jadis, c'était un homme assez froid et assez vif, qui ne se gênait pas pour hausser le ton de l'entretien. Puis, peu à peu, il s'est imbibé de télévision, et il l'aime passionnément. Il a ses convictions, ne les cache pas, mais sait y résister. Claude Contamine est un créateur.

Francis Bouygues

Il est grand, large, et semble d'une maîtrise absolue sur lui-même, soulignée par un regard perçant d'homme curieux de tous les aspects positifs de la vie. Je sais qu'il aime, en plus de son travail, la pêche, les fleurs (ah ! ses orchidées !), la chasse et le bon maintien.

Je l'ai rencontré — par hasard, au cours d'une cérémonie privée — à l'époque où il se battait dur pour obtenir TF 1. Solide, bien planté sur ses jambes, il exhalait un équilibre exempt de toute inquiétude. Dans le combat pour avoir la chaîne, il n'était pourtant pas le favori

Quand il eut gagné, il sut s'entourer d'un cercle de collaborateurs de premier ordre ; c'est une vertu, chez un patron, que de savoir choisir ceux qui l'aideront quotidiennement.

Francis Bouygues connaissait-il la puissance de la télévision lorsqu'elle le tenta ? J'aurais tendance à répondre non, mais il l'a vite apprise, de même que les télé-méandres, les chausses-trapes, les petites trahisons presque quotidiennes, les désirs déchaînés et sournois de quelques spécialistes du croche-pied.

L'histoire dira si la formidable réussite d'audience de TF 1 durera dix ans, ou vingt-cinq, ou un peu moins. Mais j'ai lieu de croire que les dirigeants de cette chaîne sauront s'adapter aux circonstances. Certes, il est difficile de dire aujourd'hui si, dans l'absolu, ils ont fait le bon choix ; toujours est-il qu'ayant fait ce choix, ils tiennent leur cap, qu'ils le font en toute connaissance de cause, et qu'ils savent manœuvrer le gouvernail quand ils estiment bon de le faire. Pour moi, qui ai connu la télévision depuis trente ans, l'aventure Bouygues valait la peine d'être vécue.

Quant aux rapports personnels que je puis, à mon niveau, entretenir avec le grand chef, ils sont rares et, me semble-t-il, confiants. Une impression très vive : cet homme-là apprend avec une rapidité extrême, et retient ce qu'on lui dit. D'autres, naguère, n'avaient pas su le faire.

Hervé Bourges et les coups bas

Hervé Bourges, ancien P-DG de TF 1, a publié, au Seuil, en 1987, *Une chaîne sur les bras,* l'ouvrage le plus passionnant que j'aie lu sur le sujet. C'est l'explication des difficultés innombrables qu'il a rencontrées en accédant à son poste après l'arrivée de la gauche au pouvoir.

Bourges avait fait une grande partie de sa carrière en Afrique, tant au Maghreb qu'en Afrique Noire, puis à l'UNESCO. Malgré son passage à Radio-France, où il avait appris ce qu'était l'esprit de l'audiovisuel dans l'hexagone, et sa réussite à Radio-France International, il fut mal accueilli quand il arriva à la télé. On lui mit toutes les peaux de banane possibles sous les pieds ; on lui planta cent banderilles quotidiennes ; certains cercles s'étaient juré que Bourges ne réussirait pas. Pourtant, avec l'aide de son bras droit, Pascal Josèphe, discret et futé, il redonna à la chaîne une âme qu'elle avait presque perdue, et de l'enthousiasme au travail. On peut dire qu'il fit de TF 1 la Une.

Bourges fut un président souriant, sans aucun ostracisme contre ceux qui ne pensaient pas comme lui, un libéral autant qu'il est possible de l'être. Qu'il fût d'accord avec vous, ou en désaccord, il vous traitait en ami, sachant donner aux relations personnelles l'indispensable chaleur sans laquelle tout est robotisé.

Il vient de publier, avec Pascal Josèphe, chez Plon, un nouveau volume : *Un amour de télévision*. Qu'était-elle, que sera-t-elle ? Voilà qui n'entre pas dans le propos du présent ouvrage, mais, si vous voulez tout savoir à un niveau que je ne saurais atteindre, lisez ses livres : ce sont ceux d'un honnête homme et d'un professionnel grand format.

Le micro sans écran

Il y a des télémessieurs et des télédames qui feignent de mépriser la radio. Ah ! qu'ils ont tort de croire que la télé est supérieure à ce que les Britanniques appellent « la radiodiffusion sonore ». Il s'agit là, simplement, de deux manières différentes de s'exprimer ; direz-vous que *Radioscopie* de Chancel sur France Inter, que France-Infos, que *Les Grosses Têtes* soient inférieures, par leur intérêt, aux programmes de télévision ?

Venu moi-même de la radio, je n'ai jamais cessé de la pratiquer. Mon expérience à RTL, sous Jean Farran, puis Raymond Castans, puis Jacques Rigaud, me reste très chère. Tenez, si aujourd'hui, après tant d'années d'audiovisuel, on me proposait une bonne idée à la radio, je foncerais. Philippe Labro, directeur général de RTL, est, vous le savez, un des deux ou trois hommes qui m'impressionnent le plus. Ivan Levaï, le nouveau directeur de l'information à Radio-France, en plus du fait que c'est un copain, possède, à un haut degré, ce sixième sens, cette voix aux accents sans lesquels il n'y a pas de bon journaliste.

Eve en do *majeur*

Eve Ruggieri est « patronne » de France-Inter et prêtresse de la musique à Antenne 2. C'est l'une des femmes clés du PAF. En voilà une pour qui la culture ne se résume pas à l'interview de quelques personnalités, aussi considérables soient-elles. Elle respecte l'auditeur et le spectateur et cherche, par tous les moyens, à leur apporter un surcroît de connaissances dans les domaines qu'elle traite. Ne croyez pas, surtout, qu'elle ait le profit d'une enseignante de choc : c'est une femme d'esprit, avec du primesaut, et un ton qui n'appartient qu'à elle, simple et direct. Parfois elle s'enflamme parce qu'elle a de la flamme ; mais, si vous voulez la passionner, parlez-lui aussi de fleurs et d'arbres. N'en déduisez pas, non plus, qu'elle ne soit qu'une belle plante. Ruggieri, c'est mieux que cela.

Elle est la preuve, par exemple, que l'on peut réussir aussi bien à la télé qu'à la radio, ce qui n'est pas si fréquent, à ce niveau-là. Elle a démontré également qu'on peut sortir du rang, monter d'échelon en échelon, et s'imposer dans une fonction de direction comme on s'est imposé sur l'antenne. Beaucoup ont essayé ; très, très peu y sont parvenus. Décidément, comme nous l'a dit Michèle Cotta, et comme va le dire Patrick Le Lay, l'audiovisuel est actuellement marqué par la réussite des femmes.

Bellay-Infos

Jérôme Bellay est un homme de télévision autant que de radio, il a travaillé à Antenne 2 et RTL, par exemple. Il est, depuis deux ans, le père de la plus grande réussite d'information radio : France-Infos.

Un jour, Jérôme a été frappé par quelque chose qui n'était pas évident : l'envie, devenue permanente, du citoyen de l'hexagone d'être informé à tout moment de la journée. On nous serinait au contraire, sur tous les tons, que nous étions sur-informés. Le mot prenait un sens péjoratif, comme s'il signifiait : des quasi-malades. En réalité, plus le monde devient dramatique et remuant, plus nos compatriotes ont envie de savoir ce qui se passe, ici, là-bas, en Amérique, en Asie, aux antipodes, au pôle Nord, dans leur propre rue. Toute la journée, France-Infos diffuse donc les dernières nouvelles « parvenues à sa rédaction », plus ce que lui apprennent ses correspondants et envoyés spéciaux.

Tout cela donne des chroniques, interviews, billets, réflexions, points d'exclamation, avec une extrême diversité de tons. Le succès a été immédiat et continue de croître.

Bellay est un monsieur de belle taille, attentif, connaisseur en nourritures terrestres et en charme féminin. Regardez Isabelle, son épouse.

Il apparaît, parfois, un peu méfiant : c'est le souvenir des quelques crocs-en-jambe reçus dans un milieu qui n'est pas tendre avec ceux qui ont du coffre et des idées.

Messieurs des Courtines

Je n'ai guère parlé de courses dans ce livres, mais il est indéniable qu'elles ont joué un rôle assez important dans ma vie : huit cents reportages en direct à la télé, sur les principales épreuves, en France, Angleterre, Italie, États-Unis, Belgique. Cela vous dresse un homme à l'exactitude, pour ne pas confondre, en commentant, une casaque rayée blanc et vert à manches blanches, et une casaque cerclée vert et blanc à manches vertes. De toute manière, sur le fond vert du gazon, vous aurez beaucoup de mal à les distinguer, et c'est pourquoi, pour un reportage de trois minutes le dimanche, je dépense, couramment, trois soirées chez moi à « apprendre mes couleurs ».

Je compte sur les hippodromes de nombreux amis. J'en ai parlé dans d'autres livres. Mais, ici, je veux nommer le plus célèbre reporter du sport hippique, Maurice Bernardet, dont l'enthousiasme, au micro de RTL, pendant trente ans, a éclaté chaque jour. Ami précieux, chef d'une équipe de pointe, Bernardet pourrait vous raconter mille histoires sur mes erreurs et mes bêtises. Comme sur nous tous.

Mais ce chapitre sera bref, car il faut que je m'attelle à ma machine à écrire pour mon article de *Tiercé Magazine* ! Dans ce groupe-là, les noms de Jean-Claude Séroul, Jean-Marcel Bonnefoy, Hubert Benhaïm forment un trio agréable. Rédiger un papier pour eux est plus une joie qu'un simple boulot.

Le P-DG de TF1

Un homme mal connu, j'entends, dans nos milieux. Forcément, il ne nous a rejoints qu'en 1987. De prime abord, on le dirait froid, mais il ne l'est pas. En revanche, il est précis et n'a pas de goût pour les phrases longues. Breton des deux côtés, Côtes-du-Nord et Finistère, il a fait ses études à Rennes, entrant tôt dans la vie active après une formation d'ingénieur, ce qu'il n'est pas par tempérament profond. Qu'est-il, alors ?

— Je pense être un esprit un peu curieux de tout ; dans le groupe Bouygues, je m'occupais de la diversification. Sur ce point-là, dans le monde de la communication, on est servi.

— *Comment avez-vous pensé à acquérir TF1 ?*

— A l'origine, nous avions souhaité nous intéresser à une chaîne de télévision pour la région parisienne, puis, quand les pouvoirs publics ont décidé de privatiser TF1, j'ai fait valoir à Francis Bouygues que nulle part au monde un État ne songerait plus à vendre une chaîne existante, et que nous devions « y aller ». On a gagné la bagarre et j'ai mis en forme toutes les actions nécessaires à cette fin. Par ailleurs, on me demande toujours si cela m'a changé du monde du béton. Je ne voudrais pas avoir l'air snob, mais je m'imaginais bien que la télévision, ce n'était pas le monde de la chimie ou de l'informatique ; de l'extérieur, on en devinait quand même un peu les composantes. Je n'ai donc pas été « surpris », non.

— *On nous présente, nous autres, comme un mélange orageux de saltimbanques et de géomètres...*

— Il ne faut pas appeler « saltimbanques » ceux qui font leur travail. Quant aux géomètres, il se qualifient ainsi eux-mêmes, par orgueil. En arrivant à TF1, j'ai vu, je dois le dire, un grand nombre d'incompétents dans l'administration de la chaîne. Ainsi, il n'y avait personne qui eût une vision de ce que devait être une entreprise... Après tout, c'est peut-être normal puisqu'il n'y avait plus véritablement d'entreprise ! Je ne parle pas des autres chaînes, car je ne connais que TF1 ; je ne porte pas de jugement sur les présidents qui nous ont précédés ; mais on ne peut pas se montrer une grande chaîne de télévision, donner la meilleure information, les meilleurs films et créer les meilleurs programmes de variétés si, derrière, il n'y pas une infrastructure solide, sur le plan technique et financier. Or, TF1 était dans un état de délabrement total ; il suffit de visiter Cognacq-Jay et de s'apercevoir comment on y travaille, avec des bouts de ficelle, pour s'en rendre compte. Tenez, à notre arrivée, il n'y avait pas un seul écran informatique ! Comment peut-on prétendre être une société de communication à la pointe du progrès et ne pas savoir que l'informatique mène le monde ? Dans le domaine du contrôle de gestion, il n'y avait rien et dans celui des stocks, les programmes prêts à l'avance, c'était voisin de zéro.

— *Pourquoi ce délabrement, à votre avis ?*

— Les anciens présidents étaient nommés par les pouvoirs politiques. Pour durer, il leur fallait d'abord plaire à ceux-ci, quels qu'ils fussent. Mais, pour bien travailler, il faut le faire à long terme. Un exemple : quand vous décidez d'investir dans un film, celui-ci ne viendra à l'antenne que quatre ans plus tard. Il faudra l'imaginer, l'écrire, le réaliser, le laisser sortir en salle et là encore vous armer de deux années de patience avant d'en faire une émission. Or, quand on est nommé par un pouvoir politique, on a tendance à travailler à court terme, au mieux à moyen terme, et l'on ne prend donc jamais un risque sur des investissements qui ont pour but d'améliorer l'outil, car cela, c'est du très long terme.

— *Que signifie d'être le patron d'une chaîne ?*

— Avant tout, bénéficier d'une position unique, puisqu'on est placé au carrefour de tout. Dans la même journée, vous pouvez rencontrer le Premier ministre, puis Alain Delon, puis le plus grand industriel français, c'est d'une variété infinie. Si les jours avaient quarante-huit heures, on les remplirait tout autant qu'avec vingt-quatre. D'ailleurs, c'est fatigant.

— *On dit que vous vous levez aux aurores.*

— En vérité, pas très tôt. Mettons 7 heures et demie, mais j'ai des circuits courts ; je prends mon petit déjeuner en cinq minutes et suis au bureau à 8 h 05. Souvent j'ai déjà deux rendez-vous à 8 heures. Je travaille constamment mais je suis, avant tout, économe de mon temps, le seul bien qui ne soit pas extensible.

— *Comment évoluez-vous dans notre milieu ?*

— J'ai un handicap ; j'y suis arrivé sans connaître personne ; ainsi, pas d'hommes politiques, car je n'aurais eu, auparavant, aucune raison de les connaître ; pas plus dans le monde du cinéma, du show-biz ou du journalisme. Or, chacun est composé d'hommes et de femmes qui se connaissent, au contraire, depuis longtemps, ce qui rend leurs rapports de travail plus faciles. Seulement, j'aime bien savoir à qui j'ai affaire, mais ça prend du temps, il faut ramer. D'un autre côté, si j'ai un avantage, c'est celui de n'être lié à aucune coterie et il n'y a pas de cadavre entre les gens et moi.

— *Avez-vous senti, chez nous, une réticence à vous accepter ?*

— Je ne me suis jamais posé la question, sinon je serais déjà mort. Je ne me suis pas demandé si Mme Cantien, M. Sabatier ou tel autre me trouveraient sympa ou non ; à eux de me prendre comme je suis, puisque moi, je les prenais bien tels qu'ils étaient ! J'essaye d'avoir des relations aussi détendues que possible avec vous tous. Avec Sabatier on se tutoie, je suis copain avec Guy Lux, Anne Sinclair ou PPDA, alors que je les brutalise pourtant de temps à autre. Cela dit, vous donnez une impression d'ensemble : celle d'être un monde à part où il est difficile d'être admis. Peut-être le suis-je déjà, peut-être le serai-je, je n'en sais rien. Mais je n'avais pas cette prétention-là, j'avais celle d'essayer de faire fonctionner l'entreprise. Le reste ne me donne pas de souci.

— *Ce milieu, en définitive, comment le jugez-vous ?*

— Il comprend un grand nombre d'individualités intéressantes, qui exercent les métiers de création les plus en pointe. Il y a donc, parmi vous, de fortes personnalités. Cela dit, la télévision est un domaine où il est très difficile d'innover. Peu de jeunes talents percent ; il y a des positions acquises, et vous en êtes, vous, cher Zitrone, un exemple frappant, de même que Lux. Prenez votre *Intervilles*. En 1988, il a connu les mêmes succès qu'en 1963 et c'est pourquoi nous reprenons l'émission en 1989. Or, les gens ont changé ; le vieux fond de la population française comme les habitudes. Il faut donc tirer une leçon de votre succès : à mon avis, c'est l'extrême difficulté qu'il y a à créer de nouvelles vedettes. Quand nous sommes arrivés, on nous a dit : « Les Sabatier, les Sébastien s'en vont ? Aucune importance, prenez des jeunes et ça marchera. » Paroles en l'air ! Pour passer l'écran, pour attirer 10 ou 12 millions de spectateurs, il faut bénéficier d'une alchimie particulière, qui ne se réalise pas par l'opération du Saint-Esprit. Certes, je suis heureux de dire que nous avons déjà sorti deux jeunes qui marchent bien, Nicolas Hulot et Dechavanne, mais il leur faudra encore du temps pour s'asseoir vraiment. Je ne sais même pas, d'ailleurs, si la télévision nouvelle arrivera à secréter des vedettariats comme ceux « d'avant ».

— *Vous dites « alchimie » ?*

— Elle est mystérieuse. Il y a des êtres dont la tête paraît vide mais qui, à l'écran, sont fantastiques. Les étranges lucarnes sont des miroirs déformants. Il y faut de la personnalité, mais l'écran ne reflète pas forcément la personnalité réelle ! Parfois même — je pense aux hommes politiques — il peut devenir une fenêtre impitoyable. En vérité, il n'y a pas de réussite en télévision sans fidélisation. Prenez un exemple ailleurs que sur ma chaîne, celui de Michel Drucker. Il y a sûrement en France 5 à 10 000 personnes avec les mêmes capacités que lui, mais qu'est-ce qui fait que le public aime bien le retrouver chaque semaine ? C'est que le spectateur ressent le besoin de se raccrocher à cette notion de continuité dans le rendez-vous, donc de fidélité. Nous autres, dans nos métiers, nous sommes des sur-informés ; mais il y a l'immensité de la population qui, elle, s'ennuie, n'ayant pas de distraction, sauf ceux qui bricolent ou vont pêcher la truite. Il faut donc lui en apporter et la télévision occupe, en fait, le mental de 90 % de Français. Par conséquent, des mythes se créent autour des vedettes qui ont toujours été fidèles au public. Quand le citoyen va retrouver, j'y reviens, *Intervilles* cet été, il sera ravi de revoir votre équipe. Cela procède d'un courant de sympathie difficile à remplacer. A la limite du raisonnement, on pourrait diffuser à l'infini les mêmes émissions déjà passées.

— *Votre avis sur la multiplication des chaînes?*

— Les décideurs, qui sont au gouvernement — ou autour de lui — n'y ont pas bien réfléchi et c'est dommage. Tout le monde prétend que c'est la privatisation de TF1 qui a tourneboulé le système. Pas du tout! Elle n'a été que le changement d'un actionnaire, l'État, en un actionnaire privé. Ce qui a tout bousculé, c'est la création de deux concurrences supplémentaires; voyez-vous, la télévision utilise des produits rares, parce que le nombre d'émissions, de films, de fictions qu'on peut programmer est faible. Si vous avez cinq chaînes qui se proposent toutes de passer du football, et qu'elles veuillent un programme cohérent, il faut montrer l'équipe de France au moins trois ou quatre fois par an. Cinq chaînes à quatre matches, cela fait vingt rencontres; or il n'y en a que cinq! D'où un décalage.

Les films? En 1988 on en a diffusé 1500, dont 800 français. Pourtant, il n'en a été produit que 80. Les variétés? Il n'y a pas 50 artistes qui tiennent la route. Avec trois émissions hebdomadaires de ce genre, une chaîne comme TF1 les aura donc tous montrés au bout d'un mois sans même satisfaire le client, puisque vous lui donnez l'impression d'une banalisation absolue. En multipliant les chaînes, on arrive à un déséquilibre frappant entre l'offre et la demande. Or, plus le prix des émissions à fabriquer augmente, et moins vous avez d'argent pour l'investir dans de nouveaux programmes alors que l'important est de créer. Il aurait fallu réfléchir à ce qu'aurait pu être la meilleure satisfaction possible pour le spectateur; c'est-à-dire, lui permettre de trouver, au fil de la journée, des programmes de niveaux différents. Par conséquent, il ne serait pas absurde d'avoir deux grandes chaînes généralistes, mettons la Une et A2, puis une chaîne culturelle, une d'infos, une de jeux, une de sports, pour réserver au public un aussi large choix qu'à la radio. Mais les pouvoirs publics ne se laisseront pas facilement convaincre, parce qu'au niveau de l'État on est enfermé dans la houle corporatrice qui agite les milieux de télévision.

— *Êtes-vous content de TF1?*

— C'est le programme le plus riche du monde, le plus

diversifié. Les télévisions américaines ne sont pas terribles ; les britanniques sont ennuyeuses ; en Italie c'est trop pailleté pour que ça marche. De plus, c'est une télévision frileuse parce qu'elle subit l'empreinte de l'État. Au total, le grand mérite du président de la République française, c'est d'avoir donné un coup de pied dans la fourmilière et d'avoir créé une télévision privée. C'est une chance considérable que de pouvoir, avec un terreau aussi fertile qu'en France, réussir quelque chose de ce genre.

— *Mais votre réussite ne plaît pas à tout le monde. Certains tirent même sur vous à coups redoublés.*

— Il y a le crime d'avoir gagné de l'argent d'emblée. Si nous en avions perdu, nous serions mieux aimés. Hélas ! vous connaissez le vieux réflexe du Français : quand il est au volant de sa vieille 2 CV, et qu'il est dépassé par une BMW, au lieu de se dire qu'il travaillera davantage pour s'acheter une meilleure voiture, il voue à tous les tourments celui qui le dépasse : « Le salaud, je vais tout faire pour le ramener dans le lot commun. » Il y a, par ailleurs, la jalousie d'autres chaînes et, de leur part, des programmations qui sont des coups bas, notamment dans le registre de la violence ou de la sexualité, pour attirer le public.

— *Vous avez pris des positions très marquées dans le domaine d'une télévision européenne.*

— Je rappellerai d'abord que TF1 est au Maroc depuis deux ans, que nous avons ouvert en Afrique Noire la première chaîne de télévision francophone et mis en place un réseau français en Californie ; nous avons donc montré que nous avions vocation à travailler au-delà des frontières de l'hexagone. TF1 pose par conséquent sa candidature dans le domaine européen. Pour cela, nous sommes évidemment obligés de nous allier avec des Européens, et comme il y a très peu de partenaires possibles, il faut s'allier avec ceux qui existent. Mais quand nous disons cela, nous sommes à nouveau suspects ! En fait, le satellite qu'on a lancé est un vecteur de la technologie nouvelle. Là, nous avons une occasion historique de pouvoir prendre, nous Français, un *leadership,* alors qu'il n'y a quasiment pas de domaine où nous soyons leaders ; en voilà un. Mais j'ai peur qu'on en arrive, pour le satellite, et comme d'habitude, à une stratégie de marchand de nougat. On va donner un petit canal à l'un pour faire son petit truc, un autre canal à un autre, et tout le monde va se planter ! Toujours cette énergie bien française, qui consiste à essayer de laminer au maximum ceux qui ont de l'argent ou qui peuvent en gagner ! C'est préjudiciable pour le futur mais, à force de l'avoir crié, cela commence à entrer un peu dans les esprits.

— *Un dernier mot : quelle est la place des femmes dans la télévision nouvelle ?*

— Je pense que nous donnons l'exemple : aux variétés, la responsable est une femme, Dominique Cantien ; dans la fiction et les documentaires, une autre femme, Pascale Breugnot ; pour l'actualité, Michèle Cotta ; aux relations extérieures et à la presse, Corinne Bouygues. Dans le domaine des émissions politiques, Anne Sinclair, et l'adjoint principal de Bochko Givadinovitch, le patron de la régie publicitaire, est encore une dame, Claude Cohen. On peut presque dire que nous vivons en régime matriarcal. La télévision est un bon métier pour les femmes et j'estime qu'il est plus facile de travailler avec elles qu'avec des hommes.

— *Vous faites bien de m'avertir, président : j'allais justement poser ma candidature pour un poste de haute responsabilité...*

Brève conclusion

J'ai existé, j'ai vécu bien avant de paraître à la télévision. J'ai d'abord essayé dans ce livre de dire comment ; il a fallu, presque toujours, lutter. Souvent, ce fut difficile, mais je ne crois pas qu'on puisse réussir une vie facile, car là, il n'y a qu'à se laisser glisser dans la suite des jours.

Deux événements majeurs se sont produits dans mon existence : le jour où je suis devenu français, et le jour où j'ai rencontré ma femme. Ensuite, il y eut quelques autres dates importantes, et d'autres bonheurs, dont certains à la télévision ; mais cette dernière, je crois, ne m'a pas profondément changé.

Quelqu'un disait que le bonheur, c'était de se retrouver, dans son âge mûr, avec les mêmes goûts, les mêmes rêves, les mêmes exigences que dans sa jeunesse. J'y souscris et c'est ce qui m'arrive. J'aime les mêmes personnes, les mêmes choses, les mêmes spectacles que jadis. Ce qui m'était plaisir demeure plaisir ; ce qui m'agaçait continue à m'agacer. Jusqu'à mes défauts qui sont restés les mêmes, mais que la vie a amplifiés.

Quant à la télé, elle a rempli mes jours et continue de le faire. J'ai tenté de montrer pourquoi. S'il fallait recommencer, je crierais très haut que je suis un homme d'expérience mais, probablement, recommencerais-je les mêmes erreurs, car je ne suis pas plus marle que les autres... Qu'on me permette un conseil destiné à ceux qui veulent tenter la même carrière : soyez humbles devant ce métier, qui est très beau, très difficile, très énervant, très mal jugé et, surtout, pas très important.

Table des matières

Achevé d'imprimer en avril 1989
sur presse CAMERON,
dans les ateliers de la S.E.P.C.
à Saint-Amand-Montrond (Cher)

23.43.4485.01
ISBN 2.01.015128.3
N° d'Édition : 89037/12465. N° d'Impression : 7917-762.
Dépôt légal : 3193, avril 1989

Imprimé en France

23.4485.1